DO NOT BE SAD

لا تحزن

فضيلة الشيخ الدكتور عبد الله القرني

Copyright TX0008901934 VA0002286307
K.F. National Library Cataloging-in-Publication Data
Second Edition Jan. 2008

All rights reserved. No part of this book may be reproduced or transmitted in any form or by any means, electronic or mechanical including photocopying, recording, or by any information storage and retrieval system, without written permission from the Publisher.

فضيلة الشيخ الدكتور عبد الله القرني

Shaykh Dr. Aaidh ibn Abdullah al-Qarni

اَللَّهُمَّ إِلَيْكَ أَشْكُو ضَعْفَ قُوَّتِي وَقِلَّةَ حِيلَتِي وَهَوَانِي عَلَى النَّاسِ يَاأَرْحَمَ الرَّاحِمِينَ أَنْتَ رَبُّ الْمُسْتَضْعَفِينَ وَأَنْتَ رَبِّي إِلَى مَنْ تَكِلُنِي إِلَى بَعِيدٍ يَتَجَهَّمُنِي أَمْ إِلَى عَدُوٍّ مَلَّكْتَهُ أَمْرِي إِنْ لَمْ يَكُنْ بِكَ عَلَيَّ غَضَبٌ فَلَا أُبَالِي وَلَكِنَّ عَافِيَتَكَ هِيَ أَوْسَعُ لِي أَعُوذُ بِنُورِ وَجْهِكَ الَّذِي أَشْرَقَتْ لَهُ الظُّلُمَاتُ وَصَلَحَ عَلَيْهِ أَمْرُ الدُّنْيَا وَالْآخِرَةِ مِنْ أَنْ تُنْزِلَ بِي غَضَبَكَ أَوْ يَحِلَّ عَلَيَّ سَخَطُكَ لَكَ الْعُتْبَى حَتَّى تَرْضَى وَلَا حَوْلَ وَلَا قُوَّةَ إِلَّا بِكَ

الحمدُ لله ، والصلاةُ والسلامُ على رسولِ اللهِ ، وعلى آله وصحبهِ وبعدُ :

فهذا الكتاب (لا تحزن) ، عسى أن تسعد بقراءتـهِ والاستفادةِ منـه ، ولك قبل أن تقرأ هذا الكتابِ أن تحاكمه إلى المنطقِ السليمِ والعقلِ الصحيحِ ، وفوق هذا وذاك النقْل المعصوم .

إنَّ من الحيْفِ الحكمَ المُسبق على الشيءِ قبلَ تصوُّرِهِ وذوقـهِ وشمِّهِ ، وإن من ظلْمِ المعرفةِ إصدار فتوى مسبقةٍ قبلَ الإطـلاعِ والتأمُّلِ ، وسماعِ الدعوى ورؤيةِ الحجةِ ، وقراءةِ البرهان .

كتبتُ هذا الحديث لمن عاش ضائقةً أو ألمَّ بـهِ همٌّ أو حزنٌ ، أو طاف به طائفٌ من مصيبةٍ ، أو أقضَّ مضجعة أرقٌ ، وشرَّدَ نومَـه قلقٌ . وأيُّنـا يخلو من ذلك ؟!

هنا آياتٌ وأبياتٌ ، وصورٌ وعِبرٌ ، وفوائدُ وشواردُ ، وأمثالٌ وقصصٌ ، سكبتُ فيها عصارة ما وصل إليه اللامعون ؛ من دواءٍ للقلبِ المفجوعِ ، والروحِ المنهكةِ ، والنفسِ الحزينةِ البائسةِ .

هذا الكتابُ يقولُ لك : أبشِر واسعدْ ، وتفاءَلْ واهدأ . بل يقولُ : عِشِ الحياة كما هي ، طيبةً رضيَّةً بهيجةً .

هذا الكتابُ يصحِّحُ لك أخطاء مخالفةِ الفطرة ، في التعاملِ مع السننِ والناسِ ، والأشياءِ ، والزمانِ والمكانِ .

إنـه ينهاك نهياً جازماً عن الإصرارِ على مصادمةِ الحياةِ ومعاكسةِ القضاءِ ، ومخاصمةِ المنهجِ ورفضِ الدليل ، بل يُناديك من مكانٍ قريبٍ من أقطارِ نفسِك ، ومن أطرافِ رُوحِك أن تطمئنَّ لحُسْنِ مصيرِك ، وتثق بمعطياتِك وتستثمر مواهبك ، وتنسى منغّصاتِ العيشِ ، وغصص العمرِ وأتعاب المسيرةِ .

وأريدُ التنبيه على مسائل هامّة في أوله :

الأولى : أنَّ المقصد من الكتاب جلْبُ السعادةِ والهدوءِ والسكينة وانشراحِ الصدرِ ، وفتحُ بابِ الأملِ والتفاؤلِ والفرجِ والمستقبلِ الزاهرِ .

وهو تذكيرٌ برحمةِ اللهِ وغفرانـهِ ، والتوكُّلِ عليه ، وحسنِ الظنِّ بـهِ ، والإيمانِ بالقضاءِ والقدرِ ، والعيشِ في حدودِ اليومِ ، وتركِ القلقِ على المستقبلِ ، وتذكُّرِ نِعَمِ اللهِ .

الثانية : وهو محاولةٌ لطردِ الهمِّ والغمِّ ، والحزن والأسى ، والقلقِ والاضطرابِ ، وضيقِ الصدرِ والانهيارِ واليأسِ ، والقنوطِ والإحباطِ .

الثالثة : جمعتُ فيه ما يدورُ في فلكِ الموضوعِ مـنْ التنزيلِ ، ومن كـلام المعصومِ ﷺ ، ومن الأمثلةِ الشاردةِ ، والقصصِ المعبرةِ ، والأبياتِ المؤثرةِ ، وما قاله الحكماءُ والأطباءُ والأدباءُ ، وفيه قبسٌ من التجاربِ الماثلةِ والبراهينِ الساطعةِ ، والكلمةِ الجادَّةِ وليس وعظاً مجرداً ، ولا ترفاً فكرياً ، ولا طرحاً سياسياً ؛ بل هو دعوةٌ مُلِحَّةٌ من أجلِ سعادتِك .

الرابعة : هذا الكتابُ للمسلمِ وغيرِه ، فراعيتُ فيه المشاعرَ ومنافذَ النفسِ الإنسانيةِ ؛ آخذاً في الاعتبارِ المنهجَ الربانيَّ الصحيحَ ، وهو دينُ الفطرةِ .

الخامسة : سوف تجدُ في الكتابِ نُقولاتٍ عن شرقيين وغربيين ، ولعلَّه لا تثريبَ عليَّ في ذلك ؛ فالحكمةُ ضالةُ المؤمنِ ، أنَّى وجدها فهو أحقُّ بها .

السادسة : لم أجعلْ للكتابِ حواشي ، تخفيفاً للقارئِ وتسهيلاً لـه ، لتكون قراءاتُه مستمرةً وفكرُه متصلاً . وجعلتُ المرجعَ مع النقلِ في أصلِ الكتابِ .

السابعة : لم أنقلْ رقم الصفحةِ ولا الجزءِ ، مقتدياً بمنْ سبق في ذلك ؛ ورأيتُه أنفع وأسهل ، فحيناً أنقلُ بتصرُّفٍ ، وحيناً بالنصِّ ، أو بما فهمتُه من الكتابِ أو المقالةِ .

الثامنة : لم أرتبْ هذا الكتاب على الأبوابِ ولا على الفصولِ ، وإنما نوعتُ فيه الطَّرح ، فربَّما أداخلُ بين الفقراتِ ، وأنتقلُ منْ حديثٍ إلى آخر وأعودُ للحديثِ بعد صفحاتٍ ، ليكون أمتع للقارئ وألذَّ له وأطرف لنظرِه .

التاسعة : لـم أُطلْ بأرقامِ الآياتِ أو تخريجِ الأحاديث ؛ فإن كان الحديثُ فيه ضعفٌ بيَّنتُه ، وإن كان صحيحاً أو حسناً ذكرتُ ذلك أو سكتُّ . وهذا كلُّه طلباً للاختصارِ ، وبُعداً عن التكرارِ والإكثارِ والإملالِ ، ((والمتشبِّعُ بما لم يُعطَ كلابسِ ثوبيْ زُورٍ)) .

العاشرة : ربما يلحظُ القارئُ تكراراً لبعضِ المعاني في قوالب شتَّى ، وأساليبَ متنوعةٍ ، وأنا قصدتُ ذلك وتعمدتُ هذا الصنيعَ لتثبتَ الفكرةُ بأكثر من طرحٍ ، وترسخَ المعلومةُ بغزارةِ النقلِ ، ومن يتدبَّرِ القرآن يجدْ ذلك .

تلك عشرةٌ كاملةٌ ، أقدِّمها لمن أراد أن يقرأ هذا الكتاب ، وعسى أن يحملَ هذا الكتاب صدْقاً في الخبرِ ، وعدلاً في الحكمِ ، وإنصافاً في القولِ ، ويقيناً في المعرفةِ ، وسداداً في الرأيِ ، ونوراً في البصيرة .

إنني أخاطبُ فيه الجميع ، وأتكلم ، فيه للكلّ ، ولم أقصِدْ بـه طائفةً خاصّـةً ، أو جيلاً بعينهِ ، أو فئةً متحيّزةً ، أو بلداً بذاتـهِ ، بل هو لكلِّ من أراد أنْ يحيا حياة سعيدةً .

ورصـعتْ فيـهِ الـدُّرَّ حتـى ... يُضيءُ بلا شمسٍ
فَعينُـاهُ سـحرٌ والجبـينُ ... ولله درُّ الـرَّمشِ والْجيـدِ

****

يــا الله

(**يَسْأَلُهُ مَن فِي السَّمَاوَاتِ وَالْأَرْضِ كُلَّ يَوْمٍ هُوَ فِي شَأْنٍ**) : إذا اضطرب البحرُ ، وهاج الموجُ ، وهبَّتِ الريحُ ، نادى أصحابُ السفينةِ : **يا الله.**

إذا ضلَّ الحادي في الصحراءِ ومال الركبُ عن الطريقِ ، وحارتِ القافلةُ في السيرِ ، نادوا : **يا الله.**

إذا وقعت المصيبةُ ، وحلّتِ النكبةُ وجثمتِ الكارثةُ ، نادى المصابُ المنكوبُ : **يا الله.**

إذا أُوصدتِ الأبوابُ أمام الطالبين ، وأُسدِلتِ الستورُ في وجوهِ السائلين ، صاحوا : **يا الله** .

إذا بارتِ الحيلُ وضاقتِ السُّبُلُ وانتهتِ الآمالُ وتقطَّعتِ الحبالُ ، نادوا : **يا الله.**

إذا ضاقتْ عليك الأرضُ بما رحُبتْ وضاقتْ عليك نفسُك بما حملتْ ، فاهتفْ: **يا الله.**

إليه يصعدُ الكلِمُ الطيبُ ، والدعاءُ الخالصُ ، والهاتفُ الصَّادقُ ، والدَّمعُ البريءُ ، والتفجُّع الوالِهُ .

إليه تُمدُّ الأكُفُّ في الأسْحارِ ، والأيادي في الحاجات ، والأعينُ في الملمَّاتِ ، والأسئلةُ في الحوادث.

باسمهِ تشدو الألسنُ وتستغيثُ وتلهجُ وتنادي،وبذكرهِ تطمئنُّ القلوبُ وتسكنُ الأرواحُ ، وتهدأُ المشاعر وتبردُ الأعصابُ ، ويثوبُ الرُّشْدُ ، ويستقرُّ اليقينُ، (**اللَّهُ لَطِيفٌ بِعِبَادِهِ**)

الله : أحسنُ الأسماءِ وأجملُ الحروفِ ، وأصدقُ العباراتِ ، وأثمنُ الكلماتِ، (**هَلْ تَعْلَمُ لَهُ سَمِيّاً**) ؟! .

اللهُ : فإذا الغنى والبقاءُ ، والقوةُ والنُّصرةُ ، والعزُّ والقدرةُ والحِكْمَةُ ، (**لِّمَنِ الْمُلْكُ الْيَوْمَ لِلَّهِ الْوَاحِدِ الْقَهَّارِ**) .

الله : فإذا اللطفُ والعنايةُ ، والغوْثُ والمددُ ، والوُدُّ والإحسان ، (**وَمَا بِكُم مِّن نِّعْمَةٍ فَمِنَ اللَّهِ**) .

الله : ذو الجلالِ والعظمةِ ، والهيبةِ والجبروتِ.

اللهم فاجعلْ مكان اللوعة سلْوة ، وجزاء الحزنِ سروراً ، وعند الخوفِ أمناً. اللهم أبردْ لاعِجَ القلبِ بثلجِ اليقينِ ، وأطفئْ جمْر الأرواحِ بماءِ الإيمانِ .

يا ربُّ ، ألقِ على العيونِ السَّاهرةِ نُعاساً أمنةً منك ، وعلى النفوسِ المضْطربةِ سكينة ، وأثبْها فتحاً قريباً. يا ربُّ اهدِ حيارى البصائرْ إلى نورِكْ ، وضُلاَّل المناهجِ إلى صراطكْ ، والزائغين عن السبيل إلى هداك .

اللهم أزلِ الوساوس بفجْرِ صادقٍ من النور ، وأزهقْ باطل الضَّمائرِ بفيْلقٍ من الحقِّ ، وردَّ كيد الشيطانِ بمددٍ من جنودِ عوْنِك مُسوِّمين.

اللهم أذهبْ عنَّا الحزن ، وأزلْ عنا الهمَّ ، واطردْ من نفوسِنا القلق.

نعوذُ بك من الخوْفِ إلا منْك ، والركونِ إلا إليك ، والتوكلِ إلا عليك ، والسؤالِ إلا منك ، والاستعانةِ إلا بك ، أنت وليُّنا ، نعم المولى ونعم النصير.

****

كن سعيداً

- الإيمان والعمل الصالح هما سر حياتك الطيبة ، فاحرص عليهما .
- اطلب العلم والمعرفة ، وعليك بالقراءة فإنها تذهب الهم .
- جدد التوبة واهجر المعاصي ؛ لأنها تنغص عليك الحياة .
- عليك بقراءة القرآن متدبراً ،وأكثر من ذكر الله دائماً .
- أحسن إلى الناس بأنواع الإحسان ينشرح صدرك .
- كن شجاعاً لا وجلاً خائفاً ، فالشجاع منشرح الصدر .
- طهر قلبك من الحسد والحقد والدغل والغش وكل مرض .
- اترك فضول النظر والكلام والاستماع والمخالطة والأكل والنوم .
- انهمك في عمل مثمر تنسَ همومك وأحزانك .
- عش في حدود يومك وانس الماضي والمستقبل .
- انظر إلى من هو دونك في الصورة والرزق والعافية ونحوها .
- قدِّر أسوأ الاحتمال ثم تعامل معه لو وقع .
- لا تطاوع ذهنك في الذهاب وراء الخيالات المخيفة والأفكار السيئة .
- لا تغضب ، واصبر واكظم واحلم وسامح ؛ فالعمر قصير .
- لا تتوقع زوال النعم وحلول النقم ، بل على الله توكل .
- أعطِ المشكلة حجمها الطبيعي ولا تضخم الحوادث .
- تخلص من عقدة المؤامرة وانتظار المكاره .
- بسِّط الحياة واهجر الترف ، ففضول العيش شغل ، ورفاهية الجسم عذاب للروح .

- قارن بين النعم التي عندك والمصائب التي حلت بك لتجد الأرباح أعظم من الخسائر .
- الأقوال السيئة التي قيلت فيك لن تضرك ، بل تضر صاحبها فلا تفكر فيها .
- صحح تفكيرك ، ففكر في النعم والنجاح والفضيلة .
- لا تنتظر شكراً من أحد ، فليس لك على أحد حق ، وافعل الإحسان لوجه الله فحسب .
- حدد مشروعاً نافعاً لك ، وفكر فيه وتشاغل به لتنسى همومك .
- احسم عملك في الحال ولا تؤخر عمل اليوم إلى غد .
- تعلم العمل النافع الذي يناسبك ، واعمل العمل المفيد الذي ترتاح إليه .
- فكر في نعم الله عليك ، وتحدث بها واشكر الله عليها .
- اقنع بما آتاك الله من صحة ومال وأهل وعمل .
- تعامل مع القريب والبعيد برؤية المحاسن وغض الطرف عن المعائب .
- تغافل عن الزلات والشائعات وتتبع السقطات وأخبار الناس .
- عليك بالمشي والرياضة والاهتمام بصحتك ؛ فالعقل السليم في الجسم السليم .
- ادع الله دائماً بالعفو والعافية وصالح الحال والسلامة .

****

فكر واشكر

المعنى : أن تذكر نِعم اللهِ عليك فإذا هي تغْمُرُك منْ فوقِك ومن تحتِ قدميْك (**وَإِن تَعُدُّواْ نِعْمَةَ اللّهِ لاَ تُحْصُوهَا**) صِحَّةٌ في بدنٍ ، أمنٌ في وطن ، غذاءٌ وكساءٌ ، وهواءٌ وماءٌ ، لديك الدنيا وأنت ما تشعرُ ، تملكُ الحياةَ وأنت لا تعلمُ (**وَأَسْبَغَ عَلَيْكُمْ نِعَمَهُ ظَاهِرَةً وَبَاطِنَةً**) عندك عينان ، ولسانٌ وشفتانِ ، ويدانِ ورجلانِ (**فَبِأَيِّ آلاء رَبِّكُمَا تُكَذِّبَانِ**) هلْ هي مسألةٌ سهلةٌ أنْ تمشي على قدميْك ، وقد بُتِرتْ أقدامٌ؟! وأنْ تعتمِد على ساقيْك ، وقد قُطِعتْ سوقٌ؟! أحقيقٌ أن تنام ملء عينيك وقدْ أطار الألمُ نوم الكثيرِ؟! وأنْ تملأ معدتك من الطعامِ الشهيِّ وأن تكرع من الماءِ البارِدِ وهناك من عُكِّر عليه الطعامُ ، ونُغِّص عليه الشَّرابُ بأمراضٍ وأسْقامٍ ؟! تفكَّر في سمْعِك وقدْ عُوفيت من

الصَّمم ، وتأملْ في نظرِك وقدْ سلمت من العمى ، وانظر إلى جِلْدِك وقد نجوْت من البرصِ والجُذامِ ، والمحْ عقلك وقدْ أنعم عليك بحضورهِ ولم تُفجعْ بالجنونِ والذهولِ .

أتريدُ في بصرِك وحدهُ كجبلِ أُحُدٍ ذهباً ؟! أتحبُّ بيع سمعِك وزن ثهلان فضةً ؟! هل تشتري قصور الزهراءِ بلسانِك فتكون أبكم؟! هلْ تقايضُ بيديك مقابل عقودِ اللؤلؤ والياقوتِ لتكون أقطع؟! إنك في نِعمٍ عميمةٍ وأفضالٍ جسيمةٍ ، ولكنك لا تدريْ ، تعيشُ مهموماً مغموماً حزيناً كئيباً ، وعندك الخبزُ الدافئُ ، والماءُ البارِدُ ، والنومُ الهانئُ ، والعافيةُ الوارفةُ ، تتفكرُ في المفقودِ ولا تشكرُ الموجود، تنزعجُ من خسارةٍ ماليَّةٍ وعندك مفتاحُ السعادة، وقناطيرُ مقنطرةٌ من الخيرِ والمواهبِ والنعمِ والأشياءِ ، فكِّرْ واشكرْ (**وَفِي أَنفُسِكُمْ أَفَلَا تُبْصِرُونَ**) فكّرْ في نفسك ، وأهلِك ، وبيتِك ، وعملِك ، وعافيتِك ، وأصدقائِك ، والدنيا من حولِك (**يَعْرِفُونَ نِعْمَتَ اللهِ ثُمَّ يُنكِرُونَهَا**) .

****

ما مضى فات

تذكُّرُ الماضي والتفاعلُ معه واستحضارُه ، والحزنُ لمآسيه حمقٌ وجنونٌ ، وقتلٌ للإرادةِ وتبديدٌ للحياةِ الحاضرةِ. إن ملفَّ الماضي عند العقلاء يُطْوَى ولا يُرْوى ، يُغْلَقُ عليه أبداً في زنزانةِ النسيانِ ، يُقيَّدُ بحبالٍ قوَّيةٍ في سجنِ الإهمالِ فلا يخرجُ أبداً ، ويُوْصَدُ عليه فلا يرى النورَ ؛ لأنه مضى وانتهى ، لا الحزنُ يعيدُه ، ولا الهمُّ يصلحهُ ، ولا الغمَّ يصحِّحُهُ ، لا الكدرُ يحييهِ ، لأنه عدمٌ ، لا تعشْ في كابوس الماضي وتحت مظلةِ الفائتِ ، أنقذْ نفسك من شبحِ الماضي ، أتريدُ أن تردَّ النهر إلى مَصبِّهِ ، والشمس إلى مطلعِها ، والطفل إلى بطن أمِّهِ ، واللبن إلى الثدي ، والدمعة إلى العينِ ، إنَّ تفاعلك مع الماضي ، وقلقك منهُ واحتراقك بنارِهِ ، وانطراحك على أعتابهِ وضعٌ مأساويٌّ رهيبٌ مخيفٌ مفزعٌ .

القراءةُ في دفتر الماضي ضياعٌ للحاضرِ ، وتمزيقٌ للجهدِ ، ونسْفٌ للساعةِ الراهنةِ ، ذكر اللهُ الأمم وما فعلتْ ثم قال : (**تِلْكَ أُمَّةٌ قَدْ خَلَتْ**) انتهى الأمرُ وقُضِي ، ولا طائل من تشريحِ جثة الزمانِ ، وإعادةِ عجلةِ التاريخ.

إن الذي يعودُ للماضي ، كالذي يطحنُ الطحين وهو مطحونٌ أصلاً ، وكالذي ينشرُ نشارةُ الخشبِ . وقديماً قالوا لمن يبكي على الماضي : لا تخرج الأموات من قبورهم ، وقد ذكر من يتحدثُ على ألسنةِ البهائمِ أنهمْ قالوا للحمارِ : لمَ لا تجترُّ؟ قال : أكرهُ الكذب.

إن بلاءنا أننا نعْجزُ عن حاضِرنا ونشتغلُ بماضينا ، نهملُ قصورنا الجميلة ، ونندبُ الأطلال البالية ، ولئنِ اجتمعتِ الإنسُ والجنُّ على إعادةِ ما مضى لما استطاعوا ؛ لأن هذا هو المحالُ بعينه .

إن الناس لا ينظرون إلى الوراءِ ولا يلتفتون إلى الخلفِ ؛ لأنَّ الرِّيح تتجهُ إلى الأمامِ والماءُ ينحدرُ إلى الأمامِ ، والقافلةُ تسيرُ إلى الأمامِ ، فلا تخالفْ سُنّة الحياة .

****

يومك يومكَ

إذا أصبحتَ فلا تنتظر المساءُ ، اليوم فحسْبُ ستعيشُ ، فلا أمسُ الذي ذهب بخيرِهِ وشرهِ ، ولا الغدُ الذي لم يأتِ إلى الآن . اليومُ الذي أظلَّتْكَ شمسُه ، وأدركك نهارُهُ هو يومُك فحسْبُ ، عمرُك يومٌ واحدٌ ، فاجعلْ في خلدِك العيش لهذا اليومِ وكأنك ولدت فيهِ وتموتُ فيهِ ، حينها لا تتعثرُ حياتُك بين هاجسِ الماضي وهمِّهِ وغمِّهِ ، وبين توقعِ المستقبلِ وشبحِهِ المخيفِ وزحفِهِ المرعبِ ، لليومِ فقطْ اصرفْ تركيزك واهتمامك وإبداعك وكدَّك وجدَّك ، فلهذا اليومِ لابد أن تقدم صلاةً خاشعةً وتلاوةً بتدبرٍ واطلاعاً بتأملٍ ، وذِكْراً بحضورٍ ، واتزاناً في الأمور ، وحُسْناً في خلقٍ ، ورضاً بالمقسومِ ، واهتماماً بالمظهرِ ، واعتناءً بالجسمِ ، ونفعاً للآخرين .

لليوم هذا الذي أنت فيه فتقسِّم ساعاتِه وتجعل من دقائقه سنواتٍ ، ومن ثوانيهِ شهوراً ، تزرعُ فيه الخيْر ، تُسدي فيه الجميل ، تستغفرُ فيه من الذنب ، تذكرُ فيه الربَّ ، تتهيأ للرحيلِ ، تعيشُ هذا اليوم فرحاً وسروراً ، وأمناً وسكينةً

، ترضى فيه برزقك ، بزوجتك، بأطفالك بوظيفتك ، ببيتك ، بعلمك ، بمُسْتواك (**فَخُذْ مَا آتَيْتُكَ وَكُن مِّنَ الشَّاكِرِينَ**) تعيشُ هذا اليوم بلا حُزْنٍ ولا انزعاجٍ ، ولا سخطٍ ولا حقدٍ ، ولا حسدٍ .

إن عليك أن تكتب على لوحِ قلبك عبارةً واحدة تجعلُها أيضاً على مكتبك تقول العبارة : **(يومك يومُك)**. إذا أكلت خبزاً حارّاً شهيّاً هذا اليوم فهل يضُرُّك خبزُ الأمسِ الجافِّ الرديء ، أو خبزُ غدٍ الغائبِ المنتظرِ .

إذا شربت ماءً عذباً زلالاً هذا اليوْم ، فلماذا تحزنُ من ماءِ أمس الملحِ الأجاجِ ، أو تهتمُّ لماءِ غدٍ الآسنِ الحارِّ.

إنك لو صدقت مع نفسك بإرادةٍ فولانيةٍ صارمةٍ عارمةٍ لأخضعتها لنظرية: **(لن أعيش إلى هذا اليوْم)**. حينها تستغلُّ كلَّ لحظةٍ في هذا اليوم في بناءِ كيانِك وتنميةِ مواهبك ، وتزكيةِ عملكُ ، فتقول : لليوم فقطْ أهذِّبُ ألفاظي فلا أنطقُ هُجراً أو فُحْشاً ، أو سبّاً ، أو غيبةً ، لليوم فقطْ سوف أرتبُ بيتي ومكتبتي ، فلا ارتباكٌ ولا بعثرةٌ ، وإنما نظامٌ ورتابةٌ. لليوم فقط سوف أعيشُ فأعتني بنظافةِ جسمي ، وتحسين مظهري والاهتمامِ بهندامي ، والاتزانِ في مشيتي وكلامي وحركاتي.

لليوم فقطْ سأعيشُ فأجتهدُ في طاعةِ ربِّي ، وتأديةِ صلاتي على أكملِ وجهٍ ، والتزودِ بالنوافلِ ، وتعاهدِ مصحفي ، والنظرِ في كتبي ، وحفظِ فائدةٍ ، ومطالعةِ كتابٍ نافعٍ .

لليومِ فقطْ سأعيشُ فأغرسُ في قلبي الفضيلةَ وأجتثُّ منه شجرة الشرِّ بغصونِها الشائكةِ من كِبْرٍ وعُجبٍ ورياءٍ وحسدٍ وحقدٍ وغِلٍّ وسوءِ ظنٍّ .

لليوم فقط سوف أعيشُ فأنفعُ الآخرين ، وأسدي الجميلَ إلى الغير ، أعودُ مريضاً ، أشيِّعُ جنازةً ، أدُلُّ حيران ، أُطعمُ جائعاً ، أفرِّجُ عن مكروبٍ ، أقفُ مع مظلومٍ ، أشفعُ لضعيفٍ ، أواسي منكوباً، أكرمُ عالماً ، أرحمُ صغيراً ، أجِلُّ كبيراً .

لليوم فقط سأعيشُ ؛ فيا ماضٍ ذهب وانتهى اغربْ كشمسك ، فلن أبكي عليك ولن تراني أقفُ لأتذكرك لحظةً ؛ لأنك تركتنا وهجرتنا وارتحلْت عنَّا ولن تعود إلينا أبد الآبدين .

ويا مستقبلُ أنْت في عالمِ الغيبِ فلنْ أتعامل مع الأحلامِ ، ولن أبيع نفسي مع الأوهام ولن أتعجَّلَ ميلاد مفقودٍ ، لأنَّ غداً لا شيء ؛ لأنه لم يخلق ولأنه لم يكن مذكوراً.

يومك يومُك أيها الإنسانُ أروعُ كلمةٍ في قاموسِ السعادةِ لمن أراد الحياة في أبهى صورِها وأجملِ حُلِلها.

****

اتركِ المستقبلَ حتى يأتيَ

(**أَتَى أَمْرُ اللّهِ فَلاَ تَسْتَعْجِلُوهُ**) لا تستبقِ الأحداث ، أتريدُ إجهاض الحملِ قبْل تمامِهِ؟! وقطف الثمرةِ قبل النضج ؟! إنَّ غداً مفقودٌ لا حقيقة لهُ ، ليس له وجودٌ ، ولا طعمٌ ، ولا لونٌ ، فلماذا نشغلُ أنفسنا بهِ ، ونتوجَّسُ من مصائبِهِ ، ونهتمُّ لحوادثهِ ، نتوقعُ كوارثهُ ، ولا ندري هلْ يُحالُ بيننا وبينهُ ، أو نلقاهُ ، فإذا هو سرورٌ وحبورٌ ؟! المهمُّ أنه في عالمِ الغيبِ لم يصلْ إلى الأرضِ بعْدَ ، إن علينا أنْ لا نعبر جسراً حتى نأتيه ، ومن يدري؟ لعلَّنا نقِف قبل وصولِ الجسرِ ، أو لعلَّ الجسرَ ينهارُ قبْل وصولِنا ، وربَّما وصلنا الجسر ومررنا عليه بسلامٍ.

إن إعطاء الذهنِ مساحةً أوسع للتفكيرِ في المستقبلِ وفتحِ كتابِ الغيبِ ثم الاكتواءِ بالمزعجاتِ المتوقعةِ ممقوتٌ شرعاً ؛ لأنه طولُ أملٍ ، وهو مذمومٌ عقلاً ؛ لأنه مصارعةٌ للظلّ. إن كثيراً من هذا العالم يتوقَّع في مُستقبلِهِ الجوعَ العري والمرضَ والفقرَ والمصائبَ ، وهذا كلُّه من مُقرراتِ مدارسِ الشيطانِ (**الشَّيْطَانُ يَعِدُكُمُ الْفَقْرَ وَيَأْمُرُكُم بِالْفَحْشَاء وَاللّهُ يَعِدُكُم مَّغْفِرَةً مِّنْهُ وَفَضْلاً**) .

كثيرٌ همْ الذين يبكون ؛ لأنهم سوف يجوعون غداً، وسوف يمرضون بعد سنةٍ، وسوف ينتهي العالمُ بعد مائةِ عام. إنَّ الذي عمرُه في يد غيره لا ينبغي لهُ أن يراهن على العدمِ ، والذي لا يدرِي متى يموتُ لا يجوزُ لهُ الاشتغالُ بشيءٍ مفقودٍ لا حقيقة له.

اترك غداً حتى يأتيك ، لا تسأل عن أخبارِه ، لا تنتظر زحوفه ، لأنك مشغولٌ باليوم.

وإن تعجبْ فعجبٌ هؤلاء يقترضون الهمَّ نقداً ليقضوه نسيئةً في يومٍ لم تُشرق شمسُه ولم يرِ النور ، فحذار من طولِ الأملِ .

****

كيف تواجه النقد الآثم ؟

الرُّقعاءُ السُّخفاءُ سبُّوا الخالق الرَّازق جلَّ في علاه ، وشتموا الواحد الأحد لا إله إلا هو ، فماذا أتوقعُ أنا وأنت ونحنُ أهل الحيف والخطأ ، إنك سوف تواجهُ في حياتِك حرْباً! ضرُوساً لا هوادة فيها من النَّقدِ الآثمِ المرِّ ، ومن التحطيم المدروسِ المقصودِ ، ومن الإهانةِ المتعمّدةِ مادام أنك تُعطي وتبني وتؤثرُ وتسطعُ وتلمعُ ، ولن يسكت هؤلاءِ عنك حتى تتخذ نفقاً في الأرضِ أو سلماً في السماءِ فتفرَّ منهم ، أما وأنت بين أظهرِهِمْ فانتظرْ منهمْ ما يسوؤك ويُبكي عينك ، ويُدمي مقلتك ، ويقضُّ مضجعك.

إن الجالس على الأرضِ لا يسقطُ ، والناسُ لا يرفسون كلباً ميتاً ، لكنهم يغضبون عليك لأنك فُقْتَهمْ صلاحاً ، أو علماً ، أو أدباً ، أو مالاً ، فأنت عندهُم مُذنبٌ لا توبة لك حتى تترك مواهبك ونِعَمَ اللهِ عليك ، وتنخلع من كلِّ صفاتِ الحمدِ ، وتنسلخ من كلِّ معاني النبلِ ، وتبقى بليداً ! غبيًّا ، صفراً محطَّماً ، مكدوداً ، هذا ما يريدونهُ بالضبطِ . إذاً فاصمد لكلامِ هؤلاءِ ونقدهِمْ وتشويهِهِمْ وتحقيرِهِمْ ((أثبتْ أُحُدْ)) وكنْ كالصخرةِ الصامتةِ المهيبةِ تتكسرُ عليها حبّاتُ البردِ لتثبت وجودها وقُدرتها على البقاءِ . إنك إنْ أصغيت لكلامِ هؤلاءِ وتفاعلت به حققت أمنيتهُم الغالية في تعكيرِ حياتِك وتكديرِ عمرك ، ألا فاصفح الصَّفْح الجميل ، ألا فأعرضْ عنهمْ ولا تكُ في ضيقٍ مما يمكرون. إن نقدهُمُ السخيف ترجمةٌ محترمةٌ لك ، وبقدرِ وزنِك يكُون النقدُ الآثمُ المفتعلُ .

إنك لنْ تستطيع أن تغلق أفواه هؤلاءِ ، ولنْ تستطيع أن تعتقل ألسنتهم لكنك تستطيعُ أن تدفن نقدهُم وتجنّيهم بتجافيك لهم ، وإهمالك لشأنهِمْ ، واطِّراحك لأقوالِهِم!. (**قُلْ مُوتُواْ بِغَيْظِكُمْ**) بل تستطيعُ أنْ تصبَّ في أفواهِهِمُ الخرْدَلَ بزيادةِ فضائلك وتربيةِ محاسنِك وتقويم اعوجاجِك . إنْ كنت تُريد أن تكون مقبولاً عند الجميع ، محبوباً لدى الكلِّ ، سليماً من العيوبِ عند العالمِ ، فقدْ طلبت مستحيلاً وأمَّلت أملاً بعيداً .

****

لا تنتظرْ شكراً من أحدٍ

خلق اللهُ العباد ليذكروهُ ورزق اللهُ الخليقة ليشكروهُ ، فعبد الكثيرُ غيره ، وشكرَ الغالبُ سواه ، لأنَّ طبيعة الجحودِ والنكرانِ والجفاءِ وكُفْرانِ النِّعم غالبةٌ

على النفوس ، فلا تُصْدمْ إذا وجدت هؤلاءِ قد كفروا جميلك ، وأحرقوا إحسانك ، ونسوا معروفك ، بل ربما ناصبوك العِداءَ ، ورموك بمنجنيقِ الحقدِ الدفين ، لا لشيءٍ إلا لأنك أحسنت إليهمْ (**وَمَا نَقَمُواْ إِلاَّ أَنْ أَغْنَاهُمُ اللّهُ وَرَسُولُهُ مِن فَضْلِهِ**) وطالعْ سجلَّ العالمِ المشهود ، فإذا في فصولِهِ قصةُ أبٍ ربَّى ابنهُ وغذَّاهُ وكساهُ وأطعمهُ وسقاهُ ، وأدَّبهُ ، وعلَّمهُ ، سهر لينام ، وجاع ليشبع ، وتعِب ليرتاح ، فلمَّا طرَّ شاربُ هذا الابنِ وقوي ساعده ، أصبح لوالدهِ كالكلبِ العقور ، استخفافاً ، ازدراءً ، مقتاً ، عقوقاً صارخاً ، عذاباً وبيلاً .

ألا فليهدأ الذين احترقت أوراقُ جميلِهِمْ عند منكوسي الفِطرِ ، ومحطَّمي الإراداتِ ، وليهنؤوا بعوضِ المثوبةِ عند من لا تنفدُ خزائنُه .

إن هذا الخطاب الحارَّ لا يدعوك لتركِ الجميلِ ، وعدمِ الإحسانِ للغير ، وإنما يوطِّنُك على انتظار الجحودِ ، والتنكرِ لهذا الجميلِ والإحسانِ ، فلا تبتئس بما كانوا يصنعون.

اعمل الخير لِوجْهِ اللهِ ؛ لأنك الفائزُ على كل حالٍ ، ثمَّ لا يضرك غمْطُ من غمطك ، ولا جحودُ من جحدك ، واحمدِ الله لأنك المحسنُ ، واليدُ العليا خيرٌ من اليدِ السفلى (**إِنَّمَا نُطْعِمُكُمْ لِوَجْهِ اللَّهِ لَا نُرِيدُ مِنكُمْ جَزَاء وَلَا شُكُوراً**) .

وقد ذُهِل كثيرٌ من العقلاءِ من جبلَّةِ الجحودِ عند الغوْغاءِ ، وكأنهمْ ما سمعوا الوحي الجليل وهو ينعي على الصنف عتوَّه وتمردهُ (**مَرَّ كَأَن لَّمْ يَدْعُنَا إِلَى ضُرٍّ مَّسَّهُ كَذَلِكَ زُيِّنَ لِلْمُسْرِفِينَ مَا كَانُواْ يَعْمَلُونَ**) لا تُفاجأ إذا أهديت بليداً قلماً فكتب به هجاءك ، أو منحت جافياً عصاً يتوكأ عليها ويهشُّ بها على غنمهِ ، فشجَّ بها رأسك ، هذا هو الأصلُ عند هذهِ البشريةِ المحنّطةِ في كفنِ الجحودِ مع باريها جلَّ في علاه ، فكيف بها معي ومعك ؟! .

****

الإحسانُ إلى الآخرين انشراحٌ للصدر

الجميلُ كاسمِهِ ، والمعروفُ كرسمِهِ ، والخيرُ كطعمِهِ. أولُ المستفيدين من إسعادِ النَّاسِ همُ المتفضِّلون بهذا الإسعادِ ، يجنون ثمرتهُ عاجلاً في نفوسِهِمْ ، وأخلاقِهِم ، وضمائرِهِم ، فيجدون الانشراح والانبساط ، والهدوء والسكينة.

فإذا طاف بك طائفٌ من همٍّ أو ألمَّ بك غمٌّ فامنحْ غيرك معروفاً وأسدِ لهُ جميلاً تجدِ الفرج والرَّاحة. أعطِ محروماً ، انصر مظلوماً ، أنقِذْ مكروباً ، أطعمْ

جائعاً ، عِدْ مريضاً ، أعنْ منكوباً ، تجدِ السعادة تغمرُك من بين يديْك ومنْ خلفِك.

إنَّ فعلَ الخيرِ كالطيبِ ينفعُ حاملَهُ وبائعه ومشتريهُ ، وعوائدُ الخيرِ النفسيَّة عقاقيرُ مباركةٌ تصرفُ في صيدليةِ الذي عُمِرتْ قلوبُهم بالبِّر والإحسان .

إن توزيع البسماتِ المشرقةِ على فقراءِ الأخلاقِ صدقةٌ جاريةٌ في عالمِ القيمِ ((**ولو أن تلقى أخاك بوجهٍ طلْقٍ**)) وإن عبوس الوجهِ إعلانُ حربٍ ضروسٍ على الآخرين لا يعلمُ قيامها إلا علاَّمُ الغيوبِ .

شربةُ ماءٍ من كفّ بغي لكلب عقورٍ أثمرتْ دخول جنة عرضُها السمواتُ والأرضُ ؛ لأنَّ صاحب الثوابِ غفورٌ شكورٌ جميلٌ ، يحبُّ الجميل ، غنيٌّ حميدٌ .

يا منْ تُهدِّدهُمْ كوابيسُ الشقاءِ والفزع والخوفِ هلموا إلى بستانِ المعروفِ وتشاغلوا بالآخرين، عطاءً وضيافةً ومواساةً وإعانةً وخدمةً وستجدون السعادة طعماً ولوناً وذوقاً (**وَمَا لِأَحَدٍ عِندَهُ مِن نِّعْمَةٍ تُجْزَى{19} إِلَّا ابْتِغَاء وَجْهِ رَبِّهِ الْأَعْلَى{20} وَلَسَوْفَ يَرْضَى**) .

****

اطردِ الفراغ بالعملِ

الفارغون في الحياةِ هم أهلُ الأراجيفِ والشائعات لأنَّ أذهانهم موزَّعةٌ (**رَضُواْ بِأَن يَكُونُواْ مَعَ الْخَوَالِفِ**) .

إنَّ أخطر حالات الذهنِ يوم يفرغُ صاحبُه من العملِ ، فيبقى كالسيارةِ المسرعةِ في انحدارٍ بلا سائقٍ تجنحُ ذات اليمين وذات الشمالِ .

يوم تجدُ في حياتك فراغاً فتهيَّأ حينها للهمِّ والغمِّ والفزعِ ، لأن هذا الفراغ يسحبُ لك كلَّ ملفَّاتِ الماضي والحاضرِ والمستقبلِ من أدراج الحياةِ فيجعلك في أمرٍ مريجٍ ، ونصيحتي لك ولنفسي أن تقوم بأعمالٍ مثمرةٍ بدلاً من هذا الاسترخاءِ القاتِلِ لأنهُ وأدٌ خفيٌّ ، وانتحارٌ بكبسولٍ مسكِّنٍ .

إن الفراغَ أشبهُ بالتعذيب البطيءِ الذي يمارسُ في سجونِ الصينِ بوضعِ السجينِ تحت أنبوبٍ يقطُرُ كلَّ دقيقةٍ قطرةً ، وفي فتراتِ انتظارِ هذه القطراتِ يُصابُ السجينُ بالجنونِ .

الراحةُ غفلةٌ ، والفراغُ لِصٌّ محترِفٌ ، وعقلك هو فريسةٌ ممزَّقةٌ لهذه الحروبِ الوهميَّة .

إذاً قم الآن صلِّ أو اقرأ ، أو سبِّحْ ، أو طالعْ ، أو اكتبْ ، أو رتِّب مكتبك ، أو أصلح بيتك ، أو انفعْ غيرك حتى تقضي على الفراغِ ، وإني لك من الناصحينْ .

اذبحْ الفراغ بسكينِ العملِ ، ويضمن لك أطباءُ العالم 50% من السعادة مقابل هذا الإجراءِ الطارئِ فحسب ، انظر إلى الفلاحين والخبازين والبنائين يغردون بالأناشيد كالعصافيرِ في سعادةٍ وراحةٍ وأنت على فراشك تمسحُ دموعك وتضطرُب لأنك ملدوغٌ .

****

لا تكن إمعة

لا تتقمص شخصية غيرك ولا تذُب في الآخرين. إن هذا هو العذاب الدائم ، وكثيرٌ هم الذين ينسون أنفسهم وأصواتِهم وحركاتِهم ، وكلامَهم ، ومواهبهم ، وظروفهم ، لينصْهرُوا في شخصيِّات الآخرين ، فإذا التكلّفُ والصّلفُ ، والاحتراقُ ، والإعدامُ للكيان وللذّات.

من آدم إلى آخر الخليقة لم يتفق اثنانِ في صورةٍ واحدةٍ ، فلماذا يتفقون في المواهبِ والأخلاق .

أنت شيءٌ آخرُ لم يسبق لك في التاريخِ مثيلٌ ولن يأتي مثُلك في الدنيا شبيه .

أنت مختلف تماماً عن زيد وعمرو فلا تحشرْ نفسك في سرداب التقليد والمحاكاة والذوبان .

انطلق على هيئتك وسجيّتك (**قَدْ عَلِمَ كُلُّ أُنَاسٍ مَّشْرَبَهُمْ**) ، (**وَلِكُلٍّ وِجْهَةٌ هُوَ مُوَلِّيهَا فَاسْتَبِقُواْ الْخَيْرَاتِ**) عشْ كما خلقتَ لا تغير صوتك ، لا تبدل نبرتك ، لا تخالف مشيتك ، هذب نفسك بالوحي ، ولكن لا تلغِ وجودك وتقتل استقلالك.

أنت لك طعم خاص ولون خاص ونريدك أنت بلونك هذا وطعمك هذا ؛ لأنك خلقت هكذا وعرفناك هكذا **((لا يكن أحدكم إمَّعة))** .

إنَّ الناس في طبائعهمْ أشبهُ بعالمِ الأشجارِ : حلوٌ وحامضٌ ، وطويلٌ وقصيرٌ ، وهكذا فليكونوا. فإن كنت كالموزِ فلا تتحولْ إلى سفرجل ؛ لأن

جمالك وقيمتك أن تكون موزاً ، إن اختلاف ألوانِنا وألسنتِنا ومواهبِنا وقدراتِنا آيةٌ منْ آياتِ الباري فلا تجحد آياته .

****

قضاء وقدر

(مَا أَصَابَ مِن مُّصِيبَةٍ فِي الْأَرْضِ وَلَا فِي أَنفُسِكُمْ إِلَّا فِي كِتَابٍ مِّن قَبْلِ أَن نَّبْرَأَهَا) ، جفَّ القلمُ ، رُفعتِ الصحفُ ، قضي الأمرُ ، كتبت المقادير ، (**قُل لَّن يُصِيبَنَا إِلاَّ مَا كَتَبَ اللّهُ لَنَا**) ، ما أصابك لم يكنْ لِيُخطئِك ، وما أخطأكَ لم يكنْ لِيُصيبِك .

إن هذه العقيدة إذا رسختْ في نفسك وقرَّت في ضميرِك صارتْ البليةُ عطيةً ، والمِحْنةُ مِنْحةً ، وكلُّ الوقائع جوائز وأوسمةً ((**ومن يُردِ اللهُ به خيراً يُصِبْ منه**)) فلا يصيبُك قلقٌ من مرضٍ أو موتِ قريبٍ ، أو خسارةٍ ماليةٍ ، أو احتراقِ بيتٍ ، فإنَّ الباري قد قدَّر والقضاءُ قد حلَّ ، والاختيارُ هكذا ، والخيرةُ للهِ ، والأجرُ حصل ، والذنبُ كُفِّر .هنيئاً لأهلِ المصائب صبرهم ورضاهم عن الآخذِ ، المعطي ، القابضِ ، الباسط ، (**لَا يُسْأَلُ عَمَّا يَفْعَلُ وَهُمْ يُسْأَلُونَ**) .

ولن تهدأ أعصابُك وتسكن بلابلُ نفسِك ، وتذْهب وساوسُ صدْرِك حتى تؤمن بالقضاءِ والقدرِ ، جفَّ القلمُ بما أنت لاقٍ فلا تذهبْ نفسُك حسراتٍ ، لا تظنَّ أنه كان بوسعِك إيقافُ الجدار أن ينهار ، وحبْسُ الماءِ أنْ ينسكِبُ ، ومَنْعُ الريح أن تهبَّ ، وحفظُ الزجاج أن ينكسر ، هذا ليس بصحيحٍ على رغمي ورغمك ، وسوف يقعُ المقدورُ ، وينْفُذُ القضاءُ ، ويحِلُّ المكتوبُ (**فَمَن شَاء فَلْيُؤْمِن وَمَن شَاء فَلْيَكْفُرْ**) .

استسلمْ للقدر قبْل أن تطوّق بجيش السُّخْط والتذمُّر والعويل ، اعترفْ بالقضاءِ قبْل أن يدهمك سيْلُ النَّدمِ ، إذاً فليهدأ بالُك إذا فعلت الأسباب ، وبذلت الحِيل ، ثم وقع ما كنت تحذرُ ، فهذا هو الذي كان ينبغي أن يقع ، ولا تقُلْ ((**لو أني فعلت كذا لكان كذا وكذا ، ولكن قُلْ : قدَّر اللهُ وما شاء فعلْ**)) .

****

(إِنَّ مَعَ الْعُسْرِ يُسْراً)

يا إنسانُ بعد الجوع شبعٌ ، وبعْدَ الظّمأ ريٌّ ، وبعْدَ السَّهرِ نوْمٌ ، وبعْدَ المرض عافيةٌ ، سوف يصلُ الغائبُ ، ويهتدي الضالُّ ، ويُفكُّ العاني ، وينقشعُ الظلامُ (**فَعَسَى اللّهُ أَن يَأْتِيَ بِالْفَتْحِ أَوْ أَمْرٍ مِّنْ عِندِهِ**) .

بشِّر الليل بصبحٍ صادق يطارِدُهُ على رؤوسِ الجبال ، ومسارب الأوديةِ ، بشِّر المهمومَ بفرجٍ مفاجئٍ يصِلُ في سرعةِ الضَّوْءِ ، ولمْحِ البصرِ ، بشّرِ المنكوب بلطفٍ خفيٍّ ، وكفٍ حانيةٍ وادعةٍ .

إذا رأيت الصحراء تمتدُّ وتمتدُّ ، فاعلم أنَّ وراءها رياضاً خضراء وارفةً الظّلالِ.

إذا رأيت الحبْل يشتدُّ ويشتدُّ ، فاعلمْ أنه سوف ينْقطُع .

مع الدمعةِ بسمةٌ ، ومع الخوفِ أمْنٌ ، ومع الفَزَعِ سكينةٌ .

النارُ لا تحرقُ إبراهيم الخليلِ ، لأنَّ الرعايةَ الربانيَّة فتحتْ نافِذَةَ (**بَرْداً وَسَلَاماً عَلَى إِبْرَاهِيمَ**) .

البحرُ لا يُغْرِقُ كَلِيمَ الرَّحْمَنِ ، لأنَّ الصَّوْتَ القويَّ الصادق نطَقَ بـ (**كَلَّا إِنَّ مَعِيَ رَبِّي سَيَهْدِينِ**) .

المعصومُ في الغارِ بشَّرَ صاحِبهُ بأنه وحْدَهُ جلَّ في عُلاهُ معنا ؛ فنزل الأمْنُ والفتُح والسكينة .

إن عبيد ساعاتِهم الراهنةِ ، وأرقّاءَ ظروفِهِمُ القاتمةِ لا يرَوْنَ إلاَّ النَّكَدَ والضِّيقَ والتَّعاسة ، لأنهم لا ينظرون إلاَّ إلى جدار الغرفةِ وبابِ الدَّارِ فَحَسْبُ. ألا فلْيَمُدُّوا أبصارَهُمْ وراء الحُجُبِ وليُطْلِقُوا أعنةَ أفكارِهِمْ إلى ما وراء الأسوار.

إذاً فلا تضِقْ ذرعاً فمن المُحالِ دوامُ الحالِ ، وأفضلُ العبادةِ انتظارُ الفرجِ ، الأيامُ دُولٌ ، والدهرُ قُلَّبٌ ، والليالي حُبَالى ، والغيبُ مستورٌ ، والحكيمُ كلَّ يوم هو في شأنٍ ، ولعلَّ الله يُحْدِثُ بعد ذلك أمراً ، وإن مع العُسْرِ يُسْراً ، إن مع العُسْرِ يُسْراً .

****

اصنع من الليمون شراباً حلواً

الذكيُّ الأريبُ يحوّلُ الخسائر إلى أرباحٍ ، والجاهلُ الرِّعْديدُ يجعلُ المصيبة مصيبتينِ.

طُرِدَ الرسولُ ﷺ من مكة فأقامَ في المدينةِ دولةً ملأتْ سمْع التاريخِ وبصرهُ .

سُجن أحمدُ بنُ حَنْبَلَ وجلد ، فصار إمام السنة ، وحُبس ابنُ تيمية فأُخْرِج من حبسهِ علماً جماً ، ووُضع السرخسيُّ في قعْرِ بئْرٍ معطلةٍ فأخرج عشرين مجلداً في الفِقْهِ ، وأقعد ابن الأثيرِ فصنَّفَ جامع الأصول والنهاية من أشهرِ وأنفعِ كتبِ الحديثِ ، ونُفي ابنُ الجوزي من بغداد ، فجوَّد القراءاتِ السبعِ ، وأصابتْ حمى الموتِ مالك بن الريبِ فأرسل للعالمين قصيدتهُ الرائعة الذائعة التي تعدِلُ دواوين شعراءِ الدولةِ العباسيةِ ، ومات أبناءُ أبي ذؤيب الهذلي فرثاهمْ بإلياذة أنْصت لها الدهرُ ، وذُهِلَ منها الجمهورُ ، وصفَّق لها التاريخُ .

إذا داهمتك داهيةٌ فانظرْ في الجانبِ المشرقِ منها ، وإذا ناولك أحدُهمْ كوب ليمونٍ فأضفْ إليهِ حِفْنَةً من سُكَّر ، وإذا أهدى لك ثعباناً فخذْ جلْدَهُ الثمين واتركْ باقيه ، وإذا لدغتْك عقربٌ فاعلم أنه مصلٌ واقٍ ومناعةٌ حصينة ضد سُمِّ الحياتِ .

تكيَّف في ظرفكِ القاسي ، لتخرج لنا منهُ زهْراً وورْداً وياسميناً (**وَعَسَى أَن تَكْرَهُواْ شَيْئاً وَهُوَ خَيْرٌ لَّكُمْ**) .

سجنتْ فرنسا قبل ثورتِها العارمةِ شاعرين مجيديْنِ متفائلاً ومتشائماً فأخرجا رأسيْهما من نافذةِ السجنِ . فأما المتفائلُ فنظر نظرةً في النجومِ فضحك. وأما المتشائمُ فنظر إلى الطينِ في الشارعِ المجاور فبكى. انظرْ إلى الوجه الآخر للمأساةِ ، لأن الشرَّ المحْض ليس موجوداً ؛ بل هناك خيرٌ ومَكْسبٌ وفَتْحٌ وأجْرٌ .

****

(أَمَّن يُجِيبُ الْمُضْطَرَّ إِذَا دَعَاهُ)

من الذي يفْزعُ إليه المكروبُ ، ويستغيثُ به المنكوبُ ، وتصمدُ إليه الكائناتُ ، وتسألهُ المخلوقاتُ ، وتلهجُ بذكرِه الألسُنُ وتُؤَلِّهُهُ القلوب ؟ إنه اللهُ لا إله إلاَّ هو.

وحقٌ عليَّ وعليك أن ندعوهُ في الشدةِ والرَّخاءِ والسَّراءِ والضَّراءِ ، ونفزعُ إليه في المُلِمَّاتِ ونتوسّلُ إليه في الكرباتِ وننطرحُ على عتباتِ بابِهِ سائلين باكين ضارعين منيبين ، حينها يأتي مددُهُ ويصِلُ عوْنُه ، ويُسْرِعُ فرجُهُ ويَحُلَّ فتْحُهُ (**أَمَّن يُجِيبُ الْمُضْطَرَّ إِذَا دَعَاهُ**) فينجي الغريق ويردُّ الغائب

ويعافي المبتلي وينصرُ المظلوم ويهْدِي الضالَّ ويشفي المريض ويفرّجُ عن المكروبِ (**فَإِذَا رَكِبُوا فِي الْفُلْكِ دَعَوُا اللَّهَ مُخْلِصِينَ لَهُ الدِّينَ**) .

ولن أسْرُد عليك هنا أدعية إزاحةِ الهمِ والغمِ والحزنِ والكربِ ، ولكن أحيلُك إلى كُتُبِ السُّنَّةِ لتتعلم شريف الخطابِ معه ؛ فتناجيهِ وتناديهِ وتدعوهُ وترجوه، فإن وجدْتهُ وجدْت كلَّ شيءٍ ، وإن فقدت الإيمان به فقدت كلَّ شيء ، إن دعاءك ربَّك عبادةٌ أخرى ، وطاعةٌ عظمى ثانيةٌ فوق حصولِ المطلوبِ ، وإن عبداً يجيدُ فنَّ الدعاءِ حريٌ أن لا يهتمَّ ولا يغتمَّ ولا يقلق كل الحبال تتصرّم إلاَّ حبلُه كلُّ الأبوابِ توصدُ إلاَّ بابهُ وهو قريبٌ سميعٌ مجيبٌ ، يجيب المضطرَّ إذا دعاه يأمُرُك- وأنت الفقيرُ الضعيفُ المحتاجُ ، وهو الغنيُّ القويُّ الواحدُ الماجدُ - بأن تدعوه (**ادْعُونِي أَسْتَجِبْ لَكُمْ**) إذا نزلتْ بك النوازلُ ، وألَمَّتْ بك الخطوبُ فالْهجْ بذكرِهِ ، واهتفْ باسمِهِ ، واطلبْ مددهُ واسألْه فتْحهُ ونصْرَهُ ، مرِّغ الجبين لتقديسِ اسمِهِ ، لتحصل على تاج الحريَّةِ ، وأرغم الأنْف في طين عبوديتِهِ لتحوز وِسام النجاةِ ، مدَّ يديْك ، ارفع كفَّيْكَ ، أطلقْ لسانك ، أكثرْ من طلبِهِ ، بالغْ في سؤالِهِ ، ألحَّ عليه ، الزمْ بابهُ ، انتظرْ لُطْفُه ، ترقبْ فتْحهُ ، أشْدُ باسمِهِ ، أحسنْ ظنَّك فيه ، انقطعْ إليه ، تبتَّلْ إليه تبتيلاً حتى تسعد وتُفْلِحَ .

****

وليسعك بيتك

العُزْلةُ الشرعيَّةُ السنيَّةُ : بُعْدُك عن الشرِّ وأهلِهِ ، والفارغينَ واللاهين والفوضويين ، فيجتمعُ عليك شملُك ، ويهدأ بالُك ، ويرتاحُ خاطرُك ، ويجودُ ذهنُك بِدُررِ الحِكم ، ويسرحُ طرفُكَ في بستانِ ا لمعارفِ.

إن العزلة عن كلِّ ما يشغلُ عن الخيرِ والطاعةِ دواءٌ عزيزٌ جرَّبهُ أطباءُ القلوبِ فنجح أيَّما نجاحٍ ، وأنا أدُلُّك عليهِ ، في العزلةِ عن الشرِّ واللَّغوِ وعن الدهماءِ تلقيحٌ للفِكْر ، وإقامةٌ لناموسِ الخشيةِ ، واحتفالٌ بمولدِ الإنابةِ والتذكرِ ، وإنما كان الاجتماعُ المحمودُ والاختلاطُ الممدوحُ في الصلواتِ والجُمَعِ ومجالسِ العِلْمِ والتعاونِ على الخيْرِ ، أما مجالسُ البطالةِ والعطالةِ فحذارِ حذارِ ، اهربْ بجلدِك ، ابكِ على خطيئتك ، وأمسكْ عليك لسانك ، وليسعك بيتك ، الاختلاط الهمجي حرب شعواء على النفس ، وتهديد خطير لدنيا الأمنِ والاستقرارِ في نفسك ، لأنك تجالسُ أساطين الشائعاتِ ، وأبطال الأراجيفِ،

وأساتذة التبشير بالفتن والكوارث والمحن، حتى تموت كلَّ يومٍ سَبْعَ مراتٍ قبل أن يصلك الموتُ (**لَوْ خَرَجُواْ فِيكُم مَّا زَادُوكُمْ إِلاَّ خَبَالاً**) .

إذاً فرجائي الوحيدُ إقبالك على شانِك والانزواءُ في غرفتِك إلاّ من قولِ خيرٍ أو فعلِ خيرٍ ، حينها تجدُ قلبك عاد إليك ، فسلَمَ وقتُك من الضياعِ ، وعمرُك من الإهدارِ ، ولسانُك من الغيبةِ ، وقلبُك من القلقِ ، وأذنُك من الخَنا ونفسُك من سوءِ الظنِ ، ومن جرَّب عَرَفَ ، ومن أركب نفسه مطايا الأوهامِ ، واسترسل مع العوامِ فقلْ عليه السلامُ .

****

العوض من الله

لا يسلبك الله شيئا إلاّ عوّضك خيراً منه ، إذا صبرْتَ واحْتَسَبْتَ ((**منْ أخذتُ حبيبتيه فصبر عوَّضتُه منهما الجنة**)) يعني عينيه ((**من سلبتُ صفيَّهُ من أهل الدنيا ثم احتسب عوَّضْتُهُ من الجنَّة**)) من فقد ابنه وصبر بُني له بَيْتُ الحمدِ في الخُلْدِ ، وقِسْ على هذا المنوالِ فإن هذا مجردُ مثال .

فلا تأسفْ على مصيبة فان الذي قدّرها عنده جنةٌ وثوابٌ وعِوضٌ وأجرٌ عظيمٌ .

إن أولياء الله المصابين المبتلين ينوّهُ بهم في الفِرْدوْسِ (**سَلاَمٌ عَلَيْكُم بِمَا صَبَرْتُمْ فَنِعْمَ عُقْبَى الدَّارِ**) .

وحق علينا أن ننظر في عِوض المصيبةِ وفي ثوابها وفي خلفها الخيِّر (**أُولَـئِكَ عَلَيْهِمْ صَلَوَاتٌ مِّن رَّبِّهِمْ وَرَحْمَةٌ وَأُولَـئِكَ هُمُ الْمُهْتَدُونَ**) هنيئاً للمصابين ، بشرى للمنكوبين.

إن عُمْر الدنيا قصيرٌ وكنزُها حقيرٌ ، والآخرةُ خيرٌ وأبقى فمن أُصيب هنا كُوفِئَ هناك ، ومن تعب هنا ارتاح هناك ، أما المتعلقون بالدُّنيا العاشقون لها الراكنون إليها ، فأشدَّ ما على قلوبهم فوت حظوظهم منها وتنغيصُ راحتهم فيها لأنهم يريدونها وحدها فلذلك تعظُمُ عليهمُ المصائبُ وتكبرُ عندهمُ النكباتُ ؛ لأنهمْ ينظرون تحت أقدامِهم فلا يرون إلاّ الدُّنيا الفانية الزهيدة الرخيصة.

أيها المصابون ما فات شيءٌ وأنتمُ الرابحون ، فقد بعث لكمْ برسالةٍ بين أسطرها لُطْفٌ وعطْفٌ وثوابٌ وحُسنُ اختيار. إن على المصابِ الذي ضرب عليه سرادقُ المصيبة أن ينظر ليرى أن النتيجة (**فَضُرِبَ بَيْنَهُم بِسُورٍ لَّهُ بَابٌ**

بَاطِنُهُ فِيهِ الرَّحْمَةُ وَظَاهِرُهُ مِن قِبَلِهِ الْعَذَابُ) ، وما عند اللهِ خيرٌ وأبقى وأهنأ وأمرأ وأجلُّ وأعلى .

****

الإيمان هو الحياة

الأشقياءُ بكلِّ معاني الشقاءِ همُ المفلسون من كنوزِ الإيمانِ ، ومن رصيدِ اليقينِ ، فهمْ أبداً في تعاسةٍ وغضبٍ ومهانةٍ وذلَّةٍ (**وَمَنْ أَعْرَضَ عَن ذِكْرِي فَإِنَّ لَهُ مَعِيشَةً ضَنكاً**) .

لا يُسعدُ النفس ويزكّيها ويطهرُها ويفرحُها ويذهبُ غمَّها وهمّها وقلقها إلاَّ الإيمانُ باللهِ ربِّ العالمين ، لا طعم للحياةِ أصلاً إلاَّ بالإيمانِ .

إنَّ الطريقة المثلى للملاحدةِ إن لم يؤمنوا أن ينتحرُوا ليريحُوا أنفسهم من هذه الآصارِ والأغلالِ والظلماتِ والدواهي ، يا لها منْ حياةٍ تاعِسة بلا إيمانٍ ، يا لها من لعنةٍ أبديةٍ حاقتْ بالخارجين على منهج الله في الأرض (**وَنُقَلِّبُ أَفْئِدَتَهُمْ وَأَبْصَارَهُمْ كَمَا لَمْ يُؤْمِنُواْ بِهِ أَوَّلَ مَرَّةٍ وَنَذَرُهُمْ فِي طُغْيَانِهِمْ يَعْمَهُونَ**) وقد آن الأوانُ للعالمِ أن يقتنع كلَّ القناعة ، وأن يؤمن كلَّ الإيمانِ بأنَّ **لا إله إلا الله** بعْدَ تجربةٍ طويلةٍ شاقةٍ عبْرَ قُرونٍ غابرةٍ توصَّل بعدها العقْلُ إلى أن الصنم خرافةٌ والكفر لعنةٌ ، والإلحاد كِذْبةٌ وأنّ الرُّسُلَ صادقون ، وأنّ الله حقٌّ له الملكُ ولهُ الحمدُ وهو على كلِّ شيء قديرٌ .

وبقدرِ إيمانِك قوةً وضعفاً ، حرارةً وبرودةً ، تكون سعادتُك وراحتُك وطمأنينتُك .

(**مَنْ عَمِلَ صَالِحاً مِّن ذَكَرٍ أَوْ أُنثَى وَهُوَ مُؤْمِنٌ فَلَنُحْيِيَنَّهُ حَيَاةً طَيِّبَةً وَلَنَجْزِيَنَّهُمْ أَجْرَهُم بِأَحْسَنِ مَا كَانُواْ يَعْمَلُونَ**) وهذه الحياةُ الطيبةُ هي استقرارُ نفوسِهم لَحُسْنِ موعودِ ربِّهم ، وثباتُ قلوبِهم بحبِّ باريهم ، وطهارةُ ضمائرِهم من أوضارِ الانحرافِ ، وبرودُ أعصابِهم أمام الحوادثِ ، وسكينةُ قلوبِهم عنْدَ وقْعِ القضاءِ ، ورضاهم في مواطن القدر ، لأنهم رضُوا باللهِ ربّاً وبالإسلام ديناً ، وبمحمَّدٍ ﷺ نبياً ورسولاً .

****

اجنِ العسل ولا تكسرِ الخليَّة

الرفقُ ما كانَ في شيءٍ إلاّ زانهُ ، وما نُزِعَ من شيءٍ إلاّ شانَه ، اللينُ في الخطابِ ، البسمةُ الرائقةُ على المحيا ، الكلمةُ الطيبةُ عند اللقاءِ ، هذه حُلَلٌ منسوجةٌ يرتديها السعداءُ ، وهي صفاتُ المؤمنِ كالنحلة تأكلُ طيِّباً وتصنعُ طيِّباً ، وإذا وقعتْ على زهرةٍ لا تكسرُها ؛ لأنَّ الله يعطي على الرفقِ ما لا يعطي على العنفِ . إنَّ من الناسِ من تشْرَئِبُّ لقدومِهِمُ الأعناقُ ، وتشخصُ إلى طلعاتِهِمُ الأبصارُ ، وتحييهمُ الأفئدةُ وتشيّعهُمُ الأرواحُ ، لأنهم محبون في كلامِهِم ، في أخذهم وعطائِهِم ، في بيعهِم وشرائِهِم ، في لقائِهِم ووداعِهِم .

إن اكتسابَ الأصدقاءِ فنٌّ مدروسٌ يجيدُهُ النبلاءُ الأبرارُ ، فهمْ محفوفون دائماً وأبداً بهالةٍ من الناسِ ، إنْ حضروا فالبِشْرُ والأنسُ ، وإن غابوا فالسؤالُ والدعاءُ .

إنَّ هؤلاءِ السعداء لهمْ دستور أخلاقٍ عنوانُه : (**ادْفَعْ بِالَّتِي هِيَ أَحْسَنُ فَإِذَا الَّذِي بَيْنَكَ وَبَيْنَهُ عَدَاوَةٌ كَأَنَّهُ وَلِيٌّ حَمِيمٌ**) فهمْ يمتصون الأحقاد بعاطِفتِهِمُ الجيّاشةِ ، وحلمِهِمُ الدافئِ ، وصفْحِهِم البريءِ ، يتناسون الإساءة ويحفظون الإحسان ، تمُرُّ بهمُ الكلماتُ النابيةُ فلا تلجُ آذانهم ، بل تذهبُ بعيداً هناك إلى غيرِ رجْعةٍ . همْ في راحةٍ ، والناسُ منهمُ في أمنٍ ، والمسلمون منهمُ في سلام ((**المسلمُ من سلِمَ المسلمونُ من لِسانِهِ ويَدِهِ ، والمؤمنُ من أمِنَهُ الناسُ على دمائِهِم وأموالِهِم**)) ((**إن الله أمرني أنْ أصلَ منْ قطعني وأن أعْفُوَ عمَّن ظلمني وأن أُعطي منْ حرَمَني**)) (**وَالْكَاظِمِينَ الْغَيْظَ وَالْعَافِينَ عَنِ النَّاسِ**) بشّرْ هؤلاء بثوابٍ عاجلٍ من الطمأنينةِ والسكينةِ والهدوءِ .

وبشرهم بثوابٍ أخرويٍّ كبيرٍ في جوارِ ربٍّ غفورٍ في جناتٍ ونَهَرٍ (**فِي مَقْعَدِ صِدْقٍ عِنْدَ مَلِيكٍ مُقْتَدِرٍ**) .

****

(أَلاَ بِذِكْرِ اللّهِ تَطْمَئِنُّ الْقُلُوبُ)

الصدقُ حبيبُ اللهِ ، والصراحةُ صابونُ القلوبِ ، والتجربةُ برهانٌ ، والرائدُ لا يكذبُ أهله ، ولم يوجدْ عملٌ أشرحُ للصدرِ وأعظمُ للأجرِ كالذكر (**فَاذْكُرُونِي أَذْكُرْكُمْ**) وذكرُهُ سبحانهُ جنَّتُهُ في أرضِهِ ، من لمْ يدخلْها لم يدخل جنةَ الآخرةِ ، وهو إنقاذٌ للنفس من أوصابِها وأتعابِها واضطرابِها ، بلْ هو طريقٌ ميسّرٌ مختصرٌ إلى كلِّ فوزٍ وفلاحٍ . طالعْ دواوينَ الوحي لترى فوائدَ الذكرِ ، وجَرِّبْ مع الأيامِ بلْسمهُ لتنالَ الشفاءَ .

بذكره سبحانهُ تنقشعُ سُحُبُ الخوفِ والفَزَعِ والهمِّ والحزنِ . بذكره تُزاحُ جبالُ الكَرْبِ والغمِ والأسى .

ولا عجبَ أنْ يرتاح الذاكرون ، فهذا هو الأصلُ الأصيلُ ، لكن العَجَبَ العُجابَ كيف يعيشُ الغافلون عن ذكرِهِ **(أَمْوَاتٌ غَيْرُ أَحْيَاء وَمَا يَشْعُرُونَ أَيَّانَ يُبْعَثُونَ)** .

يا منْ شكى الأرق ، وبكى من الألم ، وتفجّع من الحوادثِ ، ورمتْهُ الخطوبُ ، هيا اهتفْ باسمه المقدسِ ، **(هَلْ تَعْلَمُ لَهُ سَمِيّاً)** .

بقدرِ إكثارك من ذكره ينبسطُ خاطرُك ، يهدأُ قلبُك ، تسعدُ نفْسُك ، يرتاحُ ضميرك ، لأن في ذكره جلّ في عُلاه معاني التوكلِ عليه ، والثقةِ به والاعتمادِ عليه ، والرجوعِ إليه ، وحسنِ الظنِّ فيه ، وانتظار الفرجِ منه ، فهو قريبٌ إذا دُعِي ، سميعٌ إذا نُودِي ، مجيبٌ إذا سُئِلَ ، فاضرعْ واخضعْ واخشعْ ، وردِّدِ اسمهُ الطيب المبارك على لسانِك توحيداً وثناءً ومدحاً ودعاءً وسؤالاً واستغفاراً ، وسوف تجدُ – بحولِهِ وقوتِهِ – السعادة والأمنَ والسرور والنور والحبورَ **(فَآتَاهُمُ اللّهُ ثَوَابَ الدُّنْيَا وَحُسْنَ ثَوَابِ الآخِرَةِ)** .

****

(أَمْ يَحْسُدُونَ النَّاسَ عَلَى مَا آتَاهُمُ اللّهُ مِن فَضْلِهِ)

الحسدَ كالأكلةِ الملِحَةِ تنخرُ العظمَ نخْراً ، إنَّ الحسد مرضٌ مزمنٌ يعيثُ في الجسم فساداً ، وقد قيل : لا راحة لحسود فهو ظالمٌ في ثوبِ مظلوم ، وعدوٌّ في جِلْبابِ صديقٍ . وقد قالوا : لله درُّ الحسدِ ما أعْدَلَهْ ، بدأ بصاحبِهِ فقتَلَهْ .

إنني أنهى نفسي ونفسك عن الحسدِ رحمةً بي وبك ، قبل أنْ نرحم الآخرين ؛ لأننا بحسدِنا لهمْ نطعمُ الهمَّ لحومنا ، ونسقي الغمَّ دماءَنا ، ونوزِّعُ نوم جفوننا على الآخرين .

إنَّ الحاسد يُشْعِلُ فرناً ساخناً ثم يقتحمُ فيه . التنغيصُ والكدرُ والهمُّ الحاضرُ أمراضٌ يولِّدها الحسدُ لتقضي على الراحةِ والحياةِ الطيبةِ الجميلةِ .

بلِيّةُ الحاسدِ أنهُ خاصمَ القضاءَ ، واتهم الباري في العدْلِ ، وأساء الأدب مع الشَّرْعِ ، وخالف صاحبَ المنْهجِ .

يا للحسد من مرضٍ لا يُؤجرُ عليهِ صاحبُه ، ومن بلاءٍ لا يُثابُ عليه المُبْتَلَى به ، وسوف يبقى هذا الحاسدُ في حرقةٍ دائمةٍ حتى يموت أو تذْهَبَ نِعمُ الناسِ عنهم . كلٌّ يُصالحُ إلاَّ الحاسد فالصلحُ معه أن تتخلّى عن نعمِ اللهِ وتتنازل

عن مواهبِك ، وتُلْغي خصائصَك ، ومناقِبَك ، فإن فعلت ذلك فَلَعَلَّهُ يرضى على مضضٍ ، نعوذُ بالله من شرِّ حاسدٍ إذا حسدْ ، فإنه يصبحُ كالثعبانِ الأسودِ السَّامِ لا يقر قراره حتى يُفرِغُ سمَّهُ في جسمٍ بريءٍ .

فأنهاك أنهاك عن الحسد واستعذ بالله من الحاسدِ فإنه لك بالمرصادِ .

****

اقبلِ الحياة كما هي

حالُ الدنيا منغصةُ اللذاتِ ، كثيرةُ التبعاتِ ، جاهمةُ المحيَّا ، كثيرةُ التلوُّنِ ، مُزِجتْ بالكدرِ ، وخُلِطتْ بالنَّكدِ ، وأنت منها في كَبَدٍ .

ولن تجد والداً أو زوجةً ، أو صديقاً ، أو نبيلاً ، ولا مسكناً ولا وظيفةً إلاَّ وفيه ما يكدِّرُ ، وعنده ما يسوءُ أحياناً ، فأطفئ حرَّ شرِّه ببردِ خيرِهِ ، لتنْجُوَ رأساً برأسٍ ، والجروحُ قصاصٌ .

أراد اللهُ لهذه الدنيا أن تكون جامعةً للضدين ، والنوعين ، والفريقين ، والرأيين خيرٍ وشرٍ ، صلاحٍ وفسادٍ ، سرورٍ وحُزنٍ ، ثم يصفو الخيرُ كلُّهُ والصلاحُ والسُّرورُ في الجنةِ ، ويُجْمَعُ الشرُّ كلُّه والفسادُ والحزنُ في النارِ . في الحديث : ((**الدنيا ملعونةٌ ملعونٌ ما فيها إلا ذكرَ اللهِ وما والاهُ وعالمٌ ومتعلِّمٌ**)) فعِشْ واقعَك ولا تسرحْ من الخيالِ ، وحلِّقْ في عالمِ المثالياتِ ، اقبلْ دنياكَ كما هي ، وطوِّعْ نفسك لمعايشتِها ومواطنتِها ، فسوف لا يصفو لك فيها صاحبٌ ، ولا يكمُلُ لك فيها أمرٌ ، لأنَّ الصَّفْوَ والكمالَ والتمامَ ليس من شأنها ولا من صفاتِها .

لن تكمل لك زوجةٌ ، وفي الحديث : ((**لا يفركُ مؤمنٌ مؤمنةً إن كرِه منها خلقاً رضيَ منها آخر**)) .

فينبغي أنْ نسددَ ونقاربَ ، ونعفُوَ ونصفحَ ، ونأخذَ ما تيسَّرَ ، ونذرَ ما تعسَّرَ ونغضَّ الطَّرْفَ أحياناً ، ونسددَ الخطى ، ونتغافلَ عن أمورٍ .

****

تعزَّ بأهلِ البلاءِ

تَلَفَّتْ يَمْنَةً ويَسْرَةً ، فهل ترى إلاَّ مُبتلَى ؟ وهل تشاهدُ إلاَّ منكوباً في كل دارٍ نائحةٌ ، وعلى كل خدٍّ دمْعٌ ، وفي كل وادٍ بنو سعدٍ .

كمْ منَ المصائبِ ، وكمْ من الصابرين ، فلست أنت وحدك المصـاب ، بل مصـابُكَ أنت بالنسبةِ لغيرك قليلٌ ، كمْ من مريضٍ على سريره من أعوامٍ ، يتقلبُ ذات اليمينِ وذات الشِّمالِ ، يَئِنُّ من الألمِ ، ويصيحُ من السَّقم .

كم من محبوس مرت به سنوات ما رأى الشمس بعينه ، وما عرف غير زنزانته .

كمْ من رجلٍ وامرأةٍ فقدا فلذاتِ أكبادهما في ميْعَةِ الشبابِ وريْعانِ العُمْرِ .

كمْ من مكروبٍ ومدِينٍ ومُصابٍ ومنكوبٍ .

آن لك أن تتعزَّ بهؤلاءِ ، وأنْ تعلم عِلْمَ اليقين أنَّ هذه الحياة سجْنٌ للمؤمنِ ، ودارٌ للأحزانِ والنكباتِ ، تصبحُ القصورُ حافلةً بأهلها وتمسي خاويةً على عروشـها ، بينهـا الشَّمْلُ مجتمِعٌ ، والأبـدانُ فـي عافيـة ، والأمـوالُ وافـرةٌ ، والأولادُ كُثرٌ ، ثمَّ ما هي إلاَّ أيامٌ فإذا الفقرُ والموْتُ والفراقُ والأمراضُ (**وَتَبَيَّنَ لَكُمْ كَيْفَ فَعَلْنَا بِهِمْ وَضَرَبْنَا لَكُمُ الأَمْثَالَ**) فعليك أن توطِّن مصابك بمنْ حولك ، وبمن سبقك في مسيرةِ الدهرِ ، ليظهر لك أنك معافىً بالنسبة لهؤلاءِ ، وأنه لم يأتك إلا وخزاتٌ سهلةٌ ، فاحمدِ الله على لُطْفهِ ، واشكره على ما أبقى ، واحتسِبْ ما أخذ ، وتعزَّ بمنْ حولك .

ولك في الرسول ﷺ قدوةٌ وقدْ وُضِع السَّلى على رأسِه ، وأدمِيتْ قدماه وشُجَّ وجهُه ، وحوصِر في الشِّعبِ حتى أكل ورق الشجرِ ، وطُرِد من مكَّة ، وكُسِرتْ ثنيتُه ، ورُمِي عِرْضُ زوجتِهِ الشريفُ ، وقُتِل سبعون من أصحابِهِ ، وفقد ابنه ، وأكثر بناتِه في حياتِهِ ، وربط الحجر على بطنِه من الجوعِ ، واتُّهِم بأنهُ شاعِرٌ ساحِرُ كاهن مجنونٌ كاذبٌ ، صانُهُ اللهُ من ذلك ، وهذا بلاءٌ لابدَّ منه وتمحيصٌ لا أعظم منهُ ، وقدْ قُتِل زكريَّا ، وذُبِح يحيى ، وهُجِّرَ موسى ووضع الخليلُ في النارِ ، وسار الأئمةُ على هذا الطريق فضُرِّج عُمَرُ بدمِهِ ، واغتيل عثمانُ ، وطُعِن عليٌّ ، وجُلِدَتْ ظهورُ الأئمةِ وسُجِن الأخيارُ، ونكل بالأبرار (**أَمْ حَسِبْتُمْ أَن تَدْخُلُواْ الْجَنَّةَ وَلَمَّا يَأْتِكُم مَّثَلُ الَّذِينَ خَلَوْاْ مِن قَبْلِكُم مَّسَّتْهُمُ الْبَأْسَاء وَالضَّرَّاء وَزُلْزِلُواْ**) .

****

الصلاة .. الصلاة

﴿يَا أَيُّهَا الَّذِينَ آمَنُواْ اسْتَعِينُواْ بِالصَّبْرِ وَالصَّلاَةِ﴾

إذا داهمك الخَوْفُ وطوّقك الحزنُ ، وأخذ الهمُّ بتلابيبك ، فقمْ حالاً إلى الصلاةِ ، تثُبْ لك روحُك ، وتطمئنَّ نفسُك ، إن الصلاة كفيلةٌ – بإذنِ اللهِ باجتياحِ مستعمراتِ الأحزانِ والغمومِ ، ومطاردةِ فلولِ الاكتئابِ .

كان ﷺ إذا حزبَهُ أمرٌ قال : ((**أرحنا بالصلاةِ يا بلالُ**)) فكانتْ قُرَّةَ عينِهِ وسعادتَهُ وبهجتَهُ .

وقد طالعتُ سِيرُ قومٍ أفذاذٍ كانتْ إذا ضاقتْ بهم الضوائقُ ، وكشّرتْ في وجوههمُ الخطوبُ ، فزعوا إلى صلاةٍ خاشعةٍ ، فتعودُ لهم قُواهُمْ وإراداتُهم وهِمَمُهُمْ .

إنّ صلاةَ الخوفِ فُرِضتْ لِتُؤدّى في ساعةِ الرعبِ ، يوم تتطايرُ الجماجمُ، وتسيلُ النفوسُ على شفراتِ السيوفِ ، فإذا أعظمُ تثبيتٍ وأجلُّ سكينةٍ صلاةٌ خاشعةٌ .

إنَّ على الجيلِ الذي عصفت به الأمراضُ النفسيةُ أن يتعرّفَ على المسجدِ ، وأن يمرّغ جبينَهُ لِيُرْضِي ربّه أوّلاً ، ولينقذ نفسهُ من هذا العذابِ الواصبِ ، وإلاَّ فإنَّ الدمع سوف يحرقُ جفْنهُ ، والحزن سوف يحطمُ أعصابهُ ، وليس لديهِ طاقةٌ تمدّهُ بالسكينةِ والأمنِ إلا الصلاةُ .

من أعظمِ النعمِ – لو كنّا نعقلُ – هذهِ الصلواتُ الخمْسُ كلَّ يومٍ وليلةٍ كفارةٌ لذنوبِنا ، رفعةٌ لدرجاتِنا عند ربِّنا ، ثم هي علاجٌ عظيمٌ لمآسينا ، ودواءٌ ناجِعٌ لأمراضِنا ، تسكبُ في ضمائرِنا مقادير زاكيةً من اليقين ، وتملأُ جوانحنا بالرِّضا أما أولئك الذين جانبوا المسجد ، وتركوا الصلاة ، فمنْ نكدٍ إلى نكدٍ ، ومن حزنٍ إلى حزنٍ ، ومن شقاءٍ إلى شقاءٍ ﴿**فَتَعْساً لَّهُمْ وَأَضَلَّ أَعْمَالَهُمْ**﴾ .

****

حسبنا الله ونعم الوكيل

تفويضُ الأمرِ إلى اللهِ ، والتوكلُ عليهِ ، والثقة بوعدِهِ ، والرضا بصنيعهِ وحُسنُ الظنِّ بهِ ، وانتظارُ الفرج منهُ ؛ من أعظمِ ثمراتِ الإيمانِ ، وأجلِّ صفاتِ المؤمنين ، وحينما يطمئنُّ العبدُ إلى حسنِ العاقبةِ ، ويعتمدُ على ربِّهِ في كلِّ شأنِه ، يجد الرعاية ، والولاية ، والكفاية ، والتأييدَ ، والنصرة .

لما ألقي إبراهيمُ عليه السلامُ في النارِ قال : حسبنا اللهُ ونِعْمَ الوكيلُ ، فجعلها اللهُ عليه برْداً وسلاماً ، ورسولُنا ﷺ وأصحابُه لما هُدِّدُوا بجيوشِ الكفارِ ، وكتائبِ الوثنيةِ قالوا : (**حَسْبُنَا اللّهُ وَنِعْمَ الْوَكِيلُ{173} فَانقَلَبُواْ بِنِعْمَةٍ مِّنَ اللّهِ وَفَضْلٍ لَّمْ يَمْسَسْهُمْ سُوءٌ وَاتَّبَعُواْ رِضْوَانَ اللّهِ وَاللّهُ ذُو فَضْلٍ عَظِيمٍ**) .

إنَّ الإنسان وحده لا يستطيعُ أنْ يصارعِ الأحداث ، ولا يقاوم الملمَّاتِ ، ولا ينازل الخطوبَ ؛ لأنه خُلِقَ ضعيفاً عاجزاً ، إلا حينما يتوكلُ على ربِّه ويثقُ بمولاه ، ويفوِّضُ الأمرَ إليه ، وإلا فما حيلةُ هذا العبدِ الفقيرِ الحقيرِ إذا احتوشتْهُ المصائب ، وأحاطتْ به النكباتُ (**وَعَلَى اللّهِ فَتَوَكَّلُواْ إِن كُنتُم مُّؤْمِنِينَ**) .

فيا من أرادَ أن ينصح نفسه : توكلْ على القويِّ الغنيِّ ذي القُوَّةِ المتين ، لينقذك من الويلاتِ ، ويخرجك من الكُرُباتِ ، واجعلْ شعارَك ودثارَك **حسبنا اللهُ ونِعْمَ الوكيلُ** ، فإن قلَّ مالُك ، وكثُرَ ديْنُك ، وجفَّتْ مواردِك ، وشحّتْ مصادرُك ، فنادِ : **حسبُنا اللهِ ونِعْمَ الوكيلُ** .

وإذا خفتَ من عدوٍّ ، أو رُعبْتَ من ظالمٍ ، أو فزعت من خَطْبٍ فاهتفْ : **حسبنا اللهُ ونِعْمَ الوكيل** .

(**وَكَفَى بِرَبِّكَ هَادِياً وَنَصِيراً**) .

****

(قُلْ سِيرُواْ فِي الأَرْضِ)

مما يشرحُ الصَّدْرَ ، ويزيحُ سُحُب الهمِّ والغمِّ ، السَّفَرُ في الديارِ ، وقَطْعُ القفارِ ، والتقلبُ في الأرضِ الواسعةِ ، والنظرُ في كتابِ الكونِ المفتوحِ لتشاهد أقلام القدرةِ وهي تكتبُ على صفحاتِ الوجودِ آياتِ الجمالِ ، لترى حدائق ذات بهجةٍ ، ورياضاً أنيقةً وجناتٍ ألفاً ، اخرجْ من بيتكَ وتأملْ ما حولك وما بين يديك وما خلفك ، اصْعَدِ الجبالَ ، اهبطِ الأوديةَ ، تسلّقِ الأشجارَ ، عُبَّ من الماءِ النميرِ ، ضعْ أنفك على أغصانِ الياسمين ، حينها تجدُ روحك حرةً طليقةً ، كالطائرِ الغرّيدِ تسبحُ في فضاءِ السعادةِ ، اخرجْ من بيتِك ، ألقِ الغطاء الأسودَ عن عينيك ، ثم سرْ في فجاجِ اللهِ الواسعةِ ذاكراً مسبحاً .

إنَّ الانزواء في الغرفةِ الضيّقةِ مع الفراغِ القاتلِ طريقٌ ناجحٌ للانتحارِ ، وليستْ غرفتك هي العالمُ ، ولست أنت كلَّ الناسِ فَلِمَ الاستسلامُ أمام كتائبِ

الأحزان ؟ ألا فاهتفْ ببصرِك وسمعِك وقلبِكَ : (**انْفِرُواْ خِفَافاً وَثِقَالاً**) ، تعال لتقرأ القرآن هنا بين الجداولِ والخمائِل ، بَيْنَ الطيورِ وهي تتلو خُطَبَ الحبِّ ، وبَيْنَ الماءِ وهو يروي قصة وصولِهِ من التلِّ .

إن التَّرحْالَ في مساربِ الأرضِ متعةٌ يوصِي بها الأطباءُ لمن ثَقُلَتْ عليه نفسُهُ ، وأظلمتْ عليهِ غرفتهُ الضيقةُ ، فهيَّا بنا نسافِر لنسعد ونفرح ونفكر ونتدبّر (**وَيَتَفَكَّرُونَ فِي خَلْقِ السَّمَاوَاتِ وَالأَرْضِ رَبَّنَا مَا خَلَقْتَ هَذا بَاطِلاً سُبْحَانَكَ**) .

****

فصبرٌ جميلٌ

التحلِّي بالصبر من شيمِ الأفذاذِ الذين يتلقون المكاره برحابةِ صَدْرٍ وبقوةِ إرادةٍ ، ومناعةٍ أبيَّة . وإنْ لم أصبرْ أنا وأنت فماذا نصنعُ ؟! .

هل عندك حلٌّ لنا غيرُ الصبرِ ؟ هل تعلم لنا زاداً غيرَهُ ؟

كان أحدُ العظماءِ مسرحاً تركضُ فيه المصائبُ ، وميداناً تتسابقُ فيهِ النكباتُ كلما خرج من كربةٍ زارتهُ كربةٌ أخرى ، وهو متترسٌ بالصبرِ ، متدرّعٌ بالثقةِ باللهِ .

هكذا يفعلُ النبلاءُ ، يُصارعون الملمّاتِ ويطرحون النكباتِ أرضاً .

دخلوا على أبي بكر -رضي اللهُ عنهُ- وهو مريضٌ ، قالوا : ألا ندعو لك طبيباً ؟ قال : الطبيبُ قد رآني . قالوا : فماذا قال ؟ قال : يقولُ : إني فعَّالٌ لما أريدُ .

واصبرْ وما صبرُك إلاَّ باللهِ ، اصبرْ صَبْرَ واثقٍ بالفرجِ ، عالم بحُسْنِ المصيرِ ، طالبٍ للأجرِ ، راغبٍ في تفكيرِ السيئاتِ ، اصبرْ مهما ادلهمَّت الخطوبُ ، وأظلمتِ أمامك الدروبُ ، فإنَّ النصر مع الصَّبْرِ ، وأنَّ الفرج مع الكَرْبِ ، وإن مع العُسْرِ يُسْراً .

قرأتُ سير عظماءٍ مرُّوا في هذه الدنيا ، وذهلتُ لعظيمِ صبرِهِمْ وقوةِ احتمالِهم ، كانت المصائبُ تقعُ على رؤوسِهم كأنَّها قطراتُ ماءٍ باردةٍ ، وهم في ثباتِ الجبالِ ، وفي رسوخِ الحقِ ، فما هو إلاَّ وقت قصيرٌ فتشرقُ وجوهُهم على طلائع فجرِ الفرجِ ، وفرحةِ الفتحِ ، وعصرِ النصرِ . وأحدُهم ما اكتفى بالصبرِ وَحْدَهُ ، بل نازَلَ الكوارِث ، وصاحَ في وجهِ المصائبِ مُتحدِّياً .

****

لا تحملِ الكرة الأرضية على رأسِكَ

نفرٌ من الناسِ تدورُ في نفوسِهم حرْبٌ عالميَّةٌ ، وهم على فُرُشِ النوم ، فإذا وضعتِ الحرْبُ أوزارها غَنِمُوا قُرْحَةَ المعدةِ ، وضَغْطَ الدمِّ والسكَّريَّ . يحترقون مع الأحداثِ ، يغضبون من غلاءِ الأسعارِ ، يثورون لتأخرِ الأمطارِ ، يضجُّون لانخفاضِ سعْرِ العملةِ ، فهم في انزعاجٍ دائمٍ ، وقلقٍ واصِبٍ(يَحْسَبُونَ كُلَّ صَيْحَةٍ عَلَيْهِمْ) .

ونصيحتي لكَ أنْ **لا تحملِ الكرة الأرضية على رأسِكَ** ، دعِ الأحداث على الأرضِ ولا تضعْها في أمعائِك . إن بعض الناس عنده قلبٌ كالإسفنجة يتشربُ الشائعاتِ والأراجيفَ ، ينزعجُ للتوافِهِ ، يهتزِ للوارداتِ ، يضطربُ لكلِّ شيءٍ ، وهذا القلبُ كفيلٌ أن يحطم صاحبهُ ، وأن يهدم كيان حامِلِهِ .

أهلُ المبدأ الحقِّ تزيدُهم العِبرُ والعظاتُ إيماناً إلى إيمانِهم ، وأهْلُ الخورِ تزيدُهم الزلازلُ خوفاً إلى خوفِهم ، وليس أنفع أمام الزوابع والدواهي من قلبٍ شجاعٍ ، فإن المِقْدام الباسلَ واسعُ البطانِ ، ثابتُ الجأشِ ، راسخُ اليقينِ ، باردُ الأعصابِ ، منشرحُ الصدر ، أما الجبانُ فهو يذبح فهو يذبح نفسه كلَّ يوم مرات بسيف التوقّعات والأراجيفِ والأوهامِ والأحلامِ ، فإن كنت تريدُ الحياة المستقرَّةَ فواجِهِ الأمور بشجاعةٍ وجلدٍ ، ولا يستخفنك الذين لا يوقنون ، ولا تك في ضيْقٍ ممَّا يمكرون ، كنْ أصلب من الأحداثِ ، وأعْتى من رياحِ الأزماتِ ، وأقوى من الأعاصيرِ ، وارحمتاه لأصحابِ القلوبِ الضعيفةِ ، كم تهزُّهم الأيامُ هزّاً (**وَلَتَجِدَنَّهُمْ أَحْرَصَ النَّاسِ عَلَى حَيَاةٍ**) ، وأما الأُباةُ فهم من اللهِ في مَدَدٍ ، وعلى الوعدِ في ثقةٍ (**فَأَنْزَلَ السَّكِينَةَ عَلَيْهِمْ**) .

****

لا تحطمك التوافهُ

كم من مهمومٍ سببُ همِّهِ أمرٌ حقيرٌ تافهٌ لا يُذْكَرُ !! .

انظر إلى المنافقين ، ما أسقط همَمَهُم ،وما أبْردَ عزائِمَهُمْ . هذه أقوالُهم : (**لاَ تَنفِرُواْ فِي الْحَرِّ**) ، (**ائْذَن لِّي وَلاَ تَفْتِنِّي**) ، (**بُيُوتَنَا عَوْرَةٌ**) ، (**نَخْشَى أَن تُصِيبَنَا دَآئِرَةٌ**) ، (**مَّا وَعَدَنَا اللَّهُ وَرَسُولُهُ إِلَّا غُرُوراً**) .

يا لخيبةِ هذهِ المعاطس يا لتعاسةِ هذهِ النفوسِ .

همهم البطونُ والصحونُ والدورُ والقصورُ ، لم يرفعوا أبصارهم إلى سماءِ المُثُلِ ، لم ينظروا أبداً إلى نجوم الفضائل . همُّ أحدِهِمْ ومبلغُ عِلْمِهِ : دابَّتُهُ وثوبُهُ ونعلُهُ ومأدبتُهُ ، وانظرْ لقطَّاعٍ هائلٍ منَ الناسِ تراهم صباح مساء سببُ همومهمْ خلافٌ مع الزوجةِ ، أو الابنِ ، أو القريبِ ، أو سماعُ كلمةٍ نابيةٍ ، أو موقفٌ تافهٌ . هذه مصائبُ هؤلاءِ البشرِ ، ليس عندهم من المقاصدِ العليا ما يشغلُهم ، ليس عندهم من الاهتماماتِ الجليلةِ ما يملأُ وقتهم ، وقدْ قالوا : إذا خرج الماءُ من الإناءِ ملأهُ الهواءُ ، إذاً ففكرْ في الأمرِ الذي تهتمُّ له وتغتمُّ ، هلْ يستحقُ هذا الجهد وهذا العناءَ ، لأنك أعطيته من عقلِك ولَحْمِك ودَمِك وراحتِك ووقتِك ، وهذا غُبْنٌ في الصفقةِ ، وخسارةٌ هائلةٌ ثمنُها بخسٌ ، وعلماءُ النفسِ يقولون : اجعلْ لكلِ شيءٍ حداً معقولاً ، وأصدق من هذا قولهُ تعالى : (**قَدْ جَعَلَ اللَّهُ لِكُلِّ شَيْءٍ قَدْراً**) فأعطِ القضيةَ حجْمها ووزنها وقدْرها وإياكَ والظلم والغُلُوَّ .

هؤلاءِ الصحابةُ الأبرارُ همهم تحت الشجرةِ الوفاءُ بالبيعةِ فنالوا رِضوان اللهِ ، ورجُلٌ معهم أهمَّه جملُهُ حتى فاتهُ البيعُ فكان جزاءهُ الحرمانُ والمقتُ .

فاطرحِ التوافهَ والاشتغال بها تجدْ أنَّ أكثر همومِك ذهبتْ عنك وعُدْتَ فَرِحاً مسروراً .

****

ارض بما قسمَ اللهُ لكَ
تكنْ أغنى الناسِ

مرَّ فيما سبق بعضُ معاني هذا السبب ؛ لكنني أبسطُهُ هنا ليُفهم أكثرَ وهو : أنَّ عليكَ أن تقْنعَ بما قُسِمَ لك من جسمٍ ومالٍ وولدٍ وسكنٍ وموهبةٍ ، وهذا منطقُ القرآن (**فَخُذْ مَا آتَيْتُكَ وَكُن مِّنَ الشَّاكِرِينَ**) إنَّ غالبَ علماءِ السلفِ وأكثر الجيلِ الأولِ كانوا فقراء لم يكنْ لديهم أُعطياتٌ ولا مساكنُ بهيةٌ ، ولا مراكبُ ، ولا حشمٌ ، ومع ذلك أثْرَوُا الحياة وأسعدوا أنفسهم والإنسانية ، لأنهم وجَّهوا ما آتاهمُ اللهُ من خيرٍ في سبيلِهِ الصحيح ، فَبُورِكَ لهم في أعمارِهم وأوقاتِهم ومواهبهم ، ويقابلُ هذا الصنفُ المباركُ مَلأٌ أُعطوا من الأموالِ والأولادِ والنعمِ ، فكانتْ سببَ شقائِهم وتعاستِهم ، لأنهم انحرفوا عن الفطرةِ السويَّةِ والمنهجِ الحقِّ وهذا برهانٌ ساطعٌ على أن الأشياءَ ليستْ كلَّ شيءٍ ،

انظرْ إلى من حمل شهاداتٍ عالميَّةً لكنهُ نكرةٌ من النكراتِ في عطائهِ وفهمهِ وأثرهِ ، بينما آخرون عندهم علمٌ محدودٌ ، وقدْ جعلوا منه نهراً دافقاً بالنفعِ والإصلاحِ والعمارِ .

إن كنت تريدُ السعادةُ فارضَ بصورتِك التي ركبَّك اللهُ فيها ، وارض بوضعِكِ الأسري ، وصوتِك ، ومستوى فهمِك ، ودخلِك ، بل إنَّ بعض المربّين الزهادِ يذهبون إلى أبعدِ من ذلك فيقولون لك : ارض بأقلَّ ممَّا أنت فيهِ ودون ما أنت عليهِ .

هاك قائمةً رائعةً مليئةً باللامعين الذين بخسوا حظوظهُمُ الدنيوية :

عطاءُ بنُ رباح عالمُ الدنيا في عهدهِ ، مولى أسودُ أفطسُ أشَلُّ مفلفلُ الشعرِ .

الأحنفُ بنُ قيس ، حليمُ العربِ قاطبةً ، نحيفُ الجِسْمِ ، أحْدَبُ الظهرِ ، أحنى الساقين ، ضعيفُ البنيةِ .

الأعمش محدِّثُ الدنيا ، من الموالي ، ضعيفُ البصرِ ، فقيرُ ذاتِ اليدِ ، ممزقُ الثيابِ ، رثُّ الهيئةِ والمنزلِ .

بل **الأنبياء الكرامُ** صلواتُ اللهِ وسلامُهُ عليهم ، كلٌّ منهم رعى الغنَمَ ، وكان داودُ حَدَّاداً ، وزكريا نجاراً ، وإدريس خياطاً ، وهم صفوةُ الناسِ وخَيْرُ البشرِ .

إذاً فقيمتُك مواهبُك ، وعملُك الصالحُ ، ونفعُك ، وخلقك ، فلا تأس على ما فات من جمالٍ أو مالٍ أو عيالٍ ، وارض بقسمةِ اللهِ (**نَحْنُ قَسَمْنَا بَيْنَهُم مَّعِيشَتَهُمْ فِي الْحَيَاةِ الدُّنْيَا**) .

****

ذكّر نفسك بجنة عرضُها السماواتُ والأرضُ

إنْ جمعتَ في هذه الدارِ أو افتقرتَ أو حزنتَ أو مرضتَ أو بخستَ حقاً أو ذقت ظلماً فذكِّر نفسك بالنعيمِ ، إنك إن اعتقدت هذه العقيدةَ وعملتَ لهذا المصيرِ ، تحولتْ خسائرُك إلى أرباحٍ ، وبلاياك إلى عطايا . إن أعقلَ الناسِ همُ الذين يعملون للآخرةِ لأنها خيرٌ وأبقى ، وإنَّ أحمق هذه الخليقة هم الذين يرون أنَّ هذه الدنيا هي قرارُهم ودارُهم ومنتهى أمانيهم ، فتجدُهم أجزعَ الناسِ عند المصائبِ ، وأندمهم عند الحوادثِ ، لأنهمْ لا يرون إلاَّ حياتهمْ الزهيدة الحقيرة ، لا ينظرون إلاَّ إلى هذهِ الفانيةِ ، لا يتفكرون في غيرِها ولا يعملون

لسواها ، فلا يريدون أن يعكّر لهم سرورُهم ولا يكدّر عليهم فرحُهم ، ولو أنهمْ خلعوا حجاب الرانِ عن قلوبهمْ ، وغطاء الجهلِ عن عيونهمْ لحدثوا أنفسهم بدارِ الخلدِ ونعيمِها ودورِها وقصورِها ، ولسمعوا وأنصتوا لخطابِ الوحيِ في وصفِها ، إنها واللهِ الدارُ التي تستحقُّ الاهتمام والكدَّ والجهْدَ .

هل تأملنا طويلاً وصف أهلِ الجنة بأنهم لا يمرضون ولا يحزنون ولا يموتون ، ولا يفنى شبابُهم ، ولا تبلى ثيابُهم ، في غرفٍ يُرى ظاهرُها من باطنِها ، وباطِنُها من ظاهرِها ، فيها ما لا عينٌ رأتْ ، ولا أذنٌ سمعتْ ، ولا خَطَرَ على قلبِ بَشَرٍ ، يسيرُ الراكبُ في شجرةٍ من أشجارِها مائة عامٍ لا يقطعُها ، طول الخيمَّةِ فيها ستون ميلاً ، أنهارُها مُطَّرِدةٌ قصورُها منيفةٌ ، قطوفُها دانيةٌ ، عيونُها جاريةٌ ، سُرُرُها مرفوعةٌ ، أكوابُها موضوعةٌ ، نمارقُها مصفوفَةٌ ، زرابيُّها مبثوثةٌ ، تمَّ سرورَها ، عظُم حبورُها ، فاح عرْفُها ، عظُم وصْفُها ، منتهى الأماني فيها ، فأين عقولُنا لا تفكرْ ؟! ما لنا لا نتدبَّرْ ؟!

إذا كان المصيرُ إلى هذه الدارِ ؛ فلتخفَّ المصائبُ على المصابين ، ولتَقَرَّ عيونُ المنكوبين ، ولتفرح قلوبُ المعدمين .

فيها أيها المسحوقون بالفقرِ ، المنهكون بالفاقةِ ، المبتلون بالمصائب ، اعملوا صالحاً ؛ لتسكنوا جنة اللهِ وتجاوروهُ تقدستْ أسماؤه (**سَلامٌ عَلَيْكُم بِمَا صَبَرْتُمْ فَنِعْمَ عُقْبَى الدَّارِ**) .

****

(وَكَذَلِكَ جَعَلْنَاكُمْ أُمَّةً وَسَطاً)

العدلُ مطْلَبٌ عقليٌّ وشرعيٌّ ، لا غُلُوَّ ولا جفاءٌ ، لا إفراطٌ ولا تفريطٌ ، ومنْ أراد السعادة فعليهِ أنْ يضبطَ عواطفهُ ، واندفاعاتِه ، وليكنْ عادلاً في رضاهُ وغضبِهِ ، وسرورِهِ وحُزْنِه ؛ لأن الشَّطَطَ والمبالغة في التعامل مع الأحداثِ ظلْمٌ للنفسِ ، وما أحْسنَ الوسطيّة ، فإنَّ الشرع نزل بالميزان والحياةُ قامتْ على القِسط ، ومنْ أتعبِ الناسِ منْ طاوعَ هواه ، واستسلم لعواطفِهِ وميولاتِه ، حينها تتضخّمُ عنده الحوادثُ ، وتظلِمُ لديه الزوايا ، وتقومُ في قلبِه معاركُ ضاربةٌ من الأحقادِ والدخائلِ والضغائنِ ، لأنه يعيشُ في أوهامٍ وخيالاتٍ ، حتى إن بعضهمْ يتصوّرُ أنَّ الجميع ضِدَّهُ ، وأنَّ الآخرينَ يحبكون مؤامرةً لإبادتهِ ، وتُمْلي عليه وساوسُه أنَّ الدنيا له بالمرصادِ فلذلك يعيشُ في سحبٍ سودٍ من الخوفِ والهمِ والغمِ .

إن الإرجافُ ممنوعٌ شرعاً ، رخيصٌ طبعاً ، ولا يمارسُه إلاَّ أناسٌ مفلسون من القيمِ الحيَّةِ والمبادئِ الربانيَّةِ(**يَحْسَبُونَ كُلَّ صَيْحَةٍ عَلَيْهِمْ هُمُ الْعَدُوُّ**).

أجلِسْ قلبَكَ على كرسيّه ، فأكثرُ ما يخافُ لا يكونُ ، ولك قبْلَ وقوعِ ما تخافُ وقوعه أن تقدِّرَ أسوأ الاحتمالاتِ ، ثم توطِّن نفسكِ على تقبُّلِ هذا الأسوأ ، حينها تنجو من التكهُّناتِ الجائرةِ التي تمزّقُ القلب قبلَ أنْ يَقعَ الحَدَثُ فَيَبْقى .

فيا أيُّها العاقلُ النَّابهُ : أعطِ كلَّ شيءٍ حجمَهُ ، ولا تضخِّمِ الأحداثَ والمواقفَ والقضايا ، بل اقتصدْ واعدلْ والبغضِ في الحديث : ((**أحبب حبيبَك هوْناً ما ، فعسى أن يكون بغيضَكَ يوماً ما ، وأبغض بغيضك هوْناً ما ، فعسى أن يكون حبيبكَ يوماً ما**)) (**عَسَى اللَّهُ أَن يَجْعَلَ بَيْنَكُمْ وَبَيْنَ الَّذِينَ عَادَيْتُم مِّنْهُم مَّوَدَّةً وَاللَّهُ قَدِيرٌ وَاللَّهُ غَفُورٌ رَّحِيمٌ**).

إنَّ كثيراً من التخويفات والأراجيف لا حقيقة لها .

****

الحزنُ ليس مطلوباً شرعاً ، ولا مقصوداً أصلاً

فالحزنُ منهيٌّ عنهُ قوله تعالى : (**وَلاَ تَهِنُوا وَلاَ تَحْزَنُوا**) . وقولِه : (**وَلاَ تَحْزَنْ عَلَيْهِمْ**) في غيْرِ موضعٍ . وقوله : (**لاَ تَحْزَنْ إِنَّ اللّهَ مَعَنَا**) . والمنفيُّ كقوله : (**فَلاَ خَوْفٌ عَلَيْهِمْ وَلاَ هُمْ يَحْزَنُونَ**) . فالحزنُ خمودٌ لجذْوَةِ الطلبِ ، وهُمودٌ لروحِ الهمَّةِ ، وبرودٌ في النفسِ ، وهو حُمَّى تشلُّ جسْمَ الحياةِ .

وسرُّ ذلك : أن الحزن مُوَقِّفٌ غير مُسَيِّر ، ولا مصلحة فيه للقلب ، وأحبُّ شيءٍ إلى الشيطانِ : أن يُحْزِنَ العبد ليقطعهُ عن سيره ، ويوقفه عن سلوكِه ، قال الله تعالى :(**إِنَّمَا النَّجْوَى مِنَ الشَّيْطَانِ لِيَحْزُنَ الَّذِينَ آمَنُوا**) . ونهى النبيُّ ﷺ : ((**أن يَتَنَاجَى اثنانِ منهم دون الثالثِ ، لأن ذلك يُحْزِنُه**)) . وحُزْنُ المؤمنِ غيْرُ مطلوبٍ ولا مرغوبٍ فيه لأنَّهُ من الأذى الذي يصيبُ النفس ، وقد ومغالبتُه بالوسائلِ المشروعةِ .

فالحزنُ ليس بمطلوبٍ ، ولا مقصودٍ ، ولا فيه فائدةٌ ، وقدِ استعاذ منه النبيُّ ﷺ فقال : ((**اللهمَّ إني أعوذُ بك من الهمِّ والحزنِ**)) فهو قرينُ الهمِّ ، والفرْقُ ، وإنّ كان لما مضى أورثه الحُزْنَ ، وكلاهما مضعِفٌ للقلبِ عن السيرِ ، مُفتِّرٌ للعزمِ .

والحزنُ تكديرٌ للحياةِ وتنغيصٌ للعيشِ ، وهو مصلٌ سامٌّ للروحِ ، يورثُها الفتور والنكَّدَ والحيْرَة ، ويصيبُها بوجومٍ قاتمٍ متذبِّلٍ أمام الجمالِ ، فتهوي عند الحُسْنِ ، وتنطفئُ عند مباهج الحياةِ ، فتحتسي كأسَ الشؤم والحسرةِ والألمِ .

ولكنَّ نزول منزلتِهِ ضروريٌّ بحسبِ الواقعِ ، ولهذا يقولُ أهلُ الجنةِ إذا دخلوها : (**الْحَمْدُ لِلَّهِ الَّذِي أَذْهَبَ عَنَّا الْحَزَنَ**) فهذا يدلُّ على أنهمْ كان يصيبُهم في الدنيا الحزنُ ، كما يصيبهُم سائرُ المصائبِ التي تجري عليهم بغيرِ اختيارهم . فإذا حلَّ الحُزْنُ وليس للنفسِ فيه حيلةٌ ، وليس لها في استجلابهِ سبيلٌ فهي مأجورةٌ على ما أصابها ؛ لأنه نوْعٌ من المصائبِ فعلى العبدِ أنْ يدافعه إذا نزل بالأدعيةِ والوسائلِ الحيَّةِ الكفيلةِ بطردِه .

وأما قوله تعالى : (**وَلاَ عَلَى الَّذِينَ إِذَا مَا أَتَوْكَ لِتَحْمِلَهُمْ قُلْتَ لاَ أَجِدُ مَا أَحْمِلُكُمْ عَلَيْهِ تَوَلَّواْ وَّأَعْيُنُهُمْ تَفِيضُ مِنَ الدَّمْعِ حَزَناً أَلاَّ يَجِدُواْ مَا يُنفِقُونَ**) .

فلمْ يُمدحوا على نفسِ الحزنِ ، وإنما مُدحوا على ما دلَّ عليه الحزنُ من قوةِ إيمانِهم ، حيث تخلَّفوا عن رسولِ اللهِ ﷺ لعجزِهم عن النفقةِ ففيهِ تعريضٌ بالمنافقين الذين لم يحزنوا على تخلُّفهم ، بل غَبَطُوا نفوسهم به .

فإن الحُزْن المحمود إنْ حُمِدَ بَعْدَ وقوعِهِ – وهو ما كان سببُه فوْت طاعةٍ ، أو وقوع معصيةٍ – فإنَّ حُزْنَ العبدِ على تقصيرِهِ مع ربّه وتفريطِهِ في جَنْبِ مولاه : دليلٌ على حياتِه وقبُولِهِ الهداية ، ونورِهِ واهتدائِهِ .

أما قولُه ﷺ في الحديثِ الصحيحِ : ((**ما يصيبُ المؤمن من همٍّ ولا نصب ولا حزن ، إلاَّ كفر اللهُ به من خطاياه**)) . فهذا يدلُّ على أنه مصيبةٌ من اللهِ يصيبُ بها العبْدَ ، يكفِّرُ بها من سيئاتِه ، ولا يدلُّ على أنه مقامٌ ينبغي طلبُه واستيطانُه ، فليس للعبدِ أن يطلب الحزن ويستدعيّه ويظنُّ أنهُ عبادة ، وأنَّ الشارعَ حثَّ عليه ، أو أَمَرَ به ، أو رَضِيَهُ ، أو شَرَعَهُ لعبادِهِ ، ولو كان هذا صحيحاً لَقَطَعَ ﷺ حياتَهُ بالأحزانِ ، وصَرَفَهَا بالهمومِ ، كيفَ وصدرُه مُنْشَرِحٌ ووجهُه باسمٌ ، وقلبُه راضٍ ، وهو متواصلُ السرورِ ؟! .

وأما حديثُ هنْدِ بن أبي هالة ، في صفةِ النبيّ ﷺ : ((**أنهُ كان متواصلَ الأحزانِ**)) ، فحديثٌ لا يثبُتُ ، وفي إسنادهِ من لا يُعرَفُ ، وهو خلاف واقعِهِ وحالِهِ ﷺ .

وكيف يكونُ متواصلَ الأحزانِ ، وقد صانَهُ اللهُ عن الحزنِ على الدنيا وأسبابها ، ونهاهُ عن الحزنِ على الكفارِ ، وغَفَرَ له ما تقدَّم من ذنبِهِ وما تأخَّرَ

؟! فمن أين يأتيهِ الحزنُ ؟! وكيفَ يَصِلُ إلى قلبِهِ ؟! ومن أي الطرق ينسابُ إلى فؤادِهِ ، وهو معمورٌ بالذِّكرِ ، ريّانٌ بالاستقامةِ ، فيّاضٌ بالهدايةِ الربانيةِ ، مطمئنٌّ بوعدِ اللهِ ، راضٍ بأحكامه وأفعالِه ؟! بلْ كانَ دائمَ البِشْرِ ، ضحوك السِّنِّ ، كما في صفته ((الضَّحوك القتَّال)) ، صلوات الله وسلامه عليه . ومَن غاصَ في أخبارِهِ ودقَّقَ في أعماقِ حياتِهِ واسْتَجْلَى أيامَهُ ، عَرَفَ أنه جاءَ لإزهاقِ الباطلِ ودحْضِ القلَقِ والهمِّ والغمِّ والحُزْنِ ، وتحريرِ النفوسِ من استعمارِ الشُّبَهِ والشكوكِ والشِّرْكِ والحَيْرَةِ والاضطرابِ ، وإنقاذِها من مهاوي المهالكِ ، فللهِ كمْ له على البَشَرِ من مِنَنٍ .

وأما الخبرُ المرويُّ : ((**إن الله يحبُّ كلَّ قلب حزين**)) فلا يُعرف إسنادُه ، ولا مَن رواه ولا نعلم صِحَّتَهُ . وكيف يكونُ هذا صحيحاً ، وقد جاءت الملَّةُ بخلافِهِ ، والشرعُ بنقْضِهِ؟! وعلى تقديرِ صحتِهِ : فالحزنُ مصيبةٌ من المصائبِ التي يبتلي اللهُ بها عَبْدَهُ ، فإذا ابتُلي به العبدُ فصبرَ عليهِ أحبَّ صبرَه على بلائِهِ . والذين مدحوا الحزنَ وأشادوا بهِ ونسبُوا إلى الشرعِ الأمر به وتحبيذهُ ؛ أخطؤوا في ذلك ؛ بلْ ما ورد إلاَّ النهيُّ عنهُ ، والأمرُ بضدِّه ، من الفرح برحمةِ اللهِ تعالى وبفضلِهِ ، وبما أنزل على رسولِ اللهِ ﷺ ، والسرور بهدايةِ اللهِ ، والانشراح بهذا الخيرِ المباركِ الذي نَزَلَ من السماءِ على قلوبِ الأولياءِ .

وأما الأثَرُ الآخَرُ : ((**إذا أحبَّ اللهُ عبداً نَصَبَ في قلْبِهِ نائحةً ، وإذا أبغض عبداً جعلَ في قلبه مِزْماراً**)) . فأثر إسرائيليٌّ ، قيل : إنه في التوراة . وله معنى صحيحٌ ، فإنَّ المؤمنَ حزينٌ على ذنوبِهِ ، والفاجرُ لاهٍ لاعبٌ ، مترنِّمٌ فَرِحٌ . وإذا حصَلَ كسْرٌ في قلوبِ الصالحينَ فإنما هو لِما فاتَهُم من الخيراتِ ، وقصَّروا فيهِ من بلوغِ الدرجاتِ ، وارتكبوهُ من السيئاتِ . خلافَ حزنِ العُصاةِ ، فإنَّهُ على فوتِ الدنيا وشهواتِها وملاذِّها ومكاسبِها وأغراضِها ، فهمُّهُمْ وغمُّهُمْ وحزنُهُمْ لها ، ومن أجلِها وفي سبيلِها .

وأما قولُه تعالى عن نبيِّهِ « إسرائيل » : (**وَابْيَضَّتْ عَيْنَاهُ مِنَ الْحُزْنِ فَهُوَ كَظِيمٌ**) : فهو إخبارٌ عن حالِه بمصابه بفقْدِ وِلدِهِ وحبيبِهِ ، وأنه ابتلاهُ بذلك كما ابتلاهُ بالتفريق بينَهُ وبينَهُ . ومجرد الإخبارِ عن الشيءِ لا يدلُّ على استحسانِ ه ولا على الأمرِ به ولا الحثِّ عليه ، بل أمرنا أنْ نستعيذَ باللهِ من الحزنِ ، فإنَّهُ سَحَابَةٌ ثقيلةٌ وليل جاثمٌ طويلٌ ، وعائقٌ في طريقِ السائرِ إلى معالي الأمور .

وأجمع أربابُ السلوكِ على أنَّ حُزْنَ الدنيا غَيْرُ محمودٍ ، إلا أبا عثمان الجبريَّ ، فإنهُ قالَ : الحزنُ بكلِّ وجهٍ فضيلةٌ ، وزيادةٌ للمؤمنِ ، ما لمْ يكنْ بسببِ معصيةٍ . قال : لأنهُ إن لم يُوجبْ تخصيصاً ، فإنه يُوجبُ تمحيصاً .

فيُقالُ : لا رَيْبَ أنهُ محنةٌ وبلاءٌ من اللهِ ، بمنزلةِ المرضِ والهمِّ والغمِّ وأمَّا أنهُ من منازِلِ الطريقِ ، فلا .

فعليكَ بجلبِ السرورِ واستدعاءِ الانشراحِ ، وسؤالِ اللهِ الحياةَ الطيبةَ والعيشةَ الرضيَّةَ ، وصفاءَ الخاطرِ ، ورحابةَ البالِ ، فإنها نِعمٌ عاجلة ، حتى قالَ بعضُهم : إنَّ في الدنيا جنةً ، منْ لم يدخلها لم يدخلْ جنةَ الآخرةِ .

واللهُ المسؤولُ وَحْدَهُ أن يشرح صدورَنا بنورِ اليقينِ ، ويهدي قلوبنا لصراطِهِ المستقيمِ ، وأنْ ينقذنا من حياةِ الضَّنْكِ والضيِّقِ .

****

وقفــة

هيَّا نهتفْ نحنُ وإياكَ بهذا الدعاءِ الحارِّ الصّادقِ . فإنهُ لِكشفِ الكُرَبِ والهمِّ والحزنِ : ((**لا إلهَ إلا اللهُ العظيمُ الحليم ، لا إلهَ إلا اللهُ ربُّ العرشِ العظيمِ ، لا إله إلا اللهُ ربُّ السمواتِ وربُّ الأرضِ وربُّ العرشِ الكريمِ ، يا حيُّ يا قيومُ لا إله إلا أنتَ برحمتك أستغيثُ**)) .

((**اللهمَّ رحمتكَ أرجو ، فلا تكِلْني إلى نفسي طَرْفَةَ عَيْنٍ ، وأصلحْ لي شأنيَ كلَّه ، لا إله إلا أنتَ**)) .

((**استغفرُ اللهَ الذي لا إله إلا هو الحيَّ القيومَ وأتوبَ إليه**)) .

((**لا إله إلا أنت سبحانك إني كنتُ من الظالمين**)) .

((**اللهمَّ إني عبدُكَ ، ابنُ عبدِك ، ابنُ أمتِك ، ناصيتي بيدِك ، ماضٍ فيَّ حكمُكَ ، عدْلٌ فيَّ قضاؤُك ، أسألك بكلِّ اسمٍ هو لك سمَّيت به نفسك ، أو أنزلته في كتابكَ ، أو علَّمتهُ أحداً من خلقك ، أو استأثرت به في علمِ الغيبِ عندكَ ، أنْ تجعل القرآن ربيع قلبي ، ونور صدري ، وذهاب همِّي ، وجلاء حزني**)) .

((**اللهمَّ إني أعوذُ بك من الهمِّ والحزنِ ، والعَجْزِ والكَسَلِ ، والبُخْلِ والجُبْنِ ، وضلعِ الدينِ وغلبةِ الرِّجالِ**)) .

((حسبنا اللهُ ونعم الوكيلُ)) .

****

ابتسمْ

الضَّحِكُ المعتدلُ بلْسَمٌ للهمومِ ومرهَمٌ للأحزانِ ، وله قوةٌ عجيبةٌ في فرحِ الروحِ ، وجَذلِ القلْبِ ، حتى قال أبو الدرداء – رضي اللهُ عنه - : إني لأضحك حتى يكونَ إجماماً لقلبي . وكان أكرمُ الناس ﷺ يضحكُ أحياناً حتى تبدو نواجذُه ، وهذا ضحكُ العقلاءِ البصراءِ بداءِ النفسِ ودوائِها .

والضحك ذِروةُ الانشراحِ وقِمَّةُ الراحةِ ونهايةُ الانبساطِ . ولكنه ضحكٌ بلا إسرافٍ : ((لا تُكثرِ الضحكَ ، فإنَّ كثرةَ الضحكِ تُميتُ القلبَ)) . ولكنه التوسُّط : ((وتبسُّمك في وجهِ أخيك صدقةٌ)) ، (**فَتَبَسَّمَ ضَاحِكاً مِّن قَوْلِهَا**) .

ومن نعيمِ أهلِ الجنةِ الضحكُ : (**فَالْيَوْمَ الَّذِينَ آمَنُواْ مِنَ الْكُفَّارِ يَضْحَكُونَ**) .

وكانتِ العربُ تمدحُ ضحوكَ السِّنِّ ، وتجعلُه دليلاً على سعةِ النفسِ وجودةِ الكفِّ ، وسخاوةِ الطبعِ ، وكرمِ السجايا ، ونداوةِ الخاطرِ .

وقالَ زهيرٌ في ((هَرِم)) :

تـراهُ إذا مـا جئتَـهُ مـتهلِّلاً   كأنـكَ تعطيـهِ الـذي أنـت

والحقيقةُ أنَّ الإسلامَ بُنيَ على الوسطيةِ والاعتدالِ في العقائدِ والعباداتِ والأخلاقِ والسلوكِ ، فلا عبوسٌ مخيفٌ قاتمٌ ، ولا قهقهةٌ مستمرةٌ عابثةٌ لكنه جدٌّ وقورٌ ، وخفَّةُ روحٍ واثقةٍ .

يقول أبو تمام :

نفسي فداءُ أبي عليٍّ إنـهُ   صبحُ المؤمِّلِ كوكبُ المتأمِّـــــــــــــــل ،

فَكِهٌ يجمُّ الجدّ أحياناً وقدْ   ينضُو ويهزلُ عيشُ من لم يهـــــــــــــــزل ،

إن انقباضَ الوجهِ والعبوس علامةٌ على تذمُّرِ النفسِ ، وغليانِ الخاطرِ ، وتعكُّرِ المزاجِ (**ثُمَّ عَبَسَ وَبَسَرَ**) .

* « **ولو أن تلقى أخاك بوجه طلْق** » .

يقولُ أحمد أمين في « **فَيضِ الخاطرِ** » : ((ليس المبتسمون للحياة أسعدَ حالاً لأنفسِهِمْ فقط ، بلْ هم كذلك أقدرُ على العملِ ، وأكثرُ احتمالاً للمسؤوليةِ ، وأصلحُ لمواجهةِ الشدائدِ ومعالجةِ الصعابِ ، والإتيانِ بعظائمِ الأمورِ التي تنفعهُمْ وتنفعُ الناس .

لو خُيِّرتُ بين مالٍ كثيرٍ أو منصبٍ خطيرٍ ، وبين نفسٍ راضيةٍ باسمةٍ ، لاخترتُ الثانية ، فما المالُ مع العبوسِ ؟! وما المنصبُ مع انقباضِ النفسِ ؟! وما كلُّ ما في الحياةِ إذا كان صاحبُه ضيِّقاً حرجاً كأنه عائدٌ من جنازةِ حبيبٍ؟! وما جمالُ الزوجة إذا عبستْ وقلبتْ بيتها جحيماً ؟! لخيرٌ منها – ألفَ مرةٍ – زوجةٌ لم تبلغْ مبلغها في الجمالِ وجعلتْ بيتها جنَّةً .

ولا قيمة للبسمة الظاهرةِ إلا إذا كانتْ منبعثةً مما يعتري طبيعة الإنسانِ من شذوذ ، فالزهرُ باسمٌ والغاباتُ باسمةٌ ، والبحارُ والأنهارُ والسماءُ والنجومُ والطيورُ كلُّها باسمةٌ . وكان الإنسانُ بطبعهِ باسماً لولا ما يعرضُ له من طمعٍ وشرٍّ وأنانيةٍ تجعلُهُ عابساً ، فكان بذلك نشازاً في نغماتِ الطبيعةِ المنسجعةِ ، ومنْ اجلِ هذا لا يرى الجمال من عبستْ نفسُه ، ولا يرى الحقيقة من تدنَّس قلبُه ، فكلُّ إنسانٍ يرى الدنيا من خلال عمِله وفكْرِه وبواعِثه ، فإذا كان العملُ طيباً والفكرُ نظيفاً والبواعثُ طاهرةً ، كان منظارُه الذي يرى به الدنيا نقياً ، فرأى الدنيا جميلةً كما خُلقتْ ، وإلاَّ تغبَّشَ منظارُه، واسودَّ زجاجُه ، فرأى كلَّ شيء أسود مغبشاً.

هناك نفوسٌ تستطيعُ أن تصنع من كلِّ شيء شقاًء ، ونفوسٌ تستطيع أن تصنع من كلِّ شيءٍ سعادةً ، هناك المرأةُ في البيتِ لا تقعُ عينُها إلا على الخطأ ، فاليومُ أسودُ ، لأنَّ طبقاً كُسِر ، ولأن نوعاً من الطعامِ زاد الطاهي في مِلْحِه ، أو لأنها عثرتْ على قطعةٍ من الورقِ في الحجرةِ ، فتهيجُ وتسبُّ ، ويتعدَّى السبابُ إلى كلِّ منْ في البيتِ ، وإذا هو شعلةٌ من نارٍ ، وهناك رجلٌ ينغِّصُ على نفسِه وعلى مَنْ حوله ، مِن كلمةٍ يسمعُها أو يؤوِّلها تأويلاً سيِّئاً ، أو مِنْ عملٍ تافِهٍ حدثَ له ، أو حدثَ منه ، أو من رِبْحٍ خسِرهُ ، أو منْ رِبْحٍ كان ينتظرُه فلم يحدثْ ، أو نحو ذلك ، فإذا الدنيا كلُّها سوداءُ في نظرِه ، ثم هو يسوِّدُها على منْ حوله . هؤلاء عندهمْ قدرةٌ على المبالغةِ في الشرِّ ، فيجعلون من الحبَّةِ قُبَّةً ، ومن البذرةِ شجرةً ، وليس عندهمْ قدرةٌ على الخيرِ ، فلا يفرحون بما أوتوا ولو كثيراً ، ولا ينعمون بما نالوا ولو عظيماً .

الحياةُ فنٌّ ، وفنٌّ يُتَعلَّمُ ، ولخيرٌ للإنسانِ أن يَجِدَّ في وضعِ الأزهارِ والرياحينِ والحُبِّ في حياتِهِ ، من أن يجدَّ في تكديسِ المالِ في جيبِه أو في مصرفِه . ما الحياةُ إذا وُجِّهتْ كلُّ الجهودِ فيها لجمعِ المالِ ، ولم يُوجَّهْ أيُّ جهدٍ لترقيةِ جانب الرحمةِ والحبِّ فيها والجمالِ ؟!

أكثرُ الناسِ لا يفتحون أعينهُمْ لمباهجِ الحياةِ ، وإنما يفتحونها للدرهمِ والدينارِ ، يمرُّون على الحديقةِ الغنَّاءِ ، والأزهارِ الجميلةِ ، والماءِ المتدفِّقِ ، والطيورِ المغرِّدةِ ، فلا يأبهون لها ، وإنما يأبهون لدينارٍ يدخلُ ودينارٍ يخرجُ . قدْ كان الدينارُ وسيلةً للعيشةِ السعيدةِ ، فقلبوا الوضع وباعوا العيشة السعيدة من أجلِ الدينارِ ، وقد رُكِّبتْ فينا العيونُ لنظرِ الجمالِ ، فعوَّدناها ألا تنظر إلاَّ إلى الدينار .

ليس يعبّسُ النفس والوجه كاليأسِ ، فإنْ أردت الابتسامُ فحارب اليأس . إن الفرصة سانحةً لك وللناسِ ، والنجاحُ مفتوحٌ بابُه لك وللناسِ ، فعوّدْ عقلك تفتُّح الأمل ، وتوقُّع الخيرِ في المستقبلِ .

إذا اعتقدت أنك مخلوقٌ للصغيرِ من الأمورِ لمْ تبلغْ في الحياةِ إلا الصغير ، وإذا اعتقدت أنك مخلوقٌ لعظائمِ الأمورِ شعرت بهمَّةٍ تكسرُ الحدود والحواجز ، وتنفذُ منها إلى الساحةِ الفسيحةِ والغرضِ الأسمى ، ومِصْداقُ ذلك حادثٌ في الحياةِ الماديةِ ، فمنْ دخل مسابقة مائةِ مترٍ شعر بالتعبِ إذا هو قطعها ، ومن دخل مسابقة أربعمائةِ مترٍ لمْ يشعرْ بالتعبِ من المائةِ والمائتينِ . فالنفسُ تعطيك من الهمَّةِ بقدرِ ما تحدِّدُ من الغرضِ . حدِّدْ غرضك ، وليكنْ سامياً صعْب المنالِ ، ولكنْ لا عليك في ذلك ما دمت كلَّ يومٍ تخطو إليه خطواً جديداً . إنما يصدُّ النفس ويعبِّسَها ويجعلُها في سجنٍ مظلمٍ : اليأسُ وفقدانُ الأملِ ، والعيشةُ السيئةُ برؤيةِ الشرورِ ، والبحثِ عن معايبِ الناسِ ، والتشدُّقِ بالحديثِ عن سيئاتِ العالمِ لا غير .

وليس يُوفَّقُ الإنسانُ في شيء كما يُوفَّقُ إلى مُربٍّ ينمّي ملكاته الطبيعيةِ ، ويعادلُ بينها ويوسّعُ أفقه ، ويعوِّدهُ السماحة وسَعة الصدرِ ، ويعلِّمهُ أن خَيْرَ غرضٍ يسعى إليهِ أن يكونَ مصدرَ خيرٍ للناس بقدرِ ما يستطيعُ ، وأنْ تكون نفسُه شمساً مشعَّةً للضوءِ والحبِّ والخيرِ ، وأنْ يكون قلبُه مملوءاً عطفاً وبراً وإنسانية ، وحباً لإيصالِ الخيرِ لكلِّمن اتصل به .

النفسُ الباسمةُ ترى الصعابَ فيلذُّها التغلُّبُ عليها ، تنظرُها فتبسَّم ، وتعالجها فتبسمْ ، وتتغلبْ عليها فتبسمْ ، والنفسُ العابسةُ لا ترى صعاباً فتخلقها ، وإذا رأتْها أكبرتْها واستصغرتْ همَّتها وتعلَّلتْ بلو وإذا وإنْ . وما الدهرُ الذي يلعنُه إلا مزاجُه وتربيتُه ، إنه يوَدُّ النجاح في الحياةِ ولا يريدُ أن يدفع ثمَنَهُ ، إنه

يرى في كلِّ طريق أسداً رابضاً ، إنه ينتظرُ حتى تمطرَ السماءُ ذهباً أو تنشقَّ الأرضُ عن كَنْزٍ .

إن الصعابَ في الحياةِ أمورٌ نسبيةٌ ، فكلُّ شيءٍ صَعْبٌ جداً عند النفسِ الصغيرةِ جداً ، ولا صعوبة عظيمةً عند النفسِ العظيمةِ ، وبينما النفسُ العظيمةُ تزداد عظمةً بمغالبةِ الصِّعابِ إذا بالنفوس الهزيلةِ تزدادُ سقماً بالفرارِ منها ، وإنما الصعابُ كالكلبِ العقورِ ، إذا رآك خفت منهُ وجريْتَ ، نَبَحَكَ وعدا وراءك ، وإذا رءاك تهزأُ به ولا تعيره اهتماماً وتبرقُ له عينك ، أفسح الطريق لك ، وانكمش في جلدِه منك .

ثمَّ لا شيء أقتلُ للنفسِ من شعورِها بضَعَتِها وصِغَرِ شأنِها وقلَّةِ قيمتِها ، وأنها لا يمكنُ أن يصدر عنها عملٌ عظيمٌ ، ولا يُنتظرُ منها خيرٌ كبيرٌ . هذا الشعورُ بالضَّعةِ يُفقدُ الإنسان الثقة بنفسِه والإيمان بقوتِها ، فإذا أقدم على عملٍ ارتاب في مقدرتِه وفي إمكانِ نجاحِه ، وعالجه بفتورٍ ففشِلَ فيه . الثقةُ بالنفس فضيلةٌ كبرى عليها عمادُ النجاحِ في الحياةِ ، وشتَّان بينها وبين الغرورِ الذي يُعدُّ رذيلةً ، والفرقُ بينهما أنَّ الغرور اعتمادُ النفسِ على الخيالِ وعلى الكِبْرِ الزائفِ ، والثقةُ بالنفس اعتمادُها على مقدرتِها على تحمُّلِ المسؤوليةِ ، وعلى تقويةِ ملكاتِها وتحسينِ استعدادِها)) .

يقول إيليا أبو ماضي :

قالَ : « السماءُ كئيبةٌ ! » قلتُ: ابتسمْ يكفي التجهُّمُ في
قالَ : الصِّبا ولّى ! فقلتُ لهُ : لَنْ يُرجِعَ الأسفُ الصبّا
قالَ : التي كانتْ سمائي في صارتْ لنفسي في الغرامِ
خانتْ عهودي بعدما ملّكتُها قلبي ، فكيف أطيقُ أن أتبسَّماَ
قلتُ : ابتسمْ واطربْ فلوْ قضَّيْتَ عمركَ كلَّه متألمًّا !
قالَ : التِّجارةُ في صراعٍ مثلُ المسافرِ كاد يقتلهُ الظّما
أو غادةٍ مسْلولةٍ محتاجةٍ لدمٍ ، وتنفُثُ كلمَا لهثتْ دَمَا !
قلتُ : ابتسمْ ، ما أنت جالبَ وشِفائها ، فإذا ابتسمت فربَّما
أيكونُ غيرُك مجرماً ، وجلٍ كأنك أنت صرت
قال : العِدى حولي علتْ أأُسَرُّ والأعداءُ حولي في

قلتُ : ابتسمْ لم يطلبوك بذمِّهمْ لو لم تَكُنْ منهمْ أجلَّ وأعظما
قال : المواسمُ قد بدتْ وتعرَّضتْ لي في الملابسِ
وعَلَيَّ للأحبابِ فرضٌ لازمٌ لكنَّ كفِّي ليسَ تملكُ درهما
قلتُ : ابتسمْ يكفيك أنَّك لم حياً ، ولستَ من الأحبَّةِ
قال : الليالي جرَّعتني علقماً قلتُ : ابتسمْ ، ولئنْ جُرِّعتَ
فلعلَّ غيركَ إن رآك مرنِّماً طَرَحَ الكآبةَ جانباً وترنَّما
أتُراك تغنمُ بالتبرُّمِ درهماً أم أنت تخسرُ بالبشاشةِ مغنما
يا صاحِ لا خطرٌ على شفتيك تتثلَّما ، والوجهِ أنْ يتحطَّما
فاضحكْ فإنَّ الشهْبَ تضحكُ جى متلاطِمٌ ، ولذا نحبُّ
قال : البشاشةُ ليس تُسعِدُ يأتي إلى الدنيا ويذهبُ
قلت : ابتسم مادام بينك شبرٌ ، فإنَّك بعدُ لنْ تتبسَّما

ما أحوجنا إلى البسمةِ وطلاقةِ الوجهِ ، وانشراحِ الصَّدْرِ وأريحيّةِ الخُلُقِ ، ولطفِ الروحِ ولينِ الجانبِ ، **((إنَّ الله أوحى إليَّ تواضعوا ، حتى لا يبغي أحدٌ على أحدٍ ولا يفخر أحدٌ على أحدٍ))** .

****

وقفة

لا تحزنْ : لأنك جرّبتَ الحزن بالأمسِ فما نَفَعَكَ شيئاً ، رَسَبَ ابنُك فحزنتَ ، فهل نَجَحَ؟! مات والدُك فحزنت فهل عادَ حيّاً ؟! خسِرت تجارتُك فحزنت، فهل عادتْ الخسائرُ أرباحاً؟!

لا تحزنْ : لأنك حزنت من المصيبةِ فصارتْ مصائبَ ، وحزنتَ من الفقرِ فازْددْتَ نَكَداً ، وحزنتَ من كلام أعدائك فأعنتهمْ عليك ، وحزنْت من توقُّع مكروهٍ فما وقع .

لا تحزنْ : فإنهُ لنْ ينفعك مع الحُزْنِ دارٌ واسعةٌ ، ولا زوجةٌ حسناءُ ، ولا مالٌ وفيرٌ ، ولا منصبٌ سامٍ ، ولا أولادٌ نُجباءُ .

لا تحزنْ : لأنَّ الحُزْنَ يُريك الماءَ الزلالَ علْقماً ، والوردة حَنْظَلَةً ، والحديقة صحراءَ قاحلةً ، والحياة سجناً لا يُطاقُ .

لا تحزنْ : وأنت عندك عينـانِ وأذنـانِ وشفتانِ ويدانِ ورجلانِ ولسـانٌ ، وجَنَانٌ وأمنٌ وأمانٌ وعافيةٌ في الأبدانِ : (**فَبِأَيِّ آلاء رَبِّكُمَا تُكَذِّبَانِ**) .

لا تحزنْ : ولك دينٌ تَعْتَقِدُهُ ، وبيتٌ تسكُنُهُ ، وخبزٌ تأكلُه ، وماءٌ تشربُهُ ، وثوبٌ تَلْبَسُهُ ، وزوجةٌ تأوي إليها ، فلماذا تحزنْ ؟!

****

نعمة الألم

الألمُ ليس مذموماً دائماً ، ولا مكروهاً أبداً ، فقدْ يكونُ خيراً للعبدِ أنْ يتألَّمَ .

إنَّ الدعاء الحارَّ يأتي مع الألمِ ، والتسبيحَ الصادقَ يصاحبُ الألَمَ ، وتألُّم الطالبِ زَمَنَ التحصيلِ وحمْله لأعباءِ الطلبِ يُثمرُ عالماً جَهْبَذاً ، لأنهُ احترق في البدايةِ فأشرق في النهايةِ. وتألُّم الشاعرِ ومعاناتُه لما يقولُ تُنتجُ أدباً مؤثراً خلاَّباً ، لأنه انقدحَ مع الألمِ من القلبِ والعصبِ والدمِ فهزَّ المشاعرَ وحرَّكَ الأفئدة . ومعاناة الكاتبِ تُخرجُ نِتاجاً حيّاً جذَّاباً يمورُ بالعِبرِ والصورِ والذكرياتِ .

إنَّ الطالبَ الذي عاشَ حياةَ الدَّعةِ والراحةِ ولم تلْذعْهُ الأزَمَاتُ ، ولمْ تكْوِهِ المُلِمَّاتُ ، إنَّ هذا الطالبَ يبقى كسولاً مترهِّلاً فاتراً .

وإنَّ الشاعر الذي ما عرفَ الألَمَ ولا ذاقَ المر ولا تجرَّع الغُصَصَ ، تبقى قصائدهُ رُكاماً من رخيصِ الحديثِ ، وكُتلاً من زبدِ القولِ ، لأنَّ قصائدَهُ خرجَتْ من لسانِهِ ولم تخرُجْ من وجدانِهِ ، وتلفَّظ بها فهمه ولم يعِشْها قلبُه وجوانِحُهُ .

وأسمى من هذهِ الأمثلةِ وأرفعُ : حياةُ المؤمنين الأوَّلين الذين عاشوا فجْرَ الرسالةِ ومَولِدَ الملَّةِ ، وبدايةَ البَعْثِ ، فإنهُم أعظمُ إيماناً ، وأبرُّ قلوباً ، وأصدقُ لَهْجةً ، وأعْمقُ عِلْماً ، لأنهم عاشوا الألَمَ والمعاناةَ : ألمَ الجوعِ والفقْرِ والتشريدِ ، والأذى والطردِ والإبعادِ ، وفراقَ المألوفاتِ ، وهَجْرَ المرغوباتِ ، وألمَ الجراحِ ، والقتلِ والتعذيبِ ، فكانوا بحقٍّ الصفوة الصافية ، والثلَّة المُجْتَبَاة ، آياتٍ في الطهرِ ، وأعلاماً في النبلِ ، ورموزاً في التضحية ، (**ذَلِكَ بِأَنَّهُمْ لاَ يُصِيبُهُمْ ظَمَأٌ وَلاَ نَصَبٌ وَلاَ مَخْمَصَةٌ فِي سَبِيلِ اللهِ وَلاَ يَطَؤُونَ مَوْطِئاً يَغِيظُ الْكُفَّارَ وَلاَ يَنَالُونَ مِنْ عَدُوٍّ نَّيْلاً إِلاَّ كُتِبَ لَهُم بِهِ عَمَلٌ صَالِحٌ إِنَّ اللهَ لاَ يُضِيعُ أَجْرَ الْمُحْسِنِينَ**) .

وفي عالم الدنيا أناسٌ قدَّموا أروعَ نتاجَهُمْ ، لأنهم تألَّمُوا ، فالمتنبي وعَكَتْه الحُمَّى فأنشدَ رائعته :

وزائرتـي كـأنَّ بهـا حياءً　　　فلـيسَ تـزورُ إلاَّ فـي

والنابغةُ خوّفَهُ النعمانُ بنُ المنذرِ بالقتلِ ، فقدَّم للناس :

فإنـكَ شـمسٌ والملـوكُ　　　إذا طلعتْ لم يبْدُ منهنَّ

وكثيرٌ أولئك الذين أثْرَوا الحياةَ ، لأنهم تألَّمُوا .

إذنْ فلا تجزعْ منَ الألمِ ولا تَخَفْ منَ المعاناةِ ، فربما كانتْ قوةً لك ومتاعاً إلى حين ، فإنكَ إنْ تعشْ مشبوبَ الفؤادِ محروقَ الجَوَى ملذوعَ النفسِ ؛ أرقُّ وأصفى من أن تعيشَ باردَ المشاعرِ فاترَ الهِمَّةِ خامدَ النَّفْسِ ، (**وَلَكِن كَرِهَ اللّهُ انبِعَاثَهُمْ فَثَبَّطَهُمْ وَقِيلَ اقْعُدُواْ مَعَ الْقَاعِدِينَ**)

ذكرتُ بهذا شاعراً عاش المعاناةَ والأسى وألَمَ الفراقِ وهو يلفظُ أنفاسَه الأخيرة في قصيدةٍ بديعةِ الحُسْنِ ، ذائعةِ الشُّهرةِ بعيدةٍ عن التكلُّف والتزويق : إنه مالك بن الرّيب ، يَرثي نفسه :

أَلَمْ تَرَني بِعْتُ الضَّلالَةَ بالهُدَى　　　وأصبحتُ في جيش ابنِ عفَّانَ
فللـهِ دَرِّي يـومَ أتْـرُكُ طائعـاً　　　بَنِـيَّ بـأعلى الـرقمتيْنِ وماليـا
فيـا صـاحِبَيْ رحلـي دنـا المـوتُ　　　برابيـةٍ إنِّـي مقـيمٌ لياليـا
أقيمـا علـيَّ اليـومَ أوْ بَعْضَ ليلـةٍ　　　ولا تُعجِلانـي قـد تبـيَّن مـا بيـا
وخُطـاً بـأطرافِ الأسـنةِ　　　ورُدَّا علـى عَيْنَـيَّ فضـلَ ردائيـا
ولا تحسُـداني بـارَكَ اللهُ فيكمـا　　　مِـنَ الأرضِ ذاتِ العَـرْضِ أنْ

إلى آخرِ ذاكَ الصوتِ المتهدِّجِ ، والعويلِ الثاكل ، والصرخةِ المفجوعةِ التي ثارتْ حمماً منْ قلبِ هذا الشاعرِ المفجوعِ بنفسهِ المصابِ في حياتهِ .

إن الوعظَ المحترقَ تَصِلُ كلماتُه إلى شِغافِ القلوبِ ، وتغوصُ في أعماقِ الرُّوحِ لأنـه يعيشُ الألَمَ والمعاناةَ (**فَعَلِمَ مَا فِي قُلُوبِهِمْ فَأَنزَلَ السَّكِينَةَ عَلَيْهِمْ وَأَثَابَهُمْ فَتْحاً قَرِيباً**) .

لا تعـذلِ المشـتاقَ فـي　　　حتـى يكـونَ حشـاكَ فـي

لقد رأيتُ دواوينَ لشعراءَ ولكنها باردةً لا حياة فيها، ولا روح لأنهمْ قالوها بلا عَناء ، ونظموها في رخاء ، فجاءتْ قطعاً من الثلجِ وكتلاً من الطينِ .

ورأيتُ مصنَّفاتٍ في الوعظِ لا تهزُّ في السامعِ شعرةً ، ولا تحرِّكُ في المُنْصِتِ ذرَّةً ، لأنهم يقولونَها بلا حُرْقةٍ ولا لوعةٍ ، ولا ألمٍ ولا معاناةٍ، **(يَقُولُونَ بِأَفْوَاهِهِم مَّا لَيْسَ فِي قُلُوبِهِمْ)** .

فإذا أردتَ أن تؤثِّر بكلامِك أو بشعْرِك ، فاحترقْ به أنت قبْلُ ، وتأثَّرْ به وذقْه وتفاعلْ مَعَهُ ، وسوفَ ترى أنك تؤثِّر في الناس ،(**فَإِذَا أَنزَلْنَا عَلَيْهَا الْمَاء اهْتَزَّتْ وَرَبَتْ وَأَنبَتَتْ مِن كُلِّ زَوْجٍ بَهِيجٍ**) .

****

نعمة المعرفة

(**وَعَلَّمَكَ مَا لَمْ تَكُنْ تَعْلَمُ وَكَانَ فَضْلُ اللّهِ عَلَيْكَ عَظِيماً**) .

الجهلُ موتٌ للضميرِ وذَبْحٌ للحياةِ ، ومَحْقٌ للعمرِ (**إِنِّي أَعِظُكَ أَن تَكُونَ مِنَ الْجَاهِلِينَ**) .

والعلمُ نورٌ البصيرة ، وحياةٌ للروحِ ، ووَقُودٌ للطبعِ ، (**أَوَ مَن كَانَ مَيْتاً فَأَحْيَيْنَاهُ وَجَعَلْنَا لَهُ نُوراً يَمْشِي بِهِ فِي النَّاسِ كَمَن مَّثَلُهُ فِي الظُّلُمَاتِ لَيْسَ بِخَارِجٍ مِّنْهَا**) .

إنَّ السرورَ والانشراحَ يأتي معَ العلم ، لأنّ العلمَ عثورٌ على الغامضِ ، وحصولٌ على الضَّالَّة ، واكتشافٌ للمستورِ ، والنفسُ مُولَعةٌ بمعرفةِ الجديدِ والاطلاعِ على المُسْتَطْرَفِ .

أمَّا الجهلُ فهوَ مَلَلٌ وحُزْنٌ ، لأنه حياةٌ لا جديدَ فيها ولا طريفَ ، و لا مستعذَباً ، أمسِ كاليومِ ، واليومَ كالغدِ .

فإنْ كنتَ تريدُ السعادةَ فاطلبِ العلمَ وابحثْ عن المعرفةِ وحصِّل الفوائدَ ، لتذهبَ عنكَ الغمومُ والهمومُ والأحزانُ ، (**وَقُل رَّبِّ زِدْنِي عِلْماً**) ، (**اقْرَأْ بِاسْمِ رَبِّكَ الَّذِي خَلَقَ**) . ((**من يردِ اللهُ به خيراً يفقِّههُ في الدينِ**)). ولا يفخرْ أحدٌ بمالِهِ أو بجاهِهِ ، وهو جاهلٌ صفرٌ من المعرفةِ ، فإنَّ حياتَه ليستْ تامَّةً وعمرُه ليس كاملاً : (**أَفَمَن يَعْلَمُ أَنَّمَا أُنزِلَ إِلَيْكَ مِن رَبِّكَ الْحَقُّ كَمَنْ هُوَ أَعْمَى**) .

قال الزمخشريُّ :

سهري لتنقيح العلومِ ألذُّ | مِنَ وَصْلِ غانيةٍ وطيبِ
وتمايُلي طرَباً لحلِّ | أشهى وأحلى من مُدامةِ
وصريرُ أقلامي علىّ | أحلى من الدَّوْكاءِ
وألذُّ من نقرِ الفتاةِ لدُفِّها | نقْري لألقي الرملَ عن
يا مَنْ يحاول بالأماني | كُمْ بين مُسْتَغْلٍ وآخرَ
أأبيتُ سهران الدُّجى | نوماً وتبغي بعدَ ذاكَ

ما أشرفَ المعرفة ، وما أفرحَ النفسَ بها ، وما أثلجَ الصدرَ ببَرْدها ، وما أرحبَ الخاطرَ بنزولها ، (**أَفَمَن كَانَ عَلَى بَيِّنَةٍ مِّن رَّبِّهِ كَمَن زُيِّنَ لَهُ سُوءُ عَمَلِهِ وَاتَّبَعُوا أَهْوَاءهُمْ**) .

****

فن السرور

من أعظمِ النعمِ سرورُ القلبِ ، واستقرارُه وهدوؤُهُ ، فإنَّ في سرورِه ثباتُ الذهنِ وجودةِ الإنتاجِ وابتهاجِ النفسِ ، وقالوا. إنّ السرورَ فنٌّ يُدرَّسُ ، فمنْ عرفَ كيفَ يجلبُه ويحصلُ عليه ، ويحظى به استفادَ من مباهجِ الحياةِ ومسارِ العيشِ ، والنعمِ التي من بينِ يديْه ومن خلفِه. والأصلُ الأصيلُ في طلبِ السرورِ قوةُ الاحتمالِ ، فلا يهتزُّ من الزوابعِ ولا يتحرَّكُ للحوادثِ ، ولا ينزعجُ للتوافهِ . وبحسبِ قوةِ القلبِ وصفائِهِ ، تُشرقُ النَّفْسُ .

إن خَورَ الطبيعةِ وضَعْفَ المقاومةِ وجَزَعَ النفسِ ، رواحلُ للهمومِ والغمومِ والأحزانِ ، فمنْ عوَّد نفسَه التصبُّر والتجلُّدَ هانتْ عليه المزعجاتُ ، وخفَّتْ عليهِ الأزماتُ .

إذا اعتادَ الفتى خوضَ | فأهونُ ما تمرُّ به الوحولُ

ومن أعداءِ السرورِ ضيقُ الأُفُقِ ، وضحالَة النظرةِ ، والاهتمامُ بالنفس فَحَسْبُ ، ونسيانُ العالمِ وما فيه ، واللهُ قدْ وصفَ أعداءَهُ بأنهمْ (**أَهَمَّتْهُمْ أَنفُسُهُمْ**) ، فكأن هؤلاءِ القاصرينَ يَرَوْن الكَوْنَ في داخلِهم ، فلا يفكّرونَ في غيرِهِمْ ، ولا يعيشُونَ لسواهُمْ ، ولا يهتمّونَ للآخرين . إنَّ عليَّ وعليكَ أنْ نَتَشاغَلَ عن أنفسِنَا أحياناً ، ونبتعد عن ذواتِنا أزماناً لِنَنْسَى جراحَنا وغمومَنا وأحزانَنا ، فنكسبَ أمرْين : إسعادَ أنفسِنا ، وإسعادَ الآخرين.

من الأصولِ في فنِّ السرورِ : أن تُلجمَ تفكيرَكَ وتعصمه ، فلا يتفلّتُ ولا يهربُ ولا يطيشُ ، فإنك إنْ تركتَ تفكيرَكَ وشأنَهُ جَمَحَ وطَفَحَ ، وأعادَ عليكَ مَلفَّ الأحزانِ وقرأ عليكَ كتابَ المآسي منذُ ولدتْكَ أمُّكَ. إنَّ التفكيرَ إذا شردَ أعادَ لك الماضي الجريحَ وجرجَرَ المستقبلَ المخيفَ ، فزلزلَ أركانَك ، وهزَّ كيانَك وأحرقَ مشاعرَك ، فاخطمْه بخطامِ التوجُّهِ الجادِّ المركّزِ على العملِ المثمرِ المفيدِ ، (**وَتَوَكَّلْ عَلَى الْحَيِّ الَّذِي لَا يَمُوتُ**) .

ومن الأصول أيضاً في دراسةِ السرورِ : أنْ تُعطيَ الحياة قيمتَها ، وأنْ تُنزلَهَا منزلتها ، فهي لهْوٌ ، ولا تستحقُّ منكَ إلا الإعراضَ والصدودَ ، لأنها أمُّ الهجْرِ ومُرضِعةُ الفجائعِ ، وجالبةُ الكوارثِ ، فمَنْ هذه صفتُها كيف يُهتمُّ بها ، ويُحزنُ على ما فات منها. صفوُها كَدَرٌ ، وبرقُها خُلَّبٌ ، ومواعيدُها سرابٌ بقيعةٍ ، مولودُها مفقودٌ ، وسيدُها محسودٌ ، ومنعَّمُها مهدَّدٌ ، وعاشقُها مقتولٌ بسيفِ غَدْرِها .

أَبَنِي أَبِينا نحنُ أهلُ ... أبداً غُرابُ البَيْنِ فيها يَنْعِقُ
نبكي على الدنيا وما مِنْ ... جمعتْهُمُ الدنيا فلمْ
أيْنَ الجَبَابِرَةُ الأكاسرةُ ... كَنَزُوا الكنوزَ فلا بقِينَ ولا
مِنْ كلِّ مَنْ ضاقَ الفَضَاءُ ... حتى ثَوى فحَوَاه لحدٌ ضَيِّقُ
خُرْسٌ إذا نُودوا كأنْ لمْ ... أنَّ الكلامَ لهم حَلالٌ

وفي الْحديثِ : ((**إنما العلمُ بالتعلُّمِ والحِلْمُ بالتحلُّمِ**)) .

وفي فنِّ الآدابِ : وإنما السرورُ باصطناعِه واجتلابِ بَسْمَتِهِ ، واقتناصِ أسبابِهِ ، وتكلُّفِ بوادرِه ، حتى يكونَ طبْعاً .

إن الحياة الدُّنيا لا تستحقُّ منا العبوسَ والتذمُّرَ والتبرُّمَ .

حُكْمُ المنيَّةِ في البريةِ ... ما هذهِ الدنيا بدارِ قرارِ
بينا تَرَى الإنسان فيها ... ألفيْتَهُ خَبَراً مِن الأخبارِ
طُبِعَتْ على كَدَرٍ، وأنتَ ... صَفْواً من الأقذارِ
ومكلِّفُ الأيَّامِ ضِدَّ ... مُتَطَلِّبٌ في الماء جُذْوَةَ

والحقيقةُ التي لا ريبَ فيها أنكَ لا تستطيعُ أنْ تنزعَ من حياتِكَ كلَّ آثارِ الحزنِ ، لأنَّ الحياةَ خُلقتْ هكذا (**لَقَدْ خَلَقْنَا الْإِنسَانَ فِي كَبَدٍ**) ، (**إِنَّا خَلَقْنَا**

الإِنسَانَ مِن نُّطفَةٍ أَمْشَاجٍ نَّبْتَلِيهِ) ، (**لِيَبْلُوَكُمْ أَيُّكُمْ أَحْسَنُ عَمَلاً**) ، ولكنَّ المقصودَ أن تخفِّفَ من حزنِك وهمِّك وغمِّك ، أما قَطْعُ الحُزْنِ بالكليَّةِ فهذا في جناتِ النعيمِ ؛ ولذلك يقولُ المنعمون في الجنة : (**الْحَمْدُ لِلَّهِ الَّذِي أَذْهَبَ عَنَّا الْحَزَنَ**) . وهذا دليلٌ على أنهُ لم يذهبْ عنهُ إلا هناكَ ، كما أنَّ كلَّ الغِلِّ لا يذهبُ إلا في الجنةِ ، (**وَنَزَعْنَا مَا فِي صُدُورِهِم مِّنْ غِلٍّ**) ، فمنْ عَرَفَ حالةَ الدنيا وصفتها ، عَذَرَها على صدودِها وجفائِها وغَدْرِها ، وعَلِمَ ان هذا طبعُها وخلُقُها ووصفُها .

حلفَتْ لنا أنْ لا تخونَ فكأنها حَلَفَتْ لنا أنْ لا

فإذا كان الحالُ ما وصفْنا ، والأمرُ ما ذكرنا ، فحريٌّ بالأريبِ النابهِ أنْ لا يُعينَها على نفسِه ، بالاستسلامِ للكدرِ والهمِّ والغمِّ والحزنِ ، بل يدافعُ هذه المنغصاتِ بكلِّ ما أوتيَ من قوةٍ ، (**وَأَعِدُّواْ لَهُم مَّا اسْتَطَعْتُم مِّن قُوَّةٍ وَمِن رِّبَاطِ الْخَيْلِ تُرْهِبُونَ بِهِ عَدْوَّ اللّهِ وَعَدُوَّكُمْ**) ، (**فَمَا وَهَنُواْ لِمَا أَصَابَهُمْ فِي سَبِيلِ اللّهِ وَمَا ضَعُفُواْ وَمَا اسْتَكَانُواْ**) .

****

وقفـــة

لا تحزَنْ : إن كنتَ فقيراً فغيرُك محبوسٌ في دَيْنٍ ، وإن كنت لا تملكُ وسيلةَ نَقْلٍ ، فسواك مبتورُ القدمين ، وإن كنت تشكو من آلامٍ فالآخرون يرقدون على الأسِرَّةِ البيضاءِ ومنذ سنواتٍ ، وإن فقدتَ ولداً فسواك فقد عدداً من الأولادِ في حادثٍ واحدٍ .

لا تحزَنْ : لأنك مسلمٌ آمنتَ باللهِ وبرسلِهِ وملائكتِهِ واليومِ الآخِرِ وبالقضاءِ خيرِهِ وشرِّه ، وأولئكَ كفروا بالربِّ وكذَّبوا الرسلَ واختلفوا في الكتابِ ، وجَحَدُوا اليومَ الآخرَ ، وألحدوا في القضاءِ والقدَرِ .

لا تحزَنْ : إن أذنبتَ فتُبْ ، وإن أسأت فاستغفرْ ، وإن أخطأت فأصلِحْ ، فالرحمةُ واسعةٌ ، والبابُ مفتوحٌ ، والغفران جمٌّ ، والتوبةُ مقبولةٌ .

لا تحزَنْ : لأنك تُقلقُ أعصابَك ، وتهزُّ كيانك وتُتعبُ قلبَك ، وتُقضّ مضجعَك ، وتُسْهِرُ ليلَك .

قال الشاعر :

وَلَرُبَّ نازلةٍ يضيقُ بها ذَرْعاً وعندَ اللهِ منها

ضاقتْ فلمَّا استحكمتْ   فُرِجَتْ وكانَ يظنُّها لا

****

ضبْطُ العواطف

تتأجَّجُ العواطفُ وتعصفُ المشاعرُ عند سببين : عند الفرحةِ الغامرةِ ، والمصيبةِ الدَّاهمةِ ، وفي الحديثِ : ((**إني نُهيتُ عن صوتيْن أحمقيْن فاجريْن : صوتٍ عند نعمةٍ ، وصوتٍ عندَ مصيبةٍ**)) (**لِكَيْلَا تَأْسَوْا عَلَى مَا فَاتَكُمْ وَلَا تَفْرَحُوا بِمَا آتَاكُمْ**) . ولذلك قال ﷺ : ((**إنما الصبرِ عند الصدمةِ الأولى**)) .

فمَنِ مَلَكَ مشاعره عندَ الحدَث الجاثم وعند الفرَح الغامرِ ، استحقَّ مرتبة الثباتِ ومنزلة الرسوخِ ، ونالَ سعادة الراحةِ ، ولذَّةَ الانتصارِ على النفسِ ، واللهُ جلَّ في عُلاه وصفَ الإنسانِ بأنهُ فرِحٌ فخورٌ ، وإذا مسَّه الشرُّ جزوعاً وإذا مسَّهُ الخيرُ منوعاً ، إلاَّ المصلِّين . فهُم على وسطيةٍ في الفرحِ والجزعِ ، يشكرونَ في الرخاءِ ، ويصبرون في البلاءِ .

إنَّ العواطف الهائجة تُتْعِبُ صاحبها أيَّما تَعَبٍ ، وتضنيهِ وتؤلمُه وتؤرِّقُهُ ، فإذا غضب احتدَّ وأزبد ، وأرعد وتوعَّد ، وثارتْ مكامنُ نفسِه ، والتهبتْ حُشاشَتُهُ ، فيتجاوزُ العَدْلَ ، وإنِ فرحَ طرِبَ وطاشَ ، ونسيَ نفسَه في غمرةِ السرورِ وتعدّى قدره ، وإذا هَجَرَ أحداً ذمَّه ، ونسِي محاسنَهُ ، وطمس فضائِلَهُ ، وإذا أحبَّ آخر خلع عليه أوسمة التبجيلِ ، وأوصله إلى ذورةِ الكمالِ . وفي الأثر : ((**أحببْ حبيبك هوْناً ما ، فعسى أن يكون بغيضك يوماً ما وأبغضْ بغيضك هوناً ما ، فعسى أن يكون حبيبك يوماً ما**)) . وفي الحديث : ((**وأسألك العدل في الغضب والرضا**)) .

فمَن ملك عاطفته وحَكَّم عقلَه ، ووزنَ الأشياء وجعل لكلِّ شيء قدراً ، أبصر الحقَّ ، وعَرَفَ الرشدَ ، ووقع على الحقيقةِ ، (**لَقَدْ أَرْسَلْنَا رُسُلَنَا بِالْبَيِّنَاتِ وَأَنْزَلْنَا مَعَهُمُ الْكِتَابَ وَالْمِيزَانَ لِيَقُومَ النَّاسُ بِالْقِسْطِ**) .

إنَّ الإسلام جاءَ بميزان القيمَ والأخلاقِ والسلوكِ ، مثلما جاء بالمنْهَجِ السَّويِّ ، والشرعِ الرضيِّ ، والملّةِ المقدسةِ ، (**وَكَذَلِكَ جَعَلْنَاكُمْ أُمَّةً وَسَطاً**) ، فالعدلُ ، الصدقِ في الأحبارِ ، والعدلِ في الأحكامِ والأقوال والأفعالِ والأخلاقِ ، (**وَتَمَّتْ كَلِمَتُ رَبِّكَ صِدْقاً وَعَدْلاً**) .

****

سعادةُ الصحابةِ بمحمدٍ ﷺ

لقدْ جاءَ رسولُنا ﷺ إلى الناسِ بالدعوةِ الربانيةِ ، ولم يكنْ له دعايةٌ منَ دنيا ، فلمْ يُلقَ إليه كَنْزٌ ، وما كانتْ له جنَّة يأكلُ منها ، ولم يسكنْ قصراً ، فأقبلَ المحبُّون يبايعون على شظفِ من العيشِ ، وذروةٍ من المشقَّةِ ، يوم كانوا قليلاً مستضعفين في الأرضِ يخافونَ أنْ يتخطفهمُ الناسُ من حولِهمْ ، ومع ذلك أحبَّهُ أتباعُه كلَّ الحبِ .

حُوصروا في الشِّعْبِ ، وضُيِّق عليهمْ في الرزقِ ، وابتُلوا في السمعةِ ، وحُوربوا من القرابةِ ، وأوذُوا من الناسِ ، ومع هذا أحبُّوه كلَّ الحبِّ .

سُحِبَ بعضُهم على الرمْضاءِ ، وحُبسَ آخرونَ في العراءِ ، ومنهمْ منْ تفنَّنَ الكفارُ في تعذيبِهِ ، وتأنَّقوا في النكالِ بهِ ، ومعَ هذا أحبُّوه كلَّ الحبِّ .

سُلبوا أوطانهم ودورهم وأهليهم وأموالهم ، طُردوا من مراتعِ صباهمْ ، وملاعبِ شبابهمْ ومغاني أهلهِمْ ، ومع أحبوهُ كلَّ الحبِّ .

ابُتلي المؤمنون بسببِ دعوتِه ، وزُلْزلوا زلزالاً شديداً ، وبلغتْ منهمْ القلوبُ الحناجرَ وظنُّوا باللهِ الظنونا ، ومعَ أحبوه كلَّ الحبِّ .

عُرِّضَ صفوةُ شبابهمْ للسيوفِ المُصْلَتَةِ ، فكانتْ على رؤوسِهم كأغصانِ الشجرةِ الوارفةِ .

وكأنَّ ظلَّ السيفِ ظِلُّ خضراء تُنْبِتُ حولنا

وقُدِّمَ رجالُهم للمعركةِ فكانوا يأتونَ الموتَ كأنهمْ في نزهةٍ ، أو في ليلةِ عيدٍ ؛ لأنهمْ أحبوه كلَّ الحبِّ .

يُرْسَلُ أحدُهمْ برسالةٍ ويَعْلمُ أنه لنْ يعودَ بعدها إلى الدنيا ، فيؤدّي رسالتَه ، ويُبعَثُ الواحدُ منهمْ في مهمَّةٍ ويعلمُ أنها النهايةُ فيذهبُ راضياً ؛ لأنهمْ أحبوه كلَّ الحبَّ .

ولكنْ لماذا أحبُّوه وسعِدُوا برسالتِه ، واطمأنُّوا المنهجِه ، واستبشرُوا بقدومِهِ ، ونسوا كلَّ ألمٍ وكلَّ مشقةٍ وجُهدٍ ومعاناةٍ من أجلِ اتباعِهِ ؟!

إنهمْ رأوا فيهِ كلَّ معاني الخيرِ والفرحِ ، وكلَّ علاماتِ البرِّ والحقِّ ، لقدْ كانَ آيةً للسائلين في معالي الأمورِ ، لقدْ أبردَ غليلَ قلوبِهمْ بحنانِهِ ، وأثلجَ صدورَهمْ بحديثِهِ ، وأفْعَمَ أرواحَهُمْ برسالتِه .

لقدْ سكبَ في قلوبهمُ الرضا ، فما حسبوا للآلام في سبيلِ دعوتهِ حساباً ، وأفاضَ على نفوسِهِمْ منَ اليقينِ ما أنساهمْ كلَّ جُرْحٍ وكَدَرٍ وتنغيصٍ .

صَقلَ ضمائرَهم بهداهُ ، وأنارَ بصائرَهم بسناهُ ، ألقى عن كواهِلهِمْ آصارَ الجاهليةِ ، وحطَّ عن ظهورِهم أوزارَ الوثنيةِ ، وخلعَ من رقابِهِمْ تبعاتِ الشركِ والضلالِ ، وأطفأ من أرواحِهِمْ نارَ الحقدِ والعداوةِ ، وصبَّ على المشاعرِ ماءَ اليقين ، فهدأتْ نفوسُهمْ ، وسكنَتْ أبدانُهُمْ ، واطمأنتْ قلوبُهم ، وبردتْ أعصابُهم .

وجدوا لذَّةُ العيشِ معهُ ، والأنسَ في قربهِ ، والرضا في رحابِهِ ، والأمنَ في اتباعهِ ، والنجاة في امتثالِ أمرِهِ ، والغِنى في الاقتداء به .

(وَمَا أَرْسَلْنَاكَ إِلَّا رَحْمَةً لِّلْعَالَمِينَ) ، **(وَإِنَّكَ لَتَهْدِي إِلَى صِرَاطٍ مُّسْتَقِيمٍ)** ، **(وَيُخْرِجُهُم مِّنِ الظُّلُمَاتِ إِلَى النُّورِ)** ، **(هُوَ الَّذِي بَعَثَ فِي الْأُمِّيِّينَ رَسُولاً مِّنْهُمْ يَتْلُو عَلَيْهِمْ آيَاتِهِ وَيُزَكِّيهِمْ وَيُعَلِّمُهُمُ الْكِتَابَ وَالْحِكْمَةَ وَإِن كَانُوا مِن قَبْلُ لَفِي ضَلَالٍ مُّبِينٍ)** ، **(وَيَضَعُ عَنْهُمْ إِصْرَهُمْ وَالْأَغْلَالَ الَّتِي كَانَتْ عَلَيْهِمْ)** ، **(اسْتَجِيبُواْ لِلّهِ وَلِلرَّسُولِ إِذَا دَعَاكُم لِمَا يُحْيِيكُمْ)** ، **(وَكُنتُمْ عَلَىَ شَفَا حُفْرَةٍ مِّنَ النَّارِ فَأَنقَذَكُم مِّنْهَا)** .

لقدْ كانوا سعداء حقّاً مع إمامِهمْ وقدوتِهمْ ، وحُقَّ لهمْ أنْ يسعدُوا ويبتهجُوا .

اللهمَّ صلِّ وسلِّمْ على محرِّرِ العقولِ من أغلالِ الانحرافِ ، ومنقذِ النفوسِ من ويلاتِ الغوايةِ ، وارضَ عن الأصحابِ والأمجادِ ، جزاءَ ما بذلُوا وقدّمُوا .

****

اطردِ المَلَلَ مِنْ حياتِكَ

إن مَنْ يعِشْ عمرَهُ على وتيرةٍ واحدة جديرٌ أن يصيبَهُ الملَلُ ؛ لأن النفس ملولةٌ ، فإنَّ الإنسانَ بطبعهِ يَمَلُّ الحالةَ الواحدةَ ؛ ولذلكَ غايَرَ سبحانَهُ وتعالى بين الأزمنةِ والأمكنةِ ، والمطعوماتِ والمشروباتِ ، والمخلوقاتِ ، ليلٌ ونهارٌ ، وسهلٌ وجَبَلٌ ، وأبيضُ وأسودُ ، وحارٌّ وباردٌ ، وظلٌّ وحَرُور ، وحُلْوٌ وحامضٌ ، وقدْ ذكر اللهُ هذا التنوُّعَ والاختلافَ في كتابِهِ : **(يَخْرُجُ مِن بُطُونِهَا شَرَابٌ مُّخْتَلِفٌ أَلْوَانُهُ)** **(صِنْوَانٌ وَغَيْرُ صِنْوَانٍ)** **(مُتَشَابِهاً وَغَيْرَ مُتَشَابِهٍ)** **(وَمِنَ الْجِبَالِ جُدَدٌ بِيضٌ وَحُمْرٌ مُّخْتَلِفٌ أَلْوَانُهَا)** **(وَتِلْكَ الأيَّامُ نُدَاوِلُهَا بَيْنَ النَّاسِ)** .

وقد ملَّ بنو إسرائيل أجود الطعامِ ؛ لأنهمْ أداموا أكْلَه : **(لَن نَّصْبِرَ عَلَىَ طَعَامٍ وَاحِدٍ)** . وكان المأمونُ يقرأُ مرةً جالساً ، ومرةً قائماً ، ومرةً وهو يمشي ، ثم قال : النفسُ ملولةٌ ، **(الَّذِينَ يَذْكُرُونَ اللّهَ قِيَاماً وَقُعُوداً وَعَلَىَ جُنُوبِهِمْ)** .

ومن يتأمَّلِ العباداتِ ، يَجِدْ التنوُّعَ والجدَّة ، فأعمالٌ قلبيَّةٌ وقوليةٌ وعمليةٌ وماليةٌ ، صلاةٌ وزكاةٌ وصومٌ وحجٌّ وجهادٌ ، والصلاةُ قيامٌ وركوعٌ وسجودٌ وجلوسٌ ، فمنْ أراد الارتياح والنشاط ومواصلة العطاءِ فعليهِ بالتنويعِ في عملِهِ ، واطلاعِهِ وحياتِهِ اليوميَّةِ ، فعندَ القراءةِ مثلاً ينوِّعُ الفنونَ ، ما بين قرآنٍ وتفسيرٍ وسيرةٍ وحديثٍ وفقهٍ وتاريخٍ وأدبٍ وثقافةٍ عامَّةٍ ، وهكذا ، يوزِّع وقته ما بين عبادةٍ وتناولِ مباحٍ ، وزيارةٍ واستقبالِ ضيوفٍ ، ورياضةٍ ونزهةٍ ، فسوفَ يجدُ نفسَهُ متوثِّبةً مشرقةً ؛ لأنها تحبُّ التنويعَ وتستملحُ الجديدَ .

****

دعِ القَلَقَ

لا تحزنْ ، فإنَّ ربك يقولُ :

(**أَلَمْ نَشْرَحْ لَكَ صَدْرَكَ**) : وهذا عامٌّ لكلِّ من حمَلَ الحقَّ وأبصرَ النورَ ، وسلَكَ الهُدَى .

(أَفَمَن شَرَحَ اللَّهُ صَدْرَهُ لِلْإِسْلَامِ فَهُوَ عَلَى نُورٍ مِّن رَّبِّهِ فَوَيْلٌ لِّلْقَاسِيَةِ قُلُوبُهُم مِّن ذِكْرِ اللَّهِ) : إذاً فهناك حقٌّ يشرحُ الصدور ، وباطلٌ يقسِّيها .

(فَمَن يُرِدِ اللّهُ أَن يَهْدِيَهُ يَشْرَحْ صَدْرَهُ لِلإِسْلاَمِ) : فهذا الدينُ غايةٌ لا يصلُ إليها إلا المسدَّد .

(**لاَ تَحْزَنْ إِنَّ اللّهَ مَعَنَا**) : يقولُها كلُّ منْ يتيقَّنَ رعايةَ اللهِ ، وولايته ولطفه ونصرَه.

(الَّذِينَ قَالَ لَهُمُ النَّاسُ إِنَّ النَّاسَ قَدْ جَمَعُواْ لَكُمْ فَاخْشَوْهُمْ فَزَادَهُمْ إِيمَاناً وَقَالُواْ حَسْبُنَا اللّهُ وَنِعْمَ الْوَكِيلُ) : كفايتُه تكفيك ، وولايتُه تحميك .

(يَا أَيُّهَا النَّبِيُّ حَسْبُكَ اللّهُ وَمَنِ اتَّبَعَكَ مِنَ الْمُؤْمِنِينَ) : وكلُّ منْ سلك هذهِ الجادَّة حصل على هذا الفوز .

(**وَتَوَكَّلْ عَلَى الْحَيِّ الَّذِي لَا يَمُوتُ)** : وما سواهُ فميِّتٌ غيْرُ حيٍّ ، زائلٌ غيْرُ باقٍ ، ذليلٌ وليس بعزيزٍ .

(وَاصْبِرْ وَمَا صَبْرُكَ إِلاَّ بِاللّهِ وَلاَ تَحْزَنْ عَلَيْهِمْ وَلاَ تَكُ فِي ضَيْقٍ مِّمَّا يَمْكُرُونَ{127} إِنَّ اللّهَ مَعَ الَّذِينَ اتَّقَواْ وَّالَّذِينَ هُم مُّحْسِنُونَ) : فهذهِ معيتهُ الخاصةُ لأوليائِهِ بالحفظِ والرعايةِ والتأييدِ والولايةِ ، بحسبِ تقواهمْ وجهادِهمْ .

(وَلاَ تَهِنُوا وَلاَ تَحْزَنُوا وَأَنتُمُ الأَعْلَوْنَ إِن كُنتُم مُّؤْمِنِينَ): علواً في العبوديةِ والمكانةِ .

(لَن يَضُرُّوكُمْ إِلاَّ أَذًى وَإِن يُقَاتِلُوكُمْ يُوَلُّوكُمُ الأَدُبَارَ ثُمَّ لاَ يُنصَرُونَ) .

(كَتَبَ اللَّهُ لَأَغْلِبَنَّ أَنَا وَرُسُلِي إِنَّ اللَّهَ قَوِيٌّ عَزِيزٌ) .

(إِنَّا لَنَنصُرُ رُسُلَنَا وَالَّذِينَ آمَنُوا فِي الْحَيَاةِ الدُّنْيَا وَيَوْمَ يَقُومُ الْأَشْهَادُ) .

وهذا عهدٌ لنْ يخْلَفَ ، ووعدٌ لنْ يتأخَّرَ .

(وَأُفَوِّضُ أَمْرِي إِلَى اللَّهِ إِنَّ اللَّهَ بَصِيرٌ بِالْعِبَادِ{44}فَوَقَاهُ اللَّهُ سَيِّئَاتِ مَا مَكَرُوا) .

(وَعَلَى اللّهِ فَلْيَتَوَكَّلِ الْمُؤْمِنُونَ) .

لا تحزنْ وقدِّرْ أنكَ لا تعيشُ إلا يوماً واحداً فَحَسْبُ ، فلماذا تحزنُ في هذا اليومِ ، وتغضبُ وتثورُ ؟!

في الأثرِ : ((**إذا أصبحتَ فلا تنتظر المساءَ ، وإذا أمسيتَ فلا تنتظرِ الصباحَ**)) .

والمعنى : أن تعيشَ في حدودِ يومِك فَحَسْبُ ، فلا تذكرِ الماضي ، ولا تقلقْ من المستقبلِ . قال الشاعرُ :

ما مضى فاتَ والمؤمَّل ولكَ الساعةُ التي أنت

إنَّ الاشتغالَ بالماضي ، وتذكُّرَ الماضي ، واجترار المصائبِ التي حدثتْ ومضتْ ، والكوارثَ التي انتهتْ ، إنما هو ضَرْبٌ من الحُمْقِ والجنونِ .

يقول المَثَلُ الصينيُّ : لا تعبرْ جِسْراً حتى تأتيَه .

ومعنى ذلك : لا تستعجلِ الحوادثَ وهمومَها وغمومَها حتى تعيشَها وتدركَها .

يقولُ أحَدُ السلفِ : يا ابن آدمَ ، إنما أنتَ ثلاثةُ أيامٍ : أمسُكَ وقدْ ولَّى ، وغدُكَ ولمْ يأتِ ، ويومُكَ فاتقِّ اللهَ فيه .

كيف يعيشُ منْ يحملُ همومَ الماضي واليومِ والمستقبلِ ؟! كيف يرتاحُ منْ يتذكرُ ما صار وما جرى ؟! فيعيدهُ على ذاكرتِهِ ، ويتألمُ لهُ ، وألمُه لا ينفعُه ! .

ومعنـى : ((**إذا أصـبحتَ فـلا تنتظـر المسـاءَ ، وإذا أمسـيتَ فـلا تنتظـرِ الصباحَ**)): أيْ : أن تكونَ قصيرَ الأملِ ، تنتظرُ الأجَلَ ، وتُحْسِنُ العَمَلَ ، فلا تطمحْ بهمومك لغيرِ هذا اليومِ الذي تعيشُ فيه ، فتركّزَ جهودكَ عليه ، وتُرتّبَ أعمالَكَ ، وتصبَّ اهتمامَكَ فيهِ ، محسّناً خُلقكَ مهتمّاً بصحتِك ، مصلحاً أخلاقكَ مع الآخرين .

****

وقفــةٌ

لا تحـزنْ : لأنَّ القضـاءَ مفروغٌ منـهُ ، والمقدورُ واقعٌ ، والأقلامُ جَفَّتْ ، والصحفُ طُويتْ ، وكلُّ أمرٍ مستقرٌّ ، فحزنُك لا يقدِّمُ في الواقعِ شيئاً ولا يؤخِّرُ ، ولا يزيدُ ولا يُنقِصُ .

لا تحـزنْ : لأنـك بحزنِـك تريـدُ إيقـافَ الـزمنِ ، وحـبسَ الشـمسِ ، وإعـادةَ عقاربِ الساعةِ ، والمشيَ إلى الخلفِ ، وردَّ النهرِ إلى منبعِهِ .

لا تحـزنْ : لأنَّ الحـزَنَ كـالريحِ الهوْجـاءِ تُفسدُ الهـواءَ ، وتُبعثـرُ المـاءَ ، وتغيِّرُ السماءَ ، وتكسرُ الورودَ اليانعةَ في الحديقةِ الغنَّاءِ .

لا تحـزنْ : لأنَّ المحـزونَ كـالنهرِ الأحمـقِ ينحـدرُ مـن البحـرِ ويصـبُّ فـي البحـرِ ، وكالتي نقضتْ غزلها من بعدِ قوةٍ أنكاثـاً ، وكالنـافخِ فـي قربـةٍ مثقوبـةٍ ، والكاتبِ بإصبعهِ على الماءِ .

لا تحـزنْ : فإنَّ عمركَ الحقيقيَّ سعادتُك وراحةُ بالِك ، فلا تُنفقْ أيامَكَ فـي الحزْنِ ، وتبذِّرْ لياليَك فـي الهـمِّ ، وتـوزِّع سـاعاتِك علـى الغمـومِ ولا تسـرفْ فـي إضـاعةِ حياتِك ، فإنَّ الله لا يحبُّ المسرفين .

****

لفرح بتوبة الله عليك

ألا يشـرحُ صـدركَ ، ويزيـلُ همَّك وغمَّك ، ويجلبُ سـعادتك قـولُ ربِّك جلَّ في علاه : (**قُلْ يَا عِبَادِيَ الَّذِينَ أَسْرَفُوا عَلَى أَنفُسِهِمْ لا تَقْنَطُوا مِن رَّحْمَةِ اللَّهِ إِنَّ اللَّهَ يَغْفِرُ الذُّنُوبَ جَمِيعاً إِنَّهُ هُوَ الْغَفُورُ الرَّحِيمُ**) ؟ فخاطَبَهُمْ بـ «يا عبادي» تأليفاً لقلوبِهِمْ ، وتأنيساً لأرواحِهِمْ ، وخصَّ الذين أسـرفُوا ، لأنهـمُ المكثـرون مـن الـذنوبِ والخطايـا فكيـف بغيـرِهم ؟! ونهـاهُم عـنِ القنـوطِ واليـأسِ مـن المغفـرةِ وأخبر أنه يغفرُ الذنوبَ كلَّها لمنْ تاب ، كبيرها وصغيرَها ، دقيقها وجليلَها . ثم

وصفَ نفسه بالضمائرِ المؤكدةِ ، و «الـ» التعريفِ التي تقتضي كمال الصفةِ ، فقال : (إِنَّهُ هُوَ الْغَفُورُ الرَّحِيمُ) .

ألا تسعدُ وتفرحُ بقولِهِ جلَّ في علاه : (وَالَّذِينَ إِذَا فَعَلُواْ فَاحِشَةً أَوْ ظَلَمُواْ أَنْفُسَهُمْ ذَكَرُواْ اللّهَ فَاسْتَغْفَرُواْ لِذُنُوبِهِمْ وَمَن يَغْفِرُ الذُّنُوبَ إِلاَّ اللّهُ وَلَمْ يُصِرُّواْ عَلَى مَا فَعَلُواْ وَهُمْ يَعْلَمُونَ) ؟!

وقولِهِ جلَّ في علاه : (وَمَن يَعْمَلْ سُوءاً أَوْ يَظْلِمْ نَفْسَهُ ثُمَّ يَسْتَغْفِرِ اللّهَ يَجِدِ اللّهَ غَفُوراً رَّحِيماً) ؟!

وقولِهِ : (إِن تَجْتَنِبُواْ كَبَآئِرَ مَا تُنْهَوْنَ عَنْهُ نُكَفِّرْ عَنكُمْ سَيِّئَاتِكُمْ وَنُدْخِلْكُم مُّدْخَلاً كَرِيماً) ؟!

وقولِهِ عزَّ من قائلٍ : (وَلَوْ أَنَّهُمْ إِذ ظَّلَمُواْ أَنفُسَهُمْ جَآؤُوكَ فَاسْتَغْفَرُواْ اللّهَ وَاسْتَغْفَرَ لَهُمُ الرَّسُولُ لَوَجَدُواْ اللّهَ تَوَّاباً رَّحِيماً) ؟!

وقولِهِ تعالى : (وَإِنِّي لَغَفَّارٌ لِّمَن تَابَ وَآمَنَ وَعَمِلَ صَالِحاً ثُمَّ اهْتَدَى) ؟!

ولما قتَلَ موسى عليه السلامُ نفساً قال : (رَبِّ إِنِّي ظَلَمْتُ نَفْسِي فَاغْفِرْ لِي فَغَفَرَ لَهُ).

وقال عن داودَ بعدما تاب وأناب : (فَغَفَرْنَا لَهُ ذَلِكَ وَإِنَّ لَهُ عِندَنَا لَزُلْفَى وَحُسْنَ مَآبٍ) .

سبحانَهُ ما أرحَمهُ وأكرمَهُ !! حتى إنه عرض رحمته ومغفرته لمنْ قالَ بالتثليثِ ، فقال عنهم : (لَّقَدْ كَفَرَ الَّذِينَ قَالُواْ إِنَّ اللّهَ ثَالِثُ ثَلاَثَةٍ وَمَا مِنْ إِلَـهٍ إِلاَّ إِلَـهٌ وَاحِدٌ وَإِن لَّمْ يَنتَهُواْ عَمَّا يَقُولُونَ لَيَمَسَّنَّ الَّذِينَ كَفَرُواْ مِنْهُمْ عَذَابٌ أَلِيمٌ{73} أَفَلاَ يَتُوبُونَ إِلَى اللّهِ وَيَسْتَغْفِرُونَهُ وَاللّهُ غَفُورٌ رَّحِيمٌ) .

ويقولُ ﷺ فيما صحَّ عنهُ : ((يقولُ اللهُ تباركَ وتعالى : يا ابن آدم ، إنك ما دعوتني ورجوتني إلا غفرْتُ لك على ما كان منك ولا أبالي ، يا ابن آدم ، لوْ بلغتْ ذنوبُك عَنانَ السماءِ ، ثمَّ استغفرتني غفرتُ لك ولا أُبالي ، يا ابن آدم ، لو أتيتني بقُرابِ الأرضِ خطايا ثم لقيتني لا تشركُ بي شيئاً ، لأتيتُك بقرابِها مغفرةً)) .

وفي الصحيح عنهُ ﷺ أنه قال : ((إنَّ الله يبسُطُ يدهُ بالليلِ ليتوبَ مسيءُ النهارِ ، ويبسُطُ يدهُ بالنهار ليتوب مسيءُ الليلِ ، حتى تطلعَ الشمسُ من مغربِها)) .

وفي الحديث القدسيِّ : ((يا عبادي ، إنكمْ تُذنبون بالليلِ والنهارِ ، وأنا أغفرُ الذنوبَ جميعاً ، فاستغفروني أغفرْ لكم)) .

وفي الحديثِ الصحيحِ : ((والذي نفسي بيدِهِ ، لو لمْ تذنبُوا لذهبَ اللهُ بكمْ ولجاءَ بقومٍ آخرين يذنبون ، فيستغفرون الله ، فيغفرُ لهم)) .

وفي حديثٍ صحيحٍ : ((والذي نفسي بيدِهِ لو لمْ تذنبوا لَخِفْتُ عليكم ما هو أشدُّ من الذنبِ ، وهو العُجْبُ)) .

وفي الحديثِ الصحيح : ((كلُّكمْ خطَّاءٌ ، وخيرُ الخطَّائين التوابون)) .

وصحَّ عنه ﷺ أنه قالَ : ((للهُ أفرحُ بتوبةِ عبدِهِ من أحدكم كان على راحلتِهِ ، عليها طعامُهُ وشرابُه ، فضلَّت منهُ في الصحراء ، فبحث عنها حتى أيِسَ ، فنام ثم استيقظ فإذا هي عند رأسِه ، فقال : اللهمَّ أنت عبدي ، وأنا ربُّكَ . أخطأ من شدَّةِ الفرحِ)) .

وصحَّ عنه ﷺ أنه قالَ : ((إنَّ عبداً أذنب ذنباً فقال : اللهم اغفرْ لي ذنبي فإنهُ لا يغفرُ الذنوبَ إلا أنت ، ثم أذنب ذنباً ، فقال : اللهمَّ اغفرْ لي ذنبي فإنه لا يغفرُ الذنوبَ إلا أنت ، ثم أذنب ذنباً ، فقال : اللهمَّ اغفرْ لي ذنبي فإنه لا يغفرُ الذنوبَ إلا أنت . فقال اللهُ عزَّ وجلَّ علِمَ عبدي أنَّ له ربّاً يأخذُ بالذنبِ، ويعفو عن الذنبِ ، فليفعلْ عبدي ما شاء)).

والمعنى : ما دام أنهُ يتوبُ ويستغفرُ ويندمُ ، فإني أغفرُ له .

****

كلُّ شيءٍ بقضاءٍ وقدَر

كلُّ شيءٍ بقضاءٍ وقدرٍ ، وهذا معتقدُ أهلِ الإسلامِ ، أتباعِ رسولِ الهدى ﷺ ؛ أنهُ لا يقعُ شيءٌ في الكونِ إلا بعلمِ اللهِ وبإذنِه وبتقديره .

﴿ مَا أَصَابَ مِن مُّصِيبَةٍ فِي الْأَرْضِ وَلَا فِي أَنفُسِكُمْ إِلَّا فِي كِتَابٍ مِّن قَبْلِ أَن نَّبْرَأَهَا إِنَّ ذَٰلِكَ عَلَى اللَّهِ يَسِيرٌ ﴾ .

﴿ إِنَّا كُلَّ شَيْءٍ خَلَقْنَاهُ بِقَدَرٍ ﴾ .

﴿ وَلَنَبْلُوَنَّكُمْ بِشَيْءٍ مِّنَ الْخَوفْ وَالْجُوعِ وَنَقْصٍ مِّنَ الأَمَوَالِ وَالأنفُسِ وَالثَّمَرَاتِ وَبَشِّرِ الصَّابِرِينَ ﴾ .

وفي الحديثِ : ((عجباً لأمرِ المؤمنِ !! إنَّ أمرهَ كلَّه له خير ، إنْ أصابتْهُ سرَّاءُ شكر فكان خيراً له ، وإنْ أصابتْه ضرَّاءُ صبر فكان خيراً له ، وليسَ ذلك إلا للمؤمن)) .

وصـحَّ عنـه ﷺ أنـه قـال : ((**إذا سـألتَ فاسـألِ الله ، وإذا استعنت فاستعنْ بالله ، واعلمْ أنَّ الأمةَ لو اجتمعُوا على أنْ ينفعوك بشيءٍ لم ينفعوكَ إلا بشيءٍ قد كتبهُ اللهُ لكِ ، وإنِ اجتمعوا على أنِ يضرُّوكَ بشيءٍ لم يضرُّوك إلا بشيءٍ قدْ كتبهُ اللهُ عليكَ ، رُفعتِ الأقلامُ ، وجفَّتِ الصحفُ**)) .

وفي الحديثِ الصحيح أيضاً : ((**واعلمْ أن ما أصابك لم يكنْ لِيخطئَك ، وما أخطأَكَ لمْ يكن ليصيبَك**)) .

وصحَّ عنه ﷺ أنه قالَ : ((**جفَّ القلمُ يا أبا هريرة بما أنت لاقٍ**)) .

وصـحَّ عنـه ﷺ أنـهُ قـالَ : ((**احرصْ على ما ينفعُك ، واستعنْ بـاللهِ ولا تعجزْ ، ولا تقلْ : لو أني فعلتُ كذا لكان كذا وكذا ، ولكنْ قلْ : قدَّر اللهُ وما شاءَ فَعَلَ**)) .

وفي حديثٍ صحيحٍ عنه ﷺ : ((**لا يقضي اللهُ قضاءً للعبدِ إلا كان خيراً له**)) .

سُئل شيخُ الإسلامِ ابنُ تيمية عن المعصيةِ : هلْ هيَ خَيْرٌ للعبدِ ؟ قالَ : نعمْ بشرطِها من الندمِ والتوبةِ ، والاستغفارِ والانكسارِ .

وقولُـه سبحانه : (**وَعَسَى أَن تَكْرَهُواْ شَيْئاً وَهُوَ خَيْرٌ لَّكُمْ وَعَسَى أَن تُحِبُّواْ شَيْئاً وَهُوَ شَرٌّ لَّكُمْ وَاللّهُ يَعْلَمُ وَأَنتُمْ لاَ تَعْلَمُونَ**) .

هِـيَ المقـاديرُ فلُمنـي أوْ ... تجري المقاديرُ على غرْزِ

****

انتظرِ الفرَجَ

في الحديثِ عند الترمذيِّ : « **أفضلُ العبادةِ : انتظارُ الفَرَجِ** » . (**أَلَيْسَ الصُّبْحُ بِقَرِيبٍ**) .

صُبْحُ المهمومين والمغمومين لاحَ ، فانظرْ إلى الصباحِ ، وارتقبِ الفَتْحَ من الفتَّاحِ .

تقولُ العربُ : « إذا اشتدَّ الحبلُ انقطع » .

والمعنى : إذا تأزَّمتِ الأمورُ ، فانتظرْ فرجاً ومخرجاً .

وقـالَ سبحانَهُ وتعـالى : (**وَمَن يَتَّقِ اللَّهَ يَجْعَل لَّهُ مَخْرَجاً**) . وقـالَ جلَّ شأنُه: (**وَمَن يَتَّقِ اللَّهَ يُكَفِّرْ عَنْهُ سَيِّئَاتِهِ وَيُعْظِمْ لَهُ أَجْراً**) . (**وَمَن يَتَّقِ اللَّهَ يَجْعَل لَّهُ مِنْ أَمْرِهِ يُسْراً**) .

وقالت العَرَبُ :

الغَمَراتُ ثُمَّ يَنْجَلِيْنَـهْ	ثُـمَّ يذهبْنَ ولا يجنَّـهْ

وقال آخرُ :

كمْ فرجٍ بَعْدَ إياسٍ قدْ أتى	وكمْ سرورٍ قد أتى بَعْدَ الأسى
من يحسنِ الظنَّ بذي العرشِ	حُلْوَ الجنَى الرائقَ من شَوْكِ

وفي الحديثِ الصحيحِ : ((أنا عند ظنِّ عبدي بي ، فليظنَّ بي ما شاء))

(حَتَّى إِذَا اسْتَيْأَسَ الرُّسُلُ وَظَنُّوا أَنَّهُمْ قَدْ كُذِبُوا جَاءَهُمْ نَصْرُنَا فَنُجِّيَ مَن نَّشَاءُ) .

وقوله سبحانهُ : (فَإِنَّ مَعَ الْعُسْرِ يُسْراً {5} إِنَّ مَعَ الْعُسْرِ يُسْراً) .
قال بعضُ المفسرين – وبعضُهم يجعلُه حديثاً - : ((لنْ يغلبَ عُسْرٌ يُسْرَيْنِ)) .

وقال سبحانهُ : (لَعَلَّ اللَّهَ يُحْدِثُ بَعْدَ ذَٰلِكَ أَمْراً) .
وقـال جلَّ اسمُه: (أَلَا إِنَّ نَصْرَ اللَّهِ قَرِيبٌ) .(إِنَّ رَحْمَتَ اللَّهِ قَرِيبٌ مِّنَ الْمُحْسِنِينَ).

وفي الحديثِ الصحيحِ : ((واعلمْ أنَّ النصرَ مع الصبرِ ، وأن الفَرَجَ مَعَ الكربِ)) .

وقال الشاعرُ :

إذا تضايقَ أمـرٌ فـانتظرْ	فـأقربُ الأمـرِ أدنـاهُ إلى

وقال آخرُ :

سـهرتْ أعيـنٌ ونامـتْ	في شـؤونٍ تكـونُ أو لا
فدعِ الهمَّ ما استطعتَ فحمْـ	ـلانُك الهمـومَ جنـونُ
إنَّ ربّاً كفاكَ ما كان بالأمـ	ـسِ سيكفيكَ في غدٍ ما

وقال آخرُ :

دعِ المقـاديرَ تجري في	ولا تَنامَنَّ إلا خـالي
مـا بـينَ غمضـةِ عـينٍ	يغيّـرُ اللهُ مـن حالٍ إلـى

****

وقفـة

لا تحزنْ : فإنَّ أموالك التي في خزانتِك وقصورَك السامقة ، وبساتينَك الخضراءَ ، مع الحزنِ والأسى واليأسِ : زيادةٌ في أسَفِكَ وهمِّكَ وغمِّكَ .

لا تحزنْ : فإنَّ عقاقير الأطباء ، ودواء الصيادلةِ ، ووصفة الطبيبِ لا تسعدُكَ ، وقدْ أسكنت الحزن قلبَك ، وفرشتَ له عينك ، وبسطتَ له جوانحَك ، وألحفتَه جلدَك .

لا تحزنْ : وأنت تملكُ الدعاءَ ، وتُجيدُ الانطراح على عتباتِ الربوبيةِ ، وتُحسنُ المسكنة على أبواب ملِكِ الملوكِ ، ومعكَ الثلثُ الأخيرُ من الليلِ ، ولديكَ ساعةُ تمريغ الجبينِ في السجودِ .

لا تحزنْ : فإنَّ الله خَلَقَ لكَ الأرض وما فيها ، وأنبت لك حدائقَ ذاتَ بهجةٍ ، وبساتين فيها من كلِّ زوجٍ بهيجٍ ، ونخلاً باسقاتٍ له طلعٌ نضيدٌ ، ونجوماً لامعاتٍ ، وخمائل وجداول ، ولكنَّكَ تحزن !!

لا تحزنْ : فأنت تشربُ الماء الزلال ، وتستنشقُ الهواء الطَّلْق ، وتمشي على قدميْك معافى ، وتنام ليلكَ آمناً .

****

أكثِرْ من الاستغفارِ

(فَقُلْتُ اسْتَغْفِرُوا رَبَّكُمْ إِنَّهُ كَانَ غَفَّاراً{10} يُرْسِلِ السَّمَاء عَلَيْكُم مِّدْرَاراً{11} وَيُمْدِدْكُمْ بِأَمْوَالٍ وَبَنِينَ وَيَجْعَل لَّكُمْ جَنَّاتٍ وَيَجْعَل لَّكُمْ أَنْهَاراً) .

فأكثر من الاستغفارِ ، لترى الفرَحَ وراحة البالِ ، والرزق الحلالِ ، والذرية الصالحة ، والغيثَ الغزيرَ .

(وَأَنِ اسْتَغْفِرُواْ رَبَّكُمْ ثُمَّ تُوبُواْ إِلَيْهِ يُمَتِّعْكُم مَّتَاعاً حَسَناً إِلَى أَجَلٍ مُّسَمًّى وَيُؤْتِ كُلَّ ذِي فَضْلٍ فَضْلَهُ) .

وفي الحديثِ : ((**من أكثر منَ الاستغفارِ جعلَ اللهُ لهُ منْ كلِّ همٍّ فَرَجاً ، ومن كلِّ ضيقٍ مخرجاً**)) .

وعليكَ بسيّدِ الاستغفار ، الحديثُ الذي في البخاري : ((**اللهمَّ أنت ربي لا إلهَ إلا أنت ، خلقتني وأنا عبدُك ، وأنا على عهدِك ووعدِك ما استطعتُ ، أعوذُ بك من شرِّ ما صنعتُ ، أبوءُ لكَ بنعمتِك عليَّ ، وأبوءُ بذنبي فاغفِرْ لي ، فإنهُ لا يغفرُ الذنوب إلا أنت**)).

****

عليكَ بذكرِ اللهِ دائماً

قالَ سبحانه : (**أَلاَ بِذِكْرِ اللّهِ تَطْمَئِنُّ الْقُلُوبُ**) . وقال : (**فَاذْكُرُونِي أَذْكُرْكُمْ**) . وقال : (**يَا أَيُّهَا الَّذِينَ آمَنُوا اذْكُرُوا اللَّهَ ذِكْراً كَثِيراً{41} وَسَبِّحُوهُ بُكْرَةً وَأَصِيلاً**) . وقال سبحانه : (**يَا أَيُّهَا الَّذِينَ آمَنُوا لَا تُلْهِكُمْ أَمْوَالُكُمْ وَلَا أَوْلَادُكُمْ عَن ذِكْرِ اللَّهِ**) . وقال : (**وَاذْكُر رَّبَّكَ إِذَا نَسِيتَ**) . وقال : (**وَسَبِّحْ بِحَمْدِ رَبِّكَ حِينَ تَقُومُ{48} وَمِنَ اللَّيْلِ فَسَبِّحْهُ وَإِدْبَارَ النُّجُومِ**) . وقال سبحانه : (**يَا أَيُّهَا الَّذِينَ آمَنُواْ إِذَا لَقِيتُمْ فِئَةً فَاثْبُتُواْ وَاذْكُرُواْ اللّهَ كَثِيراً لَّعَلَّكُمْ تُفْلَحُونَ**) .

وفي الحديثِ الصحيحِ : ((**مَثَلُ الذي يذكرُ ربَّه والذي لا يذكرُ ربَّه ، مَثَلُ الحيِّ والميتِ**)) .

وقوله ﷺ : ((**سَبَقَ المفرِّدون**)) . قالوا : ما المفرِّدون يا رسولَ اللهِ ؟ قال ((**الذاكرون الله كثيراً والذاكرات**)) .

وفي حديثٍ صحيحٍ : ((**ألا أخبرُكم بأفضلِ أعمالِكم ، وأزكاها عند مليكِكُمْ وخيْرٍ لكمْ من إنفاقِ الذهبِ والورِقِ ، وخيرٍ لكمْ من أن تلقوا عدوَّكم فتضربوا أعناقهُمْ ويضربوا أعناقَكُمْ**)) ؟ قالوا : بلى يا رسول اللهِ . قال : ((**ذِكْرُ اللهِ**)) .

وفي حديث صحيح : أنَّ رجلاً أتى إلى رسول ﷺ فقال : يا رسول اللهِ إنَّ شرائع الإسلام قدْ كُثرَتْ عليَّ ، وأنا كَبِرْتُ فأخبرْني بشيءٍ أتشبَّثُ بهِ . قال : ((**لا يزالُ لسانُكَ رطْباً بذكرِ اللهِ**)) .

****

لا تيأسْ منْ رَوْحِ اللهِ

(**إِنَّهُ لاَ يَيْأَسُ مِن رَّوْحِ اللّهِ إِلاَّ الْقَوْمُ الْكَافِرُونَ**) .
(**حَتَّى إِذَا اسْتَيْأَسَ الرُّسُلُ وَظَنُّواْ أَنَّهُمْ قَدْ كُذِبُواْ جَاءهُمْ نَصْرُنَا**) .
(**وَنَجَّيْنَاهُ مِنَ الْغَمِّ وَكَذَلِكَ نُنجِي الْمُؤْمِنِينَ**) .
(**وَتَظُنُّونَ بِاللَّهِ الظُّنُونَا{10} هُنَالِكَ ابْتُلِيَ الْمُؤْمِنُونَ وَزُلْزِلُوا زِلْزَالاً شَدِيداً**) .

****

اعفُ عمَّن أساء إليكَ

ثمنُ القصَاصِ الباهظِ ، وهو الذي يدفعُه المنتقمُ من الناسِ ، الحاقدُ عليهِمْ : يدفعُـه مـن قلبـه ، ومـن لحمِـهِ ودمِـهِ ، مـن أعصـابِه ومـن راحتِـهِ ، وسعادتِه وسرورِهِ ، إذا أراد أنْ يتشفَّى ، أو غضبَ عليهِمْ أو حَقَدَ . إنه الخاسرُ بلا شكٍّ .

وقدْ أخبرَنا اللهُ سبحانه وتعالى بدواءِ ذلك وعلاجِهِ ، فقالَ : (**وَالْكَاظِمِينَ الْغَيْظَ وَالْعَافِينَ عَنِ النَّاسِ**) .

وقالَ : (**خُذِ الْعَفْوَ وَأْمُرْ بِالْعُرْفِ وَأَعْرِضْ عَنِ الْجَاهِلِينَ**) .

وقالَ : (**ادْفَعْ بِالَّتِي هِيَ أَحْسَنُ فَإِذَا الَّذِي بَيْنَكَ وَبَيْنَهُ عَدَاوَةٌ كَأَنَّهُ وَلِيٌّ حَمِيمٌ**) .

****

عندك نعم كثيرة

فكِّرْ في نِعَمِ اللهِ الجليلةِ وفي أعطياتِهِ الجزيلةِ ، واشكُرْهُ على هذهِ النعمِ ، واعلمْ أنكَ مغمورٌ بأعطياتِهِ .

قال سبحانه وتعالى : (**وَإِن تَعُدُّواْ نِعْمَةَ اللّهِ لاَ تُحْصُوهَا**) .

وقال : (**وَأَسْبَغَ عَلَيْكُمْ نِعَمَهُ ظَاهِرَةً وَبَاطِنَةً**) .

وقال سبحانه : (**وَمَا بِكُم مِّن نِّعْمَةٍ فَمِنَ اللّهِ**) .

وقال سبحانه وهو يقررُ العبدُ بنعمِهِ عليهِ : (**أَلَمْ نَجْعَل لَّهُ عَيْنَيْنِ{8} وَلِسَاناً وَشَفَتَيْنِ{9} وَهَدَيْنَاهُ النَّجْدَيْنِ**) .

نِعَمٌ تَتْرَى : نعمةُ الحياةِ ، ونعمةُ العافيةِ ، ونعمةُ السمعِ ، ونعمةُ البصرِ ، واليدينِ والرجليْن ، والماءِ والهواءِ ، والغذاءِ ، ومن أجلِّها نعمةُ الهدايةِ الربانية: (**الإسلامُ**) . يقولُ أحدُ الناسِ : أتريدُ بليون دولار في عينيك ؟ أتريُد بليون دولارٍ في أذنيك ؟ أتريدُ بليون دولار في رجليك ؟ أتريدُ بليون دولارٍ في يديك ؟ أتريدُ بليون دولارٍ في قلبك ؟ كمْ من الأموالِ الطائلةِ عندك وما أديتَ شُكْرَها !! .

****

الدنيا لا تستحق الحزن عليها

إنَّ مما يثبتُ السعادة وينمِّيها ويعمقُها : أنْ لا تهتمَّ بتوافهِ الأمورِ ، فصاحبُ الهمةِ العاليةِ همُّه الآخرةُ .

قال أحدُ السلفِ وهو يُوصِي أحد إخوانِه : اجعلْ الهمَّ همّاً واحداً ، همَّ لقاءِ اللهِ عز وجل ، همَّ الآخرة ، همَّ الوقوفِ بين يديْـهِ ، (**يَوْمَئِذٍ تُعْرَضُونَ لَا تَخْفَى مِنكُمْ خَافِيَةٌ**) . فليس هناك هومٌ إلا وهي أقلُّ من هذا الهمِّ ، أيّ همٍّ هذه الحياةُ ؟ مناصبِها ووظائفِها ، وذهبِها وفضتِها وأولادِها ، وأموالِها وجاهِها وشهرتِها وقصورِها ودورِها ، لا شيء !!

واللهُ جلّ وعلا قد وصف أعداءَهُ المنافقين فقال : (**أَهَمَّتْهُمْ أَنفُسُهُمْ يَظُنُّونَ بِاللَّهِ غَيْرَ الْحَقِّ**) ، فهمُّهم : أنفسُهُم وبطونُهم وشهواتُهم ، وليست لهمْ هِمَمٌ عاليةٌ أبداً !

ولمَّا بايع ﷺ الناس تحتَ الشجرةِ انفلت أحدُ المنافقين يبحثُ عن جَمَلٍ لهُ أحمر ، وقالَ : لحُصولي على جملي هذا أحبُّ إليَّ من بيْعتِكُمْ . فورَدَ : « كلُّكم مغفورٌ له إلاَّ صاحبَ الجملِ الأحمرِ » .

إنَّ أحد المنافقين أهمتْهُ نفسهُ ، وقال لأصحابِهِ : لا تنفروا في الحرِّ . فقال سبحانه : (**قُلْ نَارُ جَهَنَّمَ أَشَدُّ حَرّاً**) .

وقال آخرُ : (**ائْذَن لِّي وَلاَ تَفْتِنِّي**) . وهمُّه نفسُه ، فقال سبحانه : (**أَلاَ فِي الْفِتْنَةِ سَقَطُواْ**) .

وآخرون أهمتْهُمْ أموالُهُمْ وأهلوهُم : (**شَغَلَتْنَا أَمْوَالُنَا وَأَهْلُونَا فَاسْتَغْفِرْ لَنَا**) . إنها الهمومُ التافهةُ الرخيصةُ ، التي يحملُها التافهون الرخيصون ، أما الصحابة الأجلاَّءُ فإنهمْ يبتغون فضلاً من اللهِ ورضواناً .

****

لا تحزنْ واطردِ الهمَّ

راحةُ المؤمن غَفْلَةٌ ، والفراغُ قاتلٌ ، والعطالَةُ بطالَةٌ ، وأكثرُ الناسِ هموماً وغموماً وكدراً العاطلونَ الفارغونَ . والأراجيفُ والهواجسُ رأسُ مالِ المفاليسِ من العملِ الجادِّ المثمرِ .

فتحرّكْ واعملْ ، وزاولْ وطالعْ ، واتْلُ وسبِّحْ ، واكتبْ وزُرْ ، واستفدْ منْ وقتِك ، ولا تجعلْ دقيقةً للفراغِ ، إنك يوم تفرغُ يدخلُ عليك الهمُّ والغمُّ ، والهاجسُ والوساوسُ ، وتصبحُ ميداناً لألاعيبِ الشيطانِ .

****

اطلب ثوابك من ربك

اجعلْ عملك خالصاً لوجهِ اللهِ ، ولا تنتظرْ شكراً من أحدٍ ، ولا تهتمَّ ولا تغتمَّ إذا أحسنت لأحدٍ من الناسِ ، ووجدته لئيماً ، لا يقدِّرْ هذهِ اليد البيضاء ، ولا الحسنة التي أسديتها إليه ، فاطلبْ أجرك من اللهِ .

يقول سبحانه عن أوليائِه : (**يَبْتَغُونَ فَضْلاً مِّنَ اللَّهِ وَرِضْوَاناً**) . وقال سبحانه عن أنبيائِه : (**وَمَا أَسْأَلُكُمْ عَلَيْهِ مِنْ أَجْرٍ**) . (**قُلْ مَا سَأَلْتُكُم مِّنْ أَجْرٍ فَهُوَ لَكُمْ**) .(**وَمَا لِأَحَدٍ عِندَهُ مِن نِّعْمَةٍ تُجْزَى**) . (**إِنَّمَا نُطْعِمُكُمْ لِوَجْهِ اللَّهِ لَا نُرِيدُ مِنكُمْ جَزَاء وَلَا شُكُوراً**) .

قال الشاعرُ :

مَنْ يفعلِ الخيرَ لا يعدمْ جوازيَهُ لا يذهبُ العُرفُ بين اللهِ والناسِ

فعاملِ الواحدَ الأحد وحدهُ فهو الذي يُثيبُ ويعطي ويمنحُ ، ويعاقبُ ويحاسبُ ، ويرضى ويغضبُ ، سبحانهُ وتعالى .

قُتلَ شهداءُ بقندهار ، فقال عمرُ للصحابةِ : من القتلى ؟ فذكروا لهُ الأسماء ، فقالوا : وأناسٌ لا تعرفُهم . فدمعتْ عينا عمرَ ، وقال : ولكنَّ الله يعلَمُهم .

وأطعمَ أحدُ الصالحين رجلاً أعمى فالوْذَجاً (من أفخرِ الأكلاتِ) ، فقال أهلُه : هذا الأعمى لا يدري ماذا يأكلُ ! فقال : لكنَّ الله يدري !

ما دام أنَّ اللهَ مُطَّلعٌ عليك ويعلمُ ما قدَّمته من خيرٍ ، وما عملته من بِرٍّ وما أسديتهُ منْ فضلٍ ، فما عليك من الناسِ .

****

لوم اللائمينَ وعذْل العُذَّالِ

(**لَن يَضُرُّوكُمْ إِلاَّ أَذًى**) (**وَلاَ تَكُ فِي ضَيْقٍ مِّمَّا يَمْكُرُونَ**) . (**وَدَعْ أَذَاهُمْ وَتَوَكَّلْ عَلَى اللَّهِ وَكَفَى بِاللَّهِ وَكِيلاً**) . (**فَبَرَّأَهُ اللَّهُ مِمَّا قَالُوا**) .

لا يضرُّ البحرَ أمسى زاخراً أنْ رمى فيه غلامٌ بحجرْ

وفي حديثٍ حسن أنَّ الرسولَ ﷺ قال : : ((**لا تبلِّغوني عنْ أصحابي سوءاً ، فإني أحِبُّ أنْ أخرجَ إليكمَ وأنا سليمُ الصَّدرِ**)) .

****

لا تحزنْ منْ قلَّةِ ذاتِ اليدِ ، فإن القِلَّةُ معها السّلامةُ

كلّما ترفّهَ الجسمُ تعقدتِ الروحُ ، والقلّةُ فيها السلامةُ ، والزهدُ في الدنيا راحةٌ عاجلةٌ يقدِّمها اللهُ لمن شاءَ من عبادِهِ : (**إِنَّا نَحْنُ نَرِثُ الْأَرْضَ وَمَنْ عَلَيْهَا**) .

قال أحدُهم :

ماءٌ وخبزٌ وظِلُّ ذاك النعيمُ الأجَلُّ
كفرتُ نعمةَ ربِّي إنْ قلتُ إنِّي مُقلُّ

ما هيَ الدنيا إلا ماءٌ باردٌ وخبزٌ دافئٌ ، وظلٌّ وارفٌ !!

وقال الشافعي :

أمطري لؤلؤاً سماءَ سرنديـ ـبَ وفيضي آبارَ تكْرُور
أنا إنْ عشتُ لستُ أعدمُ قوتاً وإذا متُّ لستُ أعدمُ قبراً
همَّتي هِمَّةُ الملوكِ ونفسُ حرٍّ ترى المذلَّة

إنها عزَّةُ الواثقين بمبادئِهِمْ ، الصَّادقينَ في دعوتِهِمْ ، الجادّين في رسالتِهِمْ .

****

لا تحزنْ ممَّا يُتَوَقَّع

وُجدَ في التوراةِ مكتوباً : أكثرُ ما يُخافُ لا يكونُ !

ومعناهُ : إنَّ كثيراً مما يتخوَّفُهُ الناسُ لا يقعُ ، فإنَّ الأوهامَ في الأذهانِ ، أكثُر من الحوادثِ في الأعيانِ .

إذا جاءك حدثٌ ، وسمعتَ بمصيبةٍ ، فتمهَّلْ وتأنَّ ولا تحزنْ ، فإنَّ كثيراً من الأخبارِ والتوقُّعات لا صحَّة لها ، إذا كان هناك صارفٌ للقدرِ فيُبحثُ عنهُ، وإذا لم يكنْ فأين يكونُ؟!

(**أُفَوِّضُ أَمْرِي إِلَى اللَّهِ إِنَّ اللَّهَ بَصِيرٌ بِالْعِبَادِ{44}فَوَقَاهُ اللَّهُ سَيِّئَاتِ مَا مَكَرُوا**).

****

نقْد أهلِ الباطلِ والحُسَّادِ

فإنك مأجورٌ – من نقدهمْ وحسدهِمْ – على صبرك ، ثمَّ إنَّ نقدهُمْ يساوي قيمتك ، ثم إنَّ الناس لا ترفسُ كلباً ميتاً ، والتافهين لا حُسَّاد لهم .

قال أحدُهمْ :

إن العـرانين تلقاهـا ... ولا تـرى لِلِئَامِ النـاسِ

وقال الآخر :

حَسَدُوا الفتـى إذْ لم ينـالوا ... فالنـاسُ أعـداءٌ لـهُ
كضـرائرِ الحسـناءِ قُلْـنَ ... حسـداً ومقتـاً إنـهُ لـذميمُ

وقال زهيرٌ :

مُحسَّدُون على ما كان من ... لا ينـزِعُ اللهُ منهمْ ما لـه

وقال آخرُ :

همْ يحسدوني على موتي فوا ... حتى على الموتِ لا أخلو مِنَ

وقالَ الشاعرُ :

وشكوتَ مِن ظلمِ الوشاةِ ولنْ ... ذا سـؤددٍ إلا أصـيب بحُسَّـدِ
لا زلـت ياسِـبط الكـرامِ ... والتافـهُ المسـكينُ غيـرُ

سألَ موسى ربَّ أنْ يكفَّ ألسنةَ الناسِ عنهُ ، فقال اللهُ عزَّ وجلَّ : ((**يا موسى ، ما اتخذتُ ذلك لنفسي ، إني أخلقُهم وأرزقُهُمْ ، وإنهم يسبُّونَنِي ويشتُمونَنِي**)) !!

وصحَّ عنهُ ﷺ أنهُ قال : ((**يقولُ اللهُ عزَّ وجلَّ : يسبُّني ابنُ آدمَ ، ويشتمني ابنُ آدم ، وما ينبغي له ذلك ، أمَّ سبُّه إياي فإنهُ يسبُّ الدهر ، وأنا الدهرُ ، أقلِّبُ الليلَ والنهارَ كيف أشاءُ ، وأما شتمُه إياي ، فيقولُ : إنّ لي صاحبةً وولداً، وليسَ لي صاحبةٌ ولا ولدٌ**)).

إنكَ لنْ تستطيع أن تعتقل ألسنة البشرِ عن فرْي عِرْضِك ، ولكنك تستطيعُ أن تفعلَ الخيرَ ، وتجتنب كلامهم ونقدهم .

قال حاتمٌ :

وكلمـةِ حاسـدٍ مـنْ غيـرِ ... سـمعتُ فقلـتُ مُـرِّي
وعابوهـا علـيَّ ولـم ... ولـم ينـد لهـا أبـداً جبينـي

وقال آخرُ :

ولقـدْ أمـرُّ علـى السـفيهِ ... فمضـيتُ ثُمَّـةَ قلـتُ لا

وقال ثالثٌ :

إذا نَطَـقَ السَّـفيهُ فـلا   فخيــرٌ مِــنْ إجابتِــه

إنَّ التـافهين والمخوسـين يجـدون تحـدِّياً سـافراً مـن النـبلاءِ واللامعـين والجهابذةِ .

إذا محاسـني اللائـي أدِلُّ بهـا   كانـتْ ذنـوبي فقُلْ لـي كيـف أعتذرُ

أهلُ الثراءِ فـي الغالبِ يعيشون اضطراباً ، إذا ارتفعتْ أسهمُهم انخفضَ ضـغطُ الدمِ عندهم ، (**وَيْلٌ لِّكُلِّ هُمَزَةٍ لُّمَزَةٍ{1} الَّذِي جَمَعَ مَالاً وَعَدَّدَهُ{2} يَحْسَبُ أَنَّ مَالَهُ أَخْلَدَهُ{3} كَلَّا لَيُنبَذَنَّ فِي الْحُطَمَةِ**) .

يقولُ أحدُ أدباءِ الغَرْبِ : افعلْ ما هو صحيحٌ ، ثم أدرْ ظهرك لكلِّ نقدٍ سخيفٍ !

ومن الفوائدِ والتجاربِ : لا تـردَّ علـى كلمـةٍ جارحـةٍ فيك ، أو مقولـةٍ أو قصيدةٍ ، فإنَّ الاحتمالَ دفنُ المعايبِ ، والحلم عزٌّ ، والصمت يقهرُ الأعداء ، والعفو مثوبـةٌ وشـرفٌ ، ونصـفُ الـذين يقـرؤون الشتم فيك نسوهُ ، والنصـفُ الآخرُ ما قرؤوه ، وغيرهم لا يدرون مـا السببُ ومـا القضيـةُ ! فلا تُرسِّخْ ذلك أنت وتعمِّقهُ بالردِّ على ما قيل .

يقولُ أحدُ الحكماءِ : النـاسُ مشغولون عنـي وعنـك بنقصِ خبزِهم ، وإنَّ ظمأ أحدِهم يُنسيهم موتي وموتك .

بيتٌ فيه سكينةٌ مع خبزِ الشعيرِ ، خيرٌ من بيتٍ مليء بأعدادٍ شهيةٍ من الأطعمةِ ، ولكنه روضة للمشاغبة والضجيج .

****

وقفــة

لا تحزنْ : فإنَّ المرضَ يزولُ ، والمصابَ يحولُ ، والذنبَ يُغفرُ ، والدَّيْنَ يُقضى ، والمحبوسَ يُفكُّ ، والغائبَ يقدمُ ، والعاصي يتوبُ ، والفقيرَ يغتني .

لا تحزنْ : أمـا تـرى السحاب الأسود كيف ينقشعُ ، والليل البهيم كيف ينجلي ، والريح الصَّرْصَرَ كيف تسكنُ ، والعاصفة كيف تهدأ ؟! إذاً فشدائدُك إلى رخاء ، وعيشُك إلى هناء ، ومستقبلُك إلى نَعْماءٍ .

لا تحزنْ : لهيبُ الشمس يطفئُهُ وارفُ الظلِّ ، وظمأُ الهاجرةِ يُبردُه الماءُ النميرُ ، وعَضَّةُ الجوعِ يُسكِّنُها الخُبزُ الدافئُ ، ومعاناةُ السهرِ يعقبُهُ نومٌ لذيذٌ ، وآلامُ المرضِ يُزيلُها لذيذُ العافيةِ ، فما عليك إلا الصبرُ قليلاً والانتظارُ لحظةً .

لا تحزنْ : فقدْ حارَ الأطباءُ ، وعَجَزَ الحكماءُ ، ووقفَ العلماءُ ، وتساءلَ الشعراء ، وبارت الحيلُ أمام نفاذِ القدرةِ ، ووقوعِ القضاءِ ، وحتميةِ المقدورِ قال عليُّ بنُ جبلة :

عسى فرجٌ يكونُ عسى نعلّلُ نفسنا بعسى
فلا تقنط وإن لاقيْت همّاً يقبضُ النَّفسَا
فأقربُ ما يكونُ المرْءُ مِنْ فرجٍ إذا يئسِا

****

اخترْ لنفسك ما اختاره اللهُ لك

قمْ إن أقامك ، واقعدْ إنْ أقعدك ، واصبرْ إذا أفقرَك ، واشكرْ إذا أغناك .
فهذه من لوازم : ((رضيتُ باللهِ رباً ، وبالإسلامِ ديناً ، وبمحمد ﷺ نبياً))
.

قال أحدُهُمْ :

لا تُدبِّرْ لك أمراً فأولوا التدبيرِ هلْكى
وارضَ عنَّا إن حَكمْنا نحنُ أولى بِك مِنكا

****

لا تراقبْ تصرُّفات الناس

فإنَّهم لا يملكون ضرّاً ولا نفعاً ، ولا موتاً ولا حياة ولا نشوراً ، ولا ثواباً ولا عقاباً .

قال أحدُهم :

مَنْ راقب الناسَ ماتَ وفاز باللذةِ الجسورُ

وقال بشَّار :

من راقب الناس لم يظفرْ وفاز بالطيباتِ الفاتِكُ

قالَ إبراهيمُ بن أدهم : نحن في عيْشٍ لوْ علم بهِ الملوكُ لجالُدونا عليهِ بالسيوفِ .

وقال ابنُ تيمية : إنه ليمرُّ بالقلبِ حالٌ ، أقولُ : إن كان أهلُ الجنةِ في مثلِ حالِنا إنهم في عيشٍ طيبٍ .

قال أيضاً : إنه ليمرُّ بالقلبِ حالاتٌ يرقصُ طرباً ، من الفرحِ بذكرِه سبحانه وتعالى والأنس به .

وقال ابنُ تيمية أيضاً عندما أُدخِل السجنَ ، وقدْ أغلق السجَّانُ الباب ، قال (**فَضُرِبَ بَيْنَهُم بِسُورٍ لَّهُ بَابٌ بَاطِنُهُ فِيهِ الرَّحْمَةُ وَظَاهِرُهُ مِن قِبَلِهِ الْعَذَابُ**) .

وقال وهو في سجنِه : ماذا يفعلُ أعدائي بي ؟! أنا جنتي وبستاني في صدري ، أنَّى سرْتُ فهي معي ، إنَّ قتلي شهادةٌ ، وإخراجي من بلدي سياحةٌ وسجني خلوةٌ .

يقولون : أيُّ شيء وَجَدَ من فقدَ الله ؟! وأيُّ شيءٍ فقدَ من وجد الله ؟! لا يستويان أبداً ، منْ وجد الله وجد كلَّ شيء ، ومنْ فقد الله فقد كلَّ شيءٍ .

يقول ﷺ : ((**لإن أقولُ : سبحان اللهِ ، والحمدُ للهِ ، ولا إله إلا اللهُ ، واللهُ أكبرُ ، أحبُّ إليَّ مما طلعتْ عليه الشمسُ**)) .

قال أحدُ السلفِ عنِ الأثرياءِ وقصورِهمْ ودورِهمْ وأموالِهمْ : نأكلُ ويأكلون ، ونشربُ ، ويشربون ، وننظرُ وينظرون ، ولا نُحاسبُ ويُحاسبون .

(**وَلَقَدْ جِئْتُمُونَا فُرَادَى كَمَا خَلَقْنَاكُمْ أَوَّلَ مَرَّةٍ**) .

المؤمنون يقولون : (**صَدَقَ اللَّهُ رَسُولُهُ**) . والمنافقون يقولون : (**مَّا وَعَدَنَا اللَّهُ وَرَسُولُهُ إِلَّا غُرُوراً**) .

حياتُك منْ صنع أفكارِك فالأفكارُ التي تستثمرُها وتفكرُ فيها وتعيشُها هي التي تؤثرُ في حياتِك ، سواءٌ كانتْ في سعادةٍ أو شقاوةٍ .

يقولُ أحدُهم : إذا كنت حافياً ، فانظرْ لمنْ بُتِرَتْ ساقاه ، تحمَّدْ ربَّك على نعمةِ الرجْلَيْن .

قال الشاعرُ :

لا يملأُ الهولُ قلبي قبل ... ولا أضيقُ به ذرعاً إذا

****

أحسن إلى الناس

فإنَّ الإحسانَ على الناسِ طريقٌ واسعةٌ من طرقِ السعادةِ . وفي حديثٍ صحيح : ((**إنَّ الله يقولُ لعبدِه وهو يحاسبُهُ يوم القيامةِ : يا ابنَّ آدم ، جعتُ ولم تطعمْني . قال : كيف أطعمُك وأنت ربُّ العالمين ؟! قال : أما علمت أنَّ عبدي فلان ابن فلانٍ جاع فما أطعمْتهُ ، أما إنكَ لو أطعمْتَهُ وجدتَ ذلك عندي .**

يا ابن آدم ، ظمئتُ فلمْ تسقني . قال : كيف أسقيك وأنت ربُّ العالمينَ! قال : أما علمت أنَّ عبدي فلان ابن فلانٍ ظمِئَ فما أسقيته ، أما إنَّك لوْ أسقيته وجدْت ذلك عندي . يا ابن آدم ، مرضْتُ فلم تعُدني . قال : كيف أعودُك وأنت ربُّ العالمين ؟! قال : أما علمْت أنَّ عبدي فلان ابن فلانٍ مرض فما عدْتَهُ ، أما إنك لوْ عدتهْ وجدتني عندهُ ؟!)) .

هنا لفتةٌ وهي وجدتني عندهُ ، ولم يقلْ كالسابقتين : وجدته عندي ؛ لأنَّ الله عند المنكسِرة قلوبُهم ، كالمريض . وفي الحديثِ : ((**في كلِّ كبدٍ رطبةٍ أجرٌ**)) . واعلمْ أنَّ أدخل امرأةً بغِيّاً منْ بني إسرائيل الجنة ، لأنها سقتْ كلباً على ظمأ . فكيف بمنْ أطعمَ وسقى ، ورفع الضائقة وكشف الكُرْبَةَ ؟!

وقدْ صحَّ عنهُ ﷺ أنهُ قال : ((**مَنْ كان لهُ فضلُ زادٍ فليَعُد بهِ على مَنْ لا زاد لهُ ، ومنْ كان له فضلُ ظهْرٍ فليعدْ بهِ على منْ لا ظهر لهُ**)) . أي ليس لهُ مركوبٌ .

وقدْ قال حاتمٌ في أبياتٍ لهُ جميلةٍ ، وهو يُوصِي خادمهُ أنْ يلتمس ضيفاً يقولُ

أوقدْ فإنَّ الليل ليلٌ قرٌّ ... إذا أتى ضيفٌ فأنت حُرٌّ

ويقول لامرأته :

إذا ما صنعتِ الزادِ ... أكيلاً فإني لستُ آكلَهُ

وقال أيضاً :

أماويَّ إنَّ المال غادٍ ورائحٌ ... ويبقى من المالِ الأحاديثُ

أماويَّ ما يُغني الثراءُ عنِ ... إذا حشرجتْ يوماً وضاق بها

ويقول :

فما زادنا فخراً على ذي ... غِنانا ولا أزرى بأحسابنا

وقال عروةُ بنُ حزامٍ

أتهزأ مني أن سمِنت وأن ... بوجهي شحوب الحقِّ والحقُّ

أوزِّعُ جسمي في جسومٍ ... وأحسو قراح الماءِ والماءُ

وكان ابنُ المباركِ لهُ جارٌ يهوديٌ ، فكان يبدأ فيُطعم اليهوديَّ قبل أبنائـهِ ، ويكسوه قبل أبنائِه ، فقالوا لليهوديِّ : بعنا دارك . قال : داري بألفيْ دينارٍ ، ألفٌ قيمتُها ، وألفٌ جوارُ ابن المباركِ ! . فسمع ابن المباركِ بذلك ، فقال : اللهمَّ اهدِهِ إلى الإسلامِ . فأسلم بإذنِ اللهِ !.

ومرَّ ابنُ المبارك حاجّاً بقافلةٍ ، فرأى امرأةً أخذتْ غُراباً مّيتاً من مزبلةٍ ، فأرسلَ في أثرِها غلامه فسألها ، فقالتْ : ما لنا منذُ ثلاثةِ أيامٍ إلا ما يُلقى بها . فدمعتْ عيناهُ ، وأمر بتوزيعِ القافلةِ في القريةِ ، وعاد وترك حجّته تلك السنةِ ، فرأى في منامِهِ قائلاً يقولُ : حجٌّ مبرورٌ ، وسعيٌ مشكورٌ ، وذنبٌ مغفورٌ .

ويقولُ اللهُ عزَّ وجلَّ : (**وَيُؤْثِرُونَ عَلَى أَنفُسِهِمْ وَلَوْ كَانَ بِهِمْ خَصَاصَةٌ**) .

وقالَ أحدُهُمْ :

إنـــي وأنْ كنـــتُ امـــرأً ... عن صـاحبي فـي أرضـهِ
لمفيـدهُ نصـري وكاشـفٌ ... ومجيبُ دعوتِـه وصـوتُ
وإذا ارتدى ثوبـاً جميلاً لـمْ ... يـا ليـت أنَّ علـيَّ فضـلَ

يا للهِ ما أجملَ الخُلقَ ! وما أجلَّ المواهبَ ! وما أحسن السجايا !

لا يندمُ على فعْلِ الجميلِ احدٌ ولو أسرف ، وإنمـا النـدمُ علـى فعلِ الخطأ وإنْ قلَّ .

وقال أحدُهُمْ في هذا المعنى :

الخيـــرُ أبقـــى وإنْ طـــال ... والشرُّ أخبثُ ما أوْعَيْتَ مِنْ

****

إذا صكَّتْ أذانك كلمةٌ نابيةٌ

احرِصْ على جمعِ الفضـائلِ ... واهجرْ ملامـةَ مَنْ تشفَّى أو
واعلَـمْ بـأنَّ العمـرَ موْسـمٌ ... قُبِلَـتْ وبعـد المـوتِ ينقطـعُ

يقولُ أحدُ علمـاءِ العصـرِ : إنَّ علـى أهـلِ الحساسيةِ المرهفـة من النقدِ أنْ يسكبوا في أعصابِهم مقاديرَ من البرودِ أمام النقدِ الظالمِ الجائرِ .

وقالوا : « **للهِ دَرُّ الحسدِ ما أعْدَلَهُ ، بدأ بصاحبِهِ فقتلهُ** » .

وقال المتنبي :

ذِكْرُ الفتى عمرهُ الثاني   ما فاته وفضولُ العيْشِ

وقال عليٌّ رضي اللهُ عنهُ : الأجلُ جنةٌ حصينةٌ .
وقال أحدُ الحكماء : الجبانُ يموتُ مرَّاتٍ ، والشجاعُ يموتُ مرةً واحدةً .
وإذا أراد الله بعبادهِ خيراً في وقت الأزماتِ ألقى عليهم النعاس أَمَنَةً منه، كما وقع النعاس على طلحة رضي الله عنه في أُحُد ، حتى سقط سيفُه مراتٍ منْ يدِه ، أَمْناً وراحة بالٍ .
وهناك نعاسٌ لأهلِ البدعةِ ، فقدْ نعس شبيبُ بنُ يزيدٍ وهو على بغلتِهِ ، وكان منْ أشجعِ الناسِ ، وامرأتُهُ غزالةُ هي الشجاعةُ التي طردتِ الحجَّاج ، فقال الشاعرُ :

أسدٌ عليَّ وفي الحروبِ   فتخاءُ تَنْفِرُ مِن صفيرِ
هلاَّ برزتَ إلى غزالة في   أمْ كان قلبُك في جناحيْ

وقال اللهُ تعالى عزَّ وجلَّ : (**قُلْ هَلْ تَرَبَّصُونَ بِنَا إِلاَّ إِحْدَى الْحُسْنَيَيْنِ وَنَحْنُ نَتَرَبَّصُ بِكُمْ أَن يُصِيبَكُمُ اللّهُ بِعَذَابٍ مِّنْ عِندِهِ أَوْ بِأَيْدِينَا فَتَرَبَّصُواْ إِنَّا مَعَكُم مُّتَرَبِّصُونَ**) .
وقال سبحانه : (**وَمَا كَانَ لِنَفْسٍ أَنْ تَمُوتَ إِلاَّ بِإِذْنِ الله كِتَاباً مُّؤَجَّلاً وَمَن يُرِدْ ثَوَابَ الدُّنْيَا نُؤْتِهِ مِنْهَا وَمَن يُرِدْ ثَوَابَ الآخِرَةِ نُؤْتِهِ مِنْهَا وَسَنَجْزِي الشَّاكِرِينَ**) .

وقال الشاعرُ :

أقولُ لها وقدْ طارتْ   مِنَ الأبطالِ ويْحكِ لَنْ
فإنكِ لو سألتِ بقاء يومٍ   عنِ الأجلِ الذي لكِ لم
فصبراً في مجالِ الموتِ   فما نيلُ الخلودِ بمستطاعِ
وما ثوبُ الحياة بثوبٍ   فيُخلعُ عن أخِ الخنعِ

إي والله ، فإذا جاء أجلُهم لا يستأخرون عنه ساعةً ولا يستقدمون .
قال عليٌّ رضي اللهُ عنه :

أيُّ يوميَّ مِنَ الموتِ   يوم لا قُدِّر أمْ يوم قُدِرْ

يــوم لا قُــدِّر لا أرهبُــهُ ومِــن المقــدورِ لا ينجــو

وقال أبو بكرٍ رضي اللهُ عنه : اطلبوا الموت تُوهَبْ لكمُ الحياةُ .

****

وقفـــة

لا تحـزنْ : فـإنَّ الله يـدافعُ عنـك، والملائكـةُ تسـتغفرُ لـك، والمؤمنــون يشركونك في دعائِهِمْ كلَّ صلاةٍ ، والنبيُّ ﷺ يشفعُ ، والقرآنُ يعِدُك وعداً حسناً ، وفوق هذا رحمةُ أرحم الراحمين .

لا تحزنْ : فإنَّ الحسنة بعشر أمثالِها إلى سبعمائةِ ضِعْفٍ إلى أضعافٍ كثيرةٍ ، والسيئةُ بمثلها إلا أنْ يعفوَ ربّك ويتجاوز ، فكمْ للهِ مِن كرمٍ ما سُمع مثلُه ! ومن جودٍ لا يقاربُه جُودٌ!

لا تحـزنْ : فأنـت مـن روّادِ التوحيدِ وحَملـةِ الملَّـةِ وأهلِ القبلـةِ ، وعنـدك أصلُ حبِّ اللهِ وحبِّ رسوله ﷺ ، وتندمُ إذا أذنبت ، وتفرحُ إذا أحسنت ، فعندك خيرٌ وأنت لا تدري .

لا تحـزنْ : فأنـت علـى خيـرٍ فـي ضـرائِك وسـرائِك ، وغنـاك وفقـرِك ، وشدَّتِك ورخائِك ، ((**عجباً لأمرِ المؤمنِ ، إنَّ أمرة كلَّه لـه خيرٌ ، وليسَ ذلك إلا للمؤمنِ ،نْ أصابَتْه سرَّاءَ فشكر كـان خيراً لـه ، وإنْ أصـابتْه ضرَّاءُ فصبر فكان خيراً له**)) .

****

الصبر على المكارِهِ وتحمُّلُ الشدائدِ
طريقُ الفوزِ والنجاحِ والسعادةِ

(وَاصْبِرْ وَمَـا صَبْرُكَ إِلاَّ بِاللّهِ) . (فَصَبْرٌ جَمِيلٌ وَاللّهُ الْمُسْتَعَانُ عَلَى مَا تَصِفُونَ). (فَاصْبِرْ صَبْراً جَمِيلاً) . (سَلاَمٌ عَلَيْكُم بِمَا صَبَرْتُمْ) . (وَاصْبِرْ عَلَى مَا أَصَابَكَ) (اصْبِرُواْ وَصَابِرُواْ وَرَابِطُواْ) .

قال عمرُ رضي اللهُ عنهُ : « بالصبرِ أدركنا حسْن العيشِ » .

لأهلِ السنةِ عند المصائبِ ثلاثةُ فنونٍ : الصبرُ ، والدُّعاءُ ، وانتظارُ الفَرَجِ .

وقال الشاعرُ :

سقيناهُمُو كأساً سقوْنا   ولكنَّنا كُنا على الموتِ

وفي حديث صحيح : ((**لا أحد أصبرُ على أذى سمِعه من اللهِ : إنهم يزعمون أنَّ له ولداً وصاحبةً ، وإنهُ يعافيهم ويرزقُهم**)) . وقال ﷺ : ((**رحِم اللهُ موسى ، ابتُلي باكثر من هذا فصبرَ**)) .

وقال ﷺ : ((**من يتصبَّرْ يُصبِّرْهُ اللهُ**)) .

دببتَ للمجدِ والساعون قد   جهِد النفوسِ وألقوا دونهُ
وكُابدوا المجد حتى ملَّ   وعانقَ المجد مَنْ أوفى
لاَ تحسبِ المجد تمراً أنتَ   لنْ تبلغ المْجد حتى تلْعق

إن المعالي لا تُنالُ بالأحلامِ ، ولا بالرؤيا في المنامِ ، وإنَّما بالحزمِ والعَزْمِ .

****

لا تحزنْ من فِعلِ الخَلْقِ مَعَكَ وانظرْ إلى فعْلِهم مع الخالقِ

عندَ أحمد في كتابِ الزهدِ ، أن الله يقولُ : ((**عجباً لك يا ابن آدم ! خلقتُك وتعبدُ غيري ، ورزقتُك وتشكرُ سواي ، أتحبَّبُ إليك بالنعمِ وأنا غنيٌّ عنك ، وتتبغَّضُ إليَّ بالمعاصي وأنت فقيرٌ إليَّ ، خيري إليك نازلٌ ، وشرُّك إليَّ صاعدٌ**)) !! .

وقد ذكروا في سيرة عيسى عليه السلامُ أنه داوى ثلاثين مريضاً ، وأبرأ عميان كثيرين ، ثم انقلبوا ضدَّه أعداءً .

****

لا تحزنْ منْ تعسُّر الرزقِ

فإنَّ الرزَّاقِ هو الواحدُ الأحدُ ، فعنده رِزْقُ العبادِ ، وقدْ تكفَّلَ بذلك ، (**وَفِي السَّمَاء رِزْقُكُمْ وَمَا تُوعَدُونَ**) .

فإذا كان اللهُ هو الرزاقُ فلِم يتملّقُ البشرُ ، ولِم تُهانُ النفسُ في سبيلِ الرزقِ لأجل البشرِ ؟! قال سبحانه : (**وَمَا مِن دَآبَّةٍ فِي الأَرْضِ إِلاَّ عَلَى اللّهِ رِزْقُهَا**) . وقال جلّ اسمُه : (**مَا يَفْتَحِ اللَّهُ لِلنَّاسِ مِن رَّحْمَةٍ فَلَا مُمْسِكَ لَهَا وَمَا يُمْسِكْ فَلَا مُرْسِلَ لَهُ مِن بَعْدِهِ**) .

****

أسبابٌ تهوّنُ المصائب

1. انتظارُ الأجرِ والمثوبةِ من عند اللهِ عزَّ وجلَّ : (**إِنَّمَا يُوَفَّى الصَّابِرُونَ أَجْرَهُم بِغَيْرِ حِسَابٍ**) .
2. رؤيةُ المصابين :

ولـــولا كثـــرةُ البـــاكِين على إخـــوانِهمْ لَقتَلْـــتُ

فالتفِتْ يَمْنَةً والتفتْ يَسْرَةً ، هَل ترى غلا مصاباً أو ممتحناً ؟ وكما قيل :

في كلّ وادٍ بنو سعدٍ .

3. وأنها أسهلُ منْ غيرِها .
4. وأنها ليستْ في دينِ العبدِ ، وإنما في دنياه .
5. وأنَّ العبودية في التسليم عند المكارهِ أعظمُ منها أحياناً في المحابِّ .
6. وأنه لا حيلة :

فـــاتركِ الحيلـــة فـــي إنمـــا الحيلـــةُ فـــي تـــرْكِ

7. وأنَّ الخبرة للهِ ربِّ العالمين : (**وَعَسَى أَن تَكْرَهُواْ شَيْئاً وَهُوَ خَيْرٌ لَّكُمْ**) .

****

لا تتقمص شخصية غيرِك

(**وَلِكُلٍّ وِجْهَةٌ هُوَ مُوَلِّيهَا فَاسْتَبِقُواْ الْخَيْرَاتِ**) (**وَهُوَ الَّذِي جَعَلَكُمْ خَلاَئِفَ الأَرْضِ وَرَفَعَ بَعْضَكُمْ فَوْقَ بَعْضٍ دَرَجَاتٍ**) (**قَدْ عَلِمَ كُلُّ أُنَاسٍ مَّشْرَبَهُمْ**) .

الناسُ مواهبُ وقدراتٌ وطاقاتٌ وصنعاتٌ ، ومن عظمةِ رسولِنا ﷺ أنه وظَّف أصحابه حسب قُدراتِهمْ واستعداداتِهم ، فعليٌّ للقضاءِ ، ومعاذٌ للعِلْمِ ، وأبيٌّ للقرآنِ ، وزيدٌ للفرائضِ ، وخالد للجهادِ ، وحسَّانُ للشعرِ ، وقيسُ بنُ ثابتٍ للخطابةِ .

فوضْعُ الندى في موضـعِ السيف مُضِرٌّ كوضعِ السيفِ في موضـعِ

الذوبانُ في الغيرِ انتحارٌ تقمُّصُ صفاتِ الآخرين قتلٌ مُجْهِزٌ.

ومنْ آياتِ اللهِ عزَّ وجلَّ : اختلافُ صفاتِ الناسِ ومواهبِهمْ ، واختلافِ ألسنتِهمْ وألوانِهمْ ، فأبو بكر برحمتِهِ ورفقِهِ نفعَ الأمةَ والملَّةَ ، وعمرُ بشدَّتِهِ وصلابتِهِ نصر الإسلامَ وأهلَه ، فالرضا بما عندك من عطاءٍ موهبةٌ ، فاستثمرها ونمِّها وقدِّمها وانفع بها ، (**لاَ يُكَلِّفُ اللهُ نَفْساً إِلاَّ وُسْعَهَا**) .

إنَّ التقليد الأعمى والانصهار المسرف في شخصياتِ الآخرين وأدٌ للموهبةِ ، وقتْلٌ للإرادةِ وإلغاءٌ متعمَّدٌ التميُّزِ والتفرُّدِ المقصودِ من الخليقةِ .

****

عزُّ العزلةِ

وأقصدُ بها العزلةَ عن الشرِّ وفضولِ المباحِ ، وهي ممّا يشرحُ الخاطر ويُذهبُ الحزن .

قال ابن تيمية : لا لابدَّ للعبدِ من عزلةٍ لعبادتِه وذكرِه وتلاوتِه ، ومحاسبتِه لنفسِه ، ودعائِه واستغفارِه ، وبُعدِه عن الشرِّ ، ونحوِ ذلك .

ولقد عقد ابنُ الجوزي ثلاثة فصولٍ في (صيْدِ الخاطرِ) ، ملخَّصها أنه قال : ما سمعتُ ولا رأيتُ كالعزلة ، راحةً وعزّاً وشرفاً ، وبُعداً عن السوءِ وعن الشرِّ ، وصوْناً للجاهِ والوقتِ ، وحِفظاً للعمرِ ، وبعداً عن الحسَّادِ والثقلاءِ والشامتين ، وتفكُّراً في الآخرةِ ، واستعداداً للقاءِ اللهِ عزَّ وجلَّ ، واغتناماً في الطاعةِ ، وجولان الفكر فيما ينفعُ ، وإخراج كنوزِ الحِكَمِ ، والاستنباط من النصوصِ .

ونحو ذلك من كلامِهِ ذكرهُ في العزلةِ هذا معناه بتصرُّف .

وفي العزلةِ استثمارُ العقلِ ، وقطْفُ جَنَى الفكرِ ، وراحةُ القلبِ ، وسلامةُ العرْضِ ، وموفورُ الأجرِ ، والنهيُ عن المنكر ، واغتنامُ الأنفاسِ في الطاعةِ ، وتذكُّرُ الرحيمِ ، وهجرُ الملهياتِ والمشغلاتِ ، والفرارُ من الفتنِ ، والبعدُ عن مداراةِ العدوِّ ، وشماتةِ الحاقدِ ، ونظراتِ الحاسدِ ، ومماطلةِ الثقيلِ ، والاعتذارِ على المعاتِبِ ، ومطالبةِ الحقوقِ ، ومداجاةِ المتكبِّرِ ، والصبرِ على الأحمقِ .

وفي العزلةِ سَتْرٌ للعوراتِ : عوراتِ اللسانِ ، وعثراتِ الحركاتِ ، وفلتاتِ الذهنِ ، ورعونةِ النفسِ .

فالعزلةُ حجابٌ لوجهِ المحاسنِ ، وصدَفٌ لدُرِّ الفضلِ ، وأكمامٌ لطلْعِ المناقبِ ، وما أحسن العزلة مع الكتابِ ، وفرةً للعمرِ ، وفسحةً للأجلِ ، وبحبوحةً في الخلوةِ ، وسفراً في طاعةِ ، وسياحةً في تأمُّلٍ .

وفي العزلةِ تحرصُ على المعاني ، وتحوزُ على اللطائفِ ، وتتأملُ في المقاصدِ ، وتبني صرح الرأيِ ، وتشيدُ هيْكلَ العقلِ .

والروحُ في العزلةِ في جَذلٍ ، والقلبُ في فَرَحٍ اكبرَ ، والخاطرُ في اصطيادِ الفوائدِ .

ولا تُرائي في العزلةِ : لأنهُ لا يراك إلا اللهُ ، ولا تُسمعِ بكلامِك بشراً فلا يسمعك إلا السميعُ البصيرُ .

كلُّ اللامعين والنافعين ، والعباقرةِ والجهابذةِ وأساطين الزمنِ ، وروّادِ التاريخ ، وشُداةِ الفضائلِ ، وعيونِ الدهرِ ، وكواكبِ المحافلِ ، كلّهم سَقَوْا غَرْسَ نُبْلهم من ماءِ العزلةِ حتى استوى على سُوقِهِ ، فنبتتْ شجرةُ عظمتِهم ، فآتتْ أُكُلَها كلَّ حينٍ بإذنِ ربِّها .

قال عليُّ عبدِالعزيز الجُرْجانيُّ :

يقولون لي فيك انقباضُ وإنما ... رأوا رجلاً عن موقفِ الذّلِّ
إذا قيلَ هذا موردٌ قلتُ قدْ ... ولْكنَّ نفس الحُرِّ تحتملُ
ولَم أقضِ حقَّ العلمِ إن كنتُ ... بَدأ طمعٌ صيَّرتُهُ لِيَ سُلّماً
أأشقى به غَرْساً وأجنيهِ ذلّةً ... إذن فاتِّباعُ الجهلِ قدْ كان
ولو أنَّ أهلَ العلمِ صانوه ... ولو عظّموه في النفوسِ
ولكنْ أهانُوهُ فهانوا ودنَّسوا ... مُحَيَّاهُ بالأطماعِ حتى

وقال أحمدُ بنُ خليلٍ الحنبليُّ :

مَنْ أراد العزَّ والرا ... حةَ مِن همٍّ طويلِ
ليكُنْ فرداً من النا ... سِ ويرضى بالقليلِ
كيف يصفو لامرئٍ ما ... عاش مِنْ عيشٍ وبيلِ
بين غمزٍ مِنْ ختولٍ ... ومداجاةِ ثقيلِ
ومداراةِ حسودٍ ... ومعاناةِ بخيلِ

آهِ مِـنْ معرفـةِ النـا سِ علـى كـلِّ سـبيلِ

وقال القاضي عليُّ بن عبدالعزيزِ الجرجانِّي :

ما تطعَّمتُ لـذة العيشِ صرتُ للبيتِ والكتابِ
لـيس شـيءٌ أعـزّ مـن ـم فما أبتغي سواهُ أنيساً
إنَّمـا الـذّل فـي مخالطـةِ سِ فدعْهُم وعِشْ عزيزاً

وقال آخر :

أنِسْتُ بوحدتي ولزمتُ فدام لِـي الهنـا ونَمَـا
وقاطعتُ الأنـامَ فمـا أسارَ الجيشُ أم ركِبَ

وقال الحميدي المحدِّث :

لقاءُ النـاسِ لـيس يُفيـدُ سوى الإكثارِ مـنْ قيلِ
فأقْلِلْ مـنْ لقاءِ النـاسِ إلاَّ لكسبِ العلمِ أو إصلاحِ

وقال ابنُ فارس :

وقالوا كيف حالُك قلتُ تَقَضَّى حاجةٌ وتفوتُ
إذا ازدحمتْ همومُ الصدرِ عسى يوماً يكونُ لـهُ
نـديمي هِرَّتـي وأنيسُ دفاترُ لـي ومعشوقي

قالوا : كلُّ من أحبَّ العزلة فهي عِزٌّ لـهُ . ولك أن تراجع كتاب ((العزلةِ)) للخطَّابي .

****

فوائد الشدائد

فإنَّ الشدائد تقوِّي القلب ، وتمحو الذنب ، وتقصِمُ العُجْبَ ، وتنسفُ الكِبْرَ ، وهي ذوبانٌ للغفلةِ ، وإشعالٌ للتذكُّرِ ، وجلْبُ عطفِ المخلوقين ، ودعاءٌ من الصالحين ، وخضوعٌ للجبروتِ ، واستسلامٌ للواحد القهارِ ، وزجْرٌ حاضرٌ ، ونذيرٌ مقدمٌ ، وإحياءٌ للذكرِ ، وتضرُّع بالصبرِ ، واحتسابٌ للغصصِ ، وتهيئةٌ للقدومِ على المولى ، وإزعاجٌ عن الركونِ على الدنيا والرضا بها والاطمئنان

إليها ، وما خفي من اللطفِ أعظمُ ، وما سُتِرَ من الذنبِ أكبرُ ، وما عُفي من الخطأ أجلُّ .

****

وقفـةٌ

لا تحـزنْ : لأنَّ الحـزن يضـعفُك فـي العبـادةِ ، ويعطِّلـك عـن الجهـادِ ، ويُورثُك الإحباط ، ويدعوك إلى سوء الظنِّ ، ويُوقعُك في التشاؤمِ .

لا تحزنْ : فإنَّ الحزن والقلق أساسُ الأمراضِ النفسيةِ ، ومصدرُ الآلامِ العصبيةِ ، ومادةُ الانهيارِ والوسواسِ والاضطرابِ .

لا تحـزنْ : ومعك القرآنُ ، والذكرُ ، والدعاءُ ، والصلاةُ ، والصدقةُ ، وفعْلُ المعروفِ ، والعملُ النافعُ المثمِرُ .

لا تحزنْ : ولا تستسلمْ للحزن عن طريقِ الفراغِ والعطالةِ ، صلِّ .. سبِّحْ اقرأْ .. اكتبْ .. اعملْ .. استقبلْ .. زُرْ .. تأمَّلْ .

(ادْعُونِي أَسْتَجِبْ لَكُمْ) (ادْعُواْ رَبَّكُمْ تَضَرُّعاً وَخُفْيَةً إِنَّهُ لاَ يُحِبُّ الْمُعْتَدِينَ) (فَادْعُوا اللَّهَ مُخْلِصِينَ لَهُ الدِّينَ) (قُلِ ادْعُواْ اللّهَ أَوِ ادْعُواْ الرَّحْمَـنَ أَيّاً مَّا تَدْعُواْ فَلَهُ الأَسْمَاء الْحُسْنَى) .

****

قواعد في السعادة

1. اعلمْ أنك إذا لم تعِشْ في حدودِ يومِك تشتَّت ذهنُك ، واضطربتْ عليك أمورُك ، وكثُرتْ همومُك وغمومُك ، وهذا معنى : ((**إذا أصبحت فلا تنتظرِ المساء ، وإذا أمسيت فلا تنتظرِ الصباح**)) .
2. انْس الماضي بما فيه ، فالاهتمامُ بما مضى وانتهى حُمْقٌ وجنونٌ .
3. لا تشتغلْ بالمستقبلِ ، فهو في عالمِ الغيبِ ، ودعِ التفكرَ فيه حتى يأتي .
4. لا تهتزَّ من النقدِ ، واثبتْ ، واعلمْ أنَّ النقد يساوي قيمَتَكَ .
5. الإيمانُ باللهِ ، والعملُ الصالحُ هو الحياةُ الطيبةُ السعيدةُ .
6. من أراد الاطمئنان والهدوء والراحةَ ، فعليه بذكرِ اللهِ تعالى .
7. على العبدِ أن يعلم أنَّ شيءٍ بقضاء وقدرٍ .
8. لا تنتظرْ شكراً من أحدٍ .
9. وطِّنْ نفسك على تلقِّي أسوأ الفروضِ .

10. لعلَّ فيما حصل خيراً لك .
11. كلُّ قضاءٍ للمسلمِ خيرٌ له .
12. فكِّرْ في النعمِ واشكرْ .
13. أنت بما عندك فوق كثيرٍ من الناسِ .
14. من ساعةٍ إلى ساعةٍ فَرَجٌ .
15. بالبلاءِ يُسْتَخْرَجُ الدعاءُ .
16. المصائبُ مراهمُ للبصائرِ وقوّةٌ للقلبِ .
17. إنَّ مع العُسْرِ يُسْراً .
18. لا تقضِ عليك التوافِهُ .
19. إن ربَّكَ واسعُ المغفرةِ .
20. لا تغضبْ ، لا تغضبْ ، لا تغضبْ .
21. الحياةُ خبزٌ وماءٌ وظلٌّ ، فلا تكترثْ بغير ذلك .
22. (**وَفِي السَّمَاء رِزْقُكُمْ وَمَا تُوعَدُونَ**) .
23. أكثر ما يُخافُ لا يكونُ .
24. لك في المصابين أسوةٌ .
25. إنَّ الله إذا أحبَّ قوماً ابتلاهُمْ .
26. كَرِّرْ أدعية الكَرْبِ .
27. عليك بالعملِ الجادِّ المثمرِ ، واهجرِ الفراغ .
28. اتركِ الأراجيف ، ولا تصدقْ الشائعاتِ .
29. حقدُكَ وحرصُك على الانتقامِ يضُرُّ بصِحَّتِكَ أكثر مما يَضُرُّ الخصمُ .
30. كلُّ ما يصيبك فهو كفَّارةٌ للذنوبِ .

****

ولِمَ الحزنُ وعندك ستَّةُ أخلاطٍ ؟

ذكر صاحبُ (الفرجِ بعد الشدةِ) : أنَّ احدَ الحكماءِ ابتُليَ بمصيبةٍ ، فدخلَ عليه إخوانُه يعزُّونَهُ في المصابِ ، فقال : إني عملتُ دواءً من ستةِ أخلاطٍ . قالوا : ما هي ؟ قال : الخلطُ الأولُ : الثقةُ باللهِ . والثاني : علمي بأنَّ كلَّ مقدورٍ كائنٌ . والثالثُ : الصبرُ خيرُ ما استعملهُ الممتحنُون . والرابعُ : إنْ لم أصبرْ أنا فأيَّ شيءٍ أعمل ؟! ولم أكنْ أُعين على نفسي بالجزعِ . والخامسُ : قد يمكنُ أن أكون في شرٍّ مما أنا فيه . والسادسُ : من ساعةٍ إلى ساعةٍ فَرَجٌ .

****

لا تَحْزَنْ إذا واجهتْكَ الصعابُ وداهمتْك المشاكلُ واعترضتك العوائق ، واصبر وتحمَّلْ

إنْ كـانَ عنـدك يـا زمـانٌ ... ممـا تُهـينُ بـهِ الكـرامَ

إنَّ الصبر أرفقُ من الجزعِ ، وإنَّ التحمل أشرفُ من الخورِ ، وإن الذي لا يصبرُ اختياراً سوف يصبرُ اضطراراً .

وقال المتنبي :

رمـاني الـدهرُ بـالأرزاءِ ... فـؤادي فـي غشـاءٍ مـن
فصــرتُ إذا أصــابتني ... تكسَّـرتِ النصـالُ علـى
فعشـــتُ ولا أبـــالي ... لأنـي مـا انتفعـتُ بـأنْ

وقال أبو المظفر الأبيوردي :

تنكَّرَ لـي دهـري ولـم يـدرِ ... أعِــزٌ وأحــداثُ الزمــانِ
فبـات يُريـني الـدهرُ كيـف ... وبِـتُّ أريـهِ الصـبر كيـفَ

إن الكوخ الخشبيَّ ، وخيمةَ الشَّعْرِ ، وخبز الشعيرِ ، أعزُّ وأشرفُ – مع حفظِ ماءِ الوجهِ وكرامةِ العِرْضِ وصونَ النفسِ – من قصْرٍ منيفٍ وحديقةٍ غنَّاءَ مع التعكيرِ والكَدَرِ .

المحنةُ كالمرض ، لابدَّ له من زمن حتى يزول ، ومن استعجل في زوالهِ أوشك أن يتضاعف ويستفحل ، فكذلك المصيبةُ والمِحْنَةُ لابدَّ لها من وقتٍ ، حتى تزول آثارُها ، وواجبُ المبتلي : الصبرُ وانتظارُ الفرجِ ومداومةُ الدُّعاءِ .

****

وقفــة

(وَلاَ تَيْأَسُواْ مِن رَّوْحِ اللّهِ إِنَّهُ لاَ يَيْأَسُ مِن رَّوْحِ اللّهِ إِلاَّ الْقَوْمُ الْكَافِرُونَ) . (وَمَن يَقْنَطُ مِن رَّحْمَةِ رَبِّهِ إِلاَّ الضَّآلُّونَ) . (إِنَّ رَحْمَتَ اللّهِ قَرِيبٌ مِّنَ الْمُحْسِنِينَ) . (لَا تَدْرِي لَعَلَّ اللَّهَ يُحْدِثُ بَعْدَ ذَلِكَ أَمْراً) . (وَعَسَى أَن تَكْرَهُواْ شَيْئاً وَهُوَ خَيْرٌ لَّكُمْ وَعَسَى أَن تُحِبُّواْ شَيْئاً وَهُوَ شَرٌّ لَّكُمْ وَاللّهُ يَعْلَمُ وَأَنتُمْ لاَ

تَعْلَمُونَ) . (اللَّهُ لَطِيفٌ بِعِبَادِهِ) . (وَرَحْمَتِي وَسِعَتْ كُلَّ شَيْءٍ) . (لاَ تَحْزَنْ إِنَّ اللَّهَ مَعَنَا) . (إِذْ تَسْتَغِيثُونَ رَبَّكُمْ فَاسْتَجَابَ لَكُمْ) . (وَهُوَ الَّذِي يُنَزِّلُ الْغَيْثَ مِن بَعْدِ مَا قَنَطُوا وَيَنشُرُ رَحْمَتَهُ) . (وَيَدْعُونَنَا رَغَباً وَرَهَباً وَكَانُوا لَنَا خَاشِعِينَ) .

قال الشاعرُ :

متى تصفُو لك الدنيا إذا لم ترض منها
ألم تر جوهر الدنيا ومخرجهُ من البَحرِ
ورُبَّ مُخيفةٍ فجأَّتْ جرتْ بمسرَّةٍ لك
ورُبَّ سلامةٍ بَعْدَ امتناعٍ وربَّ إقامةٍ بَعْدَ

****

وخيرُ جليسٍ في الأنامِ كتابُ

إنّ من أسباب السعادة : الانقطاع إلى مطالعة الكتاب ، والاهتمام بالقراءة ، وتنمية العقلِ بالفوائدِ .

والجاحظ يُوصِيك بالكتاب والمطالعة ، لتطرد الحزن عنك فيقول :

والكتاب هو الجليسُ الذي لا يُطرِيك ، والصديقُ الذي لا يُغرِيك ، والرفيقُ الذي لا يَملُّك ، والمستميحُ الذي لا يستريثك ، والجارُ الذي لا يستبطيك ، والصاحب الذي لا يريد استخراج ما عندك بالملقِ ، ولا يعاملُك بالمكْر ، ولا يخدعُك بالنفاق ، ولا يحتالُ لك بالكذبِ .

والكتاب هو الذي إن نظرت فيه أطال إمتاعك ، وشحذ طباعك ، وبسط لسانك ، وجوّ بنانك ، وفخَّم ألفاظك ، وبحبح نفسك ، وعمَّرَ صدرك ، ومنحك تعظيم العوامِّ ، وصداقة الملوك ، وعرفت به شهرٍ ما لا تعرفه من أفواهِ الرجال في دهْرٍ ، مع السلامة من الغُرْمِ ، ومن كدِّ الطلّب ، ومن الوقوفِ ببابِ المكتسب بالتعليم ، ومن الجلوس بين يدي مَن أنت أفضلُ منه خُلُقاً ، وأكرمُ منه عِرقاً ، ومع السلامة من مجالسة البغضاء ، ومقارنة الأغنياء .

والكتاب هو الذي يطيعك بالليل كطاعته بالنهار ، ويطيعك في السفر كطاعته في الحضَرِ ، ولا يعتلُّ بنومٍ ، ولا يعتريهِ كَلَلُ السهرِ ، وهو المعلِّمُ الذي إن افتقرت إليه لم يخْفِرْك ، وإن قطعت عنه المادة لم يقطعْ عنك الفائِدةَ ،

وإن عزلته لم يدعْ طاعتك ، وإن هبَّت ريحُ أعاديك لم ينقلبْ عليك ، ومتى كنت معه متعلِّقاً بسبب أو معتصماً بأدنى حبْل كان لك فيه غنىً من غيره ، ولم تضرَّك معه وحشةُ الوحدة إلى جليسِ السوءِ ، ولو لم يكن من فضله عليك وإحسانه إليك إلاَّ منْعُه لك من الجلوس على بابِك ، والنظرُ إلى المارة بك . مع ما في ذلك من التعرُّض للحقوق التي تلزم ، ومن فضولِ النظرِ ، ومن عادةِ الخوْضِ فيما لا يعنيك ، ومن ملابسةِ صغارِ الناسِ ، وحضورِ ألفاظهم الساقطة ، ومعانيهم الفاسدة ، وأخلاقِهم الرديئة ، وجهالاتهم المذمومة . لكان في ذلك السلامةُ ثم الغنيمةُ ، وإحرازُ الأصل مع استفادةِ الفرْعِ ، ولو لم يكن في ذلك إلا أنه يشغلك عن سخف المُنى ، وعن اعتياد الراحةِ وعن اللَّعبِ ، وكل ما أشبه اللعب ، لقد كان على صاحبه أسبغ النعمة وأعظم المِنَّة .

وقد علمنا أن أفضل ما يقطع به الفُرَّاغ نهارهم ، وأصحاب الفكاهات ساعاتِ ليلهم : الكتابُ ، وهو الشيء الذي لا يُرى لهم فيه مع النيل أثر في ازدياد تجربة ولا عقل ولا مروءة ، ولا في صوْن عِرض ، ولا في إصلاح دينٍ ، ولا في تثمير مال ، ولا في رب صنيعةٍ ولا في ابتداءِ إنعامٍ .

*** أقوالٌ في فضل الكتاب :**

وقال أبو عبيدة : قال المهلَّب لبنيه في وصيته : يا بَنِيَّ ، لا تقوموا في الأسواق إلا على زرَّاد أو ورَّاق .

وحدّثني صديق لي قال : قرأتُ على شيخ شامي كتاباً فيه من مآثرِ غطفان ، فقال : ذهبتِ المكارم إلا من الكتب . وسمعتُ الحسن اللؤلؤي يقول: غبرتُ أربعين عاماً ما قِلتُ ولا بتُ ولا اتكأتُ ، إلا والكتاب موضوع على صدري .

وقال ابن الجهم : إذا غشيني النعاس في غير وقت نوم . وبئس الشيء النوم الفاضل عن الحاجة . تناولتُ كتاباً من كتب الحِكم ، فأجدُ اهتزازي للفوائد ، والأريحية التي تعتريني عند الظفر ببعض الحاجة ، والذي يغشى قلبي من سرور الاستبانة ، وعزُّ التبين أشدُّ إيقاظاً من نهيقِ الحميرِ ، وهدَّةِ الهَدْمِ .

وقال ابنُ الجهم : إذا استحسنتُ الكتاب واستجدتُه ، ورجوتُ منه الفائدة ، ورأيتُ ذلك فيه ، فلو تراني وأنا ساعة بعد ساعة أنظرُ كم بقي من ورقة مخافة

استنفاده ، وانقطاع المادة من قلبه ، وإن كان المصحفُ عظيم الحجمِ كثير الورقِ كثير العددِ فقد تمَّ عيشي وكمل سروري .

وذكر العتبي كتاباً لبعض القدماء فقال : لولا طولُه وكثرةُ ورقِهِ لنسختُه . فقال ابن الجهم : لكني ما رغَّبني فيه إلا الذي زهَّدك فيه ، وما قرأتُ قطُّ كتاباً كبيراً فأخلاني من فائدة ، وما أحصي كم قرأتُ من صغار الكتب فخرجتُ منها كما دخلتُ ! .

وأجلُّ الكتب وأشرفها وأرفعها : (**كِتَابٌ أُنزِلَ إِلَيْكَ فَلاَ يَكُن فِي صَدْرِكَ حَرَجٌ مِّنْهُ لِتُنذِرَ بِهِ وَذِكْرَى لِلْمُؤْمِنِينَ**) .

*** فوائد القراءة والمطالعة :**

1. طردُ الوسواسِ والهمِّ والحزنِ .
2. اجتنابُ الخوضِ في الباطلِ .
3. الاشتغالُ عن البطَّالين وأهلِ العطالةِ .
4. فتْقُ اللسانِ وتدريبٌ على الكلام، والبعدُ عن اللَّحْنِ، والتحلِّي بالبلاغةِ والفصاحةِ.
5. تنميةُ العَقْلِ ، وتجويدُ الذِّهْنِ ، وتصفيةُ الخاطِرِ .
6. غزارةُ العلمِ ، وكثرةُ المحفوظِ والمفهومِ .
7. الاستفادةُ من تجاربِ الناسِ وحكمِ الحكماءِ واستنباطِ العلماءِ .
8. إيجادُ المَلَكَةِ الهاضمةِ للعلومِ ، والمطالعةُ على الثقافات الواعية لدورها في الحياة .
9. زيادةُ الإيمانِ خاصَّةً في قراءة كتبِ أهلِ الإسلامِ ، فإن الكتاب من أعظم الوعَّاظ ، ومن أجلِّ الزاجرين ، ومن أكبر الناهين ، ومن أحكمِ الآمرين .
10. راحةٌ للذِّهن من التشتُّتِ ، وللقلب من التشرذُمِ ، وللوقتِ من الضياعِ .
11. الرسوخُ في فَهْمِ الكلمةِ ، وصياغةِ المادةِ ، ومقصودِ العبارةِ ، ومدلولِ الجملةِ ، ومعرفةِ أسرارِ الحكمةِ .

فروحُ الروحِ أرواحُ   وليس بأنْ طعمت ولا

****

وقفـة

مرض أبو بكرٍ رضي الله عنه فعادوه ، فقالوا : ألا ندعو لك الطبيب ؟ فقال : قد رآني الطبيب . قالوا : فأيُّ شيء قال لك ؟ قال : إني فعّالٌ لما أريدُ .

قال عمرُ بنُ الخطابِ رضي الله عنه : وجدنا خَيْرَ عيشِنا بالصبرِ .

وقال أيضاً : أفضلُ عيشٍ أدركناه بالصبر ، ولو أنَّ الصبر كان من الرجالِ كان كريماً .

وقال عليُّ بن أبي طالب رضي الله عنه : ألا إن الصَّبْرَ من الإيمان بمنزلة الرأسِ من الجسدِ ، فإذا قُطع الرأسُ بار الجسمُ ، ثم رَفَعَ صوتَه فقال : إنه لا إيمان لمن لا صَبْرَ له . وقال : الصبرُ مطيَّةٌ لا تَكْبُو .

وقال الحسن : الصبر كَنْزٌ من كنوزِ الخيرِ ، لا يعطيه اللهُ إلا لعبدٍ كريمٍ عنده .

وقال عمرُ بنُ عبدالعزيز : ما أنعم اللهُ على عبدٍ نعمةً ، فانتزعَها منه ، فعاضه مكانها الصبر ، إلاَّ كان ما عوَّضه خيراً مما انتزعهُ .

وقال ميمون بنُ مهران : ما نال أحد شيئاً من ختمِ الخيرِ فيما دونه إلا الصبر .

وقال سليمان بنُ القاسم : كلُّ عمل يُعرف ثوابه إلا الصبرَ ، قال تعالى : (**إِنَّمَا يُوَفَّى الصَّابِرُونَ أَجْرَهُم بِغَيْرِ حِسَابٍ**) قال : كالمالِ المنهمر .

****

لا تحزنْ لأنَّ هناك مشهداً آخر وحياةً أخرى ، ويوماً ثانياً

يجمع الله فيه الأوَّلين والآخرين ، وهذا يجعلك تطمئنُّ لعدلِ اللهِ ، فَمَنْ سُلِبَ مالُه هنا وجده هناك ، ومن ظُلم هنا أُنصف هناك ، ومن جار هنا عُوقِب هناك !!

نُقل عن « كانت » الفيلسوف الألماني أنه قال : ((إن مسرحيَّة الحياة الدنيا لم تكتملْ بَعْدُ ، ولابدَّ من مشهدٍ ثانٍ ؛ لأننا نرى هنا ظالماً ومظلوماً ولم نجدْ الإنصاف ، وغالباً ومغلوباً ولم نجد الانتقام ، فلابدَّ إذن من عالمٍ آخر يتمُّ فيه العَدْلُ)) .

قال الشيخ علي الطنطاوي معلّقاً : وهذا الكلام اعتراف ضمني باليوم الآخر والقيامة ، من هذا الأجنبي .

إذا جارَ الوزيرُ وكاتِباهُ　　وقاضي الأرضِ أجحف في

فَوَيْلٌ ثم وَيْلٌ ثُمَّ ويْلٌ　　لقاضي الأرضِ من قاضي

(لا ظُلْمَ الْيَوْمَ إِنَّ اللَّهَ سَرِيعُ الْحِسَابِ) .

****

أقوالٌ عالميةٌ ونُقولاتٌ من تجاربِ القومِ

كتب « روبرت لويس ستيفنسون » : ((فكل إنسان يستطيع القيام بعمله مهما كان شاقّاً في يوم واحد ، وكل إنسانٍ يستطيعُ العيش بسعادة حتى تغيب الشمسُ . وهذا ما تعنيه الحياة)) .

قال أحدهم : ((ليس لك من حياتِك إلا يومٌ واحد ، أمس ذهب ، وغدٌ لم يأتِ)) .

كتب « ستيفن ليكوك » : فالطفل يقول : حين أصبح صبيّاً ، والصبيُّ يقول : حين أُصبح شاباً . وحين أُصبح شابّاً أتزوج . ولكن ماذا بعد الزواج؟ وماذا بَعْدَ كل هذه المراحل؟ تتغيرُ الفكرة نحو : حين أكون قادراً على التقاعُد . ينظر خلفه ، وتلفحه رياح باردة ، لقد فقد حياته التي ولّت دون أن يعيش دقيقةً واحدة منها ، ونحن نتعلّم بعد فواتِ الأوانِ أنَّ الحياة تقعُ في كل دقيقة وكلِّ ساعة من يومنا الحاضرِ)) .

وكذلك المسوّفون بالتوبة .

قال أحد السلف : ((أنذرتُكم (سوف) ، فغنها كلمةٌ كم منعت من خير وأخّرت من صلاح)) .

(ذَرْهُمْ يَأْكُلُواْ وَيَتَمَتَّعُواْ وَيُلْهِهِمُ الأَمَلُ فَسَوْفَ يَعْلَمُونَ) .

يقول الفيلسوف الفرنسي « مونتين » : ((كانت حياتي مليئة بالحظِّ السيئ الذي لم يرحمْ أبداً)) .

قلتُ : هؤلاء لم يعرفوا الحكمة من خلْقهم ، على الرغم من ذكائهم ومعارفهم ، لكن لم يهتدوا بهدي الله الذي بعث به رسوله ﷺ ، (**وَمَن لَّمْ يَجْعَلِ اللَّهُ لَهُ نُوراً فَمَا لَهُ مِن نُّورٍ**) . (**إِنَّا هَدَيْنَاهُ السَّبِيلَ إِمَّا شَاكِراً وَإِمَّا كَفُوراً**) .

يقول : « دانسي » : ((فكِّرْ إن هذا اليوم لن ينبثق ثانيةً)) .

قلتُ : وأجملُ منه وأكملُ حديث : ((**صلِّ صلاةَ مودِّع**))

ومن جعل في خلدِهِ أن هذا اليوم الذي يعيشُ فيه آخرُ أيامِهِ ، جدَّدَ توبته ، وأحسن عمله ، واجتهد في طاعةِ ربِّهِ واتباعِ رسولِهِ ﷺ .

كتب المثل المسرحي الهندي الشهير « كاليداسا » :

تحيةً للفجر
انظرْ إلى هذا النهار
لأنه هو الحياة ، حياة الحياة
في فترتِهِ ، تُوجد مختلفُ حقائقِ وجودِك
نعمةُ النُّمُوِّ
العملُ المجيدُ
وبهاءُ الانتصارِ
ولأن الأمس ليس سوى حُلْمٍ
والغَدُ ليس إلا رُؤًى
لكنَّ اليوم الذي تعيشه بأكمله يجعل الأمس حُلْماً جميلاً
وكل غد رؤيةً للأملِ
فانظر جيِّداً إلى هذا النهار
هذه هي تحية الفجر

****

اسألْ نفسك هذه الأسئلة

أغلق الأبواب الحديديَّة على الماضي والمستقبل ، وعشْ دقائقَ يومِك :

1. هل أقصد أن أؤجِّل حياتي الحاضرة من أجل القلقِ بشأنِ المستقبلِ ، أو الحنينِ إلى ((حديقة سحرية وراء الأُفُقِ)) ؟
2. هل أجعل حاضري مريراً بالتطلُّعِ إلى أشياء حَدَثَتْ في الماضي ، حَدَثَتْ وانقضتْ مع مرورِ الزمنِ ؟
3. هل أستيقظُ في الصباحِ ، وقد صمَّمْتُ على استغلالِ النهارِ ، والإفادةِ القصوى من الساعات الأربعِ والعشرين المقبلة ؟
4. هل أستفيد من الحياة إذا ما عشتُ دقائقَ يومي ؟
5. متى سأبدأُ في القيام بذلك ؟ الأسبوع المقبل ؟ .. في الغدِ ؟ .. أو اليومَ ؟

6. اسألْ نفسك : ما اسوأ احتمالٍ يمكنُ أنْ يَحْدُث ؟ ثم :
- جهِّزْ نفسك لقبولهِ وتحمُّلهِ .
- باشْـرِ بهدوءٍ لتحسين ذلك الاحتمـالِ . (الَّذِينَ قَـالَ لَهُمُ النَّـاسُ إِنَّ النَّـاسَ قَدْ جَمَعُواْ لَكُمْ فَاخْشَوْهُمْ فَزَادَهُمْ إِيمَانـاً وَقَـالُواْ حَسْبُنَا اللّهُ وَنِعْمَ الْوَكِيلُ) .

****

وقفـــة

(وَمَن يَتَّقِ اللَّهَ يَجْعَل لَّهُ مَخْرَجاً{2} وَيَرْزُقْهُ مِنْ حَيْثُ لَا يَحْتَسِبُ وَمَن يَتَوَكَّلْ عَلَى اللَّهِ فَهُوَ حَسْبُهُ) . (سَيَجْعَلُ اللَّهُ بَعْدَ عُسْرٍ يُسْراً) .
((واعلم أن النصر مع الصبرِ ، وأن الفرج مع الكرْبِ ، وأنَّ مع العُسْرِ يُسْراً)) .
((أنا عند ظنِّ عبدي بي فلْيَظُنَّ بي ما شاء)) .
(فَسَيَكْفِيكَهُمُ اللّهُ وَهُوَ السَّمِيعُ الْعَلِيمُ) .
(وَتَوَكَّلْ عَلَى الْحَيِّ الَّذِي لَا يَمُوتُ) .
(فَعَسَى اللّهُ أَن يَأْتِيَ بِالْفَتْحِ أَوْ أَمْرٍ مِّنْ عِندِهِ) .
(لَيْسَ لَهَا مِن دُونِ اللَّهِ كَاشِفَةٌ) .

****

الحزنُ يحطِّمُ القوَّة ويهدُّ الجسم

قال الدكتور « ألكسيس كاريل » الحائز على جائزة نوبل في الطبِّ : ((إن رجال الأعمالِ الذين لا يعرفون مجابهة القلقِ ، ويموتون باكراً)) .
قلتُ : كلُّ شيءٍ بقضاءٍ وقدرٍ ، لكن قد يكون المعنى : أن من الأسباب المتلفة للجسم المحطِّمة للكيان ، هو القلقُ . وهذا صحيح .
((والحزنُ أيضاً يثيرُ القُرْحة!)) :
يقول الدكتور « جوزيف ف . مونتاغيو » مؤلف كتاب ((مشكلة العصبية)) ، يقول فيه: ((أنت لا تُصاب بالقُرْحَةِ بسببِ ما تتناولُ من طعامٍ ، بل بسببِ ما يَأْكُلُك)) !!.
قال المتنبي :

والهـمُّ يختــرمُ الجســيمَ ويُشــيبُ ناصــية الغــلامِ

وطبقاً لمجلة « لايف » تأتي القُرْحَةُ في الدرجة العاشرةِ من الأمراض الفتَّاكة .

وإليك بعض آثارِ الحُزْنِ :

تُرجمت لي قطعة من كتاب الدكتور إدوار بودولسكي ، وعنوانه : ((دعِ القلق وانطلق نحو الأفضلِ)) إليك بعضاً من عناوين فصولِ هذا الكتاب :

- ماذا يفعلُ القلقُ بالقلبِ .
- ضغطُ الدمِ المرتفع يغذِّيه القلقُ .
- القلَقُ يمكن أن يتسبب في أمراضِ الروماتيزم .
- خفِّفْ من قلقِك إكراماً لمعدتِك .
- كيف يمكن أن يكون القلقُ سبباً للبردِ .
- القلق والغدَّةُ الدرقيةُ .
- مصابُ السكري والقلقُ .

وفي ترجمة لكتاب د. كارل مانينغر ، أحد الأطباء المتخصصين في الطبِ النفسي ، وعنوانه : ((الإنسان ضدّ نفسه)) ، يقول : ((لا يعطيك الدكتور مانينغر قواعدَ حولَ كيفيةِ اجتنابِ القلقِ ، بل تقريراً مذهلاً عن كيف نحطمُ أجسادنا وعقولنا بالقلقِ والكبْتِ ، والحقدِ والازدراءِ ، والثورةِ والخوْفِ)) .

إن من أعظم منافع قوله تعالى : (**وَالْعَافِينَ عَنِ النَّاسِ**) : راحة القلب ، وهدوءَ الخاطِرِ ، وسعَةَ البالِ والسعادة .

وفي مدينة « بوردو » الفرنسية ، يقول حاكمها الفيلسوف الفرنسي « مونتين » : ((أرغبُ في معالجة مشاكلكم بيدي وليس بكبدي ورئتيَّ)) .

ماذا يفعل الحزنُ ، والهمُّ والحِقْدُ ؟

وضع الكتور راسل سيسيل – من جامعة « كورنيل » ، معهد الطب – أربعة أسبابٍ شائعة تسبب في التهابِ المفاصلِ :

1. انهيارُ الزواجِ .
2. الكوارثُ الماديةُ والحزنُ .
3. الوحدةُ والقلقُ .
4. الاحتقارُ والحِقْدُ .

وقـال الـدكتور ولـيم مالـك غوينغـل ، فـي خطـاب لاتحـاد أطبـاء الأسـنان الأمريكيين : ((إن المشاعر غَيْرِ السارَّةِ مِثْل القلقِ والخوفِ .. يمكن أن تؤثر في توزيع الكالسيوم في الجسم ، وبالتالي تؤدي إلى تَلَفِ الأسنانِ)) .

وتناول أمورك بهدوء :

يقـول دايـل كـارنيجي : ((إن الزنـوج الـذين يعيشـون فـي جنـوبِ الـبلادِ والصينيين نادراً ما يُصابون بأمراض القلبِ الناتجةِ عن القلقِ ؛ لأنهم يتناولون الأمور بهدوء)) .

ويقول : ((إن عدد الأمريكيين الذين يُقبلون على الانتحار هو أكثر بكثير من الذين يموتون نتيجة للأمراض الخمسة الفتَّاكة)) .

وهذه حقيقة مذهلة تكادُ لا تصدَّقُ !

حسِّنْ ظنَّك بربِّك :

قال وليم جايمس: ((إن الله يغفرُ لنا خطايانا، لكن جهازنا العصبي لا يفعل ذلك أبداً))!

ذكـر ابـن الـوزير فـي كتابـه «العواصـم والقواصـم» : ((إن الرجـاء فـي رحمة الله - عزَّ وجلَّ - يفتح الأمل للعبدِ، ويقوِّيه علـى الطاعـةِ ، ويجعلُـه نشيطاً في النوافلِ سابقاً إلى الخيراتِ)) .

قلتُ : وهذا صـحيح ، فإن بعض النفوس لا يصلحها إلا تـذكُّر رحمـة الله وعفوه وتوبته وحلمه ، فتدنو منه ، وتجتهدُ وتثابرُ .

إذا هامَ بِك الخيالُ :

يقـول تومـاس أدسـون : ((لا توجـد وسيلةٌ يلجـأُ إليهـا الإنسـانُ هَرَبـاً مـن التفكير)) .

وهذا صحيح بالتجربة ، فإن الإنسان قد يقرأُ أو يكتبُ وهو يفكرُ ، ولكن من أحسن ما يحدُّ التفكير ويضبطه العملُ الجادُّ المثمرُ النـافعُ ، فـإن أهل الفراغ أهلُ خيالٍ وجنوحٍ وأراجيف .

****

رحِّبْ بالنَّقدِ البنَّاءِ

يقولُ أندريه مورو : ((إنَّ كلَّ ما يتفقُ مع رغباتِنا الشخصيةِ يبدو حقيقياً ، وكلَّ ما هو غيرُ ذلك يُثير غضبنا .

قلتُ وكذلك النصائح والنقدُ ، فالغالبُ أننا نحبُّ المدح ونَطْرَبُ لهُ ، ولو كان باطلاً ، ونكرهُ النقد والذّمّ ولو كان حقاً وهذا عيبٌ وخطأٌ خطيرٌ .

(**وَإِذَا دُعُوا إِلَى اللَّهِ وَرَسُولِهِ لِيَحْكُمَ بَيْنَهُمْ إِذَا فَرِيقٌ مِّنْهُم مُّعْرِضُونَ{48} وَإِن يَكُن لَّهُمُ الْحَقُّ يَأْتُوا إِلَيْهِ مُذْعِنِينَ**) .

يقولُ وليمُ جايمس : ((عندما يتمُّ التوصلُ إلى قرارٍ يُنفَّذُ في نفسِ اليومِ ، فإنك ستتخلَّص كلياً من الهمومِ لبتي ستسيطرُ عليك فيما أنت تفكرُ بنتائجِ المشكلةِ ، وهو يعني أنك إذا اتخذت قراراً حكيماً يركزُ على الوقائعِ ، فامضِ في تنفيذِهِ ولا تتوقَّف متردِّداً أو قلِقاً أو تتراجعٌ في خطواتِك ، ولا تضيِّعْ نفسك بالشكوكِ التي لا تلدُ غلاً الشكوك ، ولا تستمرَّ في النظرِ إلى ما وراءِ ظهرك)) .

واشدوا في ذلك :

ومُشـتَّتُ العزمـاتِ يُنفـقُ ... حيـــران لا ظفــــرٌ ولا

وقال آخرُ :

إذا كنــت ذا رأي فكــنُ ذا ... فـــإنَّ فســـاد الـــرأي أة

إن الشجاعة في اتخاذِ القرارِ إنقاذ لك من القلقِ والاضطرابِ . (**فَإِذَا عَزَمَ الْأَمْرُ فَلَوْ صَدَقُوا اللَّهَ لَكَانَ خَيْراً لَّهُمْ**) .

****

لا تتوقفْ متفكِّراً أو متردِّداً بل اعملْ وابذُلْ واهجرِ الفراغ

يقولُ الدكتورُ ريتشاردز كابوت : أستاذُ الطبِّ في جامعةِ (هارفرد) ، في كتابةِ بعنوان (بم يعيشُ الإنسانُ) : ((بصفتي طبيباً ، أنصحُ بعلاجِ (العملِ) للمرضى الذين يعانون من الارتعاشِ الناتجِ عن الشكوكِ والتردُّدِ والخوفِ .. فالشجاعةُ التي يمنحُها العملُ لنا هي مثلُ الاعتمادِ على النَّفسِ الذي جعله (أمرسونُ) دائم الرَّوعةِ)) .

(**فَإِذَا قُضِيَتِ الصَّلَاةُ فَانتَشِرُوا فِي الْأَرْضِ وَابْتَغُوا مِن فَضْلِ اللَّهِ**) .

يقولُ جورج برناردشو : ((يمكنُ سرُّ التعاسةِ في أن يتاح لك وقتٌ لرفاهيةِ التفكيرِ ، فيما إذا كنت سعيداً أو لا ، فلا تهتمّ بالتفكيرِ في ذلك بل ابق منهمكاً في العمل ، عندئذ يبدأ دمُك في الدورانِ ، وعقلُك بالتفكيرِ ، وسرعان ما

تُذهِبُ الحياةُ الجديدة القلق من عقلِك ! عملْ وابق منهمكاً في العملِ ، فإنَّ أرخص دواءٍ موجودٍ على وجهِ الأرضِ وأفضلُه)) .

(وَقُلِ اعْمَلُواْ فَسَيَرَى اللّهُ عَمَلَكُمْ وَرَسُولُهُ وَالْمُؤْمِنُونَ) .

يقولُ دزرائيلي : « الحياةُ قصيرةٌ جداً ، لتكون تافهةً » .

وقال بعض حكماءِ العربِ : « الحياةُ أقصرُ من أن نقصّرها بالشحناءِ » .

(قَالَ كَمْ لَبِثْتُمْ فِي الْأَرْضِ عَدَدَ سِنِينَ{112} قَالُوا لَبِثْنَا يَوْماً أَوْ بَعْضَ يَوْمٍ فَاسْأَلْ الْعَادِّينَ{113} قَالَ إِن لَّبِثْتُمْ إِلَّا قَلِيلاً لَّوْ أَنَّكُمْ كُنتُمْ تَعْلَمُونَ) .

أكثرُ الشائعاتِ لا صحّة لها :

يقولُ الجنرالُ جورج كروك – وهو ربما أعظمُ محاربٍ هنديٍّ في التاريخ الأمريكيِّ – في صفحة 77 من مذكراته : « إنَّ كلَّ قلقٍ وتعاسةِ الهنودِ تقريباً تصدرُ من مخيلتِهمْ وليس من الواقعِ » .

قال سبحانهُ وتعالى: (**يَحْسَبُونَ كُلَّ صَيْحَةٍ عَلَيْهِمْ**) (**لَوْ خَرَجُواْ فِيكُم مَّا زَادُوكُمْ إِلاَّ خَبَالاً ولأَوْضَعُواْ خِلاَلَكُمْ**) .

يقولُ الأستاذُ هوكسْ – من جامعة « كولومبيا » - إنه اتخذ هذهِ الترنيمة واحداً من شعاراتِهِ : « لكلِّ علّةٍ تحت الشمس يُوجدُ علاجٌ ، أو لا يوجدُ أبداً ، فإنْ كان يوجدُ علاجٌ حاول أن تجدهُ ، وإن لم يكنْ موجوداً لا تهتمَّ بهِ » .

وفي حديثٍ صحيحٍ : ((**ما أنزل اللهُ من داءٍ إلا أنزل له دواء علِمهُ من عَلِمَهُ وجهِلَهُ مَنْ جهِلَهُ**)) .

الرفقُ يجنبُك المزالق :

قال أستاذٌ يابانيٌّ لتلاميذهِ : « الانحناءُ مثْلُ الصَّفصاصِ ، وعدمُ المقاومةِ مثلُ البلّوط » .

وفي الحديث : ((**المؤمنُ كالخامةِ من الزرعِ ، تفيئُها الريحُ يَمْنَةً ويَسْرَةً**)) .

والحكيمُ كالماءِ، لا يصطدمُ في الصخرةِ، لكنه يأتيها يَمْنَةً ويسْرَةً ومِنْ فوقِها ومِنْ تحتِها.

وفي الحديثِ : ((**المؤمنُ كالجملِ الأنِفِ ، لو أُنيخ على صخرةٍ لأناخ عليها**)) .

ما فات لن يعود :

(لِكَيْلَا تَأْسَوْا عَلَى مَا فَاتَكُمْ) .
وقف الدكتورُ بولِ براندوني ، وألقى بزجاجةِ حليبٍ إلى الأرضِ ، وهتف قائلاً : « لا تبكِ على الحليب المُراق » .
وقالتِ العامَّة : الذي لم يُكْتَبْ لك عسيرٌ عليك .
وقال آدمُ لموسى عليهما السلامُ : أتلومني على شيءٍ كتبهُ اللهُ عليَّ قبل أن يخلقني بأربعين عاماً ؟ قال رسولُ اللهِ ﷺ : ((**فحجَّ آدمُ موسى ، فحجَّ آدمُ موسى ، فحجَّ آدم موسى**)) .
وابحث عن السعادةِ في نفسك وداخلكِ لا من حولِك وخارجِك .
قال الشاعرُ الإنجليزيُّ ميلتون : ((**إنَّ العقل في مكانهِ وبنفسِهِ يستطيعُ أن يجعل الجنة جحيماً ، والجحيم جنةً**)) !
قال المتنبي :

ذو العقْلِ يشقى في النعيمِ   وأخو الجهالةِ في الشقاوةِ

فالحياةُ لا تستحقُّ الحزن :
قال نابليونُ في « سانت هيلينا » : « لم أعرفْ ستة أيامٍ سعيدةٍ في حياتي » !!
قال هشامُ بنُ عبدِالملكِ -الخليفةُ-: « عددتُ أيام سعادتي فوجدتُها ثلاثة عَشَرَ يوماً »
وكان أبوه عبدُالملكِ يتأوَّه ويقولُ : « يا ليتني لمْ أتولَّ الخلافة » .
قال سعيدُ بنُ المسيبِ : الحمدُ للهِ الذي جعلهُمْ يفرُّون إلينا ولا نفرُّ إليهم .
ودخل ابن السماكِ الواعظُ على هارون الرشيدِ ، فظمئ هارونُ وطلب شرْبة ماءٍ ، فقال ابنُ السماكِ : لو مُنعتَ هذهِ الشربة يا أمير المؤمنين ، أتفتديها بنصفِ ملكك ؟ قال : نعم . فلمّا شربها ، قال : لو مُنعت إخراجها ، أتدفعُ نصف ملكك لتخرُج ؟ قال : نعم . قال ابنُ السماكِ : فلا خير في ملكٍ لا يساوي شربة ماءٍ .
إنَّ الدنيا إذا خلتْ من الإيمانِ فلا قيمة لها ولا وزن ولا معنى .
يقولُ إقبالُ :

إذا الإيمانُ ضاع فلا أمانٌ   ولا دنيا لِمنْ لم يُحيي دينا
ومن رضي الحياة بغيرِ دينٍ   فقدْ جعل الفناء لها قرينا

قال أمرسونُ في نهايةِ مقالتهِ عن (الاعتمادِ على النفسِ) : « إنَّ النصر السياسيَّ ، وارتفاع الأجور ، وشفاءك من المرض ، أو عودة الأيامِ السعيدةِ تنفتحُ أمامك ، فلا تصدِّقْ ذلك ؛ لأنَّ الأمر لن يكون كذلك . ولا شيء يجلبُ لك الطمأنينة إلا نفسُك » .

(**يَا أَيَّتُهَا النَّفْسُ الْمُطْمَئِنَّةُ{27} ارْجِعِي إِلَى رَبِّكِ رَاضِيَةً مَّرْضِيَّةً**) .

حذَّر الفيلسوفُ الروائيُّ أبيكتويتوس : « بوجوب الاهتمامِ بإزالةِ الأفكارِ الخاطئةِ من تفكيرِنا ، أكثر من الاهتمامِ بإزالةِ الورمِ والمرضِ منْ أجسادِنا » .

والعجبُ أنَّ التحذير من المرض الفكريِّ والعقائديِّ في القرآن أعظمُ من المرضِ الجسمانيِّ ، قال سبحانه : (**فِي قُلُوبِهِم مَّرَضٌ فَزَادَهُمُ اللّهُ مَرَضاً وَلَهُم عَذَابٌ أَلِيمٌ بِمَا كَانُوا يَكْذِبُونَ**) (**فَلَمَّا زَاغُوا أَزَاغَ اللَّهُ قُلُوبَهُمْ**) .

تبنَّى الفيلسوفُ الفرنسيُّ مونتين هذه الكلماتِ شعاراً في حياتِهِ : « لا يتأثرُ الإنسانُ بما يحدثُ مثلما يتأثرُ برأيهِ حول ما يحدثُ » .

وفي الأثر : ((**اللهم رضِّني بقضائك حتى أعلم أن ما أصابني لم يكنْ ليخطئني ، وما أخطأني لم يكن ليصيبني**)) .

****

وقفــةٌ

لا تحزنْ : لأنَّ الحزن يُزعجُك من الماضي ، ويخوِّفك من المستقبلِ ، ويُذهبُ عليك يومك .

لا تحزنْ : لأنَّ الحزن ينقبضُ له القلبُ ، ويعبسُ له الوجهُ ، وتنطفئُ منهُ الروحُ ، ويتلاشى معه الأملُ .

لا تحزنْ : لأنَّ الحزن يسرُّ العدوَّ ، ويغيظُ الصديق ، ويُشْمِت بك الحاسد ، ويغيِّرُ عليك الحقائق .

لا تحزنْ : لأنَّ الحزن مخاصمةٌ للقضاءِ ، وتبرُّمٌ بالمحتومِ ، وخروجٌ على الأنسِ ، ونقمةٌ على النعمةِ .

لا تحزنْ : لأنَّ الحزن لا يردُّ مفقوداً وذاهباً ، ولا يبعثُ ميِّتا ، ولا يردُّ قدراً ، ولا يجلبُ نفعاً .

لا تحزنْ : فالحزنُ من الشيطانِ والحزنُ يأسٌ جاثمٌ ، وفقرٌ حاضرٌ ، وقنوطٌ دائمٌ ، وإحباطٌ محقَّقٌ ، وإخفاقٌ ذريعٌ .

(أَلَمْ نَشْرَحْ لَكَ صَدْرَكَ{1} وَوَضَعْنَا عَنكَ وِزْرَكَ{2} الَّذِي أَنقَضَ ظَهْرَكَ{3} وَرَفَعْنَا لَكَ ذِكْرَكَ{4} فَإِنَّ مَعَ الْعُسْرِ يُسْراً{5} إِنَّ مَعَ الْعُسْرِ يُسْراً{6} فَإِذَا فَرَغْتَ فَانصَبْ{7} وَإِلَى رَبِّكَ فَارْغَبْ) .

****

لا تحزنْ ما دمْتَ مؤمناً باللهِ

إنَّ هذا الإيمان هو سرُّ الرضا والهدوءِ والأمنِ ، وإنَّ الحَيْرَةَ والشقاءَ مع الإلحادِ والشكِّ . ولقدْ رأيتُ أذكياء – بل عباقرةً – خلتْ أفئدتُهمْ من نورِ الرسالةِ ، فطفحتْ ألسنتُهمْ عنِ الشريعةِ .

يقولُ أبو العلاءِ المعرِّيُّ عنِ الشريعةِ : تناقضٌ ما لنا إلا السكوتُ له !!

ويقولُ الرازيُّ : نهايةُ إقدامِ العقولِ عِقالُ .

ويقولُ الجوينيُّ ، وهو لا يدري أين اللهُ : حيَّرني الهمدانيُّ ، حيرني الهمدانيُّ .

ويقولُ ابنُ سينا : إنَّ العقل الفعَّال هو المؤثِّرُ في الكونِ .

ويقولُ إيليا أبو ماضي :

جئتُ لا أعلمُ مِن أين ولكنِّي ولقد أبصرتُ قُدَّامي طريقاً

إلى غير ذلك من الأقوالِ التي تتفاوتُ قُرْباً وبُعداً عن الحقِّ .

فعلمتُ أنه بحسبِ إيمانِ العبدِ يسعدُ ، وبحسبِ حيْرتِهِ وشكِّه يشقى ، وهذهِ الأطروحاتُ المتأخرةُ بناتٌ لتلك الكلماتِ العاتيةِ منذُ القِدمِ ، والمنحرفُ الأثيمُ فرعون قال : (**مَا عَلِمْتُ لَكُم مِّنْ إِلَهٍ غَيْرِي**) . وقال : (**أَنَا رَبُّكُمُ الْأَعْلَى**) .

ويا لها من كفريَّاتٍ دمَّرَتِ العالَم .

يقولُ جايمس ألين ، مؤلفُ كتابِ « مثلما يفكرُ الإنسانُ » : « سيكتشفُ الإنسانُ أنهُ كلما غيَّر أفكاره إزاء الأشياءِ والأشخاصِ الآخرين ، ستتغيرُ الأشياءُ والأشخاصُ الآخرون بدورِهِمْ .. دعْ شخصاً ما يغيِّرُ أفكارهُ ، وسندهشُ للسرعةِ التي ستتغيرُ بها ظروفُ حياتِهِ الماديةِ ، فالشيءُ المقدَّسُ الذي يشكِّل أهدافنا هو نفسنا .. » .

وعن الأفكارِ الخاطئةِ وتأثيرِها ، يقولُ سبحانه: (**بَلْ ظَنَنتُمْ أَن لَّن يَنقَلِبَ الرَّسُولُ وَالْمُؤْمِنُونَ إِلَى أَهْلِيهِمْ أَبَداً وَزُيِّنَ ذَلِكَ فِي قُلُوبِكُمْ وَظَنَنتُمْ ظَنَّ السَّوْءِ**

وَكُنتُمْ قَوْماً بُوراً) . (**يَظُنُّونَ بِاللَّهِ غَيْرَ الْحَقِّ ظَنَّ الْجَاهِلِيَّةِ يَقُولُونَ هَل لَّنَا مِنَ الأَمْرِ مِن شَيْءٍ قُلْ إِنَّ الأَمْرَ كُلَّهُ لِلَّهِ**) .

ويقولُ جايمس ألين أيضاً : « وكلُّ ما يُحققه الإنسانُ هو نتيجةٌ مباشرةٌ لأفكارِهِ الخاصَّةِ .. والإنسانُ يستطيعُ النهوض فقطْ والانتصارَ وتحقيق أهدافِهِ منْ خلالِ أفكارِهِ ، وسيبقى ضعيفاً وتعِساً إذا ما رفض ذلك » .

قال سبحانه عن العزيمةِ الصادقةِ والفكرِ الصائبِ : (**وَلَوْ أَرَادُواْ الْخُرُوجَ لأَعَدُّواْ لَهُ عُدَّةً وَلَكِن كَرِهَ اللَّهُ انبِعَاثَهُمْ**) .

وقال تعالى : (**وَلَوْ عَلِمَ اللَّهُ فِيهِمْ خَيْراً لَّأسْمَعَهُمْ**) .

وقال : (**فَعَلِمَ مَا فِي قُلُوبِهِمْ فَأَنزَلَ السَّكِينَةَ عَلَيْهِمْ**) .

****

لا تحزنْ للتوافهِ فإنّ الدنيا بأسْرها تافهةٌ

رُمي أحدُ الصالحين الكبارُ بين براثِنِ الأسدِ ، فأنجاه اللهُ منه ، فقالوا له : فيم كنت تفكِّر ؟ قال : أفكِّر في لعابِ الأسدِ ، هلْ هو طاهرٌ أم لا !! . وماذا قال العلماءُ فيهِ .

ولقد ذكرتُ الله ساعة   للباسلين مع القنا
فنسيتُ كلَّ لذائذِ جيَّاشةٍ   يومَ الوغى للواحدِ

إنَّ الله – جلَّ في علاه – مايز بين الصحابةِ بحسبِ مقاصدِهِمْ ، فقال : (**مِنكُم مَّن يُرِيدُ الدُّنْيَا وَمِنكُم مَّن يُرِيدُ الآخِرَةَ**) .

ذكر ابنُ القيم أنَّ قيمة الإنسانِ همتُه ، وماذا يريدُ ؟! .

وقال أحدُ الحكماءِ : أخبرْني عن اهتمامِ الرجلِ أخبرْكَ أيُّ رجلٍ هو .

ألا بلِّغ اللهُ الحمى منْ   وبلِّغ أكنافَ الحِمى منْ

وقال آخرُ :

فعادوا باللَّباسِ   وعدْنا بالملوكِ مصفَّدينا

انقلب قاربٌ في البحرِ ، فوقع عابدٌ في الماءِ ، فأخذ يوضِّئ أعضاءه عضواً عضواً ، ويتمضمضُ ويستنشقُ ، فأخرجهُ البحرُ ونجا ، فسئل عنْ ذلك ؟ فقال : أردتُ أن أتوضأ قبل الموتِ لأكون على طهارةٍ .

للهِ دَرُّك ما نسيت رسالةً   قدسيةً ويداك في الكُلاَّبِ

أفديكَ ما رمشتْ عيونُك في ساعةٍ والموتُ في

الإمامُ أحمدُ في سكراتِ الموتِ يشيرُ إلى تخليلِ لحيتِهِ بالماءِ وهمُ يوضّئونه !!
(فَآتَاهُمُ اللهُ ثَوَابَ الدُّنْيَا وَحُسْنَ ثَوَابِ الآخِرَةِ) .
****

العفو العفوَ

فإنك إنْ عفوت وصفحتَ نلت عزَّ الدنيا وشرفَ الآخرةِ : (فَمَنْ عَفَا وَأَصْلَحَ فَأَجْرُهُ عَلَى اللَّهِ) .

يقولُ شكسبيرُ : « لا توقدِ الفرن كثيراً لعدُوك ، لئلاَّ تحرق به نفسك » .

فقلْ للعيونِ الرُّمدِ للشمسِ تراها بحقٍّ في مغيبِ

وسامحْ عيوناً أطفأ اللهُ بأبصارِها لا تستفيقُ ولا

وقال أحدُهم لسالمِ بنِ عبدِالله بنِ عمر العالمِ التابعيِّ : إنك رجلُ سوء! فقال : ما عَرَفَني إلاَّ أنت .

قال أديبٌ أمريكيٌّ : « يمكنُ أن تحطِّم العِصيُّ والحجارةُ عظامي ، لكنلنْ تستطيع الكلماتُ النيْل مني » .

قال رجل لأبي بكر : واللهِ لأسبنَّك سبّاً يدخلُ معك قبرك ! فقال أبو بكر : بلْ يدخلُ معك قبرك أنت !! .

وقال رجلٌ لعمروِ بن العاصِ : لأتفرغنَّ لحربِك . قال عمروٌ الآن وقعت في الشغلِ الشاغِلِ .

يقولُ الجنرالُ أيزنهاور: «دعونا لا نضيِّعُ دقيقةً من التفكيرِ بالأشخاصِ الذين لا نحبُّهم»

قالتِ البعوضةُ للنخلةِ : تماسكي ، فإني أريدُ أنْ أطير وأدَعَكِ . قالتِ النخلةُ : واللهِ ما شعرتُ بكِ حين هبطتِ عليَّ ، فكيف أشعرُ بكِ إذا طرتِ ؟!

قال حاتمٌ :

وأغفرُ عوراء الكريمِ وأعرِضُ عن شتْم اللئيمِ

قال تعالى :(وَإِذَا مَرُّوا بِاللَّغْوِ مَرُّوا كِرَاماً) . وقال تعالى : (وَإِذَا خَاطَبَهُمُ الْجَاهِلُونَ قَالُوا سَلَاماً) .

قال كونفوشيوس : « إنَّ الرجل الغاضب يمتلئ دائماً سُمّاً » .
وفي الحديثِ : ((**لا تغضبْ ، لا تغضبْ ، لا تغضبْ**)) .
وفيه : ((**الغضبُ جمرةٌ من النار**)) .
إنَّ الشيطان يصرعُ العبدَ عند ثلاثٍ : الغضبِ ، والشّهوةِ ، والغَفْلَةِ .
****

العالم خُلِق هكذا

يقـولُ مـاركوس أويليـوس – وهـو مـن أكثـر الرجـالِ حكمـةً ممـن حكمـوا الإمبراطورية الرومانية – ذات يوم : « سأقابلُ اليوم أشخاصـاً يتكلَّمون كثيراً ، أشخاصاً أنانيِّين جاحدين ، يحبُّون أنفسهم، لكن لن أكون مندهشـاً أو منزعجاً من ذلك، لأنني لا أتخيلُ العالم من دونِ أمثالهم »!

يقولُ أرسطو : « إنَّ الرجلَ المثاليَّ يفرحُ بالأعمالِ التـي يؤديها للآخرين ، ويخجلُ إن أدى الآخرون الأعمـال لـهُ ، لأن تقديم العطـفِ هو مـن التفوقِ ، لكنْ تلقِّي العطفِ هو دليلُ الفشل » .

وفي الحديث : ((**اليدُ العليا خيرٌ من اليدِ السفلى**)) .
والعليا هي المعطيةُ ، والسفلى هي الآخذةُ .
****

لا تَحْزَنْ إذا كان معك كِسْرةُ خُبْزٍ وغرفةُ ماءٍ وثوْبٌ يَسْتُرُكَ

ضلَّ أحدُ البحارةِ فـي المحيطِ الهادي وبقـي واحداً وعشرين يومـاً ، ولمـا نجا سألهُ النـاسُ عن أكبرِ درسٍ تعلَّمـه ، فقـال : إنَّ أكبر درسٍ تعلمتُـه منْ تلك التجربةِ هو : إذا كان لديكَ المالُ الصافي ، والطعامُ الكافي ، يجبُ أنْ لا تتذمَّر أبداً !

قال أحدُهم : الحياةُ كلُّها لقمةٌ وشَرْبَةٌ ، وما بقي فضلٌ .
وقال ابنُ الوردي :

مُلْكُ كِسـرى عنـهُ تُغنـي   وعـنِ البحـرِ اجتـزاءْ

يقولُ جوناثان سويفت : « إنَّ أفضل الأطباءِ في العالمِ همْ : الدكتورُ ريجيم، والدكتورُ هادئ ، والدكتورُ مرِح ، وإنَّ تقليل الطعامِ مع الهدوءِ والسرورِ علاجٌ ناجعٌ لا يسألُ عنه » .

قلتُ : لأنَّ السمنة مرضٌ مزمنٌ ، والبطنةُ تُذهبُ الفِطنة والهدوء متعةٌ للقلبِ وعيدٌ للروحِ ، والمرحُ سرورٌ عاجلٌ وغذاءٌ نافعٌ .

****

لا تحزَنْ من محنةٍ فقدْ تكونُ منْحة
ولا تحزنْ من بليَّةٍ فقد تكونُ عطية

قال الدكتورُ صموئيل جونسون : « إن عادة النظر إلى الجانبِ الصالحِ من كلِّ حادثةٍ ، لهو أثمنُ من الحصول على ألفِ جنيهٍ في السنةِ » .

(أَوَلاَ يَرَوْنَ أَنَّهُمْ يُفْتَنُونَ فِي كُلِّ عَامٍ مَّرَّةً أَوْ مَرَّتَيْنِ ثُمَّ لاَ يَتُوبُونَ وَلاَ هُمْ يَذَّكَّرُونَ).

وعلى الضدِّ يقولُ المتنبي :

ليت الحوادث باعتني التي ... مني بحلمي الذي أعطتْ

وقال معاوية : لا حليم إلا ذو تجربة .

قال أبو تمامٍ في الأفشين :

كمْ نعمةٍ لله كانتْ عندهُ ... فكأنها في غُربةٍ وإسارِ

قال أحدُ السَّلفِ لرجلٍ من المترفين : إني أرى عليك نعمةً ، فقيِّدْها بالشكرِ .

قال تعالى : (**لَئِن شَكَرْتُمْ لأَزِيدَنَّكُمْ وَلَئِن كَفَرْتُمْ إِنَّ عَذَابِي لَشَدِيدٌ**) ، (**وَضَرَبَ اللّهُ مَثَلاً قَرْيَةً كَانَتْ آمِنَةً مُّطْمَئِنَّةً يَأْتِيهَا رِزْقُهَا رَغَداً مِّن كُلِّ مَكَانٍ فَكَفَرَتْ بِأَنْعُمِ اللّهِ فَأَذَاقَهَا اللّهُ لِبَاسَ الْجُوعِ وَالْخَوْفِ بِمَا كَانُواْ يَصْنَعُونَ**) .

****

كن نفسك

يقولُ الدكتور جايمس غوردون غليلكي : « إنَّ مشكلة الرغبةِ في أنْ تكون نفسك ، هي قديمةٌ قِدَمَ التاريخ ، وهي عامَّةٌ كالحياةِ البشريةِ . كما أنَّ

مشكلة عدمِ الرغبةِ هي في أن تكون نَفسك هي مصدرُ الكثيرِ من التوترِ والعُقدِ النفسيةِ » .

وقال آخر : « أنت في الخليقةِ شيءٌ آخرُ لا يشبهك أحدٌ ، ولا تشبهُ أحداً ، لأنَّ الخالق – جلّ في علاه – مايز بين المخلوقين » . قال تعالى : (**إِنَّ سَعْيَكُمْ لَشَتَّى**) .

كتب إنجيلو باتري ثلاثة عشَرَ كتاباً، وآلاف المقالاتِ حول موضوعِ «تدريبِ الطفلِ» ، وهو يقولُ : « ليس من أحدٍ تعِسٍ كالذي يصبو إلى أنْ يكون غيْر نفسهِ ، وغيْرَ جسدهِ وتفكيره » .

قال سبحانه وتعالى : (**أَنزَلَ مِنَ السَّمَاء مَاء فَسَالَتْ أَوْدِيَةٌ بِقَدَرِهَا**) .

لكلٍّ صفاتٌ ومواهبُ وقدراتٌ فلا يذوبُ أحدٌ في أحدٍ .

أَوْرَدَهَا سعدٌ وسعدٌ ... ما هكذا تُورَدُ يا سعْدُ

إنكَ خُلقت بمواهب محدَّدةٍ لتودي عملاً محدَّداً ، وكما قالوا : اقرأ نفسكَ ، واعرف ماذا تقدِّمُ .

قال أمرسونُ في مقالتِهِ حول « الاعتمادِ على النفسِ » : « سيأتي الوقتُ الذي يصلُ فيه علمُ الإنسانِ إلى الإيمانِ بأنَّ الحَسَدَ هو الجَهْلُ ، والتقليدَ هو الانتحارُ ، وأن يعتبر نفسه كما هي مهما تكنِ الظروفُ ؛ لأنَّ ذاك هو نصيبُه . وأنهُ رغم امتلاءِ الكون بالأشياءِ الصالحةِ ، لنْ يحصل على حبَّةِ ذُرةٍ إلا بعد زراعةٍ ورعايةِ الأرضِ المعطاةِ لهُ ، فالقوى الكامنةُ في داخلِهِ ، هي جديدةٌ في الطبيعةِ ، ولا أحد يعرفُ مدى قدرتِه ، حتى هو لا يعرفُ ، حتى يجرِّب » .

(**وَقُلِ اعْمَلُواْ فَسَيَرَى اللّهُ عَمَلَكُمْ وَرَسُولُهُ وَالْمُؤْمِنُونَ**) .

****

وقفة

هذه آياتٌ تقوّي من رجائِك ، وتشدُّ عَضُدَك ، وتحسّنُ ظنَّك بربِّك .

(**قُلْ يَا عِبَادِيَ الَّذِينَ أَسْرَفُوا عَلَى أَنفُسِهِمْ لَا تَقْنَطُوا مِن رَّحْمَةِ اللَّهِ إِنَّ اللَّهَ يَغْفِرُ الذُّنُوبَ جَمِيعاً إِنَّهُ هُوَ الْغَفُورُ الرَّحِيمُ**) .

(**وَالَّذِينَ إِذَا فَعَلُواْ فَاحِشَةً أَوْ ظَلَمُواْ أَنْفُسَهُمْ ذَكَرُواْ اللّهَ فَاسْتَغْفَرُواْ لِذُنُوبِهِمْ وَمَن يَغْفِرُ الذُّنُوبَ إِلاَّ اللّهُ وَلَمْ يُصِرُّواْ عَلَى مَا فَعَلُواْ وَهُمْ يَعْلَمُونَ**) .

(وَمَن يَعْمَلْ سُوءاً أَوْ يَظْلِمْ نَفْسَهُ ثُمَّ يَسْتَغْفِرِ اللّهَ يَجِدِ اللّهَ غَفُوراً رَّحِيماً)

.

(وَإِذَا سَأَلَكَ عِبَادِي عَنِّي فَإِنِّي قَرِيبٌ أُجِيبُ دَعْوَةَ الدَّاعِ إِذَا دَعَانِ فَلْيَسْتَجِيبُواْ لِي وَلْيُؤْمِنُواْ بِي لَعَلَّهُمْ يَرْشُدُونَ) .

(أَمَّن يُجِيبُ الْمُضْطَرَّ إِذَا دَعَاهُ وَيَكْشِفُ السُّوءَ وَيَجْعَلُكُمْ خُلَفَاء الْأَرْضِ أَإِلَهٌ مَّعَ اللَّهِ قَلِيلاً مَّا تَذَكَّرُونَ) .

(الَّذِينَ قَالَ لَهُمُ النَّاسُ إِنَّ النَّاسَ قَدْ جَمَعُواْ لَكُمْ فَاخْشَوْهُمْ فَزَادَهُمْ إِيمَاناً وَقَالُواْ حَسْبُنَا اللّهُ وَنِعْمَ الْوَكِيلُ{173} فَانقَلَبُواْ بِنِعْمَةٍ مِّنَ اللّهِ وَفَضْلٍ لَّمْ يَمْسَسْهُمْ سُوءٌ وَاتَّبَعُواْ رِضْوَانَ اللّهِ وَاللّهُ ذُو فَضْلٍ عَظِيمٍ) .

(وَأُفَوِّضُ أَمْرِي إِلَى اللَّهِ إِنَّ اللَّهَ بَصِيرٌ بِالْعِبَادِ{44} فَوَقَاهُ اللَّهُ سَيِّئَاتِ مَا مَكَرُوا) .

****

رُبَّ ضارةٍ نافعةٌ

يقولُ وليم جايمس : « عاهاتُنا تساعدُنا إلى حدٍّ غَيْرِ متوقَّعٍ ، ولو لمْ يعشْ دوستيوفسكي وتولستوي حياةً أليمةً لما استطاعا أنْ يكتبا روايَاتِهما الخالدةَ ، فاليُتْمُ ، والعمى ، والغربةُ ، والفقرُ ، قد تكونُ أسباباً للنبوغِ والانجازِ ، والتقدمِ والعطاءِ » .

قد يُنْعِمُ اللهُ بالبلوى وإنْ عَظُمَتْ ويبتلي اللهُ بعض القومِ بالنعمِ

إنَّ الأبناء والثراءَ ، قد يكونونَ سبباً في الشقاءِ : **(فَلاَ تُعْجِبْكَ أَمْوَالُهُمْ وَلاَ أَوْلاَدُهُمْ إِنَّمَا يُرِيدُ اللّهُ لِيُعَذِّبَهُم بِهَا فِي الْحَيَاةِ الدُّنْيَا)** .

ألَّف ابنُ الأثيرِ كُتبهُ الرائعة ، كـ : «جامعِ الأصولِ»، و «النهايةِ»، بسببِ أنهُ مُقْعَدٌ .

وألَّف السرخسي كتابه الشهير « المبسوط » خمسة عشر مجلَّداً ؛ لأنهُ محبوسٌ في الجُبِّ!

وكتب ابنُ القيم (زاد المعاد) وهو مسافرٌ !

وشرح القرطبيُّ (صحيح مسلم) وهو على ظهرِ السفينةِ !

وجُلُّ فتاوى ابنِ تيمية كتبها وهو محبوسٌ !

وجمع المحدِّثون مئاتِ الآلافِ من الأحاديثِ لأنهمْ فقراءُ غرباءُ .

وأخبرنـي أحدُ الصـالحين أنـه سُجن فحفظ فـي سجنِهِ القرآن كلّـه ، وقرأ أربعين مجلّداً !

وأملى أبو العلاء المعري دواوينه وكُتُبه وهو أعمى !

وعمي طه حسين فكتب مذكّراته ومصنَّفاتِه !

وكم من لامعٍ عُزِل من منصبِه ، فقدَّم للأمةِ العلم والرأي أضعاف ما قدَّم مع المنصبِ .

يقولُ فرانسيسُ بـايكون : « قليلٌ مـن الفلسـفةِ يجعلُ الإنسـان يميلُ إلـى الإلحادِ ، لكنَّ التعمُّقَ في الفلسفةِ يقرِّب عقلَ الإنسانِ من الدِّينِ » .

(**وَمَا يَعْقِلُهَا إِلَّا الْعَالِمُونَ**) . (**إِنَّمَا يَخْشَى اللَّهَ مِنْ عِبَادِهِ الْعُلَمَاء**) .

(**وَقَالَ الَّذِينَ أُوتُوا الْعِلْمَ وَالْإِيمَانَ لَقَدْ لَبِثْتُمْ فِي كِتَابِ اللَّهِ إِلَى يَوْمِ الْبَعْثِ**) .

(**قُلْ إِنَّمَا أَعِظُكُم بِوَاحِدَةٍ أَن تَقُومُوا لِلَّهِ مَثْنَى وَفُرَادَى ثُمَّ تَتَفَكَّرُوا مَا بِصَاحِبِكُم مِّن جِنَّةٍ**) .

يقولُ الدكتورُ أ. أ. بريل : « إنّ أيَّ مؤمنٍ حقيقي لـنْ يُصاب بمرضٍ نفسيٍّ » .

(**إِنَّ الَّذِينَ آمَنُوا وَعَمِلُوا الصَّالِحَاتِ سَيَجْعَلُ لَهُمُ الرَّحْمَنُ وُدّاً**) .

(**مَنْ عَمِلَ صَالِحاً مِّن ذَكَرٍ أَوْ أُنثَى وَهُوَ مُؤْمِنٌ فَلَنُحْيِيَنَّهُ حَيَاةً طَيِّبَةً**) .

(**وَإِنَّ اللَّهَ لَهَادِ الَّذِينَ آمَنُواْ إِلَى صِرَاطٍ مُّسْتَقِيمٍ**) .

****

الإيمانُ أعظمُ دواء

يقول أبرزُ أطباءِ النفسِ الدكتورُ كارل جانغ في الصفحة (264) من كتابِهِ « الإنسانُ الحديثُ في بحثِهِ عنِ الروح » : « خلال السنواتِ الثلاثين الماضيةِ ، جاء أشخاصٌ من جميعِ أقطارِ العالمِ لاستشارتي ، وقد عالجتُ مئاتِ المرضى ، ومعظمُهم في منتصفِ مرحلةِ الحياةِ ، أيْ فوق الخامسةِ والثلاثين من العمرِ ، ولمْ يكنْ بينهمْ من لا تعودُ مشكلتُه إلى إيجادِ ملجأ دينـي يتطلّع من خلالِهِ إلى الحياةِ ، وباستطاعتي أنْ أقول : إن كلاً منهم مرِض لأنهُ فقد ما مَنحهُ الدينُ للمؤمنين ، ولم يُشْفَ من لمْ يستعِدْ إيمانه الحقيقيَّ » .

(**وَمَنْ أَعْرَضَ عَن ذِكْرِي فَإِنَّ لَهُ مَعِيشَةً ضَنكاً**) .

(**سَنُلْقِي فِي قُلُوبِ الَّذِينَ كَفَرُواْ الرُّعْبَ بِمَا أَشْرَكُواْ بِاللَّهِ**) .

(ظُلُمَاتٌ بَعْضُهَا فَوْقَ بَعْضٍ إِذَا أَخْرَجَ يَدَهُ لَمْ يَكَدْ يَرَاهَا وَمَن لَّمْ يَجْعَلِ اللَّهُ لَهُ نُوراً فَمَا لَهُ مِن نُّورٍ) .

****

اللهُ يجيبُ المُضْطرَّ

كـاد المهاتمـا غانـدي – الـزعيمُ الهنـديُّ بعد بـوذا – ينهـارُ لـولا أنـه استمدَّ الإلهـام مـن القـوةِ التـي تمنحُـها الصـلاةُ ، وكيـف لـي أنْ أعلـم ذلك ؟ لأنَّ غانـدي نفسهُ قال : لو لمْ أصلِّ لأصبحتُ مجنوناً منذُ زمنٍ طويلٍ .

هذا وغاندي ليس مسلماً ، وإنمـا هو علـى ضـلالةٍ ، لكنـهُ علـى مذهـبِ : (**فَإِذَا رَكِبُوا فِي الْفُلْكِ دَعَوُا اللَّهَ مُخْلِصِينَ لَهُ الدِّينَ**) . (**أَمَّن يُجِيبُ الْمُضْطَرَّ إِذَا دَعَاهُ**) . (**وَظَنُّواْ أَنَّهُمْ أُحِيطَ بِهِمْ دَعَوُاْ اللَّهَ مُخْلِصِينَ لَهُ الدِّينَ**) .

سبرتُ أقوال علماءِ الإسلامِ ومؤرخيهم وأدبائِهمْ في الجملةِ ، فلمْ أجدْ ذاك الكـلام عن القلقِ والاضطرابِ والأمراضِ النفسيةِ ، والسببُ أنهم عاشوا من دينِهِمْ فـي أمنٍ وهدوءٍ ، وكانتْ حياتُهم بعيدةً عن التعقيدِ والتكلُّفِ : (**وَالَّذِينَ آمَنُوا وَعَمِلُوا الصَّالِحَاتِ وَآمَنُوا بِمَا نُزِّلَ عَلَى مُحَمَّدٍ وَهُوَ الْحَقُّ مِن رَّبِّهِمْ كَفَّرَ عَنْهُمْ سَيِّئَاتِهِمْ وَأَصْلَحَ بَالَهُمْ**) .

اسمعْ قول أبي حازمٍ ، إذْ يقولُ : « إنما بيني وبين الملوكِ يومٌ واحدٌ ، أما أمسِ فلا يجدون لذَّته ، وأنا وهُمْ منْ غدٍ على وَجَلٍ ، وإنما هو اليومُ ، فما عسى أن يكون اليومُ ؟! » .

وفي الحديثِ: ((**اللهمَّ إني أسألُك خَيْرَ هذا اليومِ : بركتـه ونَصْرَهُ ونُـورَهُ وهدايتَهُ**)).

(**يَـا أَيُّهَـا الَّـذِينَ آمَنُـواْ خُـذُواْ حِـذْرَكُمْ**) وقولُـه تعـالى : (**وَلْيَتَلَطَّـفْ وَلَا يُشْعِرَنَّ بِكُمْ أَحَداً**) .

وقال الشاعر :

فـإنْ تكـنِ الأيـامُ فينـا تبـدَّلتْ ... بِبُؤسـى ونُعْمَـى والحـوادثُ
فمـا ليَّنـتْ منّـا قنـاةً صـليبةً ... ولا ذللتنـا للتـي لـيس تجمـلُ
ولكــنْ رحلناهــا نفوســاً ... تُحمَّـلُ مـالا يُستطاعُ فتحملُ
وَقَيْنـا بحسـنِ الصـبر منَّـاً ... وصحَّتْ لنا الأعراضُ والناسُ

(وَمَا كَانَ قَوْلَهُمْ إِلاَّ أَن قَالُواْ ربَّنَا اغْفِرْ لَنَا ذُنُوبَنَا وَإِسْرَافَنَا فِي أَمْرِنَا وَثَبِّتْ أَقْدَامَنَا وانصُرْنَا عَلَى الْقَوْمِ الْكَافِرِينَ{147} فَآتَاهُمُ اللّهُ ثَوَابَ الدُّنْيَا وَحُسْنَ ثَوَابِ الآخِرَةِ) .

****

لا تحزنْ فالحياةُ أقصرُ ممَّا تتصوَّرُ

ذكر دايلْ كارنيجي قصَة رجل أصابَتْه قُرْحةٌ في أمعائه ، بلغ من خطورتِها أنَّ الأطباء حدَّدوا لهُ أوان وفاتِهِ ، وأوعزُوا إليه أنْ يجهِّزَ كَفَنَهُ . قال : وفجأة اتخذ « هاني » - اسم المريضِ – قراراً مدهشاً إنهُ فكَّرَ في نفسِهِ : إذا لم يبق لي في هذهِ الحياةِ سوى أمدٍ قصيرٍ ، فلماذا لا أستمتعُ بهذا الأمدِ على كلِّ وجه ؟ لطالما تمنيتُ أنْ أطوف حول العالمِ قبل أنْ يدركني الموتُ ، ها هو ذا الوقتُ الذي أحقِّق فيه أمنيتي . وابتاع تذكرة السفر ، فارتاع أطباؤه ، وقالوا له : إننا نحذِّرُك ، إنك إن أقدمت على هذهِ الرحلةِ فستدفنُ في قاعِ البحرِ !! لكنه أجاب : كلا لنْ يحدث شيءٌ من هذا ، لقدْ وعدتُ أقاربي ألا يدفن جثماني إلا في مقابرِ الأسرةِ . وركب « هاني » السفينة ، وهو يتمثَّل بقولِ الخيامِ :

تعال نروي قصةً للبشرْ ونقطعُ العمرَ بحُلْوِ

فما أطال النومُ عمراً قَصَّرَ في الأعمارِ طولُ

وهذه أبيات يقولها وثنِّي غير مسلم .

وبدأ الرجلُ رحلةً مُشبعةً بالمرحِ والسرورِ ، وأرسل خطاباً لزوجتِهِ يقولُ فيه : لقد شربتُ وأكلتُ ما لذَّ وطاب على ظهرِ السفينةِ ، وأنشدتُ القصائد ، وأكلتُ ألوان الطعامِ كلَّها حتى الدَّسِم المحظور منها، وتمتعتُ في هذه الفترةِ بما لم أتمتعْ به في ماضي حياتي. ثم ماذا؟!

ثم يزعمُ دايل كارنيجي أنَّ الرجل صحَّ من علَّتِهِ ، وأنَّ الأسلوب الذي سار عليه أسلوبٌ ناجعٌ في قهْرِ الأمراضِ ومغالبةِ الآلامِ !!

إنني لا أوافقُ على أبياتِ الخيَّامِ ، لأنَّ فيها انحرافاً عن النهج الرَّبانيِّ ، ولكنَّ المقصود من القصةِ : أن السرور والفرح والارتياح أعظمُ بكثيرٍ من العقاقيرِ الطبيَّة .

****

اقنع واهدأ

قالَ ابنُ الروميِّ :

قــرَّب الحِــرْصُ مركبــاً إنمــا الحِــرْصُ مركــبُ
مرحبــاً بالكفــافِ يــأتي وعلــى المُتعبــاتِ ذيــلُ

(**وَمَا أَمْوَالُكُمْ وَلَا أَوْلَادُكُم بِالَّتِي تُقَرِّبُكُمْ عِندَنَا زُلْفَى إِلَّا مَنْ آمَنَ وَعَمِلَ صَالِحاً فَأُوْلَئِكَ لَهُمْ جَزَاء الضِّعْفِ بِمَا عَمِلُوا وَهُمْ فِي الْغُرُفَاتِ آمِنُونَ**) .

يقول دايل كارنيجي : « لقدْ أثبت الإحصاءُ أنّ القلَقَ هو القاتلُ (رقم1) في أمريكا ، ففي خلالِ سنِّي الحربِ العالميةِ الأخيرةِ ، قُتِلَ من أبنائِنا نحو ثُلُثِ مليون مقاتلٍ ، وفي خلالِ هذه الفترةِ نفسِها قضى داءُ القلبِ على مليونيْ نسمةٍ . ومن هؤلاءِ الأخيرين مليونُ نسمةٍ كان مرضهُمْ ناشئاً عنِ القلقِ وتوتُّرِ الأعصابِ » .

نعمْ إنَّ مرض القلبِ من الأسباب الرئيسيةِ التي حدتْ بالدكتورِ « ألكسيس كاريل » على أن يقول: «إن رجال الأعمالِ الذين لا يعرفون كيف يكافحون القلق ، يموتون مبكِّرين»

والسببُ معقولٌ ، والأجلُ مفروغٌ منه : (**وَمَا كَانَ لِنَفْسٍ أَنْ تَمُوتَ إِلاَّ بِإِذْنِ الله كِتَاباً مُّؤَجَّلاً**) .

وقلَّما يمرضُ الزنوجُ في أمريكا أو الصينيون بأمراضِ القلبِ ، فهؤلاءِ أقوامٌ يأخذون الحياة مأخذاً سهلاً ليِّناً ، وإنك لترى أن عدد الأطباءِ الذين يموتون بالسكتةِ القلبيةِ يزيدُ عشرين ضِعْفاً على عددِ الفلاحين الذين يموتون بالعلَّةِ نفسِها ، فإنَّ الأطباء يحيوْن حياةً متوترةً عنيفةً ، يدفعون الثمن غالياً . « طبيبٌ يداوي الناس وهو عليلٌ » !!

****

الرضا بما حصل يُذهبُ الحُزْن

وفي الحديث : ((ولا نقولُ إلا ما يُرضي ربَّنا)) .

إنَّ عليك واجباً مقدَّساً ، وهو الانقيادُ والتسليمُ إذا داهمك المقدورُ، لتكون النتيجةُ في صالحِك ، والعاقبةُ لك ؛ لأنك بهذا تنجو من كارثةِ الإحباطِ العاجلِ والإفلاسِ الآجلِ .

قالَ الشاعرُ :

ولمــا رأيــتُ الشّــيْب لاح ومَفْرِقِ رأسي قلتُ للشَّيب

ولـو خِفْـتُ أنـي إنْ كَفَفْـتُ		تنكّـب عنـي رُمْـتُ أنْ
ولكـن إذا مـا حـلَّ كُـرْهٌ		بـهِ النفسُ يومـاً كـان للكُرْهِ

لا مفرَّ إلا أن تؤمن بالقدرِ ، فإنهُ سوف ينفُذُ ، ولو انسلخت منْ جلدِك وخرجت من ثيابِك !!

نُقِلَ عن إيمرسون في كتابه « القدرةُ على الإنجازِ » حيث تساءل : « منْ أين أتتْنا الفكرةُ القائلةُ : إن الحياة الرغدة المستقرة الهادئة الخالية من الصعابِ والعقباتِ تخلقُ سعداء الرجالِ أو عظماءهم ؟ إنَّ الأمر على العكسِ ، فالذين اعتادوا الرثاء لأنفسهمْ سيواصلون الرثاءَ لأنفسهم ولو ناموا على الحريرِ ، وتقلَّبُوا في الدِّمقسِ . والتاريخُ يشهدُ بأنَّ العظمة والسعادة الخبيثُ ، وبيئاتٌ لا يتميزُ فيها بين طيبٍ وخبيثٍ ، في هذه البيئاتِ نَبتَ رجالٌ حملوا المسؤولياتِ على أكتافِهم ، ولم يطرحوها وراء ظهورِهم » .

إنَّ الذين رفعوا علم الهدايةِ الربانيَّةِ في الأيامِ الأولى للدعوةِ المحمدية هم الموالي والفقراءُ والبؤساءُ ، وإنَّ جُلَّ الذين صادمُوا الزحف الإيمانيَّ المقدَّس همْ أولئك المرموقون والوجهاءِ والمترفون : (**وَإِذَا تُتْلَى عَلَيْهِمْ آيَاتُنَا بَيِّنَاتٍ قَالَ الَّذِينَ كَفَرُوا لِلَّذِينَ آمَنُوا أَيُّ الْفَرِيقَيْنِ خَيْرٌ مَّقَاماً وَأَحْسَنُ نَدِيّاً**) . (**وَقَالُوا نَحْنُ أَكْثَرُ أَمْوَالاً وَأَوْلَاداً وَمَا نَحْنُ بِمُعَذَّبِينَ**) . (**أَهَـؤُلاء مَنَّ اللّهُ عَلَيْهِم مِّن بَيْنِنَا أَلَيْسَ اللّهُ بِأَعْلَمَ بِالشَّاكِرِينَ**) . (**وَقَالَ الَّذِينَ كَفَرُوا لِلَّذِينَ آمَنُوا لَوْ كَانَ خَيْراً مَّا سَبَقُونَا إِلَيْهِ**) . (**قَالَ الَّذِينَ اسْتَكْبَرُواْ إِنَّا بِالَّذِيَ آمَنتُمْ بِهِ كَافِرُونَ**) . (**وَقَالُوا لَوْلَا نُزِّلَ هَذَا الْقُرْآنُ عَلَى رَجُلٍ مِّنَ الْقَرْيَتَيْنِ عَظِيمٍ{31} أَهُمْ يَقْسِمُونَ رَحْمَةَ رَبِّكَ**) .

وإني لأنكرُ بيتاً لعنترة ، وهو يخبرُنا أنَّ قيمته في سجاياه ومآثِرِهِ ونُبْلِهِ لا في أصلِهِ وعنصرِهِ ، يقولُ :

إن كنـتُ فـإني سـيدٌ كَرَمـاً		أوْ أسـود اللـونِ إنـي أبـيضُ

****

إنْ فقدت جارحةً من جوارحك فقدْ بقيتْ لك جوارحُ

يقولُ ابنُ عباس :

إنْ يأخذِ اللهُ من عينيَّ ففي لساني وسمعي
قلبي ذكيٌّ وعقلي غيرُ ذي وفي فمي صارمٌ كالسيفِ

ولعلَّ الخير فيما حَصَلَ لك من المصابِ ، **(وَعَسَى أَن تَكْرَهُواْ شَيْئاً وَهُوَ خَيْرٌ لَّكُمْ)**.

يقولُ بشَّارُ بنُ بُرْدٍ :

وعيَّرني الأعداءُ والعيبُ فليس بعارٍ أن يُقال ضريرُ
إذا أبصر المرءُ المروءة فإنَّ عمى العينينِ ليس
رأيتُ العمى أجراً وذُخراً وإني إلى تلك الثلاثِ فقيرُ

انظرْ إلى الفرقِ بين كلامِ ابنِ عباسٍ وبشَّارٍ ، وبين ما قاله صالحُ بن عبدالقدوسِ لمَّا عَمي :

على الدنيا السلامُ فما ضريرِ العينِ في الدنيا
يموتُ المرءُ وهو يُعَدُّ ويُخلِفُ ظنَّهُ الأملُ
يُمنِّيني الطبيبُ شفاءً فإنَّ البعض مِن بعضٍ

إن القضاء سوف ينفذُ لا محالة ، على القابِلِ لهُ والرافضِ لهُ ، لكنَّ ذاك يُؤجَرُ ويسْعَدُ ، وهذا يأثمُ ويشقى .

كتب عمرُ بن عبدالعزيزِ إلى ميمون بن مهران : كتبت تعزّيني على عبدالملكِ ، وهذا أمرٌ لم أزل أنتظرهُ ، فلمّا وقع لم أُنكِرْهُ .

****

الأيامُ دُولٌ

يُروى أنّ أحمد بن حنبل – رحمه الله- زار بقيَّ بن مخلدٍ في مرضٍ له فقال له : « يا أبا عبدالرحمن ، أبشرْ بثوابِ اللهِ ، أيامُ الصِّحّةِ لا سُقمَ فيها ، وأيامُ السقمِ لا صحَّة فيها .. » .

والمعنى : أن أيام الصحةِ لا يعرضُ المرضُ فيها بالبالِ ، فتقوى عزائمُ الإنسانِ ، وتكثر آمالُه ، ويشتدُّ طموحُه . وأيامُ المرضِ الشديدِ لا تعرضُ الصحةُ بالبالِ ، فيخيِّم على النفسِ ضعف الأملِ ، وانقباضِ الهمَّةِ وسلطانِ اليأس . وقولُ الإمامِ أحمد مأخوذٌ من قولهِ تعالى : **(وَلَئِنْ أَذَقْنَا الإِنْسَانَ مِنَّا رَحْمَةً ثُمَّ نَزَعْنَاهَا مِنْهُ إِنَّهُ لَيَؤُوسٌ كَفُورٌ{9} وَلَئِنْ أَذَقْنَاهُ نَعْمَاء بَعْدَ ضَرَّاء**

مَسَّتْهُ لَيَقُولَنَّ ذَهَبَ السَّيِّئَاتُ عَنِّي إِنَّهُ لَفَرِحٌ فَخُورٌ{10} إِلاَّ الَّذِينَ صَبَرُواْ وَعَمِلُواْ الصَّالِحَاتِ أُوْلَـئِكَ لَهُم مَّغْفِرَةٌ وَأَجْرٌ كَبِيرٌ) .

قال الحافظُ ابنُ كثيرٍ – رحمهُ اللهُ - : « يخبرُ اللهُ تعالى عن الإنسانِ وما فيهِ من الصفاتِ الذميمةِ ، إلا منْ رحم اللهُ من عبادِهِ المؤمنين ، أنه إذا أصابتْه شدَّةٌ بعد نعمةٍ ، حصل له يأسٌ وقنوطٌ من الخيرِ بالنسبةِ إلى المستقبلِ ، وكفرٌ وجحودٌ لماضي الحالِ ، كأنه لم يرَ خيراً ولم يرجُ فرجاً » .

وهكذا إن أصابتْهُ نعمةٌ بعد نقمةٍ : (لَيَقُولَنَّ ذَهَبَ السَّيِّئَاتُ عَنِّي) .

أي يقولُ : ما ينالني بعد هذا ضيمٌ ولا سوءٌ ، (إِنَّهُ لَفَرِحٌ فَخُورٌ) .

أي فرح بما في يدِهِ ، بطرٌ فخورٌ على غيره . قال اللهُ تعالى : (إِلاَّ الَّذِينَ صَبَرُواْ وَعَمِلُواْ الصَّالِحَاتِ أُوْلَـئِكَ لَهُم مَّغْفِرَةٌ وَأَجْرٌ كَبِيرٌ) .

****

سيروا في الأرض

قال أحدُهُمْ : السفرُ يذهبُ الهموم .

قال الحافظُ الرامهرمزيُّ في كتابِهِ « المحدِّثُ الفاضلُ » ، في بيانِ فوائدِ الرحلةِ في طلبِ العلمِ والمتعِ الحاصلةِ بها ، ردّاً على من كرِه الرحلة وعابها ما يلي :

« ولو عَرَفَ الطاعنُ على أهلِ الرِّحلةِ مقدار لذَّةِ الرَّاحلِ في رحلتِهِ ونشاطِهِ عند فصولِهِ منْ وطنِهِ ، واستلذاذِ جميعِ جوارحِهِ ، عند تصرُّفِ الأقطارِ وغياضِها ، وحدائِقِها ، ورياضِها ، وتصفُّحِ الوجوهِ ، ومشاهدةِ ما لمْ يرَ منْ عجائبِ البلدانِ ، واختلافِ الألسنةِ والألوانِ ، والاستراحةِ في أفياءِ الحيطانِ ، وظلالِ الغيطانِ ، والأكلِ في المساجدِ ، والشربِ من الأوديةِ ، والنومِ حيثُ يدركهُ الليلُ ، واستصحابِ منْ يحبُّهُ في ذاتِ اللهِ بسقوطِ الحشمةِ ، وتركِ التصنُّعِ ، وكلّ ما يصلُ إلى قلبِهِ من السرورِ عنْ ظفرِهِ ببغيتِهِ ، ووصولِهِ إلى مقصدِهِ ، وهجومِهِ على المجلسِ الذي شمَّرَ لهُ ، وقطعِ الشُّقَّةِ إليهِ – لعلِمَ أنَّ لذَّاتِ الدنيا مجموعةٌ في محاسنِ تلكَ المشاهدِ ، وحلاوةِ تلكَ المناظرِ ، واقتناصِ تلك الفوائدِ ، التي هي عند أهلِها أبهى منْ زهرِ الربيعِ ، وأنفسُ من ذخائرِ العِقيانِ ، من حيثُ حُرِمها الطاعنُ وأشباهُهُ » .

قـوِّضْ خيامـك عـنْ ربْـهٍ   وجانِــبِ الــذّلَّ إنَّ الــذّلَّ

****

وقفــةٌ

((إنَّ الله إذا أحبَّ قوماً ابتلاهم، فمنْ رضـي فلـه الرِّضـا، ومـنْ سخطَ فَلَـهُ السَّخْطُ)) .

((أشدُّ النـاسِ بـلاءِ الأنبيـاءُ ، ثـمَّ الأمثلُ فالأمثلُ يُبتلى الرجلُ على قدرِ دينـهِ ، فإنْ كان في دينـهِ صلابةٌ أشتدَّ بلاؤه ، وإن كان في دينه رقَّةٌ ابتُلي على قدرِ دينه ، فما يبرحُ البلاءُ بالعبدِ ، حتى يتركـهُ يمشـي علـى الأرضِ ومـا عليـه خطيئةٌ)) .

((عجباً لأمرِ المؤمنِ إنَّ أمرَّهُ كلَّه خيرٌ !! وليس ذاك لأحدٍ إلا للمـؤمنِ ، إن أصابتْه سرَّاء شكر فكانَ خيراً له ، وإنْ أصابتـهُ ضرَّاء صبر فكـان خيـراً لـه)) .

((واعلـمْ أنَّ الأمـةَ لـو اجتمعـتْ علـى أنْ ينفعوك بشـيءٍ لـم ينفعوك إلا بشيءٍ قد كتبَ اللهُ لـك ، وإنِ اجتمعوا علـى أنْ يضرُّوك بشـيءٍ لـم يضروك إلا بشيءٍ قدْ كتبهُ اللهُ عليك)).

((يُبتلى الصالحون الأمثلُ فالأمثلُ)) .

((المؤمنُ كالخامةِ من الزرعِ تُفيِّئُها الريحُ يَمنْةً ويَسْرةً)) .

****

حتَّى في سكراتِ الموتِ تبسَّمْ

فهذا أبو الريحانِ البيرونيُّ (ت440) ، مع الفسحةِ في التعميرِ فقدْ عـاش 78 سنةً مُكِبّاً على تحصيلِ العلومِ ، مُنْصَبّاً إلى تصنيفِ الكتبِ ، يفتحُ أبوابها ويحيطُ بشواكلِها وأقرابِها – يعني : بغوامضِها وجليّاتِها – ولا يكـادُ يفارقُ يده القلمُ ، وعينه النظرُ ، وقلبـه الفكرُ ، إلا فيمـا تمسُّ إليه الحاجةُ في المعاشِ منْ بُلْغةِ الطعامِ وعلقةِ الرياشِ ، ثم هِجِّيراهُ – أي دَيْدَنُهُ – في سائرِ الأيامِ من السنةِ : علمٌ يُسفرُ عن وجههِ قناعَ الإشكالِ ، ويحسرُ عن ذراعيْهِ أكمالُ الإغلاقِ .

حدَّث الفقيهُ أبو الحسنِ عليُّ بنُ عيسى ، قـال : دخلتُ علـى أبـي الريحـانِ وهو يجودُ بِنفْسِهِ – أيْ وهو في نزْعِ الروحِ قاربِ الموتَ – قد حشرجتْ نفسُـهُ ، وضـاق بهـا صـدرُهُ ، فقـال لـي فـي تلكَ الحـالِ : كيـف قلت لـي يومـاً حسـابُ

الجدَّاتِ الفاسدةِ ؟ أيْ الميراثُ ، وهي التي تكونُ من قِبل الأمِّ ، فقلتُ له إشفاقاً عليه : أفي هذهِ الحالةِ ؟ قال لي : يا هذا ، أودِّعُ الدنيا وأنا عالمٌ بهذهِ المسألة ، ألا يكون خيراً من أنْ أخلِّيها وأنا جاهلٌ بها ؟! فأعدتُ ذلك عليهِ ، وحفِظَ وعلَّمني ما وعد ، وخرجتُ من عندِهِ فسمعتُ الصراخ!! إنها الهممُ التي تجتاحُ ركام المخاوفِ .

والفاروقُ عمرُ في سكراتِ الموتِ ، يثعبُ جرحُه دماً ، ويسألُ الصحابة : هلْ أكمل صلاتهُ أمْ لا ؟! .

وسعدُ بنُ الربيع في ((أُحدٍ)) مضرَّج بدمائِهِ ، وهو يسألُ في آخرِ رَمَقٍ عن الرسولِ ﷺ ، إنها ثباتةُ الجأشِ وعمارُ القلبِ !

وقفتَ ما في الموتِ شكٌّ لواقفٍ كأنك في جفنِ الردى وهو نائمُ
تمرُّ بكَ الأبطالُ كلمى هزيمةً ووجهُك وضاحٌ وثغرُك باسمُ

قال إبراهيمُ بنُ الجراحِ : مرض أبو يوسف فأتيتُه أعودُه ، فوجدتُه مُغْميً عليهِ ، فلمَّا أفاق قال لي : ما تقولُ في مسألةٍ ؟ قلتُ : في مثلِ هذه الحالِ ؟! قال : لا بأس ندرسُ بذلك لعلَّه ينجو به ناجٍ .

ثم قال : يا إبراهيمُ ، أيُّما أفضلُ في رمي الجمارِ : أن يرميها الرجلُ ماشياً أو راكباً ؟ قلتُ : راكباً . قال : أخطأت . قلتُ : ماشياً . قال : أخطأت . قلتُ : أيُّهما أفضلُ ؟ قال : ما كان يُوقفُ عندهُ فالأفضلُ أنْ يرميه ماشياً ، وأما ما كان لا يُوقفُ عنده ، فالأفضلُ أن يرميه راكباً ، ثم قمتُ من عندهِ فما بلغتُ باب دارِهِ حتى سمعتُ الصراخ عليه وإذا هو قدْ مات . رحمةُ الله عليه .

قال احدُ الكُتَّابِ المعاصرين : هكذا كانوا !! الموتُ جاثمٌ على رأسِ أحدِهِمْ بكُربِهِ وغُصَصِهِ ، والحشرجةُ تشتدُّ في نفسِهِ وصدرِهِ ، والأغماءُ والغشيانُ محيطٌ بهِ ، فإذا صحا أو أفاق من غشيتِهِ لحظاتٍ ، تساءل عنْ بعضِ مسائلِ العلمِ الفرعيَّةِ أو المندوبةِ ، ليتعلَّمها أو ليعلِّمها ، وهو في تلك الحالِ التي أخذ فيها الموتُ منه الأنفاس والتلابيب .

في موقفٍ نسي الحليمُ ويطيشُ فيه النابهُ

يا للهِ ما أغلى العلم على قلوبِهِمْ !! وما أشغلَ خواطرهُمْ وعقولَهُمْ به !! حتى في ساعةِ النزعِ والموتِ ، لم يتذكروا فيها زوجةً أو ولداً قريباً عزيزاً ،

وإنما تذكروا العلم !! فرحمةُ اللهِ تعالى عليهمْ . فبهذا صاروا أئمة في العلمِ والدِّينِ .
****

أسرارُ الشدائدِ

أورد المؤرخُ الأديبُ أحمدُ بنُ يوسف الكاتبُ المصريُّ في كتابِه المعجبُ الفريدُ (المكافأةُ وحسنُ العُقبى) فقال : وقدْ علم الإنسانُ أن سُفورَ الحالةِ – أي انكشاف الغُمَّةِ والشدَّةِ – عن ضدِّه ، حَتْمٌ لابدَّ منه ، كما علم أنَّ انجلاء الليلُ يسفرُ عن النهار ، ولكنَّ خور الطبيعةِ أشدُّ ما يلازمُ النفس عندَ نزولِ الكوارثِ ، فإذا لم تُعالجْ بالدواءِ ، اشتدّتِ العلةُ ، وازدادتِ المحنةُ ، لأن النفس إذا لم تُعَنْ عند الشدائدِ بما يجدّدُ قُواها ، تولَّى عليها اليأسُ فأهلكها .

والتفكُّرُ في أخبارِ هذا البابِ – بابِ أخبارِ من ابتلي فصبر ، فكان ثمرةُ صبرِه حسن العقبى – ممَّا يُشجِّع النفْس ، ويبعثُها عن ملازمةِ الصبرِ وحسنِ الأدبِ مع الربِّ عزَّ وجلَّ ، بحسنِ الظنِّ في موافاةِ الإحسانِ عند نهايةِ الامتحانِ .

وقال أيضاً – في آخر الكتابِ - : « خاتمةٌ : قال بُزُرْجمْهَرُ : الشدائدُ قبل المواهبِ ، تشبهُ الجوع قبل الطعامِ ، يحسُّ بهِ موقِعُهُ ، ويلذُّ معه تناولهُ » .

وقال أفلاطونُ : « الشدائدُ تُصلِحُ من النفسِ بمقدارِ ما تفسدُ من العيشِ ، والتَّترُّف – أي الترفُ والترفُّه – يفسدُ من النفسِ بمقدارِ ما يصلحُ من العيشِ »
.

وقال أيضاً : « حافظ على كلِّ صديقٍ أهدتْه إليك الشدائدُ ، والْه عنْ كلِّ صديقٍ أهدتْه إليك النعمةُ » .

وقال أيضاً : « الترفُّهُ كالليلِ ، لا تتأملْ فيه ما تصدرُه أو تتناولُه ، والشدة كالنهارِ ، ترى فيها سعيك وسعي غيرِك » .

وقالُ أزدشير : « الشدَّةُ كُحْلٌ ترى به ما لا تراه بالنعمة » .

ويقول أيضاً : « ومِلاكُ مصلحةِ الأمرِ في الشدَّةِ شيئان : أصغرُهما قوةُ قلبِ صاحبِها على ما ينوبُه ، وأعظمُها حُسْنُ تفويضِهِ إلى مالكِهِ ورازقِهِ » .

وإذا صَمَدَ الرجلُ بفكرِهِ نَحْوَ خالقِهِ ، علم أنهُ لمْ يمتحِنْه إلا بما يوجبُ له مثوبةً ، أو يمحِّصُ عنه كبيرةً ، وهو مع هذا من اللهِ في أرباحٍ متصلةٍ ، وفوائد متتابعةٍ .

فأما إذا اشتدَّ فكرُهُ تلقاء الخليقةِ ، كثرتْ رذائلُه ، وزاد تصنُّعه ، وبرِم بمقامِه فيما قصُر عن تأمُّلِه ، واستطال من المِحنِ ما عسى أن ينقضي في يومِهِ ، وخاف من المكروهِ ما لعلَّه أنْ يخطئهُ .

وإنما تصدقُ المناجاةِ بين الرجلِ وبين ربِّهِ ، لعلمِهِ بما في السرائرِ وتأييدِهِ البصائر ، وهي بين الرجلِ وبين أشباهِهِ كثيرةُ الأذيةِ ، خارجةٌ عن المصلحةِ .

وللهِ تعالى رَوْحٌ يأتي عند اليأسِ منهُ ، يُصيبُ به منْ يشاءُ من خلقِهِ ، وإليهِ الرغبةُ في تقريبِ الفرجِ ، وتسهيلِ الأمرِ ، والرجوعِ إلى أفضلِ ما تطاول إليه السُّؤلُ ، وهو حسبي ونِعْم الوكيلُ .

طالعتُ كتاب (الفرجُ بعد الشدةِ) للتنوخيِّ ، وكرَّرتُ قراءته فخرجتُ منه بثلاثِ فوائدَ :

الأولى : أنَّ الفرج بعد الكربِ سنَّةٌ ماضيةٌ وقضيةٌ مُسلَّمةٌ ، كالبيحِ بعد الليلِ ، لا شكَّ فيه ولا ريب .

الثانيةُ : أنَّ المكاره مع الغالبِ أجملُ عائدةً ، وأرفعُ فائدةً للعبدِ في دينِهِ ودنياهُ من المحابِّ .

الثالثةُ : أنَّ جالب النفعِ ودافع الضرِّ حقيقةً إنما هو الله جلَّ في علاه ، واعلمْ أنّ ما أصابك لم يكنْ لِيخطِئك وما أخطأك لمْ يكنْ ليصيبك .

****

حقارةُ الدنيا

يقولُ ابنُ المباركِ العالمُ الشهير : قصيدةُ عديٍّ بنِ زيدٍ أحبُّ غليَّ من قصرِ الأميرِ طاهرِ بنِ الحسينِ لو كان لي .

وهي القصيدةُ الذائعةُ الرائعةُ ، ومنها :

أيُّها الشامتُ المُعيِّرُ ... رِ أأنت المبرَّؤُ الموفورُ
أمْ لديك العهدُ الوثيقُ من ... امِ بلْ أنت جاهلٌ مغرورُ

أيْ : يا من شمِت بمصائبِ الآخرين، هل عندك عهدٌ أنْ لا تصيبك أنت مصيبةٌ مثلُهم؟! أم هلْ منحتْك الأيامُ ميثاقاً لسلامتِك من الكوارثِ والمحنِ ؟! فلماذا الشماتةُ إذنْ ؟

وفي الحديثِ الصَّحيح : ((**لوْ أنَّ الدنيا تساوي عند اللهِ جناح بعوضةٍ ، ما سقى كافراً منها شربةَ ماءٍ**)) . إنّ الدنيا عند اللهِ تعالى أهونُ من جناحِ البعوضةِ ، وهذه حقيقةُ قيمتِها ووزنِها ، فلِم الجزعُ والهلعُ عليها ومن أجلها ؟!

السعادةُ : أنْ تشعر بالأمنِ على نفسِك ومستقبلك وأهلِك ومعيشتِك ، وهي مجموعةٌ في الإيمانِ والرضا اللهِ وقضائهِ وقدرهِ ، والقناعةُ : الصبرُ .

****

قيمةُ الإيمانِ

(**بَلِ اللَّهُ يَمُنُّ عَلَيْكُمْ أَنْ هَدَاكُمْ لِلْإِيمَانِ**) .

من النعيمِ الذي لا يدركُهُ إلاَّ الفطناءُ : نظرُ المسلمِ إلى الكافرِ ، وتذكُّرُ نعمةِ اللهِ في الهدايةِ إلى دين الإسلامِ ، وأنَّ الله عزَّ وجلَّ لم يقدِّرْ لك أنْ تكون كهذا الكافرِ في كفرِه بربِّه وتمرُّدهِ عليهِ ، وإلحادِه في آياتِه ، وجحودِ صفاتِه ، ومحاربتِه لمولاهُ وخالقِه ورازقِه ، وتكذيبِه لرسلِه وكتبه ، وعصيانِهِ أوامرهُ ، ثم تذكَّرْ أنت أنَّك مسلمٌ موحِّدٌ ، تؤمنُ باللهِ ورسولهِ واليومِ الآخرِ ، وتؤدِّي الفرائض ولو على تقصيرٍ ، فإنَّ هذا في حدِّ ذاته نعمةٌ لا تُقدَّر بثمنٍ ولا تُباعُ بمالٍ ، ولا تدورُ في الحسبانِ ، وليس لها شبيهٌ في الأعيانِ : (**أَفَمَن كَانَ مُؤْمِناً كَمَن كَانَ فَاسِقاً لَّا يَسْتَوُونَ**) .

حتى ذكر بعضُ المفسرين أنَّ مِنْ نعيمِ أهلِ الجنَّةِ نظُرهم إلى أهلِ النارِ ، فيشكرون ربَّهم على هذا النعيمِ : « وبضدِّها تتميزُ الأشياءُ » .

****

وقفــةٌ

لا إله إلا اللهُ : أيْ لا معبود بحقٍّ إلا اللهُ سبحانهُ وتعالى ، لتفرُّدِهِ بصفاتِ الألوهيَّةِ ، وهي صفاتُ الكمالِ .

روحُ هذه الكلمةِ وسرُّها : إفرادُ الربِّ – جلَّ ثناؤه وتقدَّستْ أسماؤه ، وتبارك اسمُه ، وتعالى جدُّه ، ولا إله غيرُهُ – بالمحبةِ والإجلالِ والتعظيمِ ، والخوفِ والرجاءِ ، وتوابعِ ذلك من التوكّلِ والإنابةِ والرغبةِ والرهبةِ ، فلا يُحبُّ سواهُ ، وكلُّ ما يُحبُّ غيرُه فإنما يُحبُّ تبعاً لمحبتِه ، وكونِه وسيلةً إلى زيادةِ محبتِه ، ولا يُخافُ سواهُ ولا يُرجى سواهُ ، ولا يُتوكَّل إلا عليهِ ، ولا يُرغبُ إلا إليهِ ، ولا يُرهبُ إلا منهُ ، ولا يُحلفُ إلا باسمِهِ ، ولا يُنذرُ إلا لهُ ،

ولا يُتـابُ إلا إليـهِ ، ولا يُطـاعُ إلا أمرُه ، ولا يتحسَّبُ إلا بـهِ ، ولا يُستغاثُ فـي الشدائدِ إلا به ، ولا يُلتجأ إلا إليهِ ، ولا يُسجدُ إلا لـهُ ، ولا يُذبحُ إلا لـه وباسـمِهِ ، ويجتمعُ ذلك في حرفٍ واحدٍ ، وهو : أنْ لا يُعبد إلا إياهُ بجميعِ أنواعِ العبادةِ .

****

معاقون متفوقون

في ملحقِ عُكاظِ العددُ 10262 فـي 7 / 4 / 1415 هـ ، مقابلـةٌ مـع كفيف يُدعى : محمود بن محمدٍ المدنيَّ ، درس كتب الأدبِ بعيونِ الآخرين ، وسمع كتب التاريخِ والمجلاتِ والدورياتِ والصحف ، وربما قرأ بالسماعِ على أحدِ أصدقائِه حتى الثالثةِ صباحاً حتى صار مرجعاً في الأدب والطُّرفِ والأخبار .

كتب مصطفى أمين في زاويةِ (فكرة) في الشرقِ الأوسطِ كلاماً ، منه : اصبرْ علـى كيد الكائدين ، وظلـمِ الظـالمين ، وسطوةِ الجبابرةِ ، فـإنَّ السوط سوف يسقطُ ، والقيد سوف ينكسرُ ، والمحبوس سوف يخرجُ ، والظلام سوف ينقشعُ ، لكن عليك أن تصبر وتنتظر .

وَلَـرُبَّ نازلـةٍ يضيقُ بهـا ذرْعـاً وعِنـد الله منهـا

قابلـتُ فـي الريـاضِ مفتـي ألبانيـا ، وقـد سُجن عشـرين سـنةً مِـن قبـل الشيوعيين في ألبانيا مع الأعمالِ الشاقَّةِ ، والحبسِ والكيدِ ، والنكّالِ والظلمِ ، والظلامِ وجوعِ ، وكان يصلّي الصلواتِ الخمس في ناحيةٍ من دورةِ المياه خوفاً منهمْ ، ومع هذا صَبَرَ واحتسب حتى جاءهُ الفرجُ ، (**فَانقَلَبُواْ بِنِعْمَةٍ مِّنَ اللّهِ وَفَضْلٍ**) .

هذا (نلسون مانديلا) رئيس جنوبِ أفريقيَّة ، سُجن سبعاً وعشرين سنةً ، وهو ينادي بحريَّةِ أمَّتِه ، وخلوصِ شعبهِ من القهرِ والكبتِ والاستبدادِ والظلمِ ، وهو مُصِرٌّ صامدٌ مواصلٌ مستميتٌ ، حتى نال مجدهُ الدنيويَّ . (**نُوَفِّ إِلَيْهِمْ أَعْمَالَهُمْ فِيهَا**) (**إِن تَكُونُواْ تَأْلَمُونَ فَإِنَّهُمْ يَأْلَمُونَ كَمَا تَأْلَمونَ وَتَرْجُونَ مِنَ اللّهِ مَا لاَ يَرْجُونَ**) .

وأشـجعُ منـي كُـلّ يـومِ ومـا ثبتتْ إلا وفـي نفسِـها

(**إِن يَمْسَسْكُمْ قَرْحٌ فَقَدْ مَسَّ الْقَوْمَ قَرْحٌ مِّثْلُهُ**) .

****

لا تحزن إذا عرفت الإسلام

ما أشقى النفوس التي لا تعرفُ الإسلام ، ولم تهتدِ إليه ، إنَّ الإسلام يحتاجُ إلى دعايةٍ منْ أصحابهِ وحَمَلتِهِ ، وإعلان عالميٍّ هائل ، لأنهُ نبأ عظيمٌ ، والدعايةُ له يجبُ أن تكون راقيةً مهذبةً جذابةً ، لأنَّ سعادة البشريةِ لا تكونُ إلا في هذا الدينِ الحقِّ الخالدِ ، (**وَمَن يَبْتَغِ غَيْرَ الإِسْلاَمِ دِيناً فَلَن يُقْبَلَ مِنْهُ**) .

سكن داعيةٌ مسلمٌ شهيرٌ مدينة ميونخ الألمانية ، وعند مدخلِ المدينةِ تُوجدُ لوحةٌ إعلانيةٌ كبرى مكتوبٌ عليها بالألمانيةِ : « أنت لا تعرفُ كفراتِ يوكوهاما » . فنصب هذا الداعيةُ لوحةً كبرى بجانب هذه اللوحةِ كتب عليها : « أنت لا تعرفُ الإسلام ، إنْ أردت معرفتهُ ، فاتصل بنا على هاتفِ كذا وكذا » . وانهالتْ عليه الاتصالاتْ من الألمانِ منْ كلِّ حَدَبٍ وصوب ، حتى أسلم على يدهِ في سنةٍ واحدة قرابة مائة ألفِ ألمانيٍّ ما بين رجلٍ وامرأةٍ وأقام مسجداً ومركزاً إسلامياً ، وداراً للتعليمِ .

إن البشرية حائرٌ بحاجةٍ ماسَّةٍ إلى هذا الدينِ العظيمِ ، ليردَّ إليها أمنها وسكينتها وطمأنينتها ، (**يَهْدِي بِهِ اللّهُ مَنِ اتَّبَعَ رِضْوَانَهُ سُبُلَ السَّلاَمِ وَيُخْرِجُهُم مِّنِ الظُّلُمَاتِ إِلَى النُّورِ بِإِذْنِهِ وَيَهْدِيهِمْ إِلَى صِرَاطٍ مُّسْتَقِيمٍ**) .

يقول أحدُ العُبَّادِ الكبارِ : ما ظننتُ أنَّ في العالمِ أحداً يعبدُ غير الله .

لكنْ (**وَقَلِيلٌ مِّنْ عِبَادِيَ الشَّكُورُ**) ، (**وَإِن تُطِعْ أَكْثَرَ مَن فِي الأَرْضِ يُضِلُّوكَ عَن سَبِيلِ اللّهِ إِن يَتَّبِعُونَ إِلاَّ الظَّنَّ وَإِنْ هُمْ إِلاَّ يَخْرُصُونَ**) ، (**وَمَا أَكْثَرُ النَّاسِ وَلَوْ حَرَصْتَ بِمُؤْمِنِينَ**) .

وقد أخبرني أحدُ العلماءِ أن سودانيّاً مسلماً قدم من البادية إلى العاصمةِ الخرطومِ في أثناءِ الاستعمارِ الإنكليزيِّ ، فرأى رجل مرورٍ بريطانياً في وسطِ المدينةِ ، فسأل هذا المسلمُ : منْ هذا ؟ قالوا : كافرٌ . قال : كافرٌ بماذا ؟ قالوا : باللهِ . قال : وهلْ أحدٌ يكفرُ بالله ؟! فأمسك على بطنِهِ ثمَّ تقيَّأ ممَّا سمع ورأى ، ثم عاد إلى الباديةِ . (**فَمَا لَهُمْ لاَ يُؤْمِنُونَ**) .!

يقولُ الأصمعيُّ : سمع أعرابيٌّ يقرأ : (**فَوَرَبِّ السَّمَاء وَالْأَرْضِ إِنَّهُ لَحَقٌّ مِّثْلَ مَا أَنَّكُمْ تَنطِقُونَ**) ، قال الأعرابيِّ : سبحان اللهِ ، ومن أحوج العظيم حتى يقسم ؟!

إنه حسنُ الظنِّ والتطلُّعُ إلى كرمِ المولى وإحسانِه ولطفه ورحمته .

وقد صحَّ في الحديثِ أنَّ الرسول ﷺ قال : ((**يضحك ربُّنا**)) . فقال أعرابيٌّ : لانعدامُ منْ ربٍّ يضحكُ خيراً .

(وَهُوَ الَّذِي يُنَزِّلُ الْغَيْثَ مِن بَعْدِ مَا قَنَطُوا) ، **(إِنَّ رَحْمَتَ اللّهِ قَرِيبٌ مِّنَ الْمُحْسِنِينَ)** **(أَلا إِنَّ نَصْرَ اللّهِ قَرِيبٌ)** .

مَنْ يقرأُ كتب سيرِ الناسِ وتراجم الرجالِ يستفيدُ منها مسائل مطّردةً ثابتةً منها :

1. أنَّ قيمة الإنسانِ ما يُحسنُ ، وهي كلمةٌ لعليٍّ بن أبي طالبٍ ، ومعناها : أنَّ علم الإنسانِ أو أدبهُ أو عبادتهُ أو كرمهُ أو خلقهُ هي في الحقيقةِ قيمتُهُ ، وليستْ صورتُه أو هندامُهُ ومنصبُهُ : **(عَبَسَ وَتَوَلَّى{1} أَن جَاءهُ الْأَعْمَى)** . **(وَلَعَبْدٌ مُّؤْمِنٌ خَيْرٌ مِّن مُّشْرِكٍ وَلَوْ أَعْجَبَكُمْ)** .
2. بقدرِ همّةِ الإنسانِ واهتمامِهِ وبذلِهِ وتضحيتِه تكونُ مكانتُه ، ولا يعطى لهُ المجْدُ جُزافاً .

لا تحسبِ المجد تمراً أنت آكلُهُ ..

(وَلَوْ أَرَادُواْ الْخُرُوجَ لأَعَدُّواْ لَهُ عُدَّةً) . **(وَجَاهِدُوا فِي اللَّهِ حَقَّ جِهَادِهِ)** .

3. أنَّ الإنسان هو الذي يصنعُ تاريخه بنفسِهِ بإذنِ الله ، وهو الذي يكتبُ سيرتهُ بأفعالِهِ الجميلةِ أو القبيحةِ : **(وَنَكْتُبُ مَا قَدَّمُوا وَآثَارَهُمْ)** .
4. وإنَّ عمر العبدِ قصيرٌ ينصرمُ سريعاً ، ويذهبُ عاجلاً ، فلا يقصره بالذنوبِ والهمومِ والغمومِ والأحزانِ : **(لَمْ يَلْبَثُوا إِلَّا عَشِيَّةً أَوْ ضُحَاهَا)** . **(قَالُوا لَبِثْنَا يَوْماً أَوْ بَعْضَ يَوْمٍ فَاسْأَلْ الْعَادِّينَ)** .

كفى حزناً أنَّ الحياةَ ولا عملٌ يرضى بهِ اللهُ

- **مِنْ أسبابِ السعادةِ :**

1) **العملُ الصالحُ : (مَنْ عَمِلَ صَالِحاً مِّن ذَكَرٍ أَوْ أُنثَى وَهُوَ مُؤْمِنٌ فَلَنُحْيِيَنَّهُ حَيَاةً طَيِّبَةً).**
2) **الزوجةُ الصالحةُ** : **(رَبَّنَا هَبْ لَنَا مِنْ أَزْوَاجِنَا وَذُرِّيَّاتِنَا قُرَّةَ أَعْيُنٍ)** .
3) **البيتُ الواسعُ** : وفي الحديثِ : **((اللهمّ وسِّعْ لي في داري))** .
4) **الكسْبُ الطيبُ** : وفي الحديثِ : **((إنَّ الله طيِّبٌ لا يقبلُ إلا طيِّباً))** .
5) **حُسْنُ الخُلقِ والتودُّدُ للناسِ** : **(وَجَعَلَنِي مُبَارَكاً أَيْنَ مَا كُنتُ)** .

6) **السلامةُ من الدَّيْنِ ، ومن الإسرافِ في النفقةِ : (لَمْ يُسْرِفُوا وَلَمْ يَقْتُرُوا) .**
(وَلاَ تَجْعَلْ يَدَكَ مَغْلُولَةً إِلَى عُنُقِكَ وَلاَ تَبْسُطْهَا كُلَّ الْبَسْطِ) .

● **مقومات السعادةِ :**

قلبٌ شاكرٌ ، ولسانٌ ذاكرٌ ، وجسمٌ صابرٌ .

وعليك بالشكر عن النعم والصبر عند النقم والاستغفار من الذنوب .

لوْ جمعتُ لك علْم العلماءِ ، وحكمة الحكماءِ ، وقصائد الشعراءِ عنِ السعادةِ ، لما وجدتها حتى تعزم عزيمةً صادقة على تذوُّقِها وجَلْبِها ، والبحثِ عنها وطرْدِ ما يضادُّها : « منْ أتاني يمشي أتيتهُ هرولةً » .

ومن سعادةِ العبدِ : كتمُ أسرارِهِ وتدبيرِه أمورهُ .

ذكروا أنّ أعربيّاً استُؤمن على سرٍّ مقابل عشرةِ دنانير ، فضاق ذرعاً بالسرِّ ، وذهب إلى صاحبِ الدنانيرِ ، وردَّها عليهِ مقابل أنْ يُفشي السرَّ ، لأنَّ الكتمان يحتاجُ إلى ثباتٍ وصبرٍ وعزيمةٍ : (**لاَ تَقْصُصْ رُؤْيَاكَ عَلَى إِخْوَتِكَ**) ، لأنَّ نِقاط الضعفِ عند الإنسانِ كشفُ أوراقِهِ للناسِ ، وإفشاءُ أسرارِهِ لهمْ ، وهو مرضٌ قديمٌ ، وداءٌ متأصِّلٌ في البشريةِ ، والنفسُ مُولعةٌ بإفشاءِ الأسرارِ ، ونقْلِ الأخبارِ . وعلاقةُ هذا بموضوعِ السعادةِ أنَّ منْ أفشى أسراره فالغالبُ عليه أن يندم ويحزن ويغْتمَّ .

وللجاحظِ في الكتمانِ كلامٌ خلاَّبٌ في رسائلِهِ الأدبيةِ ، فليعُدْ إليها منْ أراد . وفي القرآن : (**وَلْيَتَلَطَّفْ وَلا يُشْعِرَنَّ بِكُمْ أَحَداً**) ، وهذا أصلٌ في كتمانِ السرِّ ، والأعرابيُّ يقول : وأكتمُ السرَّ فيه ضربةُ العنقِ .

****

لن تموت قبل أجلِك

(**فَإِذَا جَاء أَجَلُهُمْ لاَ يَسْتَأْخِرُونَ سَاعَةً وَلاَ يَسْتَقْدِمُونَ**) .

هذه الآيةُ عزاءٌ للجبناءِ الذين يموتون مراتٍ كثيرةً قبل الموتِ ، فلْيعلموا أنَّ هناك أجلاً مسمى ، لا تقديم ولا تأخير ، لا يعجِّلُ هذا الموت أحدٌ ، ولا يؤجِّله بشرٌ ، ولو اجتمع أهل الخافقيْنِ ، وهذا في حدِّ ذاتهِ يجلبُ للعبدِ الطمأنينة والسكينة والثبات : (**وَجَاءتْ سَكْرَةُ الْمَوْتِ بِالْحَقِّ**) .

واعلمْ أنَّ التعلُّق بغيرِ اللهِ شقاءٌ : (**فَمَا كَانَ لَهُ مِن فِئَةٍ يَنصُرُونَهُ مِن دُونِ اللَّهِ وَمَا كَانَ مِنَ المُنتَصِرِينَ**) .

(سِيَرُ أعلامِ النبلاءِ) للذهبيِّ ثلاثةٌ وعشرون مجلداً ، ترجم فيها للمشاهيرِ من العلماءِ والخلفاءِ والملوكِ والأمراءِ والوزراءِ والأثرياءِ والشعراءِ ، وباستقراءِ هذا الكتابِ تجدُ حقيقتين مهمتين :

الأولى : أنَّ منْ تعلّق بغيرِ اللهِ منْ مالٍ أو ولدٍ أو منصبٍ أو حرفةٍ ، وكلهُ اللهُ إلى هذا الشيءِ ، وكان سببَ شقائهِ وعذابِهِ ومحْقِهِ وسحقِهِ : (**وَإِنَّهُمْ لَيَصُدُّونَهُمْ عَنِ السَّبِيلِ وَيَحْسَبُونَ أَنَّهُم مُّهْتَدُونَ**) . فرعونُ والمنصبُ قارونُ والمالُ ، وأُميَّةُ بنُ خلفٍ والتجارةُ ، والوليدُ والولدُ : (**ذَرْنِي وَمَنْ خَلَقْتُ وَحِيداً**)

.

أبو جهل والجاهُ ، أبو لهبٍ والنسبُ ، أبو مسلم والسلطةُ ، المتنبئ والشهرةُ ، والحجَّاج والعلوُّ في الأرضِ ، ابنُ الفراتِ والوزارةُ .

الثانيةُ : أنَّ منِ اعتزَّ باللهِ وعملَ له وتقرَّب منه ، أعزَّه ورفعه وشرَّفه بلا نسبٍ ولا منصبٍ ولا أهلٍ ولا مالٍ ولا عشيرةٍ : بلالُ والأذانُ ، سلمانُ والآخرةُ ، صُهيبٌ والتضحيةُ ، عطاءٌ والعِلْمُ ، (**وَجَعَلَ كَلِمَةَ الَّذِينَ كَفَرُواْ السُّفْلَى وَكَلِمَةُ اللّهِ هِيَ الْعُلْيَا**) .

****

« يا ذا الجلالِ والإكرامِ »

صحَّ عنه ﷺ أنهُ قال : « ألظُّوا بيا ذا الجلالِ والإكرامِ » . أي الزموها ، وأكثرُوا منها ، وداوموا عليها ، ومثلُها وأعظمُ : يا حيُّ يا قيومُ . وقيل : إنه الاسمُ الأعظمُ لربِّ العالمين الذين إذا دُعي به أجاب ، وإذا سئل به أعطى . فما للعبدِ إلا أنْ يهتف بها وينادي ويستغيث ويدمن عليها ، ليرى الفرَجَ والظفرَ والفلاحَ : (**إِذْ تَسْتَغِيثُونَ رَبَّكُمْ فَاسْتَجَابَ لَكُمْ**) .

في حياةِ المسلمِ ثلاثةُ أيامٍ كأنها أعيادٌ :

يومٌ يؤدِّي فيه الفرائض جماعةً ، ويسْلمُ من المعاصي: (**اسْتَجِيبُواْ لِلّهِ وَلِلرَّسُولِ إِذَا دَعَاكُم**) .

ويومٌ يتوبُ فيه من ذنبِهِ ، وينخلعُ من معصيتِهِ ، ويعودُ إلى ربِهِ : (**ثُمَّ تَابَ عَلَيْهِمْ لِيَتُوبُواْ**).

ويومٌ يلقى فيه ربَّه على خاتمةٍ حسنةٍ وعملٍ مبرورٍ : ((**مَنْ أحبَّ لقاءَ اللهِ أحبَّ اللهُ لقاءهُ**)) .

وبشّرتُ آمالي بشخصٍ هو   ودارٍ هي الدنيا ويومٍ هو

قرأتُ سِير الصحابة – رضوانُ اللهِ عليهم - ، فوجدتُ في حياتِهِمْ **خمس مسائل** تميزُهم عنْ غيرِهِمْ :

الأولى : اليُسْرُ في حياتِهِمْ ، والسهولةُ وعدم التكلُّف ، وأخذ الأمور ببساطة ، وترك التنطع والتعمُّق والتشديد : (**وَنُيَسِّرُكَ لِلْيُسْرَى**) .

الثانية : أن عِلْمهم غزيرٌ مباركٌ متصلٌ بالعملِ ، لا فضولَ فيه ولا حواشي ، ولا كثرة كلامٍ ، ولا رغوة أو تعقيد : (**إِنَّمَا يَخْشَى اللَّهَ مِنْ عِبَادِهِ الْعُلَمَاء**) .

الثالثة : أنَّ أعمال القلوبِ لديهمْ أعظمُ من أعمالِ الأبدانِ ، فعندهُمُ الإخلاصُ والإنابةُ والتوكلُ والمحبةُ والرغبةُ والرهبةُ والخشْيةُ ونحوُها ، بينما أمورُهم ميسَّرةٌ في نوافلِ الصلاةِ والصيامِ ، حتى إن بعض التابعين أكثرُ اجتهاداً منهمْ في النوافلِ الظاهرةِ : (**فَعَلِمَ مَا فِي قُلُوبِهِمْ**) .

الرابعة : تقلُّلهمْ من الدنيا ومتاعِها ، وتخفُّفُهم منها ، والإعراضُ عن بهارجها وزخارفِها ، مما أكسبهم راحةً وسعادةً وطمأنينةً وسكينةً : (**وَمَنْ أَرَادَ الآخِرَةَ وَسَعَى لَهَا سَعْيَهَا وَهُوَ مُؤْمِنٌ**) .

الخامسة : تغليبُ الجهادِ على غيرِه من الأعمالِ الصالحةِ ، حتى صار سِمةً لهمْ ، ومعْلماً وشعاراً . وبالجهادِ قضوْا على همومِهم وغمومِهم وأحزانِهِمْ ، لأنَّ فيه ذكراً وعملاً وبذلاً وحركةً .

فالمجاهدُ في سبيلِ اللهِ منْ أسعدِ الناسِ حالاً ، وأشرحِهم صدْراً وأطيبهم نفساً : (**وَالَّذِينَ جَاهَدُوا فِينَا لَنَهْدِيَنَّهُمْ سُبُلَنَا وَإِنَّ اللَّهَ لَمَعَ الْمُحْسِنِينَ**) .

في القرآن حقائقُ وسُننٌ لا تزولُ ولا تحولُ ، أذكرُ ما يتعلقُ منها بسعادةِ العبدِ وراحةِ بالِهِ ، منْ هذهِ السُّننِ الثابتةِ :

أنَّ منِ استنصر باللهِ نَصَرَهُ : (**إِن تَنصُرُوا اللَّهَ يَنصُرْكُمْ وَيُثَبِّتْ أَقْدَامَكُمْ**) . ومنْ سألهُ أجابهُ : (**ادْعُونِي أَسْتَجِبْ لَكُمْ**) . ومن استغفره غفَرَ له : (**فَاغْفِرْ لِي فَغَفَرَ لَهُ**) . ومنْ تاب إليه قبل منه : (**وَهُوَ الَّذِي يَقْبَلُ التَّوْبَةَ عَنْ عِبَادِهِ**) . ومنْ توكَّل عليهِ كفاهُ : (**وَمَن يَتَوَكَّلْ عَلَى اللَّهِ فَهُوَ حَسْبُهُ**) .

وأنَّ ثلاثةً يعجِّلُها اللهُ لأهلِها بنكالِها وجزائِها : البغيُ : (**إِنَّمَا بَغْيُكُمْ عَلَى أَنفُسِكُم**) ، والنكثُ : (**فَمَن نَّكَثَ فَإِنَّمَا يَنكُثُ عَلَى نَفْسِهِ**) ، والمكرُ : (**وَلاَ يَحِيقُ الْمَكْرُ السَّيِّئُ إِلاَّ بِأَهْلِهِ**) . وأنَّ الظالم لنْ يفلت من قبضةِ اللهِ : (**فَتِلْكَ**

بُيُوتُهُمْ خَاوِيَةً بِمَا ظَلَمُوا) . وأنَّ ثمرة العملِ الصالح عاجلةٌ وآجلةٌ ، لأنَّ الله غفورٌ شكورٌ : (**فَآتَاهُمُ اللَّهُ ثَوَابَ الدُّنْيَا وَحُسْنَ ثَوَابِ الآخِرَةِ**) ، وأن من أطاعه أحبَّه : (**فَاتَّبِعُونِي يُحْبِبْكُمُ اللَّهُ**) . فإذا عَرَفَ العبدُ ذلك سعد وسُرَّ ، لأنه يتعاملُ مع ربٍّ يرزقُ ويَنْصُرُ : (**إِنَّ اللَّهَ هُوَ الرَّزَّاقُ**) ، (**وَمَا النَّصْرُ إِلاَّ مِنْ عِنْدِ اللَّهِ**) ، ويغفرُ : (**وَإِنِّي لَغَفَّارٌ لِمَنْ تَابَ**) ، ويتوبُ : (**إِنَّهُ هُوَ التَّوَّابُ الرَّحِيمُ**) ، وينتقمُ لأوليائه منْ أعدائِهِ : (**إِنَّا مُنتَقِمُونَ**) ، فسبحانه ما أكملهُ وأجلَّهُ : (**هَلْ تَعْلَمُ لَهُ سَمِيّاً**) ؟! .

للشيخ عبدِالرحمنِ بنِ سعديٍّ – رحمهُ اللهُ – رسالةٌ قيّمةٌ اسمُها (الوسائلُ المفيدةُ في الحياةِ السعيدةِ) ، ذكر فيها : « إنَّ منْ أسبابِ السعادةِ أنْ ينظر العبدُ إلى نعمِ اللهِ عليه ، فسوف يرى أنهُ يفوقُ بها أمماً من الناسِ لا تُحْصى ، حينها يستشعرُ العبدُ فضل اللهِ عليه » .

أقولُ : حتى في الأمورِ الدينيَّةِ مع تقصيرِ العبدِ ، يجُد انه أعلى منْ فئامٍ من الناسِ في المحافظةِ على الصلاةِ جماعةً ، وقراءةِ القرآنِ والذكرِ ونحْو ذلك ، وهذه نعمةٌ جليلةٌ لا تُقدَّرُ بثمنٍ : (**وَأَسْبَغَ عَلَيْكُمْ نِعَمَهُ ظَاهِرَةً وَبَاطِنَةً**) .

وقدْ ذكر الذهبيُّ عن المحدِّثِ الكبيرِ ابنِ عبدِ الباقي انه : استعرض الناس بعد خروجِهم من جامعِ (دارِ السلامِ) ببغداد ، فما وَجَدَ أحداً منهمْ يتمنَّى أنه مكانه وفي مسلاخه .

ولهذِهِ الكلمةِ جانبٌ إيجابيٌّ وسلبيٌّ : (**وَفَضَّلْنَاهُمْ عَلَى كَثِيرٍ مِّمَّنْ خَلَقْنَا تَفْضِيلاً**) .

كلُّ هذا الخلْقِ غِرٌّ وأنا ... منهمُ فاتركْ تفاصيل

****

وقفةٌ

عن أسماء بنتِ عُميْسٍ – رضي اللهُ عنها – قالتْ : قال لي رسولُ الله ﷺ :

((ألا أُعلِّمكِ كلماتٍ تقولِينهُن عند الكرْبِ . أو في الكرْبِ . ؟ : اللهُ اللهُ ربِّي لا أُشركُ به شيئاً)) .

وفي لفظٍ : **((منْ أصابهُ همٌّ أو غمٌّ أو سقمٌ أو شِدَّةٌ ، فقال : اللهُ ربي ، لا شريك له . كُشِفَ ذلك عنه))** .

« هناك أمورٌ مظلمـةٌ تـوردُ علـى القلبِ سـحائب متراكمـاتٍ مظلمـةٌ ، فـإذا فرَّ إلى ربِّهِ ، وسلّم أمره إليـهِ ، وألقـى نفسـهُ بين يديـهِ مِنْ غيرِ شرِكةِ أحدٍ من الخلقِ ، كشَفَ عنه ذلك ، فأمَّا منْ قال ذلك بقلبٍ غافلٍ لاهٍ ، فهيهات » .

قال الشاعرُ :

ومـــا نبـــالي إذا أرواحُنــــا | بمـا فقدناهُ مِـنْ مـالٍ ومِـنْ
فالمـــالُ مكتســبٌ والعِــزُّ | إذَا النفوسُ وقاهـا اللهُ مِـنْ

****

مَن خاف حاسداً

1. المعوِّذاتُ مع الأذكارِ والدعاءِ عموماً : (**وَمِن شَرِّ حَاسِدٍ إِذَا حَسَدَ**) .
2. كِتمانُ أمرك عنِ الحاسِدِ : (**لاَ تَدْخُلُواْ مِن بَابٍ وَاحِدٍ وَادْخُلُواْ مِنْ أَبْوَابٍ مُّتَفَرِّقَةٍ**) .
3. الابتعادُ عنه : (**وَإِنْ لَّمْ تُؤْمِنُوا لِي فَاعْتَزِلُونِ**) .
4. الإحسانُ إليه لِكفِّ أذاهُ : (**ادْفَعْ بِالَّتِي هِيَ أَحْسَنُ**) .

****

حسِّنْ خلُقكَ

حُسْنُ الخُلُقِ يُمْنٌ وسعادةٌ ، وسُوءُ الخُلُقِ شُؤمٌ وشقاءٌ .

((**إن المـرءِ لَيبْلُـغ بحسـنِ خلُقِـهِ درجـةَ الصـائمِ القـائمِ**)) . ((**ألا أُنبِّـئُكم بأحبِّكمُ وأقربِكُمْ منِّي مجلساً يوم القيامـةِ ؟! أحاسنُكمْ أخلاقاً**)) . (**وَإِنَّكَ لَعَلى خُلُقٍ عَظِيمٍ**). (**فَبِمَا رَحْمَةٍ مِّنَ اللّهِ لِنتَ لَهُمْ وَلَوْ كُنتَ فَظّاً غَلِيظَ الْقَلْبِ لاَنفَضُّواْ مِنْ حَوْلِكَ**) . (**وَقُولُواْ لِلنَّاسِ حُسْناً**) .

وتقولُ أمُّ المؤمنين عائشةُ بنتُ الصديق – رضي الله عنهما – في وصـفها المعصوم عليه صلاةُ ربي وسلامُه : ((**كان خُلُقُهُ القُرآن**)) .

إن سَعَة الخُلُق وبَسْطَة الخاطرِ : نعيمٌ عاجلٌ وسرورٌ حاضرٌ لمن أراد بـه اللهُ خيْراً ، وإنَّ سرعة الانفعالِ والحِدَّةِ وثورة الغضبِ : نَكَدٌ مستمرٌّ وعذابٌ مقيمٌ .

****

دواءُ الأرقِ

ماذا يفعلُ منْ أُصيب بالأرقِ ؟
الأرقُ تعسُّرُ النومِ ، والتململُ على الفراشِ .
1. الأذكارُ الشرعيَّةُ : (**أَلاَ بِذِكْرِ اللّهِ تَطْمَئِنُّ الْقُلُوبُ**) .
2. هَجْرُ النومِ بالنهارِ إلا لحاجةٍ ماسَّةٍ :(**وَجَعَلْنَا النَّهَارَ مَعَاشاً**) .
3. القراءةُ والكتابةُ حتى النومِ : (**وَقُل رَّبِّ زِدْنِي عِلْماً**) .
4. إتعابُ الجسمِ بالعملِ النافعِ نهاراً : (**وَجَعَلَ النَّهَارَ نُشُوراً**) .
5. التقليلُ منْ شربِ المنبِّهاتِ كالقهوةِ والشاي .

شكوْنا إلى أحبابِنا طول … فقالوا لنا ما أقصر الليل
وذاك بأنَّ النوم يُغشِي … يقيناً ولا يُغشِي لنا النومُ

مرارةُ الذنبِ تنافي حلاوة الطاعةِ ، وبشاشة الإيمانِ ، ومذاق السعادةِ .
يقولُ ابنُ تيمية : المعاصي تمنعُ القلبَ منَ الجولانِ في فضاءِ التوحيدِ : (**قُلِ انظُرُواْ مَاذَا فِي السَّمَاوَاتِ وَالأَرْضِ**) .

****

عواقب المعاصي

1. حجابٌ بين العبدِ وربِّه : (**كَلَّا إِنَّهُمْ عَن رَّبِّهِمْ يَوْمَئِذٍ لَّمَحْجُوبُونَ**) .
2. يُوحشُ المخلوق من الخالقِ : إذا ساء فعلُ المرءِ ساءتْ ظنونُه .
3. كآبةٌ دائمةٌ : (**لاَ يَزَالُ بُنْيَانُهُمُ الَّذِي بَنَوْاْ رِيبَةً فِي قُلُوبِهِمْ**) .
4. خوفٌ في القلبِ واضطرابٌ : (**سَنُلْقِي فِي قُلُوبِ الَّذِينَ كَفَرُواْ الرُّعْبَ بِمَا أَشْرَكُواْ بِاللّهِ**) .
5. نكدٌ في المعيشةِ : (**فَإِنَّ لَهُ مَعِيشَةً ضَنكاً**) .
6. قسوةٌ في القلبِ وظلمةٌ : (**وَجَعَلْنَا قُلُوبَهُمْ قَاسِيَةً**) .
7. سوادٌ في الوجهِ وعبوسٌ : (**فَأَمَّا الَّذِينَ اسْوَدَّتْ وُجُوهُهُمْ أَكْفَرْتُم**) .
8. بغضٌ في قلوبِ الخلْقِ : ((أنتم شهداءُ اللهِ في أرضِهِ)) .
9. ضيقٌ في الرزقِ : (**وَلَوْ أَنَّهُمْ أَقَامُواْ التَّوْرَاةَ وَالإِنجِيلَ وَمَا أُنزِلَ إِلَيهِم مِّن رَّبِّهِمْ لأكَلُواْ مِن فَوْقِهِمْ وَمِن تَحْتِ أَرْجُلِهِم**) .

10. غضـبُ الـرحمنِ ، ونقْـصُ الإيمـانِ ، وحلـولُ المصـائبِ والأحزانِ : (**فَبَآؤُواْ بِغَضَبٍ عَلَى غَضَبٍ**) .(**بَلْ رَانَ عَلَى قُلُوبِهِم مَّا كَانُوا يَكْسِبُونَ**) . (**وَقَالُواْ قُلُوبُنَا غُلْفٌ**) .

****

اطلبِ الرزق ولا تحرِصْ

الدودةُ في الطِّينِ يرزقُها ربُّ العالمين: (**وَمَا مِن دَآبَّةٍ فِي الأَرْضِ إِلاَّ عَلَى اللّهِ رِزْقُهَا**).

الطيورُ في الوكورِ يطعمُها الغفورُ الشكورُ : ((**كما يرزقُ الطيرَ ، تغدو خِماصاً وتروحُ بِطاناً**)) .

السمكُ في الماءِ يرزقُه ربُّ الأرضِ والسماء : (**يُطْعِمُ وَلاَ يُطْعَمُ**) .

وأنت أزكى من الدودةِ والطيرِ والسمكِ ، فلا تحزنْ على رزقِك .

عرفتُ أناساً ما أصابَهُمُ الفقرَ والكدرُ وضيقُ الصدر إلا بسببِ بعدِهم عن اللهِ عزَّ وجلَّ ، فتجدُ أحدهم كان غنيّاً ، ورزقُـه واسـعٌ وهو في عافيةٍ منْ ربِّـهِ وفي خيرٍ منْ مولاه ، فأعرض عن طاعـةِ اللهِ ، وتهاون بالصـلاةِ ، واقترف كبائر الذنوبِ ، فسلبَهَ ربُّه عافية بدنِهِ وسعة رزقِهِ ، وابتلاهُ بالفقْرِ والهمِّ والغمِّ ، فأصبح منْ نكدٍ إلى نكدٍ ، ومنْ بلاءٍ إلى بلاءٍ : (**وَمَنْ أَعْرَضَ عَن ذِكْرِي فَإِنَّ لَهُ مَعِيشَةً ضَنكاً**) . (**ذَلِكَ بِأَنَّ اللّهَ لَمْ يَكُ مُغَيِّراً نِّعْمَةً أَنْعَمَهَا عَلَى قَوْمٍ حَتَّى يُغَيِّرُواْ مَا بِأَنفُسِهِمْ**) . (**وَمَا أَصَابَكُم مِّن مُّصِيبَةٍ فَبِمَا كَسَبَتْ أَيْدِيكُمْ وَيَعْفُو عَن كَثِيرٍ**) . (**وَأَلَّوِ اسْتَقَامُوا عَلَى الطَّرِيقَةِ لَأَسْقَيْنَاهُم مَّاء غَدَقاً**) .

أتبكـي علـى ليلـى وأنـت   هنيئـاً مريئـاً أيُّهـا القاتـلُ

****

(اهدِنَـــا الصِّرَاطَ المُستَقِيمَ)

سرُّ الهدايةِ

ولـنْ يهتـدي للسـعادةِ ولـنْ يجدها ولـنْ ينعم بهـا ، إلا مـنِ اتبـع الصـراط المستقيم الذي تركنـا محمدٌ ﷺ علـى طرفِـهِ ن وطرفُـه الآخرُ فـي جنـاتِ النعيمِ : (**وَلَهَدَيْنَاهُمْ صِرَاطاً مُّسْتَقِيماً**).

فسعادةُ من لزم الصراط المستقيم أنهُ مطمئنٌ لحسْنِ العاقبةِ ، واثقٌ منْ طيبِ المصيرِ ، ساكنٌ إلى موعودِ ربِّهِ ، راضٍ بقضاءِ مولاهُ ، مخبتٌ في سلوكِهِ هذا السبيلُ ، يعلمُ أنَّ له هادياً يهديهِ على هذا الصراطِ ، وهو معصومٌ لا ينطقُ عن الهوى ، ولا يتبعُ منْ غوى ، قوْلُهُ حجَّةٌ على الورى ، محفوظٌ منْ نزغاتِ الشيطانِ ، وعثراتِ القرانِ ، وسقطاتِ الإنسانِ : (**لَهُ مُعَقِّبَاتٌ مِّن بَيْنِ يَدَيْهِ وَمِنْ خَلْفِهِ يَحْفَظُونَهُ مِنْ أَمْرِ اللّهِ**) .

وهذا العبدُ يجدُ السعادة في سلوكِهِ هذا الصراط ؛ لأنهُ يعلمُ أنَّ له إلهاً ، وأمامهُ أسوةً ، وبيدِهِ كتاباً ، وفي قلبِهِ نوراً ، وفي خلدِهِ ، واعظاً ، وهو ذاهبٌ إلى نعيمٍ ، وعاملٌ في طاعةٍ ، وساعٍ إلى خيرٍ : (**ذَلِكَ هُدَى اللّهِ يَهْدِي بِهِ مَن يَشَاءُ**) .

أين ما يُدعى ظلاماً يا رفيق   إنَّ نور اللهِ في قلبي وهذا ما

وهما صراطان : معنويٌّ وحِسِّيٌّ ، فالمعنويٌّ : صراطُ الهدايةِ والإيمانِ ، والحسيُّ : الصراطُ على متْنِ جهنم ، فصراطُ الإيمانِ على متنِ الدنيا الفانيةِ له كلاليبُ من الشهواتِ ، والصراطُ الأخرويُّ على متْنِ جهنم له كلاليبُ كشوكِ السعدانِ ، فمنْ تجاوز هذا الصراط بإيمانِهِ تجاوز ذاك الصراط على حسْبِ إيقانِهِ ، وإذا اهتدى العبدُ إلى الصراطِ المستقيمِ زالتْ همومُه وغمومُه وأحزانُه .

****

عشرُ زهراتٍ يقطفُها منْ أراد الحياة الطيبة

1. جلسةٌ في السَّحر للاستغفار : (**وَالْمُسْتَغْفِرِينَ بِالأَسْحَارِ**) .
2. وخلوةٌ للتفكُّرِ : (**وَيَتَفَكَّرُونَ فِي خَلْقِ السَّمَاوَاتِ وَالأَرْضِ**) .
3. ومجالسةُ الصالحين : (**وَاصْبِرْ نَفْسَكَ مَعَ الَّذِينَ يَدْعُونَ رَبَّهُم**) .
4. والذِّكْر : (**اذْكُرُوا اللَّهَ ذِكْراً كَثِيراً**) .
5. وركعتانِ بخشوعٍ : (**الَّذِينَ هُمْ فِي صَلَاتِهِمْ خَاشِعُونَ**) .
6. وتلاوةٌ بتدبُّرٍ : (**أَفَلاَ يَتَدَبَّرُونَ الْقُرْآنَ**) .
7. وصيامُ يومٍ شديدِ الحرِّ : ((**يدع طعامه وشرابه وشهواته من أجلي**)) .
8. وصدقةٌ في خفاءٍ : ((**حتى لا تعلم شمالهُ ما تنفقُ يمينُه**)) .

9. وكشْفُ كربةٍ عنْ مسلمٍ : ((**منْ فرَّج عنْ مسلمٍ كربةً منْ كُربِ الدنيا فرَّج اللهُ عنه كربةً منْ كربِ يومِ القيامةِ**)) .

10. وزهْدٌ في الفانيةِ : (**وَالْآخِرَةُ خَيْرٌ وَأَبْقَى**) .

تلك عشرةٌ كاملةٌ .

منْ شقاءِ ابنِ نوحٍ قولُه : (**سَآوِي إِلَى جَبَلٍ يَعْصِمُنِي مِنَ الْمَاء**) . ولو أوى إلى ربِّ الأرضِ والسماءِ لكان أجلَّ وأعزَّ وأمنع .

ومن شقاءِ النمرودِ قولهُ : أنا أحيي وأميتُ . فتقمَّص ثوباً ليس له ، واغتصب صفةً لا تحلُّ له ، فبُهِت وخسأ وخاب .

(**فَأَخَذَهُ اللَّهُ نَكَالَ الْآخِرَةِ وَالْأُولَى**) .

مفتاحُ السعادةِ كلمةٌ ، وميراثُ الملَّةِ عبارةٌ ، ورايةُ الفلاحِ جملةٌ ، فالكلمةُ والعبارةُ والجملةُ هي : لا إله إلا اللهُ . محمدٌ رسولُ اللهِ ﷺ .

سعادةُ منْ نطقها في الأرضِ : أن يُقال لهُ في السماءِ : صدقْتَ : (**وَالَّذِي جَاء بِالصِّدْقِ وَصَدَّقَ بِهِ**) .

وسعادةُ منْ عمل بها : أنْ ينجو من الدمارِ والشّنارِ والعارِ والنارِ : (**وَيُنَجِّي اللَّهُ الَّذِينَ اتَّقَوا بِمَفَازَتِهِمْ**) .

وسعادةُ منْ دعا إليها : أنْ يُعان ويُنْصَرَ ويُشْكَرَ : (**وَإِنَّ جُندَنَا لَهُمُ الْغَالِبُونَ**) .

وسعادةُ منْ أحبَّها : أنْ يُرفع ويُكرَمَ ويُعزَّ : (**وَلِلَّهِ الْعِزَّةُ وَلِرَسُولِهِ وَلِلْمُؤْمِنِينَ**) .

هتف بها بلالٌ الرقيقُ فأصبح حرّاً : (**يُخْرِجُهُم مِّنَ الظُّلُمَاتِ إِلَى النُّوُرِ**) .

وتلعثم في نطقها أبو لهبٍ الهاشميُّ ، فمات عبداً ذليلاً حقيراً : (**وَمَن يُهِنِ اللَّهُ فَمَا لَهُ مِن مُّكْرِمٍ**) .

إنها الإكسيرُ الذي يحولُ الركام البشريَّ الفاني إلى قممٍ لإيمانيةٍ ربانيةٍ طاهرةٍ : (**وَلَكِن جَعَلْنَاهُ نُوراً نَّهْدِي بِهِ مَنْ نَّشَاء مِنْ عِبَادِنَا**) .

لا تفرحْ بالدنيا إذا أعرضْت عنِ الآخرةِ ، فإنَّ العذاب الواصب في طريقِك ، والغلَّ والنَّكالُ ينتظرُك : (**مَا أَغْنَى عَنِّي مَالِيهْ{28} هَلَكَ عَنِّي سُلْطَانِيهْ**) . (**إِنَّ رَبَّكَ لَبِالْمِرْصَادِ**) .

ولا تفرحْ بالولدِ إذا أعرضت عن الواحدِ الصمدِ ، فإنَّ الإعراض عنه كلُّ الخذلانِ ، وغايةُ الخسرانِ ، ونهايةُ الهوانِ : (**وَضُرِبَتْ عَلَيْهِمُ الذِّلَّةُ وَالْمَسْكَنَةُ**) .

ولا تفرحْ بالأموالِ إذا أسأت الأعمال ، فإنَّ إساءة العمل محقٌ للخاتمةِ وتبابٌ في المصيرِ ، ولعنةٌ في الآخرةِ : (**وَلَعَذَابُ الآخِرَةِ أَخْزَى**) (**وَمَا أَمْوَالُكُمْ وَلا أَوْلادُكُم بِالَّتِي تُقَرِّبُكُمْ عِندَنَا زُلْفَى إِلا مَنْ آمَنَ وَعَمِلَ صَالِحاً**) .

****

وقفـةٌ

((**يا حيُّ يا قيومُ برحمتِك أستغيثُ**)) : في رفع هذا الدعاءِ مناسبةٌ بديعةٌ ، فإنَّ صفةَ الحياةِ متضمِّنةٌ لجميعِ صفاتِ الكمالِ ، مستلزمةٌ لها ، وصفةُ القيُّوميةُ متضمِّنةٌ لجميعِ صفاتِ الأفعالِ ، ولهذا كان اسمُ اللهِ الأعظمُ الذي إذا دُعِيَ به أجاب ، وإذا سُئل به أعطى : هو اسمُ الحيِّ القيومُ . والحياةُ التامَّة تضادُّ جميع الأسقامِ والآلام ؛ ولهذا لما كمُلتْ حياةُ أهلِ الجنةِ ، لمْ يلحقْهُمْ همٌّ ولا غمٌّ ولا حَزَنٌ ولا شيءٌ من الآفاتِ . ونقصانُ الحياةِ تضرٌّ بالأفعالِ ، وتنافي القيوميةِ ، فكمالُ القيوميةِ لكمالِ الحياةِ ، فالحيُّ المطلقُ التامُّ الحياةِ لا تفوتُه صفةُ الكمالِ ألبتة ، والقيومُ لا يتعذَّرُ عليه فعْل ممكن ألبتة ، فالتوسلُ بصفةِ الحياةِ والقومية له تأثيرٌ في إزالةِ ما يُضادُّ الحياةَ ويضرُّ بالأفعالِ .

قال الشاعرُ :

لعمْرُك ما المكروهُ منْ حيث وتخشى ولا المحبوبُ من
وأَكثَرُ خوفِ الناسِ ليس فما درْكُ الهمِّ الذي ليسْ

****

تعامَلْ معَ الأمرِ الواقعِ

إذا هوَّنت ما قدْ عزَّ هان ، وإذا أيسْت من الشيءِ سلتْ عنهُ نفسُك : (**سَيُؤْتِينَا اللَّهُ مِن فَضْلِهِ وَرَسُولُهُ إِنَّا إِلَى اللَّهِ رَاغِبُونَ**) .

قرأتُ أنَّ رجلاً قفز منْ نافذةٍ وكان بأصبعِه اليسرى خاتم ، فنشب الخاتمُ بمسمارٍ في النافذةِ ، ومع سقوطِ الرجلِ اقتلع المسارُ أصبعه من أصلها ، وبقي بأربعِ أصابع ، يقولُ عنْ نفسِهِ : لا أكادُ أتذكَّرُ أن لي أربعَ أصابع في يدٍ فحسبُ

، أو أنني فقدتُ أصبُعاً من أصابِعي إلا حينما أتذكرُ تلك الواقعة ، وإلا فعلمي على ما يرامُ ، ونفسي راضيةٌ بما حدث : ((قدّر اللهُ وما شاء فعل)) .

وأعرفُ رجلاً بُتِرتْ يدُه اليسرى من الكتِفِ لمرضٍ أصابهُ ، فعاش طويلاً وتزوَّج ، ورُزق بنين ، وهو يقودُ سيارتهُ بطلاقةٍ ، ويؤدي عمله بارتياحٍ ، وكأنَّ اللهَ لم يخلقْ له إلا يداً واحدةً : ((ارض بما قسم اللهُ لك ، تكنْ أغنى الناس)) .

ما أسرع ما نتكيَّف مع واقعِنا ، وما أعجب ما نتأقلمُ مع وضعِنا وحياتِنا ، قبل خمسين سنةً كان قاعُ البيتِ بساطاً منْ حصيرِ النخلِ ، وقربة ماءٍ ، وقدراً منْ فخارٍ ، وقصعةً ، وجفنةً ، وإبريقاً ، وقامتْ حياتُنا واستمرتْ معيشتُنا ، لأننا رضينا وسلَّمنا وتحاكمْنا إلى واقعِنا.

والنفسُ راغبةٌ إذا وإذا تُردُّ إلى قليلٍ تقْنعُ

وقعتْ فِتْنةٌ بين قبيلتينِ في الكوفةِ في المسجدِ الجامعِ ، فسلُّوا سيوفهم ، وامتشقوا رماحهم ، وهاجتْ الدائرةُ ، وكادتِ الجماجمُ تفارقُ الأجسادَ ، وانسلَّ أحدُ الناسِ من المسجدِ ليبحث عن المُصْلح الكبيرِ والرجلِ الحليمِ ، الأحنفِ بنِ قيسٍ ، فوجدهُ في بيتِه يحلبُ غنمه ، عليه كساءٌ لا يساوي عشرة دراهم ، نحيلُ الجسمِ ، نحيفُ البنيةِ ، أحنفُ الرجلين ، فأخبروه الخبرَ فما اهتزتْ في جسمِهِ شعرةٌ ولا اضطرب ؛ لأنه قدِ اعتاد الكوارث ، وعاش الحوادث ، وقال لهم : خيراً إنْ شاء اللهُ ، ثم قُدِّم له إفطارُه وكأنْ لم يحدثْ شيءٌ ، فإذا إفطارةٌ كِسْرةٌ من الخبزِ اليابسِ ، وزيتٌ وملحٌ ، وكأسٌ من الماءِ ، فسمَّى وأكل ، ثمَّ حمدَ اللهَ ، وقال : بُرٌّ منْ بُرِّ العراق ، وزيتٌ من الشامِ ، مع ماءِ دجلة ، وملح مرو ، إنها لنعمٌ جليلةٌ . ثم لبس ثوبَهَ ، وأخذ عصاهُ ، ثم دلف على الجموعِ ، فلمّا رآه الناسُ اشرأبَّتْ إليه أعناقُهم ، وطفحتْ غليه عيونُهم ، وأنصتوا لما يقولُ ، فارتحل كلمة صُلْحٍ ، ثمَّ طلب من الناسِ التفرُّق ، فذهب كلُّ واحداً منهمْ لا يلوي على شيءٍ ، وهدأت الثائرةُ ، وماتتِ الفتنةُ .

قدْ يدركُ الشرف الفتى خَلَقٌ وجيْبُ قميصِهِ

- **في القصةِ دروسٌ ، منها :**

أنَّ العظمة ليستْ بالأبهةِ والمظهرِ ، وأنَّ قلَّة الشيءِ ليستْ دليلاً على الشقاءِ ، وكذلك السعادةُ ليستْ بكثرةِ الأشياءِ والترفُّهِ : (**فَأَمَّا الْإِنسَانُ إِذَا مَا**

ابْتَلَاهُ رَبُّهُ فَأَكْرَمَهُ وَنَعَّمَهُ فَيَقُولُ رَبِّي أَكْرَمَنِ{15} وَأَمَّا إِذَا مَا ابْتَلَاهُ فَقَدَرَ عَلَيْهِ رِزْقَهُ فَيَقُولُ رَبِّي أَهَانَنِ) .

وأنَّ المواهب والصفاتِ الساميةِ هي قيمةُ الإنسان ، لا ثوْبُهُ ولا نعلُهُ ولا قصْرُهُ ولا دارُهُ ، إنها وزنهُ في علمهِ وكرمهِ وحلمهِ وعقلهِ : (**إِنَّ أَكْرَمَكُمْ عِندَ اللَّهِ أَتْقَاكُمْ**) . وعلاقةُ هذا بموضوعِنا أن السعادة ليستْ في الثراءِ الفاحشِ ، ولا في القصْرِ المنيفِ ، ولا في الذهبِ والفضَّةِ ، ولكنَّ السعادةَ في القلبِ بإيمانهِ ، برضاهُ ، بأنسهِ ، بإشراقهِ : (**فَلاَ تُعْجِبْكَ أَمْوَالُهُمْ وَلاَ أَوْلاَدُهُمْ**) (**قُلْ بِفَضْلِ اللّهِ وَبِرَحْمَتِهِ فَبِذَلِكَ فَلْيَفْرَحُواْ هُوَ خَيْرٌ مِّمَّا يَجْمَعُونَ**) .

عوِّدْ نفسك على التسليمِ بالقضاءِ والقدرِ ، ماذا تفعلُ إذا لمْ تؤمنْ بالقضاءِ والقدرِ ، هلْ تتخذُ في الأرضِ نفقاً أو سُلَّماً في السماءِ ، لنْ ينفعك ذلك ، ولنْ ينقذك من القضاءِ والقدرِ . إذنْ فما الحلّ ؟

الحلُّ : رضينا وسلَّمنا: (**أَيْنَمَا تَكُونُواْ يُدْرِككُّمُ الْمَوْتُ وَلَوْ كُنتُمْ فِي بُرُوجٍ مُّشَيَّدَةٍ**).

منْ أعنفِ الأيام في حياتي ، ومن أفظعِ الأوقاتِ في عمري : تلك الساعةُ التي أخبرني فيها الطبيبُ المختصُّ ببترِ يد أخي محمدٍ – رحمه اللهُ – من الكتفِ ، ونزل الخبرُ على سمعي كالقذيفةِ ، وغالبتُ نفسي ، وثابتْ روحي إلى قولِ المولى : (**مَا أَصَابَ مِن مُّصِيبَةٍ إِلَّا بِإِذْنِ اللَّهِ وَمَن يُؤْمِن بِاللَّهِ يَهْدِ قَلْبَهُ**) ، وقولهِ : (**وَبَشِّرِ الصَّابِرِينَ{155} الَّذِينَ إِذَا أَصَابَتْهُم مُّصِيبَةٌ قَالُواْ إِنَّا لِلّهِ وَإِنَّا إِلَيْهِ رَاجِعونَ**) .

كانتْ هذه الآياتُ برْداً وسلاماً وروْحاً وريْحاناً .

وليس لنا من حيلةٍ فنحتالُ ، إنما الحيلةُ في الإيمانِ والتسليمِ فَحَسْبُ ، (**أَمْ أَبْرَمُوا أَمْراً فَإِنَّا مُبْرِمُونَ**) (**وَاللّهُ غَالِبٌ عَلَى أَمْرِهِ**) (**وَإِذَا قَضَى أَمْراً فَإِنَّمَا يَقُولُ لَهُ كُن فَيَكُونُ**) .

إن الخنساء النخعية تُخبرُ في لحظةٍ واحدةٍ بقتلِ أربعةِ أبناءٍ لها في سبيلِ اللهِ بالقادسيةِ ، فما كان منها إلا أنْ حمدتِ ربَّها ، وشكرتْ مولاها على حُسْنِ الصنيعِ ، ولطفِ الاختيارِ ، وحلولِ القضاءِ ؛ لأنَّ هناك معيناً من الإيمانِ ، ورافداً من اليقينِ لا ينقطعُ ، فمثلُها تشكرُ وتُؤجرُ وتسعدُ في الدنيا والآخرةِ ، وإذا لمْ تفعلْ هذا فما هو البديلُ إذنْ ؟! التسخُّطُ والتضجُّرُ والاعتراضَ

والرفضُ ، ثم خسارةُ الدنيا والآخرةِ ! ((**فمنْ رضي فلهُ الرِّضا ، ومنْ سخط فله السخطُ**)) .

إن بلسم المصائبِ وعلاج الأزماتِ ، قولُنا : إنّا للهِ وإنّا إليه راجعون .

والمعنى : كلُّنا للهِ ، فنحنُ خَلْقُه وفي ملكِهِ ، ونحنُ نعودُ إليهِ ، فالمبدأُ منه ، والمعادُ إليه ، والأمرُ بيدِهِ ، فليس لنا من الأمرِ شيءٌ .

نفسي التي تملكُ الأشياء فكيف أبكي على شيءٍ إذا

(كُلُّ شَيْءٍ هَالِكٌ إِلَّا وَجْهَهُ) ، **(كُلُّ مَنْ عَلَيْهَا فَانٍ)** ،**(إِنَّكَ مَيِّتٌ وَإِنَّهُم مَّيِّتُونَ)** .

لو فوجئت بخبرٍ صاعقٍ باحتراقِ بيتِك ، أو موتِ ابنك ، أو ذهابِ مالك فماذا عساك أنْ تفعلَ ؟ من الآنِ وطِّنْ نفسك ، لا ينفعُ الهربُ ، لا يجدي الفرارُ والتملُّصُ من القضاء والقدر ، سلِّمْ بالأمرِ ، وارض بالقدرِ ، واعترفْ بالواقعِ ، واكتسبِ الأجرِ ، لأنه ليس أمامك إلا هذا . نعمْ هناك خيارٌ آخرُ ، ولكنه رديءٌ أحذِّرك منُه ، إنه : التبرُّمُ بما حَصَلَ والتضجُّرُ مما صار ، والثورةُ والغضبُ والهيجان ، ولكنْ تحصلُ على ماذا منْ هذا كلِّه ؟! إنك سوف تنالُ غضب الربِّ جلَّ في عليائِه ، ومقْت الناسِ ، وذهاب الأجْرِ ، وفادح الوزرِ ، ثمَّ لا يعودُ عليك المصابُ ، ولا ترتفعُ عنك المصيبةُ ، ولا ينصرفُ عنك الأمرُ المحتومُ : **(فَلْيَمْدُدْ بِسَبَبٍ إِلَى السَّمَاء ثُمَّ لِيَقْطَعْ فَلْيَنظُرْ هَلْ يُذْهِبَنَّ كَيْدُهُ مَا يَغِيظُ)** .

****

ما تحزنْ لأجلِهِ سينتهي

فإنَّ الموتَ مقدمٌ على الكلِّ : الظالمِ والمظلومِ ، والقويِّ والضعيفِ ، والغنيِّ والفقيرِ ، فلست بِدعاً من الناسِ أنْ تموت ، فقبلك ماتتْ أممٌ وبعدك تموتُ أممٌ .

ذكر ابنُ بطوطة أنَّ في الشمالِ مقبرةً دُفن ألفُ ملِكٍ عليها لوحةٌ مكتوبٌ فيها :

وسلاطينُهم سلِ الطين والرؤوسُ العظامُ صارتْ

إنَّ الأمرَ المذهل في هذا : غفلةُ الإنسانِ عنْ هذا الفناءِ المداهمِ له صباح مساء ، وظنُّه أنهُ خالدٌ مخلَّدٌ منعَّمٌ ، وتغافلُه عن المصيرِ المحترمِ وتراخيه عن

النهايةِ الحقَّةِ لكلِّ حيٍّ : (**يَا أَيُّهَا النَّاسُ اتَّقُوا رَبَّكُمْ إِنَّ زَلْزَلَةَ السَّاعَةِ شَيْءٌ عَظِيمٌ**) ، (**اقْتَرَبَ لِلنَّاسِ حِسَابُهُمْ وَهُمْ فِي غَفْلَةٍ مُّعْرِضُونَ**) .

لما أهلكَ اللهُ الأمم ، وأباد الشعوب ، ودمَّرَ القُرى الظالمة وأهلها ، قال عزَّ مِنْ قائل-: (**هَلْ تُحِسُّ مِنْهُم مِّنْ أَحَدٍ أَوْ تَسْمَعُ لَهُمْ رِكْزاً**) ؟! انتهى كلُّ شيءٍ عنهمْ إلا الخبرَ والحديثَ .

هل عندكمْ خبرٌ منْ أهلِ　　　فقدْ مضى بحديثِ القومِ

****

وقفةٌ

دعاء الكرب : مشتمِلٌ على توحيدِ الإلهيةِ والربوبيةِ ، ووصفِ الربِّ سبحانهُ بالعظمةِ والحِلمِ ، وهاتانِ الصفتانِ مستلزمتانِ لكمالِ القدرةِ والرحمةِ ، والإحسانِ والتجاوزِ ، ووصْفهِ بكمالِ ربوبيتِه للعالمِ العلويِّ والسُّفليِّ والعرشِ الذي هو سقفُ المخلوقاتِ وأعظمُها .

والربوبيةُ التامَّةُ تستلزمُ توحيده ، وأنهُ الذي لا تنبغي العبادةُ والحبُّ والخوفُ والرجاءُ والإجلالُ والطاعةُ إلا لهُ . وعظمتُه المطلقةُ تستلزمُ إثبات كلِّ كمالٍ لهُ ، وسلب كلِّ نقصٍ وتمثيلٍ عنهُ ؛ وحِلمُهُ يستلزمُ كمال رحمتِهِ وإحسانِهِ إلى خلقِهِ .

فعلْمُ القلبِ ومعرفتُهُ بذلك تُوجبُ محبتَهُ وإجلالَهُ وتوحيدَهُ ، فيحصلُ لهُ من الابتهاجِ واللذةِ والسرورِ ما يدفعُ عنهُ ألم الكْربِ والهمِّ والغمِّ ، وأنت تجدُ المريض إذا ورد عليهِ ما يسُرُّهُ ويُفرحُه ، ويُقوِّي نفسهُ ، كيف تقوى الطبيعةُ على دفعِ المرضِ الحسيِّ ، فحصولُ هذا الشفاءِ للقلبِ أولى وأحرى .

****

الاكتئابُ طريقُ الشقاءِ

ذكرتْ جريدةُ (المسلمون) عدد 240 في شهرِ صفر سنة 1410هـ ، أنَّ هناك 200 مليون مكتئبٍ على وجهِ الأرضِ !

الاكتئابُ العالم!! لا يفرِّقُ بين دولةٍ غربيةٍ وأخرى شرقية ! أو غنيٍّ وفقيرٍ . إنه مرضٌ يصيبُ الجميع .. ونهايتُه في الغالبِ الانتحارُ !!

الانتحارُ لا يعترفُ بالأسماءِ والمناصبِ والدولِ ، لكنَّه يخافُ من المؤمنين ، بعضُ الأرقامِ تؤكدُ أنَّ ضحاياهُ وصلوا إلى 200 مليون مريضٍ في كلِّ أنحاءِ العالمِ .. إلاَّ أنَّ آخر الإحصاءاتِ تؤكّدُ أنَّ واحداً على الأقلِّ بين كل عشرةِ أفرادٍ على وجهِ الأرضِ مصابٌ بهذا المرضِ الخطير !!

وقد وصلتْ خطورةُ هذا المرضِ أنه لا يصيبُ الكبار فقط ، بل يصِلُ إلى حدِّ مداهمةِ الجنينِ في بطنِ أمِّه !!

● الاكتئابُ بوابةُ الانتحار :

(**لاَ تَقْتُلُواْ أَنفُسَكُمْ**) ، (**وَلاَ تُلْقُواْ بِأَيْدِيكُمْ إِلَى التَّهْلُكَةِ**) .

تذكر الأخبارُ التي تناقلتْها وكالاتُ الأنباءِ أنَّ مرض الاكتئابِ قد تمكَّن من الرئيسِ السابق للولاياتِ المتحدة الأمريكية (رونالدْ ريجان). وتعودُ إصابةُ الرئيس الأمريكي بهذا المرضِ لتجاوزِه سنَّ السبعين في الوقتِ الذي لا يزالُ يتعرَّضُ فيه لضغوطٍ عصبيةٍ كبيرةٍ .. بالإضافةِ للعملياتِ الجراحيةِ التي أُجريتْ له على فتراتٍ متلاحقةٍ ،(**وَلَوْ كُنتُمْ فِي بُرُوجٍ مُّشَيَّدَةٍ**) .

وهناك الكثيرُ من المشاهيرِ وخاصَّةً مَنْ يعملون بالفنِّ ، يداهمُهمْ هذا المرضُ ، وقد كان الاكتئابُ سبباً رئيساً – إنْ لم يكنْ الوحيد – في موتِ الشاعرِ صلاح جاهين ، وكذلك يُقال : إنَّ نابليون بونابرت مات مكتئباً في منفاهُ (**وَتَزْهَقَ أَنفُسُهُمْ وَهُمْ كَافِرُونَ**) .

وما زلنا نذكرُ أيضاً الخبر الذي طيَّرتْه وكالات الأنباءِ ، احتلَّ صدر الصفحاتِ الأولى في أغلبِ صحفِ العالمِ ، عن الجريمةِ المروِّعةِ التي ارتكبتْها أمٌّ ألمانيةٌ بقتلِ ثلاثةٍ منْ أطفالها، واتضح أنَّ السبب هو مرضُها بالاكتئابِ ، ولحبِّها الشديدِ لأطفالها خافتْ أنْ تورثهم العذاب والضيق الذي تشعرُ بهِ ، فقرّرتْ « إراحتهم» !! منْ هذا العذابِ بقتِلهم الثلاثةِ .. ثم قتلتْ نفسها !!.

وأرقامُ (منظمةِ الصحةِ العالميةِ) تشيرُ إلى خطورةِ الأمرِ.. ففي عام 1973 م كان عددُ المصابين بالاكتئابِ في العالمِ 3% ، وارتفعتْ هذه النسبةُ لتصل إلى 5% في عام 1978 م ، كما أشارتْ بعضُ الدراساتِ إلى وجودِ فردٍ أمريكيٍّ مصابٍ بالاكتئابِ منْ كلِّ أربعةٍ !! في حين أعلن رئيسُ مؤتمرِ الاضطرابِ النفسيِّ الذي عُقد في شيكاغو عام 1981 م أنَّ هناك 100 مليونِ شخصٍ في العالمِ يعانون من الاكتئابِ ، أغلبُهمْ منْ دولِ العالمِ المتقدم ، وقالتْ

أرقامٌ أخرى أنهم مائتا مليون مكتئبٍ!! **(أوَلاَ يَرَوْنَ أَنَّهُمْ يُفْتَنُونَ فِي كُلِّ عَامٍ مَّرَّةً أَوْ مَرَّتَيْنِ)**

قال أحدُ الحكماءِ : اصنعْ من الليمونِ شراباً حُلواً . وقال أحدُهم : ليس الذكيُّ الفطِنُ الذي يستطيعُ أنْ يزيد أرباحهُ، لكنّ الذكيَّ الذي يحوِّلُ خسائره إلى أرباحٍ **(أُولَـئِكَ عَلَيْهِمْ صَلَوَاتٌ مِّن رَّبِّهِمْ وَرَحْمَةٌ وَأُولَـئِكَ هُمُ الْمُهْتَدُونَ)** .

وفي المثلِ : لا تنطحِ الحائط !!

والمعنى : لا تعانِدْ منْ لا تستفيدُ منْ عنادِهِ فائدةً تعودُ عليك بخيْرٍ .

إذا لـم تستطعْ شيئاً فدَعْـهُ   وجـاوِزْه إلـى مـا تستطيعُ

وقـالوا : ولا تطحنِ الـدقيق ، **(فَأَثَـابَكُمْ غُمَّـاً بِغَمٍّ لِّكَيْلاَ تَحْزَنُـواْ عَلَـى مَـا فَاتَكُمْ)** .

والمعنى : أنَّ الأمور التي فُرِغ منها وانتهتْ لا ينبغي أن تُعاد وتُكرَّر ؛ لأنَّ في ذلك قلقاً واضطراباً وتضييعاً للوقت .

وقالوا أيضاً – وهو مثلٌ إنكليزيٌ - : لا تنشرِ النشارة .

والمعنى : أي نشارةَ الخشبِ ، لا تأت وتنشرْها مرةً ثانيةً ، فقدْ فرغ منها .

يقولون ذلك لمنْ يشتغلُ بالتوافهِ ، واجترارِ الهمومِ ، وإعادةِ الماضـي ، (**الَّذِينَ قَـالُواْ لإِخْوَانِهِمْ وَقَعَدُواْ لَـوْ أَطَاعُونَـا مَـا قُتِلُوا قُلْ فَـادْرَؤُوا عَنْ أَنفُسِكُمُ الْمَوْتَ إِن كُنتُمْ صَادِقِينَ)**.

هناك مجالاتٌ للفارغين من الأعمالِ يمكنُ سدُّها ، كـالتزودِ بالصـالحاتِ ، ونفْـعِ النـاسِ ، وعيـادةِ المرضـى ، وزيـارةِ المقـابرِ ، والعنايـةِ بالمسـاجدِ ، والمشـاركةِ فـي الجمعيـاتِ الخيريـةِ ، ومجـالسِ الأحيَّـاءِ ، وترتيـبِ المنـزلِ والمكتبةِ والرياضةِ النافعةِ ، وإيصـالِ النفع للفقراءِ والعجزةِ والأراملِ ، **(إِنَّكَ كَادِحٌ إِلَى رَبِّكَ كَدْحاً فَمُلَاقِيهِ)** .

ولـم أر كـالمعروفِ أمَّـا   فحلوٌ وأماً وجهُـهُ فجميلُ

اقرأِ التأْريخ لتجد المنكوبين والْمسلوبين والمصابين .

وبعـد فصـولٍ مـنْ هـذا البحـثِ سـوف أطلعـك علـى لوحـةٍ مـن الحـزنِ للمنكوبين بعنوان : تعزَّ بالمنكوبين .

اقــرأ التــاريخ إذْ فيــه   ضـلَّ قـومٌ لـيس يـدرون

(**وَكُلاًّ نَّقُصُّ عَلَيْكَ مِنْ أَنبَاء الرُّسُلِ مَا نُثَبِّتُ بِهِ فُؤَادَكَ**) ، (**لَقَدْ كَانَ فِي قَصَصِهِمْ عِبْرَةٌ**) ، (**فَاقْصُصِ الْقَصَصَ لَعَلَّهُمْ يَتَفَكَّرُونَ**) .

قال عمرُ : أصبحتُ وما لي مطلبٌ إلا التمتُّعُ بمواطنِ القضاءِ .

ومعنى ذلك : أنه مرتاحٌ لقضاءِ اللهِ وقدرِهِ ، سواءٌ كان فيما يحلو له أو فيما كان مرّاً .

وقال بعضُهمْ : ما أبالي على أيِّ الراحلتيْنِ ركبتُ ، إنْ كان الفقرُ لهم الصبرُ ، وإنْ كان الغنى لهو الشكرُ .

ومات لأبي ذؤيب الهذليِّ ثمانيةٌ من الأبناءِ بالطاعونِ في عامٍ واحدٍ فماذا عسى أنْ يقول؟ إنه آمن وسلَّم وأذعن لقضاءِ ربهِ ، وقال :

وتجلّدي للشامتين أريهمُ　　أنّي لريبِ الدهرِ لا

وإذا المنيةُ أنشبت　　ألفيت كلَّ تميمةٍ لا تنفعُ

(**مَا أَصَابَ مِن مُّصِيبَةٍ إِلَّا بِإِذْنِ اللَّهِ**) .

وفقد ابنُ عباسٍ بصره فقال – معزِّياً نفسه - :

إنْ يأخذِ اللهُ منْ عينيَّ　　ففي فؤادي وقلبي منهما

قلبي ذكيٌّ غيرُ ذي عوجٍ　　وفي فمي صارمٌ كالسيفِ

وهو التسلّي بما عنده منَ النِّعمِ الكثيرةِ إذا فقد القليل منها .

وبُترتْ رِجْلُ عروة بن الزبيرِ ، ومات ابنُه في يومٍ واحداً ، فقال : اللهمَّ لك الحمْد ، إنْ كنت أخذت فقدْ أعطيْت ، وإنْ كنت ابتليْتَ فقدْ عافيْت ، منحتني أربعة أعضاءٍ ، وأخذت عضواً واحداً ، ومنحتني أربعة أبناءٍ وأخذت ابناً واحداً . (**وَجَزَاهُم بِمَا صَبَرُوا جَنَّةً وَحَرِيراً**) ، (**سَلَامٌ عَلَيْكُم بِمَا صَبَرْتُمْ**) .

وقُتل عبدُاللهِ بنُ الصِّمَّةِ أخو دريدٍ ، فعزَّى دريدٌ نفسه بعد أن ذكر أنه دافع عنْ أخيهِ قدْر المستطاعِ ، ولكنْ لا حيلة في القضاءِ ، مات أخوه عبدُالله فقال دريدٌ :

وطاعنتُ عنه الخيل حتى　　وحتى علاني حالِكُ اللونِ

طعان امرئٍ آسى أخاهُ　　ويعلمُ أنَّ المرء غيرُ

وخفَّفتُ وجدي أنني لم أقلْ　　كذبت ولم أبخلْ بما ملكتْ

ويروى عنِ الشافعيِّ – واعظاً ومعزِّياً للمصابين - :

دعِ الأيام تفعلُ ما تشاءُ　　وطِبْ نفساً إذا حكم

إذا نـزل القضـاءُ بـأرضٍ فـلا أرضٌ تقيـهِ ولا

وقال أبو العتاهيةِ :

كـمْ مـرةٍ حفَّـتْ بـك خـار لـك اللهُ وأنـت كـارهْ

كمْ مرةٍ خفنا من الموتِ فما متْنا ؟!

كمْ مرةٍ ظننا انها القاضيةُ وأنها النهايةُ ، فإذا هي العودةُ الجديدةُ والقوةُ والاستمرارُ ؟!

كم مرةٍ ضاقتْ بنا السُّبُلُ ، وتقطَّعتْ بنا الحبالُ ، وأظلمتْ في وجوهِنا الآفاقُ ، وإذا هو الفتحُ والنصرُ والخيرُ والبِشارةُ ؟! (**قُلِ اللّهُ يُنَجِّيكُم مِّنْهَا وَمِن كُلِّ كَرْبٍ**) .

كمْ مرةٍ أظلمتْ أمامنا دنيانا ، وضاقتْ علينا أنفسُنا والأرضُ بما رحُبتْ ، فإذا هو الخيرُ العميمُ واليسرُ والتأييدُ ؟! (**وَإِن يَمْسَسْكَ اللّهُ بِضُرٍّ فَلاَ كَاشِفَ لَهُ إِلاَّ هُوَ**) .

منْ علم أنَّ الله غالبٌ على أمرِه ، كيف يخافُ أمر غيرِه ؟! منْ علم أنَّ كلَّ شيءٍ دون اللهِ ، فكيف يخوِّفونك بالذين منْ دونِه ؟! منْ خاف الله كيف يخافُ منْ غيرِه ، وهو يقولُ : (**فَلاَ تَخَافُوهُمْ وَخَافُونِ**) .

معهُ سبحانَهُ العزةُ ، والعزةُ للهِ ولرسولِهِ وللمؤمنين .

معه الغَلَبَةُ (**وَإِنَّ جُندَنَا لَهُمُ الْغَالِبُونَ**) ، (**إِنَّا لَنَنصُرُ رُسُلَنَا وَالَّذِينَ آمَنُوا فِي الْحَيَاةِ الدُّنْيَا وَيَوْمَ يَقُومُ الْأَشْهَادُ**) .

ذكر ابنُ كثيرٍ في تفسيرِه أثراً قدسيّاً : ((**وعزتي وجلالي ما اعتصم بي عبدٌ ، فكادتْ له السماواتُ والأرضُ ، إلا جعلتُ له منْ بينِها فرجاً ومخرجاً . وعزَّتي وجلالي ما اعتصم عبدي بغيري إلا أسخْتُ الأرض من تحتِ قدميْهِ**)) .

قال الإمامُ ابنُ تيمية : بـ ((**لا حول ولا قوة إلا باللهِ**)) تُحمل الأثقالُ ، وتُكابدُ الأهوالُ ، ويُنالُ شريفُ الأحوالِ .

فالزمْها أيُّ العبدُ ! فإنها كنزٌ منْ كنوزِ الجنةِ . وهي منْ بنودِ السعادةِ ، ومنْ مساراتِ الراحةِ ، وانشراحِ الصدرِ .

****

الاستغفارُ يفتحُ الأقفال

يقول ابنُ تيمية : إنَّ المسألة لتغلقُ عليَّ ، فأستغفرُ الله ألف مرةٍ أو أكثر أو أقلَّ ، فيفتحُها اللهُ عليَّ .

(**فَقُلْتُ اسْتَغْفِرُوا رَبَّكُمْ إِنَّهُ كَانَ غَفَّاراً**) .

إنَّ منْ أسبابِ راحةِ البالِ ، استغفار ذي الجلال .

رُبَّ ضارةٍ نافعةٌ ، وكلُ قضاءٍ خيرٌ حتى المعصيةُ بشرطِها .

فقدْ ورد في المسندِ : ((**لا يقضي اللهُ للعبدِ قضاء إلا كان خيراً له**)) . قيل لابن تيمية: حتى المعصية ؟ قال : نعمْ ، إذا كان معها التوبةُ والندمُ ، والاستغفارُ والانكسارُ . (**وَلَوْ أَنَّهُمْ إِذ ظَّلَمُواْ أَنفُسَهُمْ جَآؤُوكَ فَاسْتَغْفَرُواْ اللّهَ وَاسْتَغْفَرَ لَهُمُ الرَّسُولُ لَوَجَدُواْ اللّهَ تَوَّاباً رَّحِيماً**)

قال أبو تمامٍ في أيامِ السعودِ وأيامِ النحسِ :

مـرَّتْ سنونٌ بالسعودِ   فكأنَها مِنْ قِصْرِها أيَّامُ

ثـمَّ انثنـتْ أيـامُ هجـرٍ   فكأنها مـنْ طولِها أعـوامُ

ثـمَّ انقضـت تلك السنونُ   فكأنَّهـا وكـأنَّهُمْ أحـلامُ

(**وَتِلْكَ الأيَّامُ نُدَاوِلُهَا بَيْنَ النَّاسِ**) ، (**كَأَنَّهُمْ يَوْمَ يَرَوْنَهَا لَمْ يَلْبَثُوا إِلَّا عَشِيَّةً أَوْ ضُحَاهَا**) .

عجبتُ لعظماء عَرَفَهُمُ التاريخُ ، كانوا يستقبلون المصائب كأنَّها قطراتُ الغيثِ ، أو هفيفُ النسيمُ ، وعلى رأسِ الجميعِ سيدُ الخلْقِ محمدٌ ﷺ ، وهو في الغارِ ، يقولُ لصاحبِه : (**لاَ تَحْزَنْ إِنَّ اللّهَ مَعَنَا**) . وفي طريقِ الهجرةِ ، وهو مطاردٌ مشرَّدٌ يبشِّرُ سراقة بأنه يُسوَّرُ سواريْ كسرى !

بُشْرى مِن الغيبِ ألقتْ في   وحْياً وأفضت إلى الدنيا

وفي بدرٍ يثبُ في الدرعِ ﷺ وهو يقولُ : (**سَيُهْزَمُ الْجَمْعُ وَيُوَلُّونَ الدُّبُرَ**) .

أنت الشجاعُ إذا لقيت   أدَّبْـت فـي هـوْلِ الـردى

وفي أُحدٍ – بعد القتلِ والجراحِ – يقولُ للصحابةِ : ((صُفُّوا خلفي ، لأُثني على ربي)) . إنها هِممٌ نبويَّةٌ تنطحُ الثريَّا ، وعزمٌ نبويٌ يهزُّ الجبالَ .

قيسُ بنُ عاصم المنْقريُّ منْ حلماءِ العربِ ، كان مُحتبياً يكلِّم قومهُ بقصةٍ ، فأتاه رجلٌ فقال : قُتِل ابنُك الآن ، قَتَلَهُ ابنُ فلانة . فما حلَّ حَبْوَتَهُ ، ولا أنهى قصّتهُ ، حتى انتهى منْ كلامِه ، ثم قال : غسِّلوا ابني وكفِّنوه ، ثمَّ آذنوني بالصلاةِ عليه ! (**وَالصَّابِرِينَ فِي الْبَأْسَاء والضَّرَّاء وَحِينَ الْبَأْسِ**) .

وعِكرِمةُ بنُ أبي جهلٍ يُعطى الماء في سكراتِ الموتِ ، فيقولُ : أعطوه فلاناً . لحارثِ بنِ هشامٍ ، فيتناولونه واحداً بعد واحداً ، حتى يموتُ الجميعُ .

****

الناسُ عليك لا لك

إنَّ العاقل الحصيف يجعلُ الناس عليهِ لا لهُ ، فلا يبني موقفاً ، أو يتخذ قراراً يعتمدُ فيهِ على الناسِ ، إن الناس لهمْ حدودٌ في التضامنِ مع الغيرِ ، ولهمْ مدىً يصلون إليهِ في البذلِ والتضحيةِ لا يتجاوزونهُ .

انظرْ إلى الحسينِ بنِ عليٍّ – رضي اللهُ عنهُ وأرضاهُ – وهو ابنُ بنتِ الرسولِ ﷺ ، يُقتلُ فلا تنبسُ الأمَّةُ ببنتِ شفةٍ ، بل الذين قتلوهُ يكبِّرون ويهلّلون على هذا الانتصارِ الضخمِ بِذبحِهِ !! ، رضي اللهُ عنه . يقولُ الشاعرُ :

جاؤوا برأسِك يا ابن بنتِ مُتــزمِّلاً بدمائِــهِ تــزميلا
ويُكبِّــرون بــأنْ قُتلــت قتلــوا بــك التكبيــر

ويُساق أحمدُ بنُ حنبلٍ إلى الحبسِ ، ويُجلدُ جلداً رهيباً ، ويشرفُ على الموتِ ، فلا يتحرّكُ معهُ أحدٌ .

ويُؤخذُ ابنُ تيمية مأسوراً ، ويركبُ البغل إلى مصر ، فلا تموجُ تلك الجموعُ الهادرةُ التي حضرتْ جنازتهُ ، لأنَّ لهمْ حدوداً يصلون إليها فَحَسْبُ ، (**وَلَا يَمْلِكُونَ لِأَنفُسِهِمْ ضَرّاً وَلَا نَفْعاً وَلَا يَمْلِكُونَ مَوْتاً وَلَا حَيَاةً وَلَا نُشُوراً**) ، (**يَا أَيُّهَا النَّبِيُّ حَسْبُكَ اللّهُ وَمَنِ اتَّبَعَكَ مِنَ الْمُؤْمِنِينَ**) ، (**وَتَوَكَّلْ عَلَى الْحَيِّ الَّذِي لَا يَمُوتُ**) ، (**إِنَّهُمْ لَن يُغْنُوا عَنكَ مِنَ اللَّهِ شَيْئاً**) .

فــالزمْ يــديْك بحبــلِ اللهِ فإنَّــهُ الــركنُ إنْ خانَتْــك

****

***

رفقاً بالمالِ « ما عال منِ اقْتَصَدَ »

قال أحدهُمْ :

اجمــعْ نقــودك إنَّ العِــزَّ فــي واستغنِ ما شئت عنْ عمٍّ وعنْ

إنَّ الفلسفة التي تدعو إلى تبذيرِ المالِ وتبديدِه وإنفاقِه في غيرِ وجْهِهِ أو عدمِ جمعِه أصلاً ليستْ بصحيحةٍ ، وإنما هي منقولةٌ منْ عُبَّادِ الهنودِ ، ومنْ جهلةِ المتصوفةِ .

إنَّ الإسلام يدعو إلى الكسبِ الشريفِ ، وإلى جمعِ المالِ الشريفِ ، وإنفاقِهِ في الوجهِ الشريفِ ، ليكون العبدُ عزيزاً بماله، وقدْ قال ﷺ : ((**نِعم المالُ الصالحُ في يدِ الرجلِ الصالحِ**)) . وهو حديثٌ حسنٌ .

وإنَّ مما يجلبُ الهمومَ والغموم كثرةُ الديونِ ، أو الفقرُ المضني المهلك : ((**فهلْ تنتظرون إلاَّ غنى مطغياً أو فقراً منسياً**)) . ولذا استعاذ ﷺ فقال : ((**اللهم إني أعوذُ بك منَ الكفرِ والفقرِ**)) . و ((**كاد الفقْرُ أنْ يكون كفراً**)) .

وهذا لا يتعارضُ مع الحديثِ الذي يرويه ابنُ ماجة : ((**ازهدْ في الدنيا يحبّك اللهُ ، وازهدْ فيما عند الناسِ يحبُّك الناسُ**)) . على أنَّ فيهِ ضعيفاً .

لكنَّ المعنى : أن يكون لك الكفافُ ، وما يكفيك عن استجداءِ الناسِ وطلبِ ما عندهم من المالِ ، بلْ تكونُ شريفاً نزيهاً ، عندك ما يكفُّ وجهكَ عنهمْ ، ((**ومن يستغنِ يُغنِه اللهُ**)) .

وفي الصحيحِ : ((**إنك إنْ تَذَرْ ورثَتَكَ أغنياء ، خيرٌ منْ أن تَذَرَهُمْ عالةً يتكفَّفونَ الناس**)) .

أَسُدُّ بهِ ما قدْ أضاعوا ... حقوق أناسٍ ما استطاعوا لها سَدّا

يقولُ أحدُهم في عِزَّةِ النفسِ :

أحسنُ الأقوالِ قولي لكْ ... أقبحُ الأقوالِ كلاًّ ولعلْ

وفي الصحيح : ((**اليدُ العليا خيرٌ من اليدِ السُّفلى**)) . اليدُ العليا المعطيةُ ، واليدُ السُّفلى الآخذةُ أو السائلةُ ، (**يَحْسَبُهُمُ الْجَاهِلُ أَغْنِيَاء مِنَ التَّعَفُّفِ**) .

والمعنى : لا تتملَّق البشرَ فتطلب منهمْ رزقاً أو مكسباً ، فإنَّ الله عزَّ وجلَّ ضمِنَ الرزق والأجلَ والخلْقَ لأنَّ عزَّةَ الإيمانِ قعساءُ ، وأهلُه شرفاءُ ، والعزةُ لهم ، ورؤوسُهم دائماً مرتفعةٌ ، وأنوفُهم دائماً شامخةٌ : (**أَيَبْتَغُونَ عِندَهُمُ الْعِزَّةَ فَإِنَّ العِزَّةَ لِلّهِ جَمِيعاً**) . قال ابنُ الورديُّ :

أنا لا أرغبُ تقبيل يدٍ ... قطْعُها أحسنُ منْ تلكَ القُبَلْ

إنْ جزتْني عنْ صنيعٍ ... رِقُّها أو لا فيكفيني الخجَلْ

****

لا تتعلقْ بغيرِ اللهِ

إذا كان المحيي والميتُ والرزاقُ هو اللهُ ، فلماذا الخوفُ من الناس والقلقُ منهمُ ؟! ورأيتُ أنَّ أكثر ما يجلبُ الهموم والغموم التعلُّقُ بالناسِ ، وطلبُ رضاهمْ ، والتقربُ منهمُ ، والحرصُ على ثنائِهم ، والتضرُّر بذمِّهمْ ، وهذا من ضعفِ التوحيدِ .

فليتـك تحلـو والحيـاةُ مريرةٌ ... وليتـك ترْضـى والأنـامُ غِضابُ

إذا صحَّ منك الودُّ فالكُلُّ هيِّنٌ ... وكلُّ الذي فوق التـرابِ تـرابُ

****

أسبابُ انشرحِ الصَّدْرِ

أهمُّها : التوحيدُ : فإنهُ بِحسبِ صفائِهِ ونقائِه يوسعُ الصدرَ ، حتى يكون أوسع من الدنيا وما فيها .

ولا حياة لمُشركٍ وملحدٍ ، يقولُ سبحانه وتعالى : (**وَمَنْ أَعْرَضَ عَن ذِكْرِي فَإِنَّ لَهُ مَعِيشَةً ضَنكاً وَنَحْشُرُهُ يَوْمَ الْقِيَامَةِ أَعْمَى**) . وقال سبحانه : (**فَمَن يُرِدِ اللّهُ أَن يَهْدِيَهُ يَشْرَحْ صَدْرَهُ لِلإِسْلاَمِ**) . وقال سبحانه : (**أَفَمَن شَرَحَ اللَّهُ صَدْرَهُ لِلْإِسْلَامِ فَهُوَ عَلَى نُورٍ مِّن رَّبِّهِ**) .

وتوعَّد اللهُ أعداءه بضيقِ الصَّدرِ والرهبةِ والخوفِ والقلقِ والاضطرابِ ، (**سَنُلْقِي فِي قُلُوبِ الَّذِينَ كَفَرُواْ الرُّعْبَ بِمَا أَشْرَكُواْ بِاللّهِ مَا لَمْ يُنَزِّلْ بِهِ سُلْطَاناً**) ، (**فَوَيْلٌ لِّلْقَاسِيَةِ قُلُوبُهُم مِّن ذِكْرِ اللَّهِ**) ، (**فَمَن يُرِدِ اللّهُ أَن يَهْدِيَهُ يَشْرَحْ صَدْرَهُ لِلإِسْلاَمِ وَمَن يُرِدْ أَن يُضِلَّهُ يَجْعَلْ صَدْرَهُ ضَيِّقاً حَرَجاً كَأَنَّمَا يَصَّعَّدُ فِي السَّمَاء**) .

ومما يشرحُ الصَّدْرَ : العلمُ النافعُ ، فالعلماءُ أشرحُ الناسِ صدوراً ، وأكثرُهم حُبوراً ، وأعظمُهمْ سروراً ، لما عندهمْ من الميراثِ المحمديِّ النبويِّ : (**وَعَلَّمَكَ مَا لَمْ تَكُنْ تَعْلَمُ**) ، (**فَاعْلَمْ أَنَّهُ لَا إِلَهَ إِلَّا اللَّهُ**) .

ومنها : العملُ الصالحُ : فإنَّ للحسنةِ نوراً في القلبِ ، وضياءً في الوجهِ ، وسَعَة في الرزقِ ، ومحبةً في قلوبِ الخلْقِ ، (**لَأَسْقَيْنَاهُم مَّاء غَدَقاً**) .

ومنها : الشجاعةُ : فالشجاعُ واسعُ البطانِ ، ثابتُ الجَنَانِ ، قويُّ الأركانِ ، لأنه يؤولُ على الرحمنِ ، فلا تهمُّه الحوادثُ ، ولا تهزُّهُ الأراجيفُ ، ولا تزعزِعُهُ التوجساتُ .

تردَّى ثيابَ الموتِ حُمْراً ... لها الليلُ إلا وهي مِنْ سندسٍ
وما ماتَ حتى ماتَ مضربُ ... مِن الضربِ واعتلتْ عليه القنا

ومنها : اجتنابُ المعاصي : فإنها كدرٌ حاضرٌ ، ووحشةٌ جاثمةٌ ، وظلامٌ قاتمٌ .

رأيتُ الذنوب تُميتُ ... وقدْ يُورثُ الذُّلَّ إدمانُها

ومنها : اجتنابُ كثرةِ المباحاتِ : من الكلامِ والطعامِ والمنامِ والخلطةِ ، (**وَالَّذِينَ هُمْ عَنِ اللَّغْوِ مُعْرِضُونَ**) ، (**مَا يَلْفِظُ مِن قَوْلٍ إِلَّا لَدَيْهِ رَقِيبٌ عَتِيدٌ**) ، (**وكُلُواْ وَاشْرَبُواْ وَلاَ تُسْرِفُواْ**) .

****

فُرِغ من القضاءِ

سألَ أحدُ المرضى بالهواجسِ والهمومِ طبيب القلقِ والاضطرابِ ، فقال له الطبيبُ المسلمُ : اعلمْ أنَّ العالم قدْ فرغَ منْ خلقِهِ وتدبيرِه ، ولا يقعُ فيهِ حركةٌ ولا هَمْسٌ إلا بإذنِ اللهِ ، فلِمِ الهمُّ والغمُّ؟! ((**إنَّ الله كتب مقادير الخلائقِ قبل أنْ يَخْلُقَ الخلْق بخمسين ألف سنةٍ**)) .

قال المتنبي على هذا :

وتعْظُمُ في عينِ الصغيرِ ... وتصغرُ في عينِ العظيمِ

****

طَعْمُ الحريَّةِ اللذيذُ

يقولُ الراشدُ في كتابِ (المسار) : منْ عندَهُ ثلاثمائةٍ وستون رغيفاً وجرَّة زيتٍ وألفٌ وستمائة تمرة ، لم يستعبدْه أحدٌ .

وقال أحدُ السلفِ : منِ اكتفى بالخبزِ اليابسِ والماءِ ، سلِم من الرِّقِّ غلا للهِ تعالى (**وَمَا لِأَحَدٍ عِندَهُ مِن نِّعْمَةٍ تُجْزَى**) .

قال أحدُهم :

أطعـــتُ مطـــامعي ولـوْ أنـي قنِعْـتُ لكنـتُ

وقال آخرُ :

أرى أشـقياء النـاسِ لا على أنَّهمْ فيها عُـراةٌ

أراهـا وإنْ كانـتْ تُسُـرُّ سحابةُ صيفٍ عـنْ قليلِ

إنَّ الذين يسعوْن على السعادةِ بجمعِ المالِ أو المنصبِ أو الوظيفةِ ، سوف يعلمون أنهمْ همُ الخاسرون حقّاً ، وأنهمْ ما جلبوا إلا الهموم والغموم ، (**وَلَقَدْ جِئْتُمُونَا فُرَادَى كَمَا خَلَقْنَاكُمْ أَوَّلَ مَرَّةٍ وَتَرَكْتُم مَّا خَوَّلْنَاكُمْ وَرَاء ظُهُورِكُمْ**) ، (**بَلْ تُؤْثِرُونَ الْحَيَاةَ الدُّنْيَا{16} وَالْآخِرَةُ خَيْرٌ وَأَبْقَى**) .

****

سفيانُ الثوريُّ مخدَّتُهُ الترابُ

توسّد سفيانُ الثوريُّ كومْةً منْ الترابِ في مزدلفة وهو حاجٌّ ، فقال له الناسُ : أفي مثلِ هذا الموطنِ تتوسّدُ الترابَ وأنت مُحدِّثُ الدنيا ؟ قال : لمخدَّتي هذهِ أعظمُ منْ مخدةِ أبي جعفرِ المنصورِ الخليفةِ .

(**قُل لَّن يُصِيبَنَا إِلاَّ مَا كَتَبَ اللّهُ**) .

****

لا تركنْ إلى المُرجِفِينَ

الوعودُ الكاذبةُ ، والإرهاصاتُ الخاطئةُ المغلوبةُ ، التي يخافُ منها أكثرُ الناسِ ، إنما هي أوهامٌ ، (**الشَّيْطَانُ يَعِدُكُمُ الْفَقْرَ وَيَأْمُرُكُم بِالْفَحْشَاء وَاللّهُ يَعِدُكُم مَّغْفِرَةً مِّنْهُ وَفَضْلاً وَاللّهُ وَاسِعٌ عَلِيمٌ**) .

والقلقُ والأرقُ وقُرْحةُ المعدةِ : ثمراتُ اليأسِ والشعورِ بالإحباطِ والإخفاقِ .

****

لنْ يضرَّك السبُّ والشَّتْمُ

كان الرئيسُ الأمريكيُّ (إبراهام لينكولن) يقولُ : أنا لا أقرأ رسائل الشتمِ التي تُوجَّه إليَّ ، ولا أفتحُ مظروفها فضلاً عن الردِّ عليها ؛ لأنني لو اشتغلتُ بها لمَا قدَّمت شيئاً لشعبي (**فَأَعْرِضْ عَنْهُمْ**) ، (**فَاصْفَحِ الصَّفْحَ الْجَمِيلَ**) ، (**فَاصْفَحْ عَنْهُمْ وَقُلْ سَلَامٌ**) .

قال حسّانُ :

ما أبالي أنبَّ بالحزْنِ أو لحاني بظهرِ غَيْبِ

المعنَى : أنَّ كلماتِ اللؤماءِ والسخفاءِ والحقراءِ الشتّامين المتسلقين على أعراضِ الناسِ ، لا تضرُّ ولا تُهُمُّ ، ولا يمكنُ أنْ يتلفت لها مسلمٌ ، أو أن يتحرك منها شجاعٌ .

كان قائدُ البحريةِ الأمريكيةِ في الحربِ العالميةِ الثانيةِ رجلاً لامعاً ، يحرصُ على الشهرةِ ، فتعاملَ مع مرؤوسيةِ الذين كالوا له الشتائم والسباب والإهاناتِ ، حتى قال : أصبح اليوم عندي من النقدِ مناعةٌ ، لقدْ عَجَمَ عودي ، وكبرتْ سني ، وعلمتُ أنَّ الكلام لا يهدمُ ولا ينسِفُ سُوراً حصيناً .

ومــاذا تبتغي الشعراءُ مِنّي وقــدْ جاوزتُ حــدَّ الأربعينِ

يُذكرُ عن عيسى – عليه السلامُ – أنهُ قال : أحبوا أعداءكم .

والمعنى : أنْ تُصدروا في أعدائِكمْ عفواً عامّاً ، حتى تسلموا من التشفِّي والانتقامِ والحقدِ الذي ينهي حياتَكُمْ، (**وَالْعَافِينَ عَنِ النَّاسِ وَاللّهُ يُحِبُّ الْمُحْسِنِينَ**). ((**اذهبوا فأنتمُ الطلقاءُ**)) ، (**لاَ تَثْرَيبَ عَلَيْكُمُ الْيَوْمَ**) ، (**عَفَا اللّهُ عَمَّا سَلَف**) .

****

اقرأ الجمال في الكوْنِ

مما يشرحُ الصدر قراءةُ الجمالِ في خلْقِ ذي الجلالِ والإكرامِ، والتمتُّعُ بالنظرِ في الكونِ، هذا الكتابُ المفتوحُ ، إنَّ الله يقولُ في خلقِهِ : (**فَأَنبَتْنَا بِهِ حَدَائِقَ ذَاتَ بَهْجَةٍ**) (**هَذَا خَلْقُ اللَّهِ فَأَرُونِي مَاذَا خَلَقَ الَّذِينَ مِن دُونِهِ**) ، (**قُلِ انظُرُواْ مَاذَا فِي السَّمَاوَاتِ وَالأَرْضِ**) .

وسوف أنقلُ لك ، بعد صفحاتٍ ، من أخبارِ الكونِ ما يدلُّك على حكمةٍ وعظمةٍ (**الَّذِي أَعْطَى كُلَّ شَيْءٍ خَلْقَهُ ثُمَّ هَدَى**) .

قال الشاعرُ :

وكتابي الفضاءُ أقرأ فيهِ صوراً ما قرأتُها في كتابِ

قراءةٌ في الشمسِ اللامعةِ ، والنجومِ الساطعةِ ، في النهرِ .. في الجدولِ .. في التلّ .. في الشجرةِ .. في الثمرةِ .. في الضياءِ .. في الهواءِ .. في الماءِ ،

وفي كلّ شيءٍ له آيةٌ   تدلُّ على أنّه الواحدُ

يقول إيليا أبو ماضي :

أيُّها الشاكي وما بك داءٌ   كيف تغدو إذا غدوت
أترى الشوك في الورودِ   أنْ ترى فوقهُ النّدى
والّذي نفسُه بغيرِ جمالٍ   لا يرى في الوجودِ شيئاً

****

(أَفَلَا يَنظُرُونَ إِلَى الْإِبِلِ كَيْفَ خُلِقَتْ)

يقولُ أينشتاين : مَنْ ينظرْ إلى الكونِ يعلمْ أنَّ المبدع حكيمٌ لا يلعبُ بالنَّردِ . (**الَّذِي أَحْسَنَ كُلَّ شَيْءٍ خَلَقَهُ**) ، (**مَا خَلَقْنَاهُمَا إِلَّا بِالْحَقِّ**) ، (**أَفَحَسِبْتُمْ أَنَّمَا خَلَقْنَاكُمْ عَبَثاً**).

والمعنى : أنَّ كلَّ شيءٍ بِحُسْبانٍ وبحكمةٍ ، وبترتيبٍ وبنظامٍ ، يعلمُ منْ يرى هذا الكونَ أنَّ هناك إلهاً قديراً لا يُجري الأمور مجازفةً ، جلَّ في علاهُ .

ثمَّ يقولُ سبحانهُ وتعالى : (**الشَّمْسُ وَالْقَمَرُ بِحُسْبَانٍ**) ، (**لَا الشَّمْسُ يَنبَغِي لَهَا أَن تُدْرِكَ الْقَمَرَ وَلَا اللَّيْلُ سَابِقُ النَّهَارِ وَكُلٌّ فِي فَلَكٍ يَسْبَحُونَ**) .

****

لا يجدي الحِرْصُ

قال ﷺ : ((**لنْ تموتَ نفسٌ حتى تستكمل رزْقها وأجلَها**)) . فلِم الجَزَعُ ؟!ولِم الهَلَعُ ؟! ولِم الحِرْصُ إذنْ ، إذا انتهى منْ هذا وفَرَغ ؟! (**وَكُلُّ شَيْءٍ عِندَهُ بِمِقْدَارٍ**) ، (**وَكَانَ أَمْرُ اللَّهِ قَدَراً مَّقْدُوراً**) .

****

الأزماتُ تكفِّرُ عنك السيئاتِ

يُذكَرُ عن الشاعرِ ابن المعتزِّ أنهُ قال : آللهُ ما أوطأ راحلةَ المتوكل على اللهِ ، وما أسرع أوْبة الواثقِ باللهِ !! وقد صحَّ عنهُ ﷺ أنهُ قال : ((**ما يصيبُ المؤمنَ منْ همٍّ ، ولا غمٍّ ، ولا وصبٍ ، ولا نصبٍ ، ولا مرضٍ ، حتى الشوكةُ**

يُشاكُها ، **إلا كفّر اللهُ بها منْ خطاياهُ))** . فهذا لمن صبر واحتسب وأناب ، وعَرَفَ أنهُ يتعاملُ مع الواحدِ الوهابِ .

قال المتنبي في أبياتٍ حكيمةٍ تضفي على العبدِ قوةً وانشراحاً :

لا تلقَ دهرك إلا غيْرَ ... ما دام يصحبُ فيهِ رُوحك
فمَا يُديمُ سُروراً ما سُرِرْتَ ... ولا يردُّ عليك الغائبُ

(**لِكَيْلَا تَأْسَوْا عَلَى مَا فَاتَكُمْ وَلَا تَفْرَحُوا بِمَا آتَاكُمْ**) .

****

« حَسْبُنَا اللَّهُ وَنِعْمَ الْوَكِيلُ »

« **حَسْبُنَا اللَّهُ وَنِعْمَ الْوَكِيلُ** » : قالها إبراهيمُ لما أُلقي في النارِ ، فصارتْ برداً وسلاماً . وقال محمدٌ ﷺ في أُحُدٍ ، فنصره اللهُ .

لما وُضِع إبراهيمُ في المنجنيقِ قال له جبريلُ : ألك إليَّ حاجةٌ ؟ فقال له إبراهيمُ : أمّا إليك فلا ، وأمّا إلى اللهِ فَنَعَمْ !

البحرُ يُغْرِقُ ، والنارُ تَحْرِقُ ، ولكن جفَّ هذا ، وخمدتْ تلك ، بسبب : « **حَسْبُنَا اللَّهُ وَنِعْمَ الْوَكِيلُ** » .

رأى موسى البحرَ أمامه والعدَّ خلفه ، فقال : (**قَالَ كَلَّا إِنَّ مَعِيَ رَبِّي سَيَهْدِينِ**) . فنجا بإذنِ اللهِ .

ذُكِر في السيرةِ أنَّ الرسول ﷺ لما دخل الغار ، سخَّ الله الحمام فبنتْ عشّها ، والعنكبوت فبنت بيتها بفمِ الغارِ ، فقال المشركون : ما دخل هنا محمدٌ .

ظنُّوا الحمامَ وظنُّوا ... خيرِ البريةِ لم تنسِجْ ولم
عنايةُ اللهِ أغنيتْ عنْ ... مِنَ الدروعِ وعنْ عالٍ من

إنها العنايةُ الربانيةُ إذا تلمَّحها العبدُ ، ونظر أنَّ هناك ربّاً قديراً ناصراً وليّاً راحماً ، حينها يركنُ العبدُ إليه .

يقولُ شوقي :

وإذا العنايةُ لاحظتْكَ ... نمْ فالحوادثُ كُلّهن أمانُ

(**فَإِنَّكَ بِأَعْيُنِنَا**) ، (**فَاللَّهُ خَيْرٌ حَافِظاً وَهُوَ أَرْحَمُ الرَّاحِمِينَ**) .

****

مكوِّناتُ السَّعادةِ

وعند الترمذيِّ عنهُ ﷺ : ((**منْ باتَ آمناً في سِرْبِهِ ، معافىً في بدنه ، عندهُ قوتُ يومِهِ ، فكأنما حِيزَتْ له الدنيا بحذافِيرِها**)) .

والمعنى : إذا حصل على غذاءٍ ، وعلى مأوًى وكان آمناً ، فقدْ حصل على أحسنِ السعاداتِ ، وأفضلِ الخيراتِ ، وهذا يحصلُ عليه كثيرٌ من الناسِ ، لكنهمْ لا يذكرونه ، ولا ينظرون إليه ولا يلمسونه .

يقولُ سبحانه وتعالى لرسوله : (**وَأَتْمَمْتُ عَلَيْكُمْ نِعْمَتِي**) . فأيُّ نعمةٍ تمّتْ على الرسولِ ﷺ ؟

أهي المادةُ ؟ أهو الغذاءُ ؟ أهي القصورُ والدورُ والذهبُ والفِضّةُ ، ولم يملكْ من ذلك شيئاً ؟

إنَّ هذا الرسول العظيم ﷺ كان ينامُ في غرفةٍ منْ طينٍ ، سقفُها منْ جريدِ النخلِ ، ويربطُ حَجَرَيْنِ على بطنِهِ ، ويتوسّدُ على مخدَّةٍ منْ سَعَف النخلِ تؤثِّر في جنبِهِ ، ورهن دِرْعهُ عند يهوديٍّ في ثلاثين صاعاً منْ شعيرٍ ، ويدورُ ثلاثة أيامٍ لا يجدُ رديء التمرِ ليأكله ويشبع منه.

مِت ودرعُك مرهونٌ على ... مـن الشَّعيرِ وأبقى رهَكَ
لأنَّ فيك معاني اليُتْمِ ... حتّى دُعيت أبا الأيتامِ يا

وقلتُ في قصيدةٍ أخرى :

كفاك عنْ كلِّ قصرٍ شاهقٍ ... بيتٌ من الطينِ أو كهفٌ من
تبني الفضائل أبراجاً ... نُصْبَ الخيامِ التي منْ أروعِ

(**وَلَلْآخِرَةُ خَيْرٌ لَّكَ مِنَ الْأُولَى{4} وَلَسَوْفَ يُعْطِيكَ رَبُّكَ فَتَرْضَى**) ، (**إِنَّا أَعْطَيْنَاكَ الْكَوْثَرَ**) .

****

نَصَب المَنْصِب

منْ متاعبِ الحياةِ المنصبُ ، قال ابنُ الورديُّ :

نصبُ المنصبِ أوهي ... يا عنائي منْ مداراةِ

والمعنى : انَّ ضريبة المنصبِ غاليةٌ ، إنها تأخذُ ماء الوَجْهِ ، والصّحّة والراحة ، وقليلٌ مَنْ ينجو منْ تلك الضرائبِ التي يدفعُها يوميّاً ، منْ عرقِهِ ،

من دمٍ ، منْ سمعتِه ، من راحتِه ، منْ عزتِه ، منْ شرفِه ، منْ كرامتِه ، ((لا تسألِ الإمارةَ)) . ((نِعْمَتِ المرضعةُ وبِئستِ الفاطمةُ)) (**هَلَكَ عَنِّي سُلْطَانِيهْ**) .

قال الشاعرُ :

هبِ الدنيا تصيرُ غليك ⁂ أليس مصيرُ ذلك

قدِّرْ أنَّ الدنيا أتتْ بكل شيءٍ ، فإلى أيِّ شيء تذهبُ ؟ إلى الفناءِ ، (**وَيَبْقَى وَجْهُ رَبِّكَ ذُو الْجَلَالِ وَالْإِكْرَامِ**) .

قال أحدُ الصالحين لابنه : لا تكنْ يا بُنيَّ رأساً ، فإنَّ الرأس كثيرُ الأوجاعِ .

والمعنى : لا تُحِبَّ التصدُّرَ دائماً والتَّرؤُّس ، فإنَّ الانتقاداتِ والشتائمِ والإحراجاتِ والضرائبِ لا تصلُ إلا إلى هؤلاء المقدَّمين .

إنَّ نصفَ الناسِ أعداءٌ ⁂ ولي السلْطة هذا إنْ

****

هيا إلى الصلاة

(**يَا أَيُّهَا الَّذِينَ آمَنُواْ اسْتَعِينُواْ بِالصَّبْرِ وَالصَّلاَةِ**) .

كان ﷺ إذا حزبه أمرٌ فَزِع إلى الصلاةِ .

وكان يقولُ : ((**أرِحنْا بها يا بلالُ**)) .

ويقولُ : ((**جُعلت قرَّةُ عيني في الصلاةِ**)) .

إذا ضاق الصدرُ ، وصعُب الأمرُ ، وكثر المكْرُ ، فاهرعْ إلى المصلَّى فصلِّ .

إذا أظلمتْ في وجهِك الأيامُ ، واختلفتْ الليالي ، وتغيَّرَ الأصحابُ ، فعليك بالصلاةِ .

كان النبيُّ ﷺ في المهمَّاتِ العظيمةِ يشرحُ صدره بالصلاةِ ، كيومِ بدْرٍ والأحزابِ وغيرِها من المواطنِ . وذكروا عنِ الحافظِ ابن حجرٍ صاحبِ (الفتحِ) أنه ذهب إلى القلعةِ بمصر فأحط به اللصوصُ ، فقام يصلي ، ففرَّج اللهُ عنهُ .

وذكر ابنُ عساكر وابنُ القيمِ : أنَّ رجلاً من الصالحين لقيه لصٌّ في إحدى طرقِ الشامِ ، فأجهز عليه ليقتله ، فطلب منه مهلةً ليصلي ركعتين ، فقام فافتتح الصلاةَ ، وتذكَّرَ قول اللهِ تعالى : (**أَمَّن يُجِيبُ الْمُضْطَرَّ إِذَا دَعَاهُ**) . فردَّدها

ثلاثاً ، فنزل ملكٌ من السماءِ بحربةٍ فَقَتَلَ المجرم ، وقال : أنا رسولُ منْ يجيبُ المضطرَّ إذا دعاهُ . (**وَأْمُرْ أَهْلَكَ بِالصَّلَاةِ وَاصْطَبِرْ عَلَيْهَا**) ، (**إِنَّ الصَّلَاةَ تَنْهَى عَنِ الْفَحْشَاءِ وَالْمُنكَرِ**) ، (**إِنَّ الصَّلَاةَ كَانَتْ عَلَى الْمُؤْمِنِينَ كِتَاباً مَّوْقُوتاً**) .

وإن ممَّا يشرحُ الصدر ، ويزيلُ الهمَّ والغمَّ ، الصلاةُ على الرسول ﷺ : (**يَا أَيُّهَا الَّذِينَ آمَنُوا صَلُّوا عَلَيْهِ وَسَلِّمُوا تَسْلِيماً**) .

صحَّ ذلك عند الترمذيِّ : أنَّ أُبَيَّ بن كعب – رضي اللهُ عنهُ – قال : يا رسول اللهِ ، كمْ أجعلُ لك من صلاتي ؟ قال : ((**ما شئت**)) . قال : الربع ؟ قال : ((**ما شئت ، وإنْ زدت فخيرٌ**)) . قال : الثُّلُثَيْن ؟ قال : ((**ما شئت ، وإنْ زدت فخيرٌ**)) . قال : أجعلُ لك صلاتي كلهَّا ؟ قال : ((**إذنْ يُغفرُ ذنبُك ، وتُكْفى همُّك**)) .

وهنا الشاهدُ ، أنْ الهمَّ يزولُ بالصلاةِ والسلامِ على سيدِ الخلْقِ : ((**منْ صلَّى عليَّ صلاةً واحدةً صلَّى اللهُ عليهِ بها عَشْراً**)) . ((**أكثروا من الصلاةِ عليَّ ليلةَ الجمعةِ ويوم الجمعةِ ، فإنَّ صلاتكمْ معروضةٌ عليَّ**)) . قالوا : كيف تُعرضُ عليك صلاتُنا وقدْ أرمْت ؟! -أي بليت- قال: ((**إنَّ اللهَ حرمَّ على الأرضِ أنْ تأكل أجساد الأنبياءِ**)) . إنَّ للذين يقتدون به ﷺ ويتّبعون النور الذي أُنْزِلَ معهُ نصيباً من انشراحِ صدرِه وعُلوِّ قدرِه ورفعةِ ذكرِه .

يقولُ ابنُ تيمية : أكملُ الصلاةِ على الرسولِ ﷺ هي الصلاةُ الإبراهيميةُ : اللهم صلِّ على محمدٍ وعلى آل محمَّدٍ كما صليت على إبراهيم وعلى آل إبراهيم ، وباركْ على محمدٍ وعلى آلِ محمدٍ كما باركْت على إبراهيم وعلى آلِ إبراهيم في العالمين . إنك حميدٌ مجيدٌ .

نسينا في ودادِك كُلَّ   فأنت اليومَ أغلى ما
نُلامُ على محبَّتِكمْ   لَنا شرفاً نلامُ وما علينَا

****

الصَّدَقةُ سَعةٌ في الصَّدْرِ

ويدخلُ في عمومِ ما يجلبُ السعادة ويزيلُ الهمَّ والكدر : فعلُ الإحسانِ ، من الصدقةِ والبرُّ ولإسداءِ الخيرِ للناسِ ، فإنَّ هذا منْ أحسنِ ما يُوسَّعُ بهِ الصَّدْرُ ، (**أَنفِقُواْ مِمَّا رَزَقْنَاكُم**) ، (**وَالْمُتَصَدِّقِينَ وَالْمُتَصَدِّقَاتِ**) .

وقدْ وصف ﷺ البخيلُ والكريمُ برجليْن عليهما جُبَّتـانِ ، فلا يزالُ الكريمُ يُعطي ويبذلُ ، فتتوسَّعُ عليه الجبَّةُ والدِّرْعُ من الحديدِ حتى يعفُوَ وأثرُه ، ولا يزالُ البخيلُ يمسكُ ويمنعُ ، فتتقلَّص عليهِ ، فتخنقهُ حتى تضيقَ عليهِ روحهُ ! (**وَمَثَلُ الَّذِينَ يُنفِقُونَ أَمْوَالَهُمُ ابْتِغَاء مَرْضَاتِ اللّهِ وَتَثْبِيتاً مِّنْ أَنفُسِهِمْ كَمَثَلِ جَنَّةٍ بِرَبْوَةٍ أَصَابَهَا وَابِلٌ فَآتَتْ أُكُلَهَا ضِعْفَيْنِ فَإِن لَّمْ يُصِبْهَا وَابِلٌ فَطَلٌّ**) . وقال سبحانه وتعالى : (**وَلاَ تَجْعَلْ يَدَكَ مَغْلُولَةً إِلَى عُنُقِكَ**) .

إنَّ غلَّ الروحِ جزءٌ من غلِّ اليدِ ، وإنَّ البخلاء أضيقُ الناسِ صدوراً وأخلاقاً ؛ لأنهم بخلُوا بفضلِ اللهِ عزَّ وجلَّ ، ولو عملوا أنَّ ما يعطونه الناس إنما هو جلبٌ للسعادةِ ، لسارعوا إلى هذا الفعلِ الخيِّرِ ، (**إِن تُقْرِضُوا اللَّهَ قَرْضاً حَسَناً يُضَاعِفْهُ لَكُمْ وَيَغْفِرْ لَكُمْ**) .

وقال سبحانه وتعالى : (**وَمَن يُوقَ شُحَّ نَفْسِهِ فَأُوْلَئِكَ هُمُ الْمُفْلِحُونَ**) ، (**وَمِمَّا رَزَقْنَاهُمْ يُنفِقُونَ**)

اللهُ أعطاك فابذلْ مِنْ فالمالُ عاريةٌ والعمرُ
المالُ كالماءِ إنْ تحبسْ يأسَنْ يجرِ يعذُبُ منه

يقولُ حاتمُ :

أما والذي لا يعلمُ الغيب غيرهُ ويُحيي العظام البيض وهي رميمُ
لقدْ كنتُ أطوي البطن والزادُ مخافةَ يومٍ أنْ يُقالَ لئيمُ

إنَّ هذا الكريم يأمرُ امرأتَه أنْ تستضيف له ضيوفاً ، وأن تنتظر روَّاده ليأكلوا معه ، ويؤانسوهُ ليشرح صدرهُ ، يقولُ :

إذا ما صنعتِ الزاد أكولاً فإني لستُ آكله

ثمَّ يقولُ لها وهو يعلنُ فلسفته الواضحة ، وهي معادلةٌ حسابيةٌ سافرةٌ :

أريني كريماً مات مِنْ قبلِ فيرضى فؤادي أو بخيلاً

هلْ جمْعُ المالِ يزيدُ في عمرِ صاحبِه ؟ هلْ إنفاقُهُ يُنقصُ من أَجَلِه ؟ ليس بصحيحٍ .

****

لا تغضبْ

(**وَإِمَّا يَنزَغَنَّكَ مِنَ الشَّيْطَانِ نَزْغٌ فَاسْتَعِذْ بِاللَّهِ إِنَّهُ سَمِيعٌ عَلِيمٌ**) .

أوصى ﷺ أحد أصحابه فقال : ((**لا تغضبْ ، لا تغضبْ ، لا تغضبْ**)) .

وغضب رجلٌ عنده فأمرهُ ﷺ أنْ يستعيذ باللهِ من الشيطانِ الرجيمِ .

وقال تعالى : (**وَأَعُوذُ بِكَ رَبِّ أَن يَحْضُرُونِ**) ، (**إِنَّ الَّذِينَ اتَّقَواْ إِذَا مَسَّهُمْ طَائِفٌ مِّنَ الشَّيْطَانِ تَذَكَّرُواْ فَإِذَا هُم مُّبْصِرُونَ**) .

إنَّ ممَّا يورِثُ الكَدَرَ والهمَّ والحزن الحِدَّةُ والغضبُ ، وله أدواءٌ عند المصطفى ﷺ .

منها : مجاهدةُ الطبعِ على تركِ الغَضَبِ ، (**وَالْكَاظِمِينَ الْغَيْظَ**) ، (**وَإِذَا مَا غَضِبُوا هُمْ يَغْفِرُونَ**) .

ومنها : الوضوءُ ، فإنَّ الغَضَبَ جمرةٌ من النارِ ، والنارُ يطفئُها الماءُ ، ((**الطهورُ شطْرُ الإيمانِ**)) ، ((**الوضوءُ سلاحُ المؤمنِ**)) .

ومنها : إذا كان واقفاً أن يجلس ، وإذا كان جالساً أن يضطجع .

منها : أنْ يسكت فلا يتكلمُ إذا غضِب .

ومنها أيضاً : أن يتذكر ثواب الكاظمين لغيظِهم ، والعافين عن الناسِ المسامحين .

****

وِرْدٌ صباحيٌّ

وسوف أخبرُك بورْد من الأذكارِ تداومُ عليه كلَّ صباحٍ ، ليجلب لك السعادة ، ويحفظك منْ شرِّ شياطينِ الإنسِ والجنَّ ، ويكون لك عاصِماً طِيلة يومِك حتى تُمسي .

منْ هذهِ الأدعيةِ ، وهي التي صحَّتْ عنه ﷺ :

1. **أصبحنا وأصبح الملكُ للهِ ، والحمدُ للهِ ، ولا إله إلا اللهُ وَحْدَهُ لا شريك لهُ ، لهُ الملكُ وله الحمدُ ، وهو على كلِّ شيءٍ قديرٌ . ربِّ أسألُك خَيْرَ ما في هذه الليلةِ ، وخَيْرَ ما بعدها ، وأعوذُ بك منْ شرِّ هذه الليلةِ وشرِّ ما بعدها ، ربِّ أعوذُ بك من الكسلِ وسُوءِ الكبرِ ، ربِّ أعوذُ بك منْ عذابٍ في النارِ وعذابٍ في القبرِ)) .**
2. وحديثُ : ((**اللهمَّ عالم الغيبِ والشهادةِ ، فاطر السماوات والأرضِ ، ربَّ كلِّ شيءٍ ومليكه ، أشهدُ أنْ لا إله إلا أنت ، أعوذُ بك منْ شرِّ نفسي ، وشرِّ الشيطانِ وشركهِ ، وأنْ أقترف على نفسي سوءاً أو أجرَّه إلى مسلمٍ**)).

3. وحديثُ : ((**بسمِ اللهِ الذي لا يضرُّ مع اسمِه شيءٌ في الأرضِ ولا في السماءِ ، وهو السميعُ العليمُ**)) . ثلاث مراتٍ .
4. ((**اللهمَّ إني أصبحتُ أشهدُك وأشهدُ حملةَ عرشِك وملائكتك وجميع خلقِك أنك أنت اللهُ لا إله إلاَّ أنت ، وحدك لا شريك لك ، وأنَّ محمداً عبدُك ورسولُك ﷺ**)) . أربع مرات .
5. ((**اللهمَّ إني أعوذُ بك أنْ أشرك بك شيئاً وأنا أعلمُ ، وأستغفرُك لما لا أعلمُ**)).
6. ((**أصبحنا على فِطْرةِ الإسلامِ ، وعلى كلمةِ الإخلاصِ ، وعلى دينِ نبيِّنا محمدٍ ﷺ ، وعلى ملَّةِ أبينا إبراهيم حنيفاً مسلماً وما كان من المشركين**)) .
7. ((**سبحان اللهِ وبحمدهِ : عَدَدَ خَلْقِهِ ، ورضا نفسِهِ ، وزِنه عرشِهِ ، ومِداد كلماتِهِ**)) . ثلاث مراتٍ .
8. ((**رضيتُ باللهِ ربّاً ، وبالإسلام ديناً ، وبمحمدٍ ﷺ نبياً**)) . ثلاث مراتٍ .
9. ((**أعوذُ بكلماتِ اللهِ التامَّاتِ منْ شرِّ ما خَلَقَ**)) . ثلاثاً في المساء .
10. ((**اللهمّ بك أصبحْنا ، وبك أمسنا ، وبك نحْيا ، وبك نموتُ ، وإليك النشورُ**)) .
11. ((**لا إله إلا اللهُ وحده لا شريك لهُ ، لهُ المُلْكُ ولهُ الحمْدُ ، وهو على كلِّ شيءٍ قديرٌ**)) . مائة مرة .

****

وقفــة

يقولُ ابنُ القيِّم : ((أجمع العارفون باللهِ على أنَّ الخِذْلان : أنْ يكلك اللهُ على نفسِك ، ويُخلِّي بينك وبينها . والتوفيقُ أنْ لا يكِلك اللهُ إلى نفسِك .

فالعبيدُ متقلِّبون بين توفيقهِ وخذلانِهِ ، بلِ العبدُ في الساعةِ الواحدةِ ينالُ نصيبه منْ هذا وهذا ، فيطيعهِ ويُرضيهِ ، ويذكرُه ويشكرُه بتوفيقِه له ، ثم يعصيهِ ويخالفُه ، ويُسْخِطُه ويغفلُ عنه بخذلانِهِ له ، فهو دائرٌ بين توفيقِه وخِذْلانِهِ .

فمتى شهد العبدُ هذا المشهد وأعطاهُ حقَّه ، علِم شِدَّة ضرورتِه وحاجتِه إلى التوفيق في كلِّ نَفَسٍ وكلِّ لحظةٍ وطرْفةِ عيْنٍ ، وأنَّ إيمانه وتوحيده بيدِهِ

تعالى ، لو تخلّى عنه طرفة عينٍ لَثُلَّ عَرْشُ توحيدِه ، ولخَرَّتْ سماءُ إيمانِهِ على الأرضِ ، وأنَّ الممسك له : هو مَنْ يمسك السماء أنْ تقع على الأرضِ إلا بإذنِهِ)) .

****

القرآنُ .. الكتابُ المباركُ

ومنْ أسبابِ السعادةِ وانشراحِ الصدرِ قراءةُ كتابِ اللهِ بتدبُّرٍ وتمعُّنٍ وتأمُّلٍ ، فإنَّ اللهَ وَصَفَ كتابه بأنه هدىً ونورٌ وشفاءٌ لما في الصدورِ ، ووصفه بأنه رحمةٌ، (**قَدْ جَاءتْكُم مَّوْعِظَةٌ مِّن رَّبِّكُمْ وَشِفَاء لِّمَا فِي الصُّدُورِ**) ، (**أَفَلاَ يَتَدَبَّرُونَ الْقُرْآنَ أَمْ عَلَى قُلُوبٍ أَقْفَالُهَا**) ، (**أَفَلاَ يَتَدَبَّرُونَ الْقُرْآنَ وَلَوْ كَانَ مِنْ عِندِ غَيْرِ اللّهِ لَوَجَدُواْ فِيهِ اخْتِلاَفاً كَثِيراً**) ، (**كِتَابٌ أَنزَلْنَاهُ إِلَيْكَ مُبَارَكٌ لِّيَدَّبَّرُوا آيَاتِهِ**) .

قال بعضُ أهلِ العِلْمِ : مباركٌ في تلاوتِهِ ، والعملِ به ، وتحكيمِه والاستنباطِ منه .

وقال أحدُ الصالحين : أحسسْتُ بغمٍّ لا يعلمهُ إلا اللهُ ، وبهمٍّ مقيمٍ ، فأخذتُ المصحف وبقيتُ أتلو ، فزال عني – واللهِ – فجأةً هذا الغمُّ ، وأبدلني اللهُ سروراً وحبوراً مكان ذلك الكدرِ . (**إِنَّ هَـذَا الْقُرْآنَ يِهْدِي لِلَّتِي هِيَ أَقْوَمُ**) ، (**يَهْدِي بِهِ اللّهُ مَنِ اتَّبَعَ رِضْوَانَهُ سُبُلَ السَّلاَمِ**) ، (**وَكَذَلِكَ أَوْحَيْنَا إِلَيْكَ رُوحاً مِّنْ أَمْرِنَا**) .

****

لا تحرصْ على الشهرةِ فإنَّ لها ضريبةً من الكدرِ والهمِّ والغمِّ

مما يشتتُ القلب ويكدِّرُ صفاءه واستقراره وهدوءه : الحرصُ على الظهورِ والشهرةِ ، وطلبِ رضا الناسِ ، (**لَا يُرِيدُونَ عُلُوّاً فِي الْأَرْضِ وَلَا فَسَاداً**) .

ولذلك قال أحدُهم بالمقابلِ :

مَنْ أخملَ النفس أحياها ... ولم يبتْ طاوياً منها على
إنَّ الرياحَ إذا اشتدَّتْ ... فليس ترمي سوى العالي منَ

((منْ راءى راءى اللهُ بهِ ، ومنْ سمَّع سمَّع اللهُ بهِ)) . (يُرَآؤُونَ النَّاسَ) ، (وَّيُحِبُّونَ أَن يُحْمَدُواْ بِمَا لَمْ يَفْعَلُواْ) ، (وَلاَ تَكُونُواْ كَالَّذِينَ خَرَجُواْ مِن دِيَارِهِم بَطَراً وَرِئَاء النَّاسِ).

ثوبُ الرياءِ يشِفُّ عمَّا فإذا التحفْت بهِ فإنَّك

****

الحياةُ الطيبةُ

من القضايا الكبرى المسلَّمةِ أنَّ أعظم هذه الأسبابِ التي أكتبُها هنا في جلبِ السعادةِ هو الإيمانُ باللهِ ربِّ العالمين ، وأنَّ السباب الأخرى والمعلوماتِ والفوائد التي جمعتْ إذا أُهديتْ لشخصٍ ولم يحصلْ على الإيمانِ باللهِ ، ولم يحُزْ ذلك الكنْز ، فلنْ تنفعه أبداً ، ولا تفيده ، ولا يتعبْ نفسه في البحثِ عنها .

إنَّ الأصل الإيمانُ باللهِ ربّاً ، وبمحمدٍ نبيّاً ، وبالإسلامِ ديناً .

يقولُ إقبالُ الشاعرُ :

إنما الكافرُ حيرانُ له الآفاقُ تِيهْ وأرى المؤمن كوناً تاهتِ

وأعظمُ منْ ذلك و أصدقُ ، قولُ ربِّنا سبحانه : (مَنْ عَمِلَ صَالِحاً مِّن ذَكَرٍ أَوْ أُنثَى وَهُوَ مُؤْمِنٌ فَلَنُحْيِيَنَّهُ حَيَاةً طَيِّبَةً وَلَنَجْزِيَنَّهُمْ أَجْرَهُم بِأَحْسَنِ مَا كَانُواْ يَعْمَلُونَ) .

وهناك شرطان :

الإيمانُ باللهِ ، ثمَّ العملُ الصالحُ ، (إِنَّ الَّذِينَ آمَنُوا وَعَمِلُوا الصَّالِحَاتِ سَيَجْعَلُ لَهُمُ الرَّحْمَنُ وُدّاً) .

وهناك فائدتان :

الحياةُ الطيبةُ في الدنيا والآخرةِ ، والأجرُ العظيمُ عند اللهِ سبحانهُ وتعالى (لَهُمُ الْبُشْرَى فِي الْحَياةِ الدُّنْيَا وَفِي الآخِرَةِ) .

****

البلاءُ في صالحِك

لا تجزعْ من المصائبِ ، ولا تكترثْ بالكوارثِ ، ففي الحديثِ : ((إن الله إذا أحبَّ قوماً ابتلاهم ، فمنْ رضي فلهُ الرضا ، ومنْ سخط فلهُ السخطُ)) .

***

عبوديةُ الإذعانِ والتسليمِ

ومنْ لوازمِ الإيمانِ أنْ ترضى بالقدرِ خيرهِ وشرّهِ ، ﴿ وَلَنَبْلُوَنَّكُم بِشَيْءٍ مِّنَ الْخَوْفِ وَالْجُوعِ وَنَقْصٍ مِّنَ الْأَمْوَالِ وَالْأَنفُسِ وَالثَّمَرَاتِ وَبَشِّرِ الصَّابِرِينَ ﴾ . إنَّ الأقدارَ ليستْ على رغباتِنا دائماً وإنما بقصورِنا لا نعرفُ الاختيارَ في القضاءِ والقدرِ ، فلسنا في مقامِ الاقتراحِ ، ولكننا في مقامِ العبوديّةِ والتسليمِ .

يُبتلى العبدُ على قدرِ إيمانهِ ، ((أُوعكُ كما يُوعَكُ رجلانِ منكُمْ)) ، ((أشدُّ الناسِ بلاءً الأنبياءُ ، ثمَّ الصالحون)) ، ﴿ فَاصْبِرْ كَمَا صَبَرَ أُوْلُوا الْعَزْمِ مِنَ الرُّسُلِ ﴾ ، ((مَن يردِ اللهُ به خيراً يصبْ منهُ)) ، ﴿ وَلَنَبْلُوَنَّكُمْ حَتَّىٰ نَعْلَمَ الْمُجَاهِدِينَ مِنكُمْ وَالصَّابِرِينَ وَنَبْلُوَ أَخْبَارَكُمْ ﴾ ، ﴿ وَلَقَدْ فَتَنَّا الَّذِينَ مِن قَبْلِهِمْ ﴾ .

***

مِن الإمارةِ إلى النجارةِ

عليُّ بنُ المأمونِ العباسي – أميرٌ وابنُ خليفةٍ – كان يسكنُ قصراً فخماً ، وعندهُ الدنيا مبذولةٌ ميسَّرةٌ ، فأطلَّ ذاتَ يومٍ من شرفةِ القصرِ ، فرأى عاملاً يكدحُ طيلةَ النهارِ ، فإذا أضحى النهارُ توضأَ وصلَّى ركعتينِ على شاطئِ دِجلةَ ، فإذا اقتربَ الغروبُ ذهبَ إلى أهلهِ ، فدعاهُ يوماً من الأيامِ فسألهُ فأخبرهُ أن لهُ زوجةً وأختينِ وأمّاً يكدحُ عليهنَّ ، وأنهُ لا قوتَ لهُ ولا دخلَ إلا ما يتكسبُهُ من السوقِ ، وأنهُ يصومُ كلَّ يومٍ ويُفطرُ معَ الغروبِ على ما يحصلُ ، قال : فهلْ تشكو مِنْ شيءٍ ؟ قال : لا والحمدُ للهِ ربِّ العالمين . فتركَ القصرَ ، وتركَ الإمارةَ ، وهامَ على وجههِ ، ووُجدَ ميتاً بعدَ سنواتٍ عديدةٍ وكان يعملُ في الخشبِ جهةَ خرسان ؛ لأنهُ وجدَ السعادةَ في عملهِ هذا ، ولم يجدْها في القصرِ ، ﴿ وَالَّذِينَ اهْتَدَوْا زَادَهُمْ هُدًى وَآتَاهُمْ تَقْوَاهُمْ ﴾ .

يذكرُني هذه بقصةِ أصحابِ الكهفِ ، الذين كانوا في القصورِ مع الملكِ ، فوجدوا الضيقَ ، ووجدوا التشتُّتَ ، ووجدوا الاضطرابَ ؛ لأنَّ الكفرَ يسكنُ القصرَ ، فذهبوا ، وقال قائلُهم : ﴿ فَأْوُوا إِلَى الْكَهْفِ يَنشُرْ لَكُمْ رَبُّكُم مِّن رَّحْمَتِهِ وَيُهَيِّئْ لَكُم مِّنْ أَمْرِكُم مِّرْفَقًا ﴾ .

لبيتٌ تخفقُ الأرياحُ فيهِ أحبُّ إليَّ مِنْ قصْرِ

سَمُّ الخِياطِ مع الأحبابِ ميدانُ ...

والمعنى : أن المحلَّ الضيِّق مع الحبِّ والإيمانِ ، ومع المودَّةِ يتَّسعُ ويتحمَّلُ الكثير ، ((**جفانُنا لضيوفِ الدار أجفانُ**)) .

****

منْ أسبابِ الكدرِ والنكدِ مجالسةُ الثقلاءِ

قال أحمدُ : الثقلاءُ أهلُ البدع . وقيلَ : الحمقى . وقيل الثقيلُ : هو ثخينُ الطبعِ ، المخالفُ في المشربِ ، البارِدُ في تصرفاتِه ، (**كَأَنَّهُمْ خُشُبٌ مُّسَنَّدَةٌ**) ، (**لاَ يَكَادُونَ يَفْقَهُونَ حَدِيثاً**) .

قال الشافعيَ عنهمْ : إنَّ الثقيل ليجلسُ إليَّ فأظنُّ أنَّ الأرض تميلُ في الجهةِ التي هو فيها.

وكان الأعمشُ إذا رأى ثقيلاً ، قال : (**رَبَّنَا اكْشِفْ عَنَّا الْعَذَابَ إِنَّا مُؤْمِنُونَ**) .

لا بأس بالقومِ مِنْ طُولٍ ومِنْ جِسْمُ البِغالِ وأحلامُ

وكان ابنُ تيمية إذا جالس ثقيلاً ، قال : مجالسةُ الثقلاءِ حمَّى الربْعِ، (**وَإِذَا رَأَيْتَ الَّذِينَ يَخُوضُونَ فِي آيَاتِنَا فَأَعْرِضْ عَنْهُمْ**) . (**فَلاَ تَقْعُدُواْ مَعَهُمْ**) . ((**مثلُ الجليسِ السيّئِ كنافخِ الكيرِ**)) . إنَّ مِن اثقلِ الناسِ على القلوبِ العريَّ من الفضائلِ الصغير في المُثُلِ، الواقف على شهواتِه ، المستسلم لرغباتِه، (**فَلاَ تَقْعُدُواْ مَعَهُمْ حَتَّى يَخُوضُواْ فِي حَدِيثٍ غَيْرِهِ إِنَّكُمْ إِذاً مِّثْلُهُمْ**) .

قال الشاعرُ :

أنت يا هذا ثقيلٌ وثقيلٌ أنت في المنظرِ إنسانٌ وفي

قال ابنُ القيمِ : إذا ابتُليت بثقيلٍ ، فسلِّم له جسمك ، وهاجرْ بروحِك ، وانتقلْ عنهُ وسافرْ ، وملِّكه أذناً صمَّاء ، وعيْناً عمياءَ ، حتى يفتح اللهُ بينك وبينه . (**وَلاَ تُطِعْ مَنْ أَغْفَلْنَا قَلْبَهُ عَن ذِكْرِنَا وَاتَّبَعَ هَوَاهُ وَكَانَ أَمْرُهُ فُرُطاً**) .

****

إلى أهلِ المصائبِ

في الحديثِ الصحيحِ : ((**منْ قبضتُ صفيَّهُ من أهلِ الدُّنْيا ثمَّ احْتَسَبَهُ عوضتهُ منه الجنة**)) . رواه البخاري .

وكانتْ في حياتِك لي فأنت اليوم أوعظُ منك

وفي الحديثِ الصحيح : ((**من ابتليتُه بحبيبتيْه (أي عينيْه) عوضتُه منهما الجنة**)) . (**فَإِنَّهَا لَا تَعْمَى الْأَبْصَارُ وَلَكِن تَعْمَى الْقُلُوبُ الَّتِي فِي الصُّدُورِ**) .

وفي حديثٍ صحيح : ((**إنَّ الله – عزَّ وجلَّ – إذا قبض ابن العبدِ المؤمنِ قال للملائكةِ : قبضتُم ابنَ عبدي المؤمنِ ؟ قالُوا : نعمْ . قال : قبضتُهمْ ثمرة فؤادِه ؟ قالوا : نعم . قال : ماذا قال عبدي ؟ قالوا : حَمَدَكَ واسترجَعَ . قال : ابْنُوا لعبدي بيتاً في الجنةِ ، وسمُّوه بَيْتَ الحَمْدِ**)) . رواه الترمذي .

وفي الأثرِ : يتمنَّى أناسٌ يوم القيامةِ أنَّهمْ قُرِضوا بالمقارضِ ، لِما يروْن منْ حُسْنِ عُقبى وثوابِ المصابين . (**إِنَّمَا يُوَفَّى الصَّابِرُونَ أَجْرَهُم بِغَيْرِ حِسَابٍ**) ، (**سَلَامٌ عَلَيْكُم بِمَا صَبَرْتُمْ**) ، (**رَبَّنَا أَفْرِغْ عَلَيْنَا صَبْراً**) ، (**وَاصْبِرْ وَمَا صَبْرُكَ إِلاَّ بِاللّهِ**) ، (**فَاصْبِرْ إِنَّ وَعْدَ اللَّهِ حَقٌّ**) .

وفي الحديثِ : ((إنَّ عِظَمَ الجزاءِ منْ عِظمِ البلاءِ ، وإنَّ الله إذا أحبَّ قوماً ابتلاهمْ ، فمنْ رضي فلهُ الرِّضا ، ومنْ سخِط فلَه السخطُ)) . رواه الترمذي .

إنَّ في المصائبِ مسائلَ : الصبرَ والقدرَ والأجرَ ، وليعلم العبدُ انَّ الذي أخذ هو الذي أعطى ، وأنَّ الذي سلب هو الذي منح، (**إِنَّ اللّهَ يَأْمُرُكُمْ أَن تُؤدُّواْ الأَمَانَاتِ إِلَى أَهْلِهَا**) .

وما المالُ والأهلون إلا ودائعٌ ولابدَّ يوماً أنْ تُردَّ الودائعُ

****

مشاهد التوحيد

إنَّ منْ مشاهِدِ التوحيدِ عند الأذيَّةِ (استقبالِ الأذى من الناسِ) أموراً :

أولُها **مشهدُ العفْوِ** : وهو مشهدُ سلامةِ القلبِ ، وصفائهِ ونقائِه لمنْ آذاك ، وحبُّ الخيرِ وهي درجةٌ زائدةٌ . وإيصالُ الخيْرِ والنَّفعِ له ، وهي درجة أعلى وأعظمُ ، فهي تبدأ بكظْمِ الغَيْظ ، وهو : أنْ لا تُؤذي منْ آذاك ، ثمَّ العفو ، وهو أنْ تسامحهُ ، وأنْ تغفرَ له زلَّتهُ . والإحسانِ ، وهو : أنْ تبادله مكان الإساءةِ

منه إحساناً منك ، ﴿ **وَالْكَاظِمِينَ الْغَيْظَ وَالْعَافِينَ عَنِ النَّاسِ وَاللَّهُ يُحِبُّ الْمُحْسِنِينَ** ﴾ ، ﴿ **فَمَنْ عَفَا وَأَصْلَحَ فَأَجْرُهُ عَلَى اللَّهِ** ﴾ ، ﴿ **وَلْيَعْفُوا وَلْيَصْفَحُوا** ﴾ .

وفي الأثر : ((**إنَّ الله أمرني أنْ أصِلَ منْ قطعني ، وأنْ أعفو عمَّنْ ظلمني وأنْ أعطي منْ حَرَمَنِي**)) .

ومشهدُ القضاءِ : وهي أنْ تعلم أنه ما آذاك إلا بقضاءٍ من اللهِ وقَدَرٍ ، فإنَّ العبد سببٌ من الأسبابِ ، وأنَّ المقدر والقاضي هو اللهُ ، فتسلِّم وتُذْعن لمولاك .

ومشهدُ الكفارةِ : وهي أنَّ هذا الأذى كفارةٌ منْ ذنوبك وحطٌّ منْ سيئاتِك ، ومحوٌ لزلاَّتِك ، ورفعةٌ لدرجاتِك ، ﴿ **فَالَّذِينَ هَاجَرُواْ وَأُخْرِجُواْ مِن دِيَارِهِمْ وَأُوذُواْ فِي سَبِيلِي وَقَاتَلُواْ وَقُتِلُواْ لأُكَفِّرَنَّ عَنْهُمْ سَيِّئَاتِهِمْ** ﴾ .

من الحكمةِ التي يؤتاها كثيرٌ من المؤمنين ، نَزْعُ فتيلِ العداوةِ ، ﴿ **ادْفَعْ بِالَّتِي هِيَ أَحْسَنُ فَإِذَا الَّذِي بَيْنَكَ وَبَيْنَهُ عَدَاوَةٌ كَأَنَّهُ وَلِيٌّ حَمِيمٌ** ﴾ ، ((**المسلمُ منْ سلِم المسلمون منْ لسانِه ويدِهِ**)) .

أيْ : أن تَلْقَى منْ آذاك بِبِشر وبكلمةٍ لينةٍ ، وبوجهٍ طليقٍ ، لتنزع منهُ أتون العداوةِ ، وتطفئ نار الخصومةِ ﴿ **وَقُل لِّعِبَادِي يَقُولُواْ الَّتِي هِيَ أَحْسَنُ إِنَّ الشَّيْطَانَ يَنزَغُ بَيْنَهُمْ** ﴾ .

كُن ريِّق البِشْرِ إنَّ الحُرَّ ... صحيفةٌ وعليها البِشْرُ

ومنْ مشاهدِ التوحيدِ في أذى منْ يؤذيك :

مشهدُ معرفةِ تقصيرِ النفسِ : وهو أنَّ هذا لم يُسلَّط عليك إلا بذنوبٍ منك أنت ، ﴿ **أَوَلَمَّا أَصَابَتْكُم مُّصِيبَةٌ قَدْ أَصَبْتُم مِّثْلَيْهَا قُلْتُمْ أَنَّى هَـذَا قُلْ هُوَ مِنْ عِندِ أَنْفُسِكُمْ** ﴾ ، ﴿ **وَمَا أَصَابَكُم مِّن مُّصِيبَةٍ فَبِمَا كَسَبَتْ أَيْدِيكُمْ** ﴾

وهناك مشهدٌ عظيمٌ ، وهو مشهدُ تحمدُ الله عليهِ وتشكرُه ، وهو : أنْ جعلك مظلوماً لا ظالماً .

وبعضُ السلفِ كان يقولُ : اللهمَّ اجعلْني مظلوماً لا ظالماً . وهذا كابنيْ آدم ، إذ قال خيرُهما : ﴿ **لَئِن بَسَطتَ إِلَيَّ يَدَكَ لِتَقْتُلَنِي مَا أَنَاْ بِبَاسِطٍ يَدِيَ إِلَيْكَ لأَقْتُلَكَ إِنِّي أَخَافُ اللَّهَ رَبَّ الْعَالَمِينَ** ﴾ .

وهناك مشهدٌ لطيفٌ آخرُ ، وهو : مشهدُ الرحمةِ وهو : إن ترْحَمَ منْ آذاك ، فإنهُ يستحقُّ الرحمةَ ، فإنَّ إصراره على الأذى ، وجرأته على مجاهرةِ اللهِ بأذيةِ مسلمٍ : يستحقُّ أن ترقَّ لهُ ، وأنْ ترحَمَهُ ، وأنْ تنقذه من هذا ، ((**انصرْ أخاك ظالماً أو مظلوماً**)) .

ولمَّا آذى مِسْطَحٌ أبا بكرٍ في عِرْضِهِ وفي ابنتِهِ عائشة ، حلف أبو بكرٍ لا ينفقُ على مسطح ، وكان فقيراً ينفقُ عليه أبو بكرٍ ، فأنزل اللهُ : (**وَلَا يَأْتَلِ أُوْلُوا الْفَضْلِ مِنكُمْ وَالسَّعَةِ أَن يُؤْتُوا أُوْلِي الْقُرْبَى وَالْمَسَاكِينَ وَالْمُهَاجِرِينَ فِي سَبِيلِ اللَّهِ وَلْيَعْفُوا وَلْيَصْفَحُوا أَلَا تُحِبُّونَ أَن يَغْفِرَ اللَّهُ لَكُمْ**) . قال أبو بكرٍ : بلى أُحِبُّ أن يغفرَ اللهُ لي . فأعاد له النفقة وعفا عنهُ .

وقال عيينةُ بنُ حِصْنٍ لعمر : هيهِ يا عمرُ ؟ واللهِ ما تعطينا الجَزْلَ ، ولا تحكمُ فينا بالعدْلِ . فهمّ به عمرُ ، فقال الحرُّ بنُ قيسٍ : يا أمير المؤمنين ، إنَّ الله يقول : (**خُذِ الْعَفْوَ وَأْمُرْ بِالْعُرْفِ وَأَعْرِضْ عَنِ الْجَاهِلِينَ**) ، قال : فواللهِ ما جاوزها عمرُ ، وكان وقّافاً عند كتابِ اللهِ .

وقال يوسُفُ إخوتِهِ : (**قَالَ لاَ تَثْرَيبَ عَلَيْكُمُ الْيَوْمَ يَغْفِرُ اللهُ لَكُمْ وَهُوَ أَرْحَمُ الرَّاحِمِينَ**) .

وأعلنها ﷺ في الملأِ فيمنْ آذاهُ وطرده وحاربه منْ كفارِ قريش ، قال : ((**اذهبُوا فأنتمُ الطلقاءُ**)) قالها يوم الفتحِ ، وفي الحديثِ : ((**ليس الشديدُ بالصُّرَعَةِ ، إنَّما الشديدُ الذي يملكُ نفسه عندَ الغضبِ**)) .

قال ابنُ المباركِ :

إذا صاحبت قوماً أهل   فكُن لهمُ كذي الرَّحِمِ
ولا تأخذْ بزلّةِ كلِّ قومٍ   فتبقى في الزمانِ بلا

قال بعضُهم : موجودٌ في الإنجيل : اغفرْ لمنْ أخطأ عليك مرةً سبع مراتٍ (**مَنْ عَفَا وَأَصْلَحَ فَأَجْرُهُ عَلَى اللهِ**)

أيْ : منْ أخطأ عليك مرةً فكرِّرْ عليه العَفْوَ سبع مراتٍ ، ليسلم لك دينُك وعِرْضُك ، ويرتاح قلبُك ، فإنَّ القصَاصَ منْ أعصابِك ومنْ دمِك ، ومنْ نومِك ومنْ راحتِك ومنْ عِرضِك ، وليس من الآخرين .

قال الهنودُ في مثلٍ لهم : « الذي يقهرُ نفسه : أشجعُ من الذي يفتحُ مدينةً » . (**إِنَّ النَّفْسَ لأَمَّارَةٌ بِالسُّوءِ إِلاَّ مَا رَحِمَ رَبِّيَ**) .

****

وقفةٌ

« أما دعوةُ ذي النونِ ، فإنَّ فيها منْ كمالِ التوحيدِ والتنزيهِ للربِّ تعالى ، واعترافِ العبدِ بظلمهِ وذنبه ، ما هو منْ أبلغ أدويةِ الكربِ والهمِّ والغمِّ ، وأبلغ الوسائلِ إلى اللهِ سبحانه في قضاءِ الحوائجِ فإنَّ التوحيد والتنزيه وتضمَّنانِ إثبات كلِّ كمالٍ للهِ ، وسلب كلِّ نقصٍ وعيبٍ وتمثيلٍ عنه . والاعترافُ بالظلمِ يتضمَّنُ إيمان العبدِ بالشرعِ والثوابِ والعقابِ ، ويُوجبُ انكساره ورجوعهُ إلى اللهِ ، واستقالته عثرته ، والاعتراف بعبوديتهِ وافتقارهِ إلى ربِّه فهاهنا أربعة أمورٍ قدْ وقع التوسُّلُ بها : التوحيدُ ، والتنزيهُ ، والعبوديةُ ، والاعترافُ » .

(**وَبَشِّرِ الصَّابِرِينَ{155} الَّذِينَ إِذَا أَصَابَتْهُم مُّصِيبَةٌ قَالُواْ إِنَّا لِلّهِ وَإِنَّـا إِلَيْهِ رَاجِعونَ{156} أُولَـئِكَ عَلَيْهِمْ صَلَوَاتٌ مِّن رَّبِّهِمْ وَرَحْمَةٌ وَأُولَـئِكَ هُمُ الْمُهْتَدُونَ**) .

****

اعتنِ بالظاهرِ والباطنِ

صفاءُ النفسِ بصفاءِ الثوبِ ، وهنا أمرٌ لطيفٌ وشيءٌ شريف ، وهو أنَّ بعض الحكماءِ يقولُ : منِ اتسخ ثوبُه ، تكدَّرتْ نفسُه . وهذا أمرٌ ظاهرٌ .

وكثيرٌ من الناسِ يأتيهِ الكَدَرُ بسببِ اتساخِ ثوْبِهِ ، أو تغيُّرِ هِندامِهِ ، أو عدمِ ترتيبِ مكتبتِهِ ، أو اختلاطِ الأوراقِ عنده ، أو اضطرابِ مواعيدِه وبرنامجِه اليوميِّ ، والكونُ بُني على النظامِ ، فمنْ عَرَفَ حقيقة هذا الدِّينِ ، علم أنه جاء لتنظيمِ حياةِ العبدِ ، قليلِها وكثيرِها ، صغيرِها وجليلِها ، وكلُّ شيءٍ عنده بحُسْبانٍ (**مَّا فَرَّطْنَا فِي الكِتَابِ مِن شَيْءٍ**) . وفي حديثٍ عند الترمذيِّ : ((**إنَّ اللهَ نظيفٌ يحبُّ النظافةَ**)) .

وعند مسلمٍ في الصحيحِ : ((**إنَّ اللهَ جميلٌ يحبُّ الجمالَ**)) .

وفي حديثٍ حسنٍ : ((**تجمَّلوا حتى تكونوا كأنكمْ شامةٌ في عيونِ الناسِ**)) .

يمشون في الحُللِ المضاعفِ   مشي الجمالِ إلى الجِمالِ

زأولُ الجمالِ : الاهتمامُ بالغُسْلِ . وعنْد البخاري : ((**حقٌّ على المسلمِ أنْ يغتسل في كلِّ سبعةِ أيامٍ يوماً ، يغسلُ فيه رأسه وجسمهُ**)) .

هذا على أقلِّ تقديرٍ . وكان بعضُ الصالحين يغتسلُ كلَّ يومٍ مرةً كعثمان بنِ عفان فيما ورد عنهُ ، (**هَذَا مُغْتَسَلٌ بَارِدٌ وَشَرَابٌ**) .

ومنها خصالُ الفطرةِ : كإعفاءِ اللحيةِ وقصِّ الشاربِ ، وتقليمِ الأظافرِ ، وأخذِ الشعرِ الزائدِ من الجسمِ ، والسواكِ ، والطِّيبِ ، وتخليلِ الأسنانِ ، وتنظيفِ الملابسِ ، والاعتناءِ بالمظهرِ ، فإنَّ هذا مما يوسِّعُ الصدر ويفسحُ الخاطر . ومنها لُبسُ البياضِ ، ((**البسوا البياض ، وكفِّنوا فيه موتاكمْ**)) .

رقـاقُ النعـالِ طيّبـاً   يُحيّـون بالرَّيْحـانِ يـوم

وقدْ عقد البخاريُّ باب : لُبسِ البياضِ : ((إنَّ الملائكة تنزلُ بثيابٍ بيضٍ عليهمْ عمائمُ بيضٌ)) .

ومنها ترتيبُ المواعيدِ في دفترٍ صغيرٍ ، وتنظيمُ الوقتِ ، فوقتٌ للقراءةِ ، ووقتٌ للعبادةِ ، ووقتٌ للمطالعةِ ، ووقتٌ للراحة ، (**لِكُلِّ أَجَلٍ كِتَابٌ**) ، (**وَإِن مِّن شَيْءٍ إِلاَّ عِندَنَا خَزَائِنُهُ وَمَا نُنَزِّلُهُ إِلاَّ بِقَدَرٍ مَّعْلُومٍ**) .

في مكتبةِ الكونجرسِ لوحةٌ مكتوبٌ عليها : الكونُ بُني على النظامِ . وهذا صحيحٌ ، ففي الشرائعِ السماويةِ الدعوةُ إلى التنظيمِ والتنسيقِ والترتيبِ ، وأخبر – سبحانه وتعالى – أنَّ الكون ليس لهْواً ولا عبثاً ، وأنه بقضاءٍ وقدرٍ ، وأنه بترتيبٍ وبحُسبانٍ : (**الشَّمْسُ وَالْقَمَرُ بِحُسْبَانٍ**) . (**لَا الشَّمْسُ يَنبَغِي لَهَا أَن تُدْرِكَ الْقَمَرَ وَلَا اللَّيْلُ سَابِقُ النَّهَارِ وَكُلٌّ فِي فَلَكٍ يَسْبَحُونَ**) . (**وَالْقَمَرَ قَدَّرْنَاهُ مَنَازِلَ حَتَّى عَادَ كَالْعُرْجُونِ الْقَدِيمِ**) . (**وَجَعَلْنَا اللَّيْلَ وَالنَّهَارَ آيَتَيْنِ فَمَحَوْنَا آيَةَ اللَّيْلِ وَجَعَلْنَا آيَةَ النَّهَارِ مُبْصِرَةً لِتَبْتَغُواْ فَضْلاً مِّن رَّبِّكُمْ وَلِتَعْلَمُواْ عَدَدَ السِّنِينَ وَالْحِسَابَ وَكُلَّ شَيْءٍ فَصَّلْنَاهُ تَفْصِيلاً**) . (**رَبَّنَا مَا خَلَقْتَ هَذا بَاطِلاً**) . (**وَمَا خَلَقْنَا السَّمَاء وَالْأَرْضَ وَمَا بَيْنَهُمَا لَاعِبِينَ{16} لَوْ أَرَدْنَا أَن نَّتَّخِذَ لَهْواً لَّاتَّخَذْنَاهُ مِن لَّدُنَّا إِن كُنَّا فَاعِلِينَ**) .

(وَقُلِ اعْمَلُواْ) :

كـان حكمـاءُ اليونـانِ إذا أرادُوا معالجـة المصـابِ بالأوهـامِ والقلـق والأمراضِ النفسيةِ : يجبرونهُ على العملِ في الفلاحة والبساتين ، فما يمرُّ وقتٌ قصير إلا وقد عادت إليه عافيته وطمأنينته ، (**فَامْشُوا فِي مَنَاكِبِهَا**) ، (**وَقُلِ اعْمَلُواْ**) .

إنَّ أهل الأعمالِ اليدويةِ همْ أكثر الناسِ راحةً وسعادةً وبسْطة بالٍ ، وانظرْ إلى هؤلاءِ العمَّالِ كيف يملكون منْ البالِ وقوةِ الأجسامِ ، بسببِ حركتِهمْ ونشاطِهمْ ومزاولاتِهمْ ، ((**وأعوذُ بك من العجْزِ والكسلِ**)) .

****

*

الْتجِئ إلى الله

اللهُ : هو الاسم الجليلُ العظيمُ ، هو أعرفُ المعارفِ ، فيه معنىً لطيفٌ ، قيل : هو مِنْ ألهَ ، وهو الذي تألهُهُ القلوبُ ، وتحبُّه ، وتسكنُ إليه ، وترضى بهِ وتركنُ إليهِ ، ولا يمكنُ للقلبِ أبداً أن يسكن أو يرتاح أو يطمئنَّ لغيرهِ سبحانه ، ولذلك علّم ﷺ فاطمة ابنتهُ دعاء الكرْبِ : ((**اللهُ ، اللهُ ربي لا أشركُ به شيئاً**)) . وهو حديثٌ صحيحٌ ، (**قُلِ اللّهُ ثُمَّ ذَرْهُمْ فِي خَوْضِهِمْ يَلْعَبُونَ**) ، (**وَهُوَ الْقَاهِرُ فَوْقَ عِبَادِهِ**) ، (**اللّهُ لَطِيفٌ بِعِبَادِهِ**) ، (**وَمَا قَدَرُوا اللَّهَ حَقَّ قَدْرِهِ وَالْأَرْضُ جَمِيعاً قَبْضَتُهُ يَوْمَ الْقِيَامَةِ وَالسَّماوَاتُ مَطْوِيَّاتٌ بِيَمِينِهِ سُبْحَانَهُ وَتَعَالَى عَمَّا يُشْرِكُونَ**) ، (**يَوْمَ نَطْوِي السَّمَاء كَطَيِّ السِّجِلِّ لِلْكُتُبِ**) ، (**إِنَّ اللَّهَ يُمْسِكُ السَّمَاوَاتِ وَالْأَرْضَ أَن تَزُولَا**) .

****

عليهِ توكَّلْتُ

ومنْ أعظمِ ما يُضفي السعادة على العبدِ ركونُهُ إلى ربِّه ، وتوكُّلُه عليه ، واكتفاؤه بولايتهِ ورعايتهِ وحراستهِ ، (**هَلْ تَعْلَمُ لَهُ سَمِيّاً**) ، (**إِنَّ وَلِيِّـيَ اللّهُ الَّذِي نَزَّلَ الْكِتَابَ وَهُوَ يَتَوَلَّى الصَّالِحِينَ**) ، (**أَلا إِنَّ أَوْلِيَاء اللّهِ لاَ خَوْفٌ عَلَيْهِمْ وَلاَ هُمْ يَحْزَنُونَ**) .

****

أجمعُوا على ثلاثةٍ

طالعتُ الكتب التي تعتني بمسألةِ القلقِ والاضطرابِ ، سواءٌ كانتْ لسلفنا من محدِّثين وأدباء ومربِّين ومؤرِّخين أو لغيرِهمْ مع النشراتِ والكتبِ الشرقيةِ والغربيةِ والمترجمةِ ، والدورياتِ والمجلاَّتِ ، فوجدتُ الجميع مجمعين على ثلاثةِ أسسٍ لمنْ أراد الشفاء والعافية وانشراح الصدرِ ، وهي :

الأولُ : الاتصالُ باللهِ عزَّ وجلَّ ، وعبوديتُه ، وطاعتُه واللجوءُ إليه ، وهي مسألةُ الإيمانِ الكبرى ، (**فَاعْبُدْهُ وَاصْطَبِرْ لِعِبَادَتِهِ**) .

الثاني : إغلاقُ ملفِّ الماضي ، بمآسيهِ ودموعِه ، وأحزانِه ومصائِبه ، وآلامِه وهمومِه ، والبدءِ بحياةٍ جديدةٍ مع يومٍ جديدٍ .

الثالث : تـرْكُ المستقبلِ الغائب ، وعدمُ الاشتغالِ بـهِ والانهماكُ فيـهِ ، وتركُ التوقعاتِ والانتظاراتِ والتوجُّساتِ ، وإنَّما العيشُ في حدودِ اليومِ فَحَسْبُ .

قال عليٌّ : إيَّاكمْ وطول الأملِ ، فإنَّه يُنْسِي ، (**وَظَنُّوا أَنَّهُمْ إِلَيْنَا لَا يُرْجَعُونَ**) .

إيَّاك وتصديق الأراجيفِ والشائعاتِ ، فإنَّ الله قال عنْ أعدائِه : (**يَحْسَبُونَ كُلَّ صَيْحَةٍ عَلَيْهِمْ**) .

وعرفتُ أناساً منْ سنواتٍ عديدةٍ ، وهمْ ينتظرون أموراً ومصائب وحوادث وكوارث لمْ تقعْ ، ولا يزالون يُخوِّفون أنفسهم وغيرهم منها، فسبحان الله ما أنكدُ عَيْشَهمْ !! ومَثَلُ هؤلاءِ كالسجينِ المعذَّبِ عند الصينيين ، فإنهمْ يجعلونه تحت أنبوبٍ يقطُرُ على رأسِهِ قطرةً من الماءِ في الدقيقةِ الواحدةِ ، فيبقى هذا السجينُ ينتظرُ كلَّ قطرةٍ ثمَّ يصيبُه الجنونُ ، ويفقدُ عقله . وقدْ وصف اللهُ أهل النارِ فقال : (**لَا يُقْضَى عَلَيْهِمْ فَيَمُوتُوا وَلَا يُخَفَّفُ عَنْهُم مِّنْ عَذَابِهَا**) ، (**لَا يَمُوتُ فِيهَا وَلَا يَحْيَى**) ، (**كُلَّمَا نَضِجَتْ جُلُودُهُمْ بَدَّلْنَاهُمْ جُلُوداً غَيْرَهَا**) .

****

أحِلْ ظالمك على الله

إلى الدَّيانِ يوم الحشْرِ وعند اللهِ تجتمعُ

ويكفي العبد إنصافاً وعدْلاً أنهُ ينتظرُ يوماً يجمعُ اللهُ فيهِ الأولينَ والآخرين ، لا ظلم في ذلك اليومِ ، والحكمُ هو اللهُ عزَّ وجلَّ ، والشهودُ الملائكةُ ، (**وَنَضَعُ الْمَوَازِينَ الْقِسْطَ لِيَوْمِ الْقِيَامَةِ فَلَا تُظْلَمُ نَفْسٌ شَيْئاً وَإِن كَانَ مِثْقَالَ حَبَّةٍ مِّنْ خَرْدَلٍ أَتَيْنَا بِهَا وَكَفَى بِنَا حَاسِبِينَ**) .

****

كسرى وعجوزٌ

ذكر بُزر جمهرُ حكيمُ فارس : أنَّ عجوزاً فارسيةً كان عندها دجاجٌ في كوخٍ مجاورٍ لقصرِ كسرى الحاكمِ ، فسافرتْ إلى قريةٍ أخرى ، فقالتْ : يا ربِّ أستودعُك الدجاج . فلمَّا غابتْ ، عدا كسرى على كوخِها ليوسع قصْره وبستانهُ ، فذبح جنودُه الدجاج ، وهدمُوا الكوخ ، فعادتِ العجوزُ فالتفتتْ إلى السماءِ وقالتْ : يا ربِّ ، غبتُ أنا فأين أنت ! فأنصفها اللهُ وانتقم لها ، فعدا ابنُ كسرى

على أبيه بالسكينِ فقتلهُ على فراشِه . (**أَلَيْسَ اللَّهُ بِكَافٍ عَبْدَهُ وَيُخَوِّفُونَكَ بِالَّذِينَ مِن دُونِهِ**) ، ليتنا جميعاً نكونُ كخيْرَي ابني آدم القائلِ : (**لَئِن بَسَطتَ إِلَيَّ يَدَكَ لِتَقْتُلَنِي مَا أَنَاْ بِبَاسِطٍ يَدِيَ إِلَيْكَ لَأَقْتُلَكَ**) . ((**كنْ عبد اللهِ المقتول ، ولا تكنْ عبد الله القاتل**)) ، إنَّ عند المسلمِ مبدأ ورسالةً وقضيةً أعظمُ من الانتقامِ والتشفي والحِقْدِ والكراهيةِ .

****

مُرَكَّبُ النقْصِ قد يكونُ مُرَكَّبَ كمالٍ

(**لا تَحْسَبُوهُ شَرّاً لَّكُم بَلْ هُوَ خَيْرٌ لَّكُمْ**) . بعضُ العباقرةِ شقُّوا طريقهم بصمودٍ لإحساسِهم بنقصٍ عارضٍ ، فكثيرٌ من العلماءِ كانوا موالي ، كعطاءٍ ، وسعيدِ بن جُبيْرٍ ، وقتَادَة ، والبخاريّ ، والترمذيّ ، وأبي حنيفة .

وكثيرٌ منْ أذكياءِ العالمِ وبحورِ الشريعةِ أصابهُم العمى ، كابن عباسٍ ، وقتادة ، وابنِ أمّ مكتوم ، والأعمشِ ، ويزيدِ بنِ هارون .

ومن العلماء المتأخرين : الشيخُ محمدُ بنُ إبراهيم آل الشيخ ، والشيخُ عبدُالله بنُ حميد ، والشيخ عبدُالعزيزِ بنُ بازٍ . وقرأتُ عن أذكياء ومخترعين وعباقرةٍ عَرَبٍ كان بهمْ عاهاتٌ ، فهذا أعمى ، وذاك أصمُّ وآخرُ أعوجُ ، وثانٍ مُقْعدٌ ، ومع ذلك أثَّروا في التاريخ ، وأثَّروا في حياةِ البشريةِ بالعلومِ والاختراعاتِ والكشوفِ . (**وَيَجْعَل لَّكُمْ نُوراً تَمْشُونَ بِهِ**) .

ليستِ الشهادةُ العلميةُ الراقيةُ كلَّ شيءٍ ، لا تهتمَّ ولا تغتمَّ ولا تضِقْ ذرْعاً لأنك لم تنلِ الشهادة الجامعية ، أو الماجستير ، أو الدكتوراه ، فإنها ليستْ كلَّ شيء ، بإمكانِك أنْ تؤثِّرَ وأنْ تلمع وأنْ تقدّم للأمةِ خيراً كثيراً ، ولوْ لمْ تكنْ صاحب شهادةٍ علميةٍ . كمْ منْ رجلٍ شهيرٍ خطيرٍ نافعٍ لا يحملُ شهادةً ، إنما شقَّ طريقه بعصاميَّتِه وطموحِه وهمَّتِه وصمودِه . نظرتُ في عصرِنا الحاضرِ فرأيتُ كثيراً من المؤثِّرين في العالمِ الشرعي والدعوةِ والوعي والتربيةِ والفكرِ والأدبِ ، لم يكنْ عندهمْ شهاداتٌ عالميةٌ ، مثلُ الشيخ ابن بازٍ ، ومالكِ بنِ نبيٍّ ، والعقادِ ، والطنطاوي ، وأبي زهرة ، والمودوديّ والندويّ ، وجمعٍ كثيرٍ .

ودونك علماء السلفِ ، والعباقرة الذين مرُّوا في القرونِ المفضَّلةِ .

نفسُ عصامٍ سوَّدتْ عصاماً وعلَّمتْهُ الكرَّ والإقداما

وعلى الضدِّ مِنْ ذلك آلافُ الدكاترةِ في العالمِ طولاً وعرضاً ، (**هَلْ تُحِسُّ مِنْهُم مِّنْ أَحَدٍ أَوْ تَسْمَعُ لَهُمْ رِكْزاً**) . القناعةُ كَنْزٌ عظيمٌ ، وفي الحديثِ الصحيح : ((**ارض بما قسم اللهُ لك تَكُنْ أغنى الناسِ**)) .

ارضْ بأهلِك ، بدخْلِك ، بمرْكبِك ، بأبنائِك ، بوظيفتِك ، تجدِ السعادة والطمأنينة .

وفي الحديثِ الصحيحِ : ((**الغِنى غِنى النفسِ**)) .

وليس بكثْرةِ العرضِ ولا بالأموالِ وبالمنصبِ، لكنَّ راحة النفسِ ، ورضاها بما قَسَمَ الله.

وفي الحديثِ الصحيح : ((**إنَّ الله يحبُّ العبد الغنيَّ التقيَّ الخفيَّ**)) .

وحديثِ : ((**اللهمَّ اجعلْ غناه في قلبِهِ**)) .

قال أحدُهم : ركبتُ مع صاحبِ سيارةٍ من المطارِ ، متوجِّهاً إلى مدينةٍ من المدنِ ، فرأيتُ هذا السائق مسروراً جذِلاً ، حامداً للهِ وشاكراً ، وذاكراً لمولاهُ ، فسألْه عن أهلِه فأخبرني أنَّ عنده أسرتين ، وأكثر مِنْ عشرةِ أبناءٍ ، ودخلُهُ في الشهرِ ثمانمائةِ ريالٍ فَحَسْبُ ، وعنده غُرفٌ قديمةٌ يسكنُها هو وأهلُه ، وهو مرتاح البالِ ، لأنهُ راضٍ بما قَسَمَ اللهُ لهُ .

قال : فعجبتُ حينما قارنتُ بين هذا وبين أناسٍ يملكونُ مليارات من الأموالِ والقصورِ والدورِ ، وهمْ يعيشون ضنْكاً من المعيشةِ ، فعرفتُ أن السعادة ليستْ في المالِ .

عرفتُ خَبَرَ تاجرٍ كبيرٍ ، وثريٍّ شهيرٍ عندهُ آلافُ الملايين وعشراتُ القصورِ والدورِ ، وكانَ ضيِّق الخُلُقِ ، شرس التعاملِ ثائر الطبع ، كاسف البالِ ، مات في غربةٍ عنْ أهلِه ، لأنهُ لم يَرْضَ بما أعطاهُ اللهُ إياه ، (**ثُمَّ يَطْمَعُ أَنْ أَزِيدَ{15} كَلَّا إِنَّهُ كَانَ لِآيَاتِنَا عَنِيداً**) .

منْ معالمِ راحةِ البالِ عند العربيِّ القديمِ أنْ يَخْلُو بنفسِه في الصحراءِ ، وينفرد عنِ الأحياءِ ، يقولُ أحدُهم :

عوى الذئبُ فاستأنستُ بالذئبِ إذْ وصوَّت إنسانٌ فكِدْتُ أطيرُ

وقد خرج أبوٌّ ذر إلى الربذةِ . وقال سفيانُ الثوريَّ : وددْتُ أني في شِعْبٍ من الشِّعابِ لا يعرفُني أحدٌ ! وفي الحديثِ : ((**يُوشِكُ أنْ يكون خَيْرَ مالِ المسلمِ : غَنَمٌ يتبعُ بها مواقع القطرِ وشعف الجبالِ ، ويفرُّ بدينِه من الفِتنِ**)) .

فإذا حصلتِ الفتنُ كان الأسلمُ للعبدِ الفرار منها ، كما فعل ابنُ عُمرَ وأسامةُ بنُ زيدٍ ومحمدُ بنُ مسلمة لما قُتِل عثمانُ .

عَرفْتُ أناساً ما أصابهمُ الفقْرُ والكدرُ وضيقُ الصَّدْرِ إلا بسببِ بُعْدِهم عنِ اللهِ عزَّ وجلَّ ، فتجدُ أحدهم كان غنيّاً ورزقُهُ واسعاً ، وهو في عافيةٍ منْ ربِّه ، وفي خيرٍ منْ مولاه ، فأعرض عنْ طاعةِ اللهِ ، وتهاون بالصلاةِ ، واقترف كبائر الذنوبِ ، فسلبَه ربُّه عافية بدنِه ، وَسَعَة رِزْقِهِ ، وابتلاهُ بالفقْرِ والهمِّ والغمِّ ، فأصبح منْ نكدٍ إلى نَكَدٍ ، ومنْ بلاءٍ إلى بلاءٍ ، **(وَمَنْ أَعْرَضَ عَن ذِكْرِي فَإِنَّ لَهُ مَعِيشَةً ضَنكاً)** ، **(ذَلِكَ بِأَنَّ اللّهَ لَمْ يَكُ مُغَيِّراً نِّعْمَةً أَنْعَمَهَا عَلَى قَوْمٍ حَتَّى يُغَيِّرُواْ مَا بِأَنفُسِهِمْ)** ، وقوله تعالى : **(وَمَا أَصَابَكُم مِّن مُّصِيبَةٍ فَبِمَا كَسَبَتْ أَيْدِيكُمْ وَيَعْفُو عَن كَثِيرٍ)** ، **(وَأَن لَّوِ اسْتَقَامُوا عَلَى الطَّرِيقَةِ لَأَسْقَيْنَاهُم مَّاء غَدَقاً)**.

ودِدتُ أنَّ عندي وصفةً سحريَّة ألقيها على همومك وغمومِك وأحزانِك ، فإذا هي تلْقفُ ما يأفِكون ، لكنْ مِنْ أين لي ؟! ولكنْ سوف أخبرُك بوصفةٍ طبيَّةٍ منْ عيادةِ علماءِ الملَّةِ وروَّاد الشَّريعةِ ، وهي : اعبدِ الخالق ، وارض بالرزقِ ، وسلِّمْ بالقضاءِ ، وازهدْ في الدُّنيا ، وقصِّرِ الأمل . انتهى .

عجبتُ العالِم نفسانِّي شهيرٍ أمريكيٍّ ، اسمُهُ (وليم جايمس) ، هو أبو علمِ النفسِ عندهم ، يقولُ : إننا نحنُ البشرُ نفكِّرُ فيما لا نملكُ ، ولا نشكرُ الله على ما نملكُ ، وننظرُ إلى الجانبِ المأسويِّ المظلمِ في حياتِنا ، ولا ننظرُ إلى الجانب المشْرقِ فيها ، ونتحسَّرُ على ما ينقصُنا ، ولا نسعدُ بما عندنا ، **(لَئِن شَكَرْتُمْ لأَزِيدَنَّكُمْ)** ، **((وأعوذُ باللهِ منْ نفسٍ لا تَشْبَعُ))** .

وفي الحديثِ : **((منْ أصبح والآخرةُ همُّه ، جمع اللهُ شمله ، وجَعَلَ غناه في قلبِه ، وأتتْه الدنيا وهي راغمةٌ ، ومنْ أصبح والدنيا همُّه ، فرَّق اللهُ عليهِ شمله ، وجعلَ فقْرَهُ بين عيْنَيْه ، ولم يأتِه من الدنيا إلاَّ ما كُتِب له))** . **(وَلَئِن سَأَلْتَهُم مَّنْ خَلَقَ السَّمَاوَاتِ وَالْأَرْضَ وَسَخَّرَ الشَّمْسَ وَالْقَمَرَ لَيَقُولُنَّ اللَّهُ فَأَنَّى يُؤْفَكُونَ)** .

****

وأخيراً اعترفُوا

(سخروف) عالمٌ روسيٌّ ، نُفِي إلى جزيرةِ سيبيريا ، لأفكارِه المخالفةِ للإلحادِ ، والكفرِ باللهِ ، فكان يُنادي أنَّ هناك قوةً فاعلةً مؤثرةً في العالمِ خلاف

ما يقولُه الشيوعيُّون : لا إله ، والحياةُ مادةٌ . ومعنى هذا : أنَّ النفوس مفطورةٌ على التوحيدِ . (**فِطْرَةَ اللَّهِ الَّتِي فَطَرَ النَّاسَ عَلَيْهَا**) .

إنَّ الملحد لا مكان له هنا وهناك ؛ لأنه منكوسُ الفِطْرةِ ، خاوي الضميرِ مبتورُ الإرادةِ ، مخالفٌ لمنهجِ اللهِ في الأرضِ .

قابلتُ أستاذاً مسلماً في معهدِ الفكرِ الإسلاميِّ بواشنطن قبل سقوطِ الشيوعيةِ – أو الاتحادِ السوفيتيِّ – بسنتين ، فذكر لي هذه الآية : (**وَنُقَلِّبُ أَفْئِدَتَهُمْ وَأَبْصَارَهُمْ كَمَا لَمْ يُؤْمِنُواْ بِهِ أَوَّلَ مَرَّةٍ وَنَذَرُهُمْ فِي طُغْيَانِهِمْ يَعْمَهُونَ**) وقال: سوف تتمُّ هذه الآيةُ فيهمْ: (**فَأَتَى اللَّهُ بُنْيَانَهُم مِّنَ الْقَوَاعِدِ فَخَرَّ عَلَيْهِمُ السَّقْفُ مِن فَوْقِهِمْ**) ، (**فَأَعْرَضُوا فَأَرْسَلْنَا عَلَيْهِمْ سَيْلَ الْعَرِمِ**) ، (**فَكُلاًّ أَخَذْنَا بِذَنبِهِ**) ، (**فَيَأْتِيَهُم بَغْتَةً وَهُمْ لا يَشْعُرُونَ**) .

****

لحظاتٌ مع الحمقى

للزيَّاتِ في مجلةِ (الرسالة) كلامٌ عجيبٌ ، ومقالةٌ رائعةٌ في وصفِ الشيوعيةِ ، حينما أرسلوا سفينة الفضاءِ إلى القمرِ وعادتْ ، فكتبَ أَحَدُ روّادِها مقالاً في صحيفةِ (البرافدا) الروسيةِ ، يقولُ فيها : صعِدْنا إلى السماءِ فلمْ نجدْ هناك إلهاً ولا جنةً ولا ناراً ولا ملائكةً .

فكتب الزيَّاتْ مقالةً فيها : « عجباً لكم أيُّها الحُمُرُ الحمْقى !! أتظنون أنكمْ سوف تَرَوْنَ ربَّكُم على عرشِهِ بارزاً ، وسوف ترون الحُور العِين في الجناتِ يمشِين في الحريرِ ، وسوف تسمعون رقرقة الكوْثرِ ، وسوف تشمُّون رائحة المعذَّبين في النارِ ، إنكمْ إنْ ظننتم ذلك خسرتُم خسرانكم الذي تعيشونه ، ولكنْ لا أفسرُ ذلك التيه والضلال والانحراف والحُمْق إلا بالشيوعيةِ والإلحادِ الذي في رؤوسِكمْ . إنَّ الشيوعية يومٌ بلا غدٍ ، وأرضٌ بلا سماءٍ ، وعملٌ بلا خاتمةٍ ، وسعيٌ بلا نتيجةٍ .. » إلى آخرِ ما قال ، (**أَمْ تَحْسَبُ أَنَّ أَكْثَرَهُمْ يَسْمَعُونَ أَوْ يَعْقِلُونَ إِنْ هُمْ إِلَّا كَالْأَنْعَامِ بَلْ هُمْ أَضَلُّ سَبِيلاً**) ، (**لَهُمْ قُلُوبٌ لاَّ يَفْقَهُونَ بِهَا وَلَهُمْ أَعْيُنٌ لاَّ يُبْصِرُونَ بِهَا وَلَهُمْ آذَانٌ لاَّ يَسْمَعُونَ بِهَا**) ، (**وَمَن يُهِنِ اللَّهُ فَمَا لَهُ مِن مُّكْرِمٍ**) ، (**أَعْمَالُهُمْ كَسَرَابٍ بِقِيعَةٍ**) ، (**أَعْمَالُهُمْ كَرَمَادٍ اشْتَدَّتْ بِهِ الرِّيحُ فِي يَوْمٍ عَاصِفٍ**) .

ومن كلامِ العقادِ في كتابِ (مذاهبُ ذوي العاهاتِ) ، وهو ينهدُ غاضباً على هذهِ الشيوعيةِ ، وعلى هذا الإلحادِ السخيفِ الذي وقع في العالمِ ، كلامٌ ما

معناه : إنَّ الفطرة السويَّة تقبلُ هذا الدين الحقّ ، دين الإسلامِ ، أما المعاقون عقلياً والمختلفونِ وأهلُ الأفكارِ العفِنةِ القاصرةِ ، فإنها يمكنُ أنْ ترتكب الإلحاد . (**وَطُبِعَ عَلَى قُلُوبِهِمْ فَهُمْ لاَ يَفْقَهُونَ**) .

إنَّ الإلحاد ضربةٌ قاصمةٌ للفكرِ ، وهو أشبهُ بما يُحدِّثُه الأطفالُ في عالمِهم ، وهو خطيئةٌ ما عَرَفَ الدهرُ أكبر منها خطيئةً . ولذلك قال اللهُ سبحانه وتعالى: (**أَفِي اللهِ شَكٌّ....**) !!

يعني : أنَّ الأمر لا شكَّ فيه ، وهو ظاهرٌ . بلْ ذكر ابنُ تيمية : أن الصانع - يعني : الله سبحانه وتعالى – لم ينكرْه أحدٌ في الظاهرِ إلا فرعونُ ، مع العلمِ أنهُ معترفٌ به في باطنِه ، وفي داخلِه ، ولذلك يقولُ موسى : (**قَالَ لَقَدْ عَلِمْتَ مَا أَنزَلَ هَـؤُلاء إِلاَّ رَبُّ السَّمَاوَاتِ وَالأَرْضِ بَصَآئِرَ وَإِنِّي لأَظُنُّكَ يَا فِرْعَونُ مَثْبُوراً**) ، ولكنَّ فرعونَ في آخرِ المطافِ صرخ بما في قلبِه : (**آمَنتُ أَنَّهُ لا إِلِـهَ إِلاَّ الَّذِي آمَنَتْ بِهِ بَنُو إِسْرَائِيلَ وَأَنَاْ مِنَ الْمُسْلِمِينَ**) .

****

الإيمانُ طريقُ النجاةِ

في كتابِ (اللهُ يتجلّى في عصرِ العلمِ) ، وكتاب (الطبُّ مِحْرابُ الإيمانِ) حقيقةٌ وهي : وجدتُ أنَّ أكثر مُعين للعبدِ في التخلُّصِ منْ همومِه وغمومِه ، هو الإيمانُ باللهِ عزَّ وجلّ، وتفويضُ الأمرِ إليه ، (**وَأُفَوِّضُ أَمْرِي إِلَى اللَّهِ**) ، (**مَا أَصَابَ مِن مُّصِيبَةٍ إِلَّا بِإِذْنِ اللَّهِ وَمَن يُؤْمِن بِاللَّهِ يَهْدِ قَلْبَهُ**) .

منْ يعلمْ أنَّ هذا بقضاءٍ وقدرٍ ، يهدِ قلبه للرضا والتسليمِ أو نحو ذلك ، (**وَيَضَعُ عَنْهُمْ إِصْرَهُمْ وَالأَغْلاَلَ الَّتِي كَانَتْ عَلَيْهِمْ**) .

وأعلمُ أني لم تُصِبْني مِنِ الله إلا قدْ أصابتْ فتىً

إن كُتَّاب الغربِ اللامعِين ، مثل (كرسي مريسون) ، و (ألكس كاريل) ، و (دايل كارنيجي) ، يعترفون أنَّ المنقذ للغربِ الماديِّ المتدهورِ في حياتهم إنما هو الإيمانُ باللهِ عزَّ وجلَّ ، وذكروا أنَّ السبب الكبير والسرَّ الأعظم في حوادثِ الانتحاراتِ التي أصبحتْ ظاهرةً في الغربِ ، إنّما هو الإلحادُ والإعراضُ عنِ الله – عزَّ وجلَّ – ربِّ العالمين ، (**لَهُمْ عَذَابٌ شَدِيدٌ بِمَا نَسُوا يَوْمَ الْحِسَابِ**) ، (**وَمَن يُشْرِكْ بِاللَّهِ فَكَأَنَّمَا خَرَّ مِنَ السَّمَاء فَتَخْطَفُهُ الطَّيْرُ أَوْ تَهْوِي بِهِ الرِّيحُ فِي مَكَانٍ سَحِيقٍ**) .

ذكرتْ جريدةُ (الشرق الأوسط) في عددها بتاريخ 21/ 4/ 1415 هـ ، نقلاً عنْ مذكراتِ عقيلةِ الرئيسِ الأمريكيِّ السابقِ (جورج بوش) : أنّها حاولتِ الانتحار أكثر منْ مرةٍ ، وقادتِ السيارة إلى الهاويةِ تطلبُ الموت مظانَّهُ ، وحاولتْ أنْ تختنق .

لقدْ حضر قزمانُ معركة أُحدٍ يقاتلُ فيها مع المسلمين فقاتلُ قتالاً شديداً . قال الناسُ : هنيئاً له الجنةُ . فقال ﷺ : ((إنهُ منْ أهلِ النارِ))!! فاشتدتْ به جراحُه فلم يصبرْ ، فقَتَلَ نفسه بالسيفِ فمات، (**الَّذِينَ ضَلَّ سَعْيُهُمْ فِي الْحَيَاةِ الدُّنْيَا وَهُمْ يَحْسَبُونَ أَنَّهُمْ يُحْسِنُونَ صُنْعاً**).

وهذا معنى قولِهِ سبحانه وتعالى: (**وَمَنْ أَعْرَضَ عَن ذِكْرِي فَإِنَّ لَهُ مَعِيشَةً ضَنكاً**) .

إنَّ المسلم لا يقدمُ على مثلِ هذهِ الأمورِ ، مهما بلغتْ الحالُ . إنَّ ركعتين بوضوءٍ وخشوعٍ وخضوعٍ كفيلتان أنْ تُنهيا كلَّ هذا الغمِّ والكدرِ والهمِّ والإحباطِ ، (**وَمِنْ آنَاء اللَّيْلِ فَسَبِّحْ وَأَطْرَافَ النَّهَارِ لَعَلَّكَ تَرْضَى**) .

إنَّ القرآن يتساءلُ عنْ هذا العالمِ ، وعنِ انحرافِه وضلالِه فيقولُ : (**فَمَا لَهُمْ لَا يُؤْمِنُونَ**) ؟! ما هو الذي يردُّهمْ عنِ الإيمانِ، وقدْ وضُحتِ المحجةُ ، وقامتِ الحجةُ، وبان الدليلُ ، وظهر الحقُّ ، وسطع البرهانُ. (**سَنُرِيهِمْ آيَاتِنَا فِي الْآفَاقِ وَفِي أَنفُسِهِمْ حَتَّى يَتَبَيَّنَ لَهُمْ أَنَّهُ الْحَقُّ**) ، يتبينُ لهمْ أنَّ محمداً ﷺ صادقٌ ، وأنَّ الله إلهٌ يستحقُّ العبادة ، وأنَّ الإسلام دينٌ كاملٌ يستحقُّ أنْ يعتنقه العالمُ ، (**وَمَن يُسْلِمْ وَجْهَهُ إِلَى اللَّهِ وَهُوَ مُحْسِنٌ فَقَدِ اسْتَمْسَكَ بِالْعُرْوَةِ الْوُثْقَى**).

****

حتى الكُفَّارُ درجاتٌ

في مذكراتِ الرئيسِ (جورج بوش) بعنوان (سيرةٌ إلى الأمامِ) : ذكر أنَّه حضر جنازة برجنيف) ، رئيسِ الاتحادِ السوفيتيِّ في موسكو ، قال فوجدتُها جنازةً مظلمةً قاتمةً ، ليس فيها إيمانٌ ولا روحٌ . لأنّ (بوش) نصرانيٌّ وأولئك ملاحدةٌ (**وَلَتَجِدَنَّ أَقْرَبَهُمْ مَوَدَّةً لِّلَّذِينَ آمَنُواْ الَّذِينَ قَالُوَاْ إِنَّا نَصَارَى**) .

فانظرْ كيف أدرك هذا مع ضلالِهِ انحراف أولئك ، لأنَّ الأمر أصبح نسبيّاً فكيف لو عَرَف بوش الإسلام ، دينَ اللهِ الحقِّ ؟! (**وَمَن يَبْتَغِ غَيْرَ الإِسْلاَمِ دِيناً فَلَن يُقْبَلَ مِنْهُ وَهُوَ فِي الآخِرَةِ مِنَ الْخَاسِرِينَ**) .

وذكَّرنـي هـذا بمقالـةٍ لشيخِ الإسلامِ ابـنِ تيميـة ، وهـو يتحـدَّثُ عـن أحـدِ البطائحيةِ (الفرقِ الضالَّةِ الصوفيةِ المنحرفةِ) . يقولُ هذا البطائحيُّ لابنِ تيمية : ما لكمْ يا ابن تيمية إذا جئْنا إليكمْ – يعني أهل السنةِ – بارتْ كرامتُنا وبطلتْ ، وإذا ذهبْنا إلى التترِ المغولِ الكفارِ ظهرتْ كرامتُنـا؟ قال ابنُ تيميـة : أتدري ما مثلُنا ومثلُكم ومثَلُ التتـارِ ؟ أما نحنُ فخيولٌ بيضٌ ، وأنتم بُلْقٌ ، والتترُ سُودٌ ، فالأبلقُ إذا دخل بين السودِ أصبح أبيض ، وإذا خالط البض أصبح أسود ، فأنتمْ عندكمْ بقيةٌ منْ نورٍ ، إذا دخلتمْ مع أهلِ الكفرِ ظَهَرَ هذا النورُ وإذا أتيتُم إلينا ونحنُ أهل النورِ الأعظمِ والسنة ، ظهر ظلامُكم وسوادُكم ، فهذا مثلُكم ومثلُنا ومثلُ التتارِ . (**وَأَمَّا الَّذِينَ ابْيَضَّتْ وُجُوهُهُمْ فَفِي رَحْمَـةِ اللهِ هُمْ فِيهَا خَالِدُونَ**) .

****

إرادةٌ فولاذيةٌ

ذهب طالبٌ منْ بلادِ الإسلامِ يدرسُ في الغربِ ، وفي لندن بالذاتِ ، فسكن مع أسرةٍ بريطانيـةٍ كافرةٍ ، ليتعلَّم اللغة ، فكان متديِّناً وكان يستيقظُ مع الفجرِ الباكرِ ، فيذهبُ إلى صنبورِ الماءِ ويتوضأُ ، وكان ماءً بارداً ، ثمَّ يذهبُ إلى مصلاَّهُ فيسجدُ لربِّه ويركعُ ويسبحُ ويَحْمَدُ ، وكانتْ عجوزٌ في البيتِ تلاحظهُ دائماً ، فسألتْه بعد أيامٍ : ماذا تفعلُ ؟ قال : أمرني ديني أنْ أفعل هذا . قالتْ : فلو أخَّرْت الوقت الباكر حتى ترتاح في نومِك ثمَّ تستيقظ . قال : لكنَّ ربي لا يقبلُ منِّي إذا أخرتُ الصلاة عنِ وقتِها . فهزَّتْ رأسها ، وقالتْ : إرادةٌ تكسرُ الحديد !! (**رِجَالٌ لَّا تُلْهِيهِمْ تِجَارَةٌ وَلَا بَيْعٌ عَن ذِكْرِ اللَّهِ وَإِقَامِ الصَّلَاةِ**) .

إنَّها إرادةُ الإيمانِ ، وقوةُ اليقينِ ، وسلطانُ التوحيدِ . هذهِ الإرادةُ هي التي أوحتْ إلى سحرةِ فرعون وقدْ آمنوا باللهِ ربِّ العالمين في لحظةِ الصراعِ العالميِّ بين موسى وفرعون ، قالوا لفرعون : (**قَالُوا لَن نُّؤْثِرَكَ عَلَى مَا جَاءَنَا مِنَ الْبَيِّنَاتِ وَالَّذِي فَطَرَنَا فَاقْضِ مَا أَنتَ قَاضٍ**) . وهو التحدِّي الذي ما سُمع بمثلِهِ ، وأصبح عليهمْ أنْ يؤدُّوا هذه الرسالة في هذه اللحظةِ ، وأنْ يبلِّغوا الكلمة الصادقة القوية إلى هذا الملحدِ الجبارِ .

لقدْ دخل حبيبُ بنُ زيدٍ إلى مسيلمة يدعوه إلى التوحيدِ ، فأخذ مسيلمةُ يقطعُهُ بالسيفِ قطعةً قطعةً ، فما أنَّ ولا صاح ولا اهتزَّ حتى لقي ربَّ شهيداً ، (**وَالشُّهَدَاء عِندَ رَبِّهِمْ لَهُمْ أَجْرُهُمْ وَنُورُهُمْ**) .

ورُفع خُبيبُ بنُ عديٍّ على مشنقةِ الموتِ ، فأنشد :

ولسـتُ أبـالي حـين أقتـلُ على أيِّ جنبٍ كـان فـي اللهِ

****

فطرة اللهِ

إذا اشـتدَّ الظـلامُ وزمجـر الرَّعْـدُ وقصـفتِ الـريحُ، اسـتيقظتِ الفطـرةُ. (**جَاءتْهَا رِيحٌ عَاصِفٌ وَجَاءهُمُ الْمَوْجُ مِن كُلِّ مَكَانٍ وَظَنُّواْ أَنَّهُمْ أُحِيطَ بِهِمْ دَعَوُاْ اللّهَ مُخْلِصِينَ لَهُ الدِّينَ**). غَيْرَ أنَّ المسلم يدعو ربَّه في الشدَّةِ والرخاءِ ، والسراءِ والضراءِ : (**فَلَوْلَا أَنَّهُ كَانَ مِنْ الْمُسَبِّحِينَ{143} لَلَبِثَ فِي بَطْنِهِ إِلَى يَوْمِ يُبْعَثُونَ**) . إنَّ الكثير يسألُ اللهَ وقت حاجتِه وهو متضرِّعٌ إلى ربِّه ، فإذا تحقَّق مطلبُه أعرض ونأى بجانبِه ، واللهُ عزَّ وجلَّ لا يُلعبُ عليه كما يُلعبُ على الولدانِ ، ولا يُخادعُ كما يُخادعُ الطفلُ ، (**يُخَادِعُونَ اللّهَ وَهُوَ خَادِعُهُمْ**) . إنَّ الذين يلتجئون إلى اللهِ في وقتِ الصَّنائعِ ما همْ إلا تلاميذٌ لذاك الضالِّ المنحرفِ فرعون ، الذي قيل لهُ بعد فواتِ الأوانِ : (**آلآنَ وَقَدْ عَصَيْتَ قَبْلُ وَكُنتَ مِنَ الْمُفْسِدِينَ**) .

سمعتُ هيئةَ الإذاعةِ البريطانيةِ تُخبرُ حين احتلَّ العراقُ الكويت : أن تاتشر رئيسة الوزراءِ البريطانية السابقة كانت في ولايةِ كلورادو الأمريكيةِ ، فلما سمعتِ الخبر هُرعتْ إلى الكنيسةِ وسجدتْ !

ولا أفسرُ هذه الظاهرة إلا باستيقاظِ الفطرةِ عند مِثْلِ هؤلاءِ إلى فاطرِها عزَّ وجلَّ ، مع كفرِهم وضلالِهم ، لأنَّ النفوس مفطورةٌ على الإيمانِ بهِ تعالى : ((**كلُّ مولودٍ يُولدُ على الفطرةِ ، فأبواهُ يهوِّدانِه أو ينصِّرانِه أو يمجِّسانِهِ**)) .

****

**

لا تحزنْ على تأخُّر الرِّزقِ ، فإنَّه بأجلٍ مسمّىً

الـذي يسـتعجلُ نصـيبه مـن الـرِّزقِ ، ويبـادرُ الـزمن ، ويقلـقُ مـنْ تـأخُّرِ رغباتِه ، كالذي يسابقُ الإمام في الصلاةِ ، ويعلُم أنَّه لا يسلِّمُ إلا بعْد الإمام! فالأمورُ والأرزاقُ مقدَّرةٌ ، فُرِغ منها قبل خلْقِ الخليقةِ ، بخمسين ألف سنةٍ ، (**أَتَى أَمْرُ اللّهِ فَلاَ تَسْتَعْجِلُوهُ**) ، (**وَإِن يُرِدْكَ بِخَيْرٍ فَلاَ رَآدَّ لِفَضْلِهِ**) .

يقولُ عمرُ : « اللّهمَّ إني أعوذُ بك من جلدِ الفاجرِ ، وعجزِ الثقةِ » . وهذهِ كلمةٌ عظيمةٌ صادقةٌ . فلقدْ طُفْتُ بفكري في التاريخ ، فوجدتُ كثيراً منْ أعداءِ اللهِ عزَّ وجلَّ ، عندهمْ منْ الدَّأبِ والجلدِ والمثابرةِ والطُّموحِ : العَجَبَ العُجابَ . ووجدتُ كثيراً من المسلمين عندهمْ من الكسلِ والفتورِ والتَّواكُلِ والتَّخاذُلِ : ما اللهُ به عليمٌ ، فأدركتُ عُمْق كلمةِ عُمَرَ – رضي اللهُ عنه - .

****

انغمسْ في العملِ النافعِ

أنَّ الوليد بن المغيرةِ وأُمية بن خَلَفٍ والعاصِ بن وائل أنفقوا أموالهم في محاربةِ الرسالةِ ومجابهةِ الحقِ (**فَسَيُنفِقُونَهَا ثُمَّ تَكُونُ عَلَيْهِمْ حَسْرَةً ثُمَّ يُغْلَبُونَ**) . ولكنَّ كثيراً من المسلمين يبخلون بأموالِهِمْ ، لئلاَّ يُشاد بها منارُ الفضيلةِ ، ويُبنى بها صرحُ الإيمانِ (**وَمَن يَبْخَلْ فَإِنَّمَا يَبْخَلُ عَن نَّفْسِهِ**) ، وهذا جَلَدُ الفاجِر وعجْزُ الثقةِ .

في مذكّراتِ (جولدا مائير) اليهوديةِ ، بعنوان (الحقد) : فإذا هي في مرحلةٍ منْ مراحلِ حياتِها تعملُ ستَّ عشرة ساعةً بلا انقطاعٍ ، في خدمةِ مبادئِها الضّالّةِ وأفكارِها المنحرفةِ ، حتى أوجدتْ مع (بن جوريون) دولةً ، ومنْ شاء فلينظُرْ كتابها .

ورأيتُ ألوفاً منْ أبناءِ المسلمين لا يعملون ولو ساعةً واحدةً ، إنما همْ في لهوٍ وأكلٍ وشُربٍ ونومٍ وضياعٍ (**مَا لَكُمْ إِذَا قِيلَ لَكُمُ انفِرُواْ فِي سَبِيلِ اللّهِ اثَّاقَلْتُمْ إِلَى الأَرْضِ**) .

كان عمرُ دؤوباً في عمله ليلاً ونهاراً ، قليل النوم . فقال أهلُه : ألا تنامُ ؟ قال : لو نمتُ في اللّيلِ ضاعتْ نفْسِي ، ولو نمتُ في النهارِ ضاعتْ رعيَّتِي .

في مذكراتِ الهالكِ (موشى ديان) بعنوان (السيفُ والحكمُ) : كان يطيرُ من دولةٍ إلى دولةٍ ، ومنْ مدينةٍ إلى مدينةٍ ، نهاراً وليلاً ، سرّاً وجهراً ، ويحضرُ الاجتماعاتِ ، ويعقدُ المؤتمراتِ ، وينسّقُ الصّفقاتِ ، والمعاهدات ، ويكتبُ المذكّراتِ . فقلتُ : واحسرتاهُ ، هذا جَلَدُ إخوانِ القردةِ والخنازيرِ ، وذاك عَجْزُ كثيرٍ من المسلمين ، ولكنْ هذا جلدُ الفاجرِ وعَجْزُ الثقةِ .

لو كنتُ منْ مازنٍ لم تستبحْ   بنو اللّقطيةِ منْ ذُهْلِ بنِ

لقدْ حارب عمرُ العطالة والبطالة والفراغ ، وأخرج شباباً سكنوا المسجد ، فضربهم وقال : اخرجوا واطلبوا الرِّزق ، فإنَّ السماء لا تمطرُ ذهباً ولا فضةً . إنَّ مع الفراغ والعطالةِ : الوساوس والكدَرَ والمرضَ النفسيَّ والانهيارَ العصبيَّ والهمَّ والغمَّ . وإنَّ مع العملِ والنشاطِ : السرور والحُبُور والسعادة . وسوف ينتهي عندنا القلقُ والهمُّ والغمُّ ، والأمراضُ العقليَّةُ والعصبيَّةُ والنفسيَّةُ إذا قام كلٌّ بدورِهِ في الحياةِ ، فعُملتِ المصانعُ ، واشتغلتِ المعاملُ ، وفتحتِ الجمعيّاتُ الخيريَّةُ والتعاونيَّةُ والدعويَّةُ ، والمخيماتُ والمراكزُ والمُلتقياتُ الأدبيَّةُ ، والدَّوراتُ العلميَّةُ وغَيْرُها .. (**وَقُلِ اعْمَلُواْ**) ، (**فَانتَشِرُوا فِي الْأَرْضِ**) ، (**سَابِقُوا**) ، (**وَسَارِعُواْ**) ، ((**وإن نبيَّ اللهِ داود كان يأكلُ من عملِ يدِه**)) .

وللرّاشدِ كتابٌ ، بعنوان (صناعةُ الحياةِ) ، تحدَّث عنْ هذهِ المسألةِ بإسهابٍ ، وذَكَرَ أنَّ كثيراً من الناسِ لا يقومون بدورِهم في الحياةِ .

وكثيرٌ من الناسِ أحياءٌ ، ولكنَّهم كالأمواتِ ، لا يُدركون سرَّ حياتِهم ، ولا يُقدمون لمستقبلهم ولا لأمَّتِهمْ ، ولا لأنفسِهم خيراً (**رَضُواْ بِأَن يَكُونُواْ مَعَ الْخَوَالِفِ**) ، (**لاَّ يَسْتَوِي الْقَاعِدُونَ مِنَ الْمُؤْمِنِينَ غَيْرُ أُوْلِي الضَّرَرِ وَالْمُجَاهِدُونَ فِي سَبِيلِ اللّهِ**) .

إنَّ المرأة السوداء التي كانتْ تقُمُّ مسجد الرسول ﷺ قامتْ بدورِها في الحياةِ ، ودخلتْ بهذا الدَّورِ الجنة (**وَلأَمَةٌ مُّؤْمِنَةٌ خَيْرٌ مِّن مُّشْرِكَةٍ وَلَوْ أَعْجَبَتْكُمْ**) .

وكذلك الغلامُ الذي صَنَعَ المِنْبر للرسولِ ﷺ أدَّى ما عليهِ ، وكسب اجراً بهذا الأمرِ ، لأنَّ موهلته في التّجارةِ (**وَالَّذِينَ لاَ يَجِدُونَ إِلاَّ جُهْدَهُمْ**) .

سمحتِ الولاياتُ المتحدةُ الأمريكيَّةُ عام 1985 م بدخولِ الدُّعاةِ المسلمين سجون أمريكا ، لأنَّ المجرمين والمروِّجين والقتَلَة ، إذا اهتدَوْا إلى الإسلامِ ، أصبحوا أعضاءً صالحين في مجتمعاتِهمْ (**أَوَ مَن كَانَ مَيْتاً فَأَحْيَيْنَاهُ وَجَعَلْنَا لَهُ نُوراً يَمْشِي بِهِ فِي النَّاسِ**) .

دعاءانِ اثنانِ عظيمانِ ، نافعانِ لمنْ أراد السَّداد في الأمورِ وضبْطِ النفسِ عند الأحداثِ والوقائعِ .

الأولُ : حديثُ عليٍّ ، أنَّ الرسول ﷺ قال لهُ : ((**قُلْ : اللهمَّ اهدِني وسدِّدْني**)) . رواهُ مسلمٌ .

الثاني : حديثُ حُصيْن بن عبيدٍ ، عند أبي داود : قال له ﷺ : ((**قلْ : اللَّهمَّ ألهمني رُشْدي ، وقِني شرَّ نفْسي**)) .

إذا لَمْ يكنْ عونٌ من اللهِ للفتى   فأكثرُ ما يجني عليه اجتهادُهُ

التَّعلُّقُ بالحياة ، وعشْقُ البقاءِ ، وحبُّ العيْشِ ، وكراهِيَةُ الموْتِ ، يُوردُ العبدَ : الكدَرَ وضِيقَ الصَّدرِ والمَلَقَ والقلق والأرق والرَّهق ، وقد لام الله اليهود على تعلُّقِهم بالحياة الدنيا ، فقال : (**وَلَتَجِدَنَّهُمْ أَحْرَصَ النَّاسِ عَلَى حَيَاةٍ وَمِنَ الَّذِينَ أَشْرَكُواْ يَوَدُّ أَحَدُهُمْ لَوْ يُعَمَّرُ أَلْفَ سَنَةٍ وَمَا هُوَ بِمُزَحْزِحِهِ مِنَ الْعَذَابِ أَن يُعَمَّرَ وَاللّهُ بَصِيرٌ بِمَا يَعْمَلُونَ**) .

وهنا قضايا ، **منها** : تنكيرُ الحياةِ ، والمقصودُ : أنَّها أيَّ حياةٍ ، ولو كانتْ حياة البهائمِ والعجْماواتِ ، ولو كانتْ شخصيةً رخيصةً فإنَّهمْ يحرصون عليها .

ومنها : اختيارُ لفظِ : ألفِ سنةٍ لأنَّ اليهوديَّ كان يلقى اليهوديَّ فيقولُ له : عِمْ صباحاً ألف سنةٍ . أي : عِشْ ألف سنةٍ . فذكر سبحانهُ وتعالى أنهمْ يريدون هذا العمر الطويل ، ولكنْ لو عاشوهُ فما النهايةُ ؟! مصيرُهم إلى نارٍ تلظَّى (**وَلَعَذَابُ الْآخِرَةِ أَخْزَى وَهُمْ لَا يُنصَرُونَ**) .

منْ أحسنِ كلماتِ العامةِ : لا همَّ واللهُ يُدْعى .

والمعنى : أنَّ هناك إلهاً في السماءِ يُدعى ، ويُطلبُ منهُ الخيْرُ ، فلماذا تهتمّ أنت في الأرض ، فإذا وكَّلت ربَّك بهمِّك ، كشفَه وأزاله (**أَمَّن يُجِيبُ الْمُضْطَرَّ إِذَا دَعَاهُ وَيَكْشِفُ السُّوءَ**) ، (**وَإِذَا سَأَلَكَ عِبَادِي عَنِّي فَإِنِّي قَرِيبٌ أُجِيبُ دَعْوَةَ الدَّاعِ إِذَا دَعَانِ**) .

أخلِقْ بذي الصَّبرِ أنْ يحظى بحاجتِهِ   ومُدْمِنِ القرْعِ للأبوابِ أنْ يلِجا

****

في حياتِك دقائقُ غاليةٌ

رأيتُ موقفيْنِ مُؤثِّريْنِ مُعبِّريْنِ للشيخِ علي الطنطاويِّ في مذكّراتِهِ :

الموقفُ الأولُ : تحدَّثَ عن نفسِه وكاد يغرقُ على شاطئِ بيروت ، حينما كان يسبحُ فأشرف على الموتِ ، وحُمِلَ مَغْمِيّاً عليهِ ، وكان في تلك اللحظاتِ يُذعِنُ لمولاهُ ، ويودُّ لو عادَ ولو ساعةً إلى الحياةِ ، ليجدِّد إيمانه وعملهُ الصّالح ، فيَصلِ الإيمانُ عنده منتهاه .

والموقفُ الثاني : ذَكَرَ أنه قدِم في قافلةٍ منْ سوريا إلى بيتِ اللهِ العتيقِ، وبينما هو في صحراءِ تبوك ضلُّوا وبَقُوا ثلاثةَ أيام ، وانتهى طعامُهُم واشرابُهُم ، وأشرفوا على الموتِ ، فقام وألقى في الجموعِ خطبةَ الوداعِ من الحياةِ ، خطبةً توحيديَّة حارَّةً رنَّانة ، بكى وأبكى الناس ، وأحسَّ أنَّ الإيمان ارتفع ، وأنه ليس هناك مُعينٌ ولا مُنقذٌ إلا اللهُ جلَّ في علاه (**يَسْأَلُهُ مَن فِي السَّمَاوَاتِ وَالْأَرْضِ كُلَّ يَوْمٍ هُوَ فِي شَأْنٍ**) .

يقولُ سبحانهُ وتعالى : (**وَكَأَيِّن مِّن نَّبِيٍّ قَاتَلَ مَعَهُ رِبِّيُّونَ كَثِيرٌ فَمَا وَهَنُواْ لِمَا أَصَابَهُمْ فِي سَبِيلِ اللّهِ وَمَا ضَعُفُواْ وَمَا اسْتَكَانُواْ وَاللّهُ يُحِبُّ الصَّابِرِينَ**) .

إنَّ الله يحبُّ المؤمنين الأقوياء الذين يتحدَّون أعداءهم بصبرٍ وجلادةٍ ، فلا يهنون ، ولا يُصابون بالإحباطِ واليأسِ ، ولا تنهارُ قواهُم ، ولا يستكينون للذِّلَّةِ والضعْفِ والفشلِ ، بل يصمُدون ويُواصلون ويُرابطون ، وهي ضريبةُ إيمانِهم بربِّهم وبرسولِهمْ وبدينِهمْ ((**المؤمنُ القويُّ خيرٌ وأحبُّ إلى اللهِ من المؤمنِ الضَّعيفِ وفي كلٍّ خيرٌ**)) .

جُرحتْ أصْبُعُ أبي بكرٍ – رضي اللهُ عنهُ – في ذاتِ اللهِ فقال :

هلْ أنتِ إلا إصْبَعٌ وفي سبيلِ الله ما لقِيتِ

ووضع أبو بكرٍ إصبعهُ في ثَقْبِ الغارِ ليحمي بها الرسول ﷺ من العقربِ ، فلُدغ ، فقرأ عليها ﷺ فبرئتْ بإذنِ اللهِ .

قال رجلٌ لعنترة : ما السِّرُّ في شجاعتِك ، وأنك تغلِبُ الرِّجال ؟ قال : ضعْ إصبعك في فمي ، وخُذ إصبعي في فمك . فوضعها في فمِ عنترة ، ووضَعَ عنترةُ إصبعه في فمِ الرَّجلِ ، وكلٌّ عضَّ إصبع صاحبِه ، فصاح الرجلُ من الألم ، ولم يصبرْ فأخرجَ له عنترةُ إصبعه ، وقال : بهذا غلبتُ الأبطال . أي بالصَّبرِ والاحتمالِ .

إنَّ ممَّ يُفرحُ المؤمن أن لُطفَ اللهِ ورحمته وعفوه قريبٌ منه، فيشعرُ برعايةِ اللهِ وولايتِه بحسبِ إيمانِه . والكائناتُ والأحياءُ والعجماواتُ والطيورُ والزواحفُ تشعرُ بأنَّ لها ربّاً خالِقاً ورازقاً (**وَإِن مِّن شَيْءٍ إِلاَّ يُسَبِّحُ بِحَمْدَهِ وَلَـكِن لاَّ تَفْقَهُونَ تَسْبِيحَهُمْ**) .

يا ربِّ حمداً ليس غيرُك يا منْ لهُ كُلُّ الخلائقِ

عندنا ، العامَّةُ وَقْتَ الحرْثِ يرمون الحبَّ بأيديهمْ في شقوقِ الأرضِ ، ويهتفون : حبٌّ يابسٌ ، في بلدٍ يابسٍ ، بين يديك يا فاطر السماوات والأرضِ (**أَفَرَأَيْتُم مَّا تَحْرُثُونَ{63} أَأَنتُمْ تَزْرَعُونَهُ أَمْ نَحْنُ الزَّارِعُونَ**) . إنَّها نزعةُ توحيدِ البري ، وتوجُّهُ إليهِ ، سبحانه وتعالى .

قام الخطيبُ المِصْقعُ عبدُالحميدِ كشكُ – وهو أعمى – فلمَّا علا المِنْبرَ ، أخرج منْ جيبِهِ سعفةَ نخلٍ ، مكتوبٌ عليها بنفسِها : اللهُ ، بالخطِّ الكوفيِّ الجميلِ ، ثم هَتَفَ في الجموعِ :

انظُـرْ لتلـك الشَّـجرهْ ذاتِ الغُصُـونِ النَّضِـرهْ
مِـنِ الـذي أنبتهـا وزانهـا بالخضِـرهْ
ذاك هـو اللهُ الـذي قُدرتُـه مُقْتَـدِرهْ

فأجْهش الناسُ بالبكاءِ .

إنَّهُ فاطرُ السماواتِ والأرضِ مرسومةٌ آياتُه في الكائناتِ ، تنطقُ بالوحدانيَّةِ والصَّمديةِ والربوبيَّةِ والألوهيَّةِ (**رَبَّنَا مَا خَلَقْتَ هَذا بَاطِلاً**) .

منْ دعائمِ السرورِ والارتياحِ ، أنْ تشْعُرَ أنَّ هناك ربّاً يرحمُ ويغفرُ ويتوبُ على منْ تاب ، فأبشِرْ برحمةِ ربِّك التي وسعتِ السماواتِ والأرض ، قال سبحانه : (**وَرَحْمَتِي وَسِعَتْ كُلَّ شَيْءٍ**) ، وما أعظم لطفهُ سبحانه وتعالى ، وفي حديثٍ صحيحٍ : أنَّ أعرابيّاً صلَّى مع رسولِ اللهِ ﷺ ، فلمَّا أصبح في التَّشهُّدِ قال : اللهمَّ ارحمني ومحمداً ، ولا ترحمْ معنا أحداً . قال ﷺ : ((**لقدْ حجرت واسعاً**)) . أي : ضيَّقت واسعاً ، إنَّ رحمة اللهِ وسعتْ كلَّ شيءٍ (**وَكَانَ بِالْمُؤْمِنِينَ رَحِيماً**) ، ((**اللهُ أرحمُ بعبادِهِ منْ هذهِ بولدِها**)) .

أحرق رجلٌ نفسه بالنارِ فراراً منْ عذابِ اللهِ عزَّ وجلَّ، فجمعه سبحانه وتعالى وقال له: ((**يا عبْدِي ، ما حَمَلَك على ما صنعت ؟ قال : يا ربِّ ، خِفْتُك ، وخشيتُ ذنوبي . فأدخلهُ اللهُ الجنّة**)) . حديثٌ صحيحٌ .

(**وَأَمَّا مَنْ خَافَ مَقَامَ رَبِّهِ وَنَهَى النَّفْسَ عَنِ الْهَوَى{40} فَإِنَّ الْجَنَّةَ هِيَ الْمَأْوَى**) .

حاسب اللهُ رجلاً مُسرفاً على نفسِه موحِّداً، فلمْ يجدْ عندهُ حسَنَةً ، لكنَّه كان يُتاجرُ في الدنيا، ويتجاوزُ عنِ المُعْسِرِ، قال اللهُ: نحنُ أولْى بالكرمِ منك ، تجاوزوا عنهُ. فأدخله اللهُ الجنّة .

(وَالَّذِي أَطْمَعُ أَن يَغْفِرَ لِي خَطِيئَتِي يَوْمَ الدِّينِ) ، **(لَا تَقْنَطُوا مِن رَّحْمَةِ اللَّهِ)** .

عند مسلمٍ : أنّ الرسول ﷺ صلَّى بالناسِ ، فقام رجلٌ فقال : أصبْتُ حدّاً ، فأقِمْهُ عليَّ . قال : ((**أصليت معنا ؟**)) . قال : نعمْ . قال . ((**اذهبْ فقد غُفِر لك**)) .

(وَمَن يَعْمَلْ سُوءاً أَوْ يَظْلِمْ نَفْسَهُ ثُمَّ يَسْتَغْفِرِ اللّهَ يَجِدِ اللّهَ غَفُوراً رَّحِيماً) .

هناك لُطفٌ خفيٌّ يكْتنف العبدَ ، مِنْ أمامِهِ ومنْ خلفه ، وعن يمينِهِ وعنْ شمالِهِ ، ومِنْ فوقِهِ ومنْ تحتِ قدميْهِ ، صاحبُ اللُّطفِ الخفيِّ هو اللهُ ربُّ العالمين ، انطبقتْ عليهمُ الصَّخْرةُ في الغارِ ، وأنْجى إبراهيم من النارِ ، وأنجى موسى من الغرقِ ، ونُوحاً من الطُّوفانِ ، ويوسف من الجُبِّ وأيوب من المرضِ .

****

وقفــة

عن أمِّ سَلَمَة أنَّها قالتْ : سمعتُ رسول اللهِ ﷺ يقولُ : ((**ما منْ مسلمٍ تُصيبُه مصيبةٌ ، فيقولُ ما أمره اللهُ : (إِنَّا لِلّهِ وَإِنَّا إِلَيْهِ رَاجِعونَ) اللَّهمَّ اجُرْني في مصيبتي وأخلفْ لي خيراً منْها ؛ إلاَّ أخلف اللهُ لهُ خيراً منْها**)) .

قال الشاعرُ :

خليليَّ لا واللهِ ما مِنْ مُلِمَّةٍ ... تدُومُ على حيٍّ وإنْ هِي

فإنْ نزلتْ يوماً فلا ... ولا تُكثِر الشَّكْوى إذا النَّعلُ

فكْمْ مِنْ كريْمٍ قدْ بُليْ ... فصابرها حتى مضتْ

وكانتْ على الأيامِ نفسي ... فلمَّا رأتْ صبري على الذُّلِّ

وقال آخر :

يضيقُ صدري بغمٍّ عند ... ورُبَّما خير لي في الغمِّ

ورُبَّ يومٍ يكونُ الغمُّ ... وعند آخرِه روْحاً

ما ضِقتُ ذرْعاً عند ... إلاَّ ولي فرجٌ قد حلَّ أوْ

****

الأفعالُ الجميلةُ طريقُ السعادةِ

رأيتُ في أوّلِ ديوانِ حاتمِ الطّائيِّ كلمةً جميلةً لهُ ، يقولُ فيها : إذا كان تركُ الشّرِّ يكفيك ، فدَعْهُ .

ومعناهُ : إذا كان يسع السُّكوتُ عنِ الشّرِّ واجتنابُه ، فحسبُه بذلك (فَأَعْرِضْ عَنْهُمْ) ، (وَدَعْ أَذَاهُمْ) .

محبّةُ للناسِ موهبةٌ ربّانيّةٌ ، وعطاءٌ مباركٌ من الفتّاحِ العليمِ .

يقول ابنُ عباسٍ متحدّثاً بنعمةِ اللهِ عزَّ وجلَّ : فيَّ ثلاثُ خصالٍ : ما نزل غيثٌ بأرضٍ ، إلاّ حمدتُ الله وسُررتُ بذلك ، وليس لي فيها شاةٌ ولا بعيرٌ . ولا سمعتُ بقاضٍ عادلٍ ، إلاّ دعوتُ الله له ، وليس عنده لي قضيّةٌ . ولا عَرَفتُ آيةً منْ كتابِ اللهِ ، إلاّ ودِدتُ أنَّ الناس يعرفون منها ما أعرفُ .

إنه حُبُّ الخيرِ للناسِ ، وإشاعةُ الفضيلةِ بينهمْ وسلامةُ الصّدرِ لهمْ ، والنُّصْحُ كلُّ النصحِ للخليقةِ .

يقولُ الشاعرُ :

فلا نزلتْ عليَّ ولا ... سحائبُ ليس تنْتظِمُ

المعنى : إذا لم تكنِ الغمامةُ عامّةً ، والغيْثُ عامّاً في الناسِ ، فلا أريدُها أنْ تكون خاصّةً بي، فلستُ أنانيّاً (الَّذِينَ يَبْخَلُونَ وَيَأْمُرُونَ النَّاسَ بِالْبُخْلِ وَيَكْتُمُونَ مَا آتَاهُمُ اللّهُ مِن فَضْلِهِ)

ألا يُشجيك قوْلُ حاتمٍ ، وهو يتحدّثُ عنْ رُوحِه الفيّاضةِ ، وعن خلقِهِ الجمّ :

أما والذي لا يعلمُ الغيب غيرُهُ ... ويُحْيي العِظام البيض وهْي رميمُ

لقدْ كنتُ أطوي البطن والزّادُ يُشتهى ... مخافة يومٍ أن يُقالَ لئيمُ

****

العِلْمُ النافعُ والعلمُ الضّارّ

ليهْنِك العِلْمُ إذا دلّك على اللهِ . (وَقَالَ الَّذِينَ أُوتُوا الْعِلْمَ وَالْإِيمَانَ لَقَدْ لَبِثْتُمْ فِي كِتَابِ اللَّهِ إِلَى يَوْمِ الْبَعْثِ) . إنّ هناك علماً إيمانيّاً ، وعلماً كافراً ، يقولُ سبحانه وتعالى عنْ أعدائِه : (يَعْلَمُونَ ظَاهِراً مِّنَ الْحَيَاةِ الدُّنْيَا وَهُمْ عَنِ الْآخِرَةِ هُمْ غَافِلُونَ) . ويقول عنهم : (بَلِ ادَّارَكَ عِلْمُهُمْ فِي الْآخِرَةِ بَلْ هُمْ فِي شَكٍّ مِّنْهَا بَلْ هُم مِّنْهَا عَمِونَ) . ويقولُ عنهم (ذَلِكَ مَبْلَغُهُم مِّنَ الْعِلْمِ ....) . ويقولُ جلّ

وعلا : (**وَاتْلُ عَلَيْهِمْ نَبَأَ الَّذِيَ آتَيْنَاهُ آيَاتِنَا فَانسَلَخَ مِنْهَا فَأَتْبَعَهُ الشَّيْطَانُ فَكَانَ مِنَ الْغَاوِينَ{175} وَلَوْ شِئْنَا لَرَفَعْنَاهُ بِهَا وَلَـكِنَّهُ أَخْلَدَ إِلَى الأَرْضِ وَاتَّبَعَ هَوَاهُ فَمَثَلُهُ كَمَثَلِ الْكَلْبِ إِن تَحْمِلْ عَلَيْهِ يَلْهَثْ أَوْ تَتْرُكْهُ يَلْهَث ذَّلِكَ مَثَلُ الْقَوْمِ الَّذِينَ كَذَّبُواْ بِآيَاتِنَا فَاقْصُصِ الْقَصَصَ لَعَلَّهُمْ يَتَفَكَّرُونَ**) . وقال سبحانه وتعالى عنِ اليهودِ وعنْ علمِهم : (**كَمَثَلِ الْحِمَارِ يَحْمِلُ أَسْفَاراً**) : إنّه علمٌ لكنّه لا يهدي ، وبرهانٌ لا يشفي ، وحجّةٌ ليستْ قاطعةً ولا فالجةً ، ونَقْلٌ ليس بصادِقٍ ، وكلامٌ ليس بحقٍّ ، ودلالةٌ ولكن إلى الانحرافِ ، وتوجُّهٌ ولكن إلى غيٍّ ، فكيف يجدُ أصحابُ هذا العلمِ السعادة ، وهمْ أوّلُ منْ يسحقُها بأقدامِهم : (**فَاسْتَحَبُّوا الْعَمَى عَلَى الْهُدَى**) ، (**وَقَوْلِهِمْ قُلُوبُنَا غُلْفٌ بَلْ طَبَعَ اللّهُ عَلَيْهَا بِكُفْرِهِمْ**) .

رأيتُ مئاتِ الألوفِ من الكتبِ الهائلةِ المذهلةِ في مكتبةِ الكونجرس بواشنطن، في كلِّ فنٍّ ، وفي كلِّ تخصُّصٍ ، عنْ كلِّ جيلٍ وشعبٍ وأمةٍ وحضارةٍ وثقافةٍ ، ولكنَّ الأمة التي تحتضنُ هذه المكتبة العظمى ، أمّةٌ كافرةٌ بربِّها ، إنها لا تعلمُ إلا العالم المنظورِ المشهود ، وأمّا ما وراء ذلك فلا سمْعَ ولا بَصَرَ ولا قلْبَ ولا وَعْيَ (**وَجَعَلْنَا لَهُمْ سَمْعاً وَأَبْصَاراً وَأَفْئِدَةً فَمَا أَغْنَى عَنْهُمْ سَمْعُهُمْ وَلَا أَبْصَارُهُمْ وَلَا أَفْئِدَتُهُم مِّن شَيْءٍ**) .

إن الرَّوضَ أخْضَرُ ، ولكنَّ العنْزَ مريضةٌ ، وإنَّ التَّمْرَ مقفزيٌّ ، ولكنَّ البُخل مرْوزِيٌّ ، وإن الماء عذْبٌ زُلالٌ ، ولكن في الفم مرارةً (**كَمْ آتَيْنَاهُم مِّنْ آيَةٍ بَيِّنَةٍ**) . (**وَمَا تَأْتِيهِم مِّنْ آيَةٍ مِّنْ آيَاتِ رَبِّهِمْ إِلاَّ كَانُواْ عَنْهَا مُعْرِضِينَ**) .

****

أكْثِرْ من الاطِّلاعِ والتَّأمُّلِ

إنَّ ممَّا يشرحُ الصدر : كثْرةُ المعرفةِ ، وغزارةُ المادّةِ العلميَّةِ ، واتِّساعُ الثقافةِ ، وعُمقُ الفكرِ ، وبُعدُ النَّظْرةِ ، وأصالةُ الفهمِ ، والغوصُ على الدليلِ ، ومعرفةُ سرِّ المسألةِ ، وإدراكُ مقاصدِ الأمورِ ، واكتشافُ حقائقِ الأشياءِ (**إِنَّمَا يَخْشَى اللَّهَ مِنْ عِبَادِهِ الْعُلَمَاء**) ، (**بَلْ كَذَّبُواْ بِمَا لَمْ يُحِيطُواْ بِعِلْمِهِ**) . إنَّ العالِم رحْبُ الصدرِ ، واسع البالِ ، مطمئنُ النفْسِ ، منشرحُ الخاطرِ ..

يزيدُ بكثْرةِ الإنفاقِ منهُ ويَنقصُ إنْ بهِ كفّاً

يقولُ أحد مفكّري الغربِ : لي ملفٌّ كبيرٌ في درجِ مكتبي ، مكتوبٌ عليه : حماقاتٌ ارتكبتُها ، أكتبُه لكلِّ سقطاتٍ وتوافه وعثراتٍ أزاولُها في يومي وليلتي ، لأتخلّص منها .

قلت : سبقك علماءُ سلفِ هذه الأُمَّةِ بالمُحاسبةِ الدقيقةِ والتَّنْقيبِ المُضني لأنفسِهم **(وَلَا أُقْسِمُ بِالنَّفْسِ اللَّوَّامَةِ)** .

قال الحسنُ البصريُّ : المسلمُ لنفسِه أشدُّ مُحاسَبَةً من الشريكِ لشريكِه .

وكان الربيعُ بنُ خُثَيْمٍ يكتُبُ كلامهُ من الجمعةِ إلى الجمعةِ ، فإنْ وَجَدَ حسنةً حمِد الله ، وإنْ وَجَدَ سيِّئةً استغفر .

وقال أحدُ السلفِ : لي ذنبٌ منْ أربعين سنةً ، وأنا أسألُ الله أنْ يغفرهُ لي ، ولا زلتُ أُلحُّ في طلبِ المغفرةِ **(وَالَّذِينَ يُؤْتُونَ مَا آتَوا وَّقُلُوبُهُمْ وَجِلَةٌ)** .

****

حاسِبْ نفْسَكَ

احتفظِ بمذكّرةٍ لديك ، لتُحاسب بها نفْسك ، وتذكر فيها السلبيّاتِ الملازمة لك ، وتبدأ بذكْرِ التَّقدُّمِ في معالجتِها .

قال عمرُ : حاسِبوا أنفُسكُمْ قبل أنْ تُحاسبوا ، وزِنُوها قبل أن تُوزنوا ، وتزيَّنوا للعرضِ الأكبرِ .

ثلاثةُ أخطاءٍ تتكرَّرُ في حياتِنا اليومية :

الأولُ : ضياعُ الوقتِ .

الثاني : التَّكلُّمُ فيما لا يعني : **((مِنْ حُسْنِ إسلامِ المرءِ تركهُ ما لا يعنيهِ))** .

الثالثُ : الاهتمامُ بتوافِهِ الأمورِ ، كسماعِ تخويفاتِ المُرجِفين ، وتوقُّعاتِ المثبِّطين ، وتوهُّماتِ المُوسوسِين ، كَدَرٌ عاجلٌ ، وهمٌّ معجَّلٌ ، وهو منْ عوائقِ السعادةِ وراحةِ البالِ .

يقولُ امرؤُ القيسِ :

ألا عِمْ صباحاً أيها الطّلَلُ البالي ... وهلْ يعِمنْ منْ كان في العُصُرِ
وهلْ يعِمنْ إلا سعيدٌ منعَّمٌ ... قليلُ الهموم لا يبيتُ بأوجالِ

علَّم الرسولُ ﷺ عمَّ العباس دعاءً يجمعُ سعادة الدنيا والآخرةِ ، وهو قولُه ﷺ : **((اللّهم إني أسألُك العَفْوَ والعافية))** .

وهذا جامعٌ مانعٌ شافٍ كافٍ فيه خيرُ العاجلِ والآجلِ .
(**فَآتَاهُمُ اللّهُ ثَوَابَ الدُّنْيَا وَحُسْنَ ثَوَابِ الآخِرَةِ**) ، (**فَلَا يَضِلُّ وَلَا يَشْقَى**)
.

****

خُذوا حِذْرَكَمْ

منْ سعادةِ العبدِ اخْذُ الحَيْطةِ واستعمالُ الأسبابِ ، مع التَّوكُّلِ على اللهِ عزَّ وجلَّ ، فإن الرسول ﷺ بارز في بعضِ الغزواتِ وعليه دِرعٌ ، وهو سيِّدُ المتوكَّلين ، وقال لأحدِهم لما قال له : أعقِلُها يا رسول اللهِ ، أوْ أتوكَّلُ ؟ قال : ((اعقِلها وتوكَّل)) .

فالأخْذُ بالسببِ والتَّوكُّلُ علي اللهِ قُوامُ التوحيدِ ، وترْكُ السبب مع التوكُّلِ على اللهِ قدْحٌ في الشرعِ ، وأخذُ السببِ مع ترْكِ التوكُّلِ على اللهِ قَدْحٌ في التوحيدِ .

وذَكَرَ ابنُ الجوزيِّ في هذا : أنَّ رجلاً قصَّ ظفره ، فاستفحل عليه فمات ، ولم يأخُذْ بالحيْطةِ .

ورجُلٌ دَخَلَ على حمارٍ منْ سردان ، فهصر بطنهُ فمات .

وذكروا عنْ طه حسينَ – الكاتبِ المصريِّ – أنه قال لسائقِهِ : لا تُسرعْ حتى نصِلَ مبكِّرين .

وهذا معنى مثَلٍ : رُبَّ عجلةٍ تهبُ ريْثاً .

قال الشاعرُ :

قد يُدرِكُ المُتأنِّي بعض ... وقدْ يكونُ مع المتعجِّلِ

فالتَّوقِّي لا يُعارضُ القدر ، بلْ هو منهُ ، ومنْ لُبِّهِ (**وَلْيَتَلَطَّفْ**) ، (**تَقِيكُمُ الْحَرَّ وَسَرَابِيلَ تَقِيكُم بَأْسَكُمْ**) .

****

اكْسبِ الناس

ومنْ سعادةِ العبدِ قُدرتُه على كسْبِ الناس ، واستجلاب محبَّتِهم وعطفِهم ، قال إبراهيمُ عليه السلامُ : (**وَاجْعَل لِّي لِسَانَ صِدْقٍ فِي الْآخِرِينَ**) ، قال

المفسرون : الثَّناءُ الحسنُ . وقال سبحانه وتعالى عنْ موسى : (**وَأَلْقَيْتُ عَلَيْكَ مَحَبَّةً مِّنِّي**) . قال بعضُهم : ما رآك أحدٌ إلا أحبَّك .

وفي الحديثِ الصحيحِ : ((**أنتم شهداءُ اللهِ في الأرض**)) . وألسنةُ الخلْقِ أقلامُ الحقِّ .

وصحَّ : ((**أن جبريل يُنادي في أهلِ السماءِ : إنَّ يحبُّ فلاناً فأحبُّوه ، فيُحبُّهُ أهلُ السماءِ ، ويُوضعُ له القبُول في الأرضِ**)) .

ومنْ أسبابِ الودِّ : بسْطةُ الوجهِ ولِينُ الكلامِ وسَعَةُ الخُلقُ .

إنَّ منْ العواملِ القويةِ في جلْبِ أرواحِ الناسِ إليك : الرِّفقُ ؛ ولذلك يقولُ ﷺ : ((**ما كان الرِّفقُ في شيءٍ إلا زانه ، وما نُزع منْ شيءٍ إلا شانهُ**)) .

ويقول : ((**من يُحرم الرفق ، يُحرم الخير كلّه**)) .

قال أحد الحكماء : الرفق يُخرج الحيَّة من جُحْرها .

قال الغربيُّون : اجْنِ العسل ، ولا تَكْسِرِ الخليَّة .

وفي الحديثِ الصحيحِ : ((**المؤمن كالنَّحْلةِ تأكلُ طيِّباً ، وتضعُ طيّباً ، وإذا وقعتْ على عودٍ ، لم تكسِرْهُ**)) .

****

تنقَّلْ في الدِّيارِ واقرأْ آياتِ القُدرة

وممَّا يجلُب الفرح والسُّرور : الأسْفارُ والتَّنقُّلُ في الدِّيارِ ورؤيةُ الأمصارِ ، وقد سبقتْ كلمةٌ في أوّلِ هذا الكتابِ عنْ هذا . قال سبحانه : (**انظُرُواْ مَاذَا فِي السَّمَاوَاتِ وَالأَرْضِ**) ، (**قُلْ سِيرُوا فِي الأَرْضِ فَانظُرُوا**) ، (**أَفَلَمْ يَسِيرُواْ فِي الأَرْضِ فَيَنظُرُواْ**) .

قال الشاعرُ :

ولا تلبثْ بِربْعٍ فيه ضيْمٌ   يُذيبُ القلب إلا إنْ كُبِلْتا

وغرِّبْ فالتَّغرُّبُ فيه   وشرِّقْ إنْ برِيقك قدْ

ومنْ يقرأْ رحلة ابنِ بطُّوطة ، على ما فيها من المبالغاتِ ، يجِدِ العَجَبَ العجابَ مِن خلْقِ اللهِ سبحانه وتعالى ، وتصريفِه في الكونِ ، ويرى أنها من العِبرِ العظيمةِ للمؤمنِ ، ومن الراحةِ له أنْ يسافر ، وأنْ يغيِّرَ أجواءه ومكانه ومحلَّه ، لقرأ في هذا الكتابِ الكونيِّ المفتوحِ .

يقولُ أبو تمام – وهو يتحدَّث عن التنقلِ في الدِّيارِ - :

بالشّامِ أهلي وبغدادُ الهوى بـــالرَّقْمتينِ وبالفســـطاطِ

(**قُـلْ سِـيرُوا فِـي الأَرْضِ**) ، (**فَسِـيحُواْ فِـي الأَرْضِ**) ، (**حَتَّـى إِذَا بَلَـغَ مَغْرِبَ الشَّمْسِ**) ، (**حَتَّى أَبْلُغَ مَجْمَعَ الْبَحْرَيْنِ أَوْ أَمْضِيَ حُقُباً**) .

****

تهجَّدْ مع المتهجِّدين

ومما يُسعدُ النَّفْس ويشرحُ الصدر : قيامُ الليلِ .

وقدْ ذكر ﷺ في الصحيح : أنَّ العبد إذا قام من الليلِ ، وذكر الله ، ثم توضَّأ وصلَّى ، أصبح نشيطاً طيِّب النفسِ . (**كَانُوا قَلِيلاً مِّنَ اللَّيْلِ مَا يَهْجَعُونَ**) ، (**وَمِنَ اللَّيْلِ فَتَهَجَّدْ بِهِ نَافِلَةً لَّكَ**) .

وقيامُ الليلِ **يُذهِبُ الدّاءَ عن الجسدِ** ، وهو حديثٌ صحيحٌ عند أبي داود : ((**يا عبدالله ، لا تُكنْ مثْل فلانٍ ، كان يقومُ الليل ، فترَكَ قيامَ الليلِ**)) ، ((**نِعْمَ الرجلُ عبدُاللهِ لو كان يقومُ من الليلِ**)) .

لا تأسفْ على الأشياءِ الفانيةِ ، كلُّ شيءٍ في هذه الحياةِ فانٍ إلا وجْههُ سبحانه وتعالى (**كُلُّ شَيْءٍ هَالِكٌ إِلَّا وَجْهَهُ**) ، (**كُلُّ مَنْ عَلَيْهَا فَانٍ{26} وَيَبْقَى وَجْهُ رَبِّكَ ذُو الْجَلَالِ وَالْإِكْرَامِ**) .

إنَّ الإنسان الذي يأسفُ على دنياه ، كالطِّفلِ الذي يبكي على فقْدِ لعبتِهِ .

****

وَقْفَـــةٌ

« كلُّ اثنينِ منهما قرينانِ ، وهما منْ آلامِ الرُّوح ومعذِّباتِها ، والفرْق بينهما أنَّ الهمَّ توقُّع الشَّرِّ في المستقبلِ ، والحزْن التَّألُّمُ على حُصُولِ المكروهِ في الماضي أو فواتُ المحبوبِ ، وكلاهما تألُّمٌ وعذابٌ يردُ على الرُّوحِ ، فإنْ تعلَّق بالماضي سُمِّي حزناً ، وإنْ تعلّق بالمستقبلِ سُمِّي همّاً » .

((**اللَّهمَّ إني أسألك العافية في الدُّنيا والآخرةِ ، اللَّهمَّ إني أسألُك العفْو والعافيةَ في ديني ودُنياي وأهلي ومالي ، اللهمَّ استُرْ عوراتي وآمِنْ روْعاتي ، اللهم احفظْني منْ بينِ يديَّ ومِنْ خلْفي ، وعنْ يميني وعنْ شمالي ومِنْ فوقي ، وأعوذُ بعظمتك أنْ أُغْتال مِنْ تحتي**)) .

قال الشاعرُ :

ألـم تـر أنَّ ربَّـك لـيـس	أياديـه الحديثـةُ والقديمـة
تَسَـلَّ عـن الهمـوم فليـس	يُقِـيمٌ ولا همومُـك
لعـلَّ الله ينظـرُ بعـد هـذا	إلَيْـك بنظـرةٍ مِنْـه رحيمـة

****

ثَمَنُك الجنَّةُ

يقولُ للشاعرُ :

نفسْي التـي تملـكُ الأشيـاءِ	فكيـف أبكـي علـى شـيءٍ إذا

إنَّ الدنيا بذهبِها وفضَّتِها ومناصبِها ودُورِها وقصورِها لا تستأهلُ قطرة دمع ، فعند الترمذيِّ أنَّ الرسولَ ﷺ قال : ((**الدنيا ملعونةٌ ، ملعونٌ ما فيها إلا ذكْرُ الله ، وما والاه ، وعالماً ومتعلَّماً**)) .

إنها ودائعُ فحسبُ ، كما يقولُ لبيدُ :

ومــا المــالُ والأهلـون إلاّ	ولابــدَّ يومــاً أن تُــردَّ

إن الملياراتِ والعقاراتِ والسياراتِ لا تؤخِّرُ لحظةً واحدةً من أجلِ العبد ، قال حاتمُ الطائيُّ :

لعَمرُكَ مـا يُغنـي الثَّراءُ عـن	إذا حشرجتْ يومـاً وضاقَ بها
	الفتى

ولذلك قال الحكمـاءُ : اجعلْ للشيءِ ثمناً معقولاً، فإنَّ الدنيا وما فيها لا تُساوي المؤمن: (**وَمَا هَذِهِ الْحَيَاةُ الدُّنْيَا إِلَّا لَهْوٌ وَلَعِبٌ**) .

ويقولُ الحسنُ البصريُّ : لا تجعلْ لنفسِك ثمناً غير الجنةِ ، فإنَّ نفس المؤمنِ غاليةٌ ، وبعضُهم يبيعها برُخْص .

إنَّ الذين ينوحون على ذهابِ أموالِهمْ وتهدُّمِ بيوتِهم واحتراقِ سياراتِهم ، ولا يأسفون ويحزنون على نقصِ إيمانِهم وعلى أخطائِهم وذنوبِهم ، وتقصيرِهم في طاعةِ ربِّهمْ سوف يعلمون أنهم كانوا تافهين بقدرِ ما ناحُوا على تلك ، ولم يأسفوا على هذه ؛ لأنَّ المسألة مسألةُ قيمٍ ومُثُلٍ ومواقفٍ ورسالةٍ: (**إِنَّ هَؤُلَاءِ يُحِبُّونَ الْعَاجِلَةَ وَيَذَرُونَ وَرَاءَهُمْ يَوْمًا ثَقِيلًا**) .

****

الحبُّ الحقيقيُّ

كُنْ منْ أولياءِ اللهِ وأحبائـهِ لِتسْعدَ ، إنَّ منْ أسعْدِ السعداءِ ذاك الذي جعل هدفه الأسمى وغايتُه المنشودة حُبَّ اللهِ عزَّ وجلَّ ، وما ألْطف قولهُ : (**يُحِبُّهُمْ وَيُحِبُّونَهُ**) .

قال بعضُهم : ليس العَجَبُ منْ قولـهِ : يحبُّونـه ، ولكنَّ العجب منْ قولـهِ يحبُّهم ؛ فهو الذي خلقهم ورزقهم وتولاَّهُم وأعطاهُمْ ، ثم يحبُّهم : (**قُلْ إِن كُنتُمْ تُحِبُّونَ اللّهَ فَاتَّبِعُونِي يُحْبِبْكُمُ اللّهُ**) .

وانظرْ إلى مكرُمةِ عليِّ بنِ أبي طالبٍ ، وهي تاجٌ على رأسهِ : رجلٌ يُحبُّ الله ورسوله ، ويحبُّه اللهُ ورسولهُ .

إنَّ رجلاً من الصحابة أحبَّ (**قُلْ هُوَ اللَّهُ أَحَدٌ**) ، فكان يردِّدُها في كلِّ ركعةٍ ، ويتولَّهُ بذكْرِها ، ويعيدها على لسانه ، ويُشجي بها فؤاده ، ويحرِّكُ بها وجدانه ، قال له ﷺ : ((**حبُّك إيَّاها أدْخَلَك الجنة**)) .

ما أعجب بيتين كنتُ أقرؤهما قديماً ، في ترجمةٍ لأحدِ العلماءِ ، يقول :

إذا كان حُبُّ الهائمين من بليلى وسلمى يسلُبُ اللّبَّ
فماذا عسى أن يفعل الهائمُ سَرَى قلبُه شوقاً على العالَمِ

(**وَقَالَتِ الْيَهُودُ وَالنَّصَارَى نَحْنُ أَبْنَاء اللّهِ وَأَحِبَّاؤُهُ قُلْ فَلِمَ يُعَذِّبُكُم بِذُنُوبِكُم**) .

إنَّ مجنون ليلى قتلهُ حبُّ امرأةٍ ، وقارون حبُّ مالٍ ، وفرعون حبُّ منصبٍ ، وقُتل حمزةُ وجعفرُ وحنظلةُ حبّاً لله ولرسوله ، فيا لبُعْدِ ما بين الفريقين .

****

وقفـــة

« ينتحرُ 300 ضابطِ شرطةٍ سنويّاً في أمريكا ، منهمْ عشرةٌ في نيويورك وحدها .. ومنذُ عام 1987 م يتزايدُ عدد ضُبّاط الشرطةِ المُنتحِرين هناك .. وهي ظاهرةٌ أقلقتِ السُّلطاتِ ، وقام الاتحادُ الوطنيُّ لضبّاطِ الشرطةِ ببحْثِها .

لقدْ وجد الاتحادُ أنَّ أبرز أسبابِ انتحارِ الضباطِ هو : توتُّرُ الأعصابِ الدّائمِ الذي يعيشون فيه ، فهمْ مُطالبون دائماً بالثّباتِ في الأزماتِ ، وتحمُّلِ الضُّغوطِ المتزايدةِ مع ارتفاعِ نسبةِ الجريمةِ ، وتحمُّل الآلامِ النّاتجة عن التّعامُلِ مع المجرمين، ورؤيةِ جثثِ الضحايا منْ أطفالٍ ونساءٍ وعجائز. والسببُ الثاني هو : وجودُ الأسلحةِ معهمْ بشكلٍ دائمٍ ، فهي تُساعدُهم أو تسهِّلُ عليهمُ عمليَّة الانتحارِ .
وقد وُجد أنَّ ثمانين بالمائةِ منْ حوادثِ انتحارِ الضباطِ تتمُّ بسلاحِهم الخاصّ ، في ثلاثةِ أيامٍ متتاليةٍ انتحر ثلاثةُ ضُبّاطٍ ، كلٌّ منهم بواسطةِ مسدسِهِ الميري » .
****
شريعةٌ سهْلةٌ مُيسَّرةٌ
إنَّ مما يُثلجُ صدر المسلم ظاهرةُ اليُسْرِ والسَّماحةِ في الشريعةِ الإسلاميةِ (طه{1} مَا أَنزَلْنَا عَلَيْكَ الْقُرْآنَ لِتَشْقَى) ، (وَنُيَسِّرُكَ لِلْيُسْرَى) ، (لاَ يُكَلِّفُ اللّهُ نَفْساً إِلاَّ وُسْعَهَا) ، (لَا يُكَلِّفُ اللَّهُ نَفْساً إِلَّا مَا آتَاهَا) ، (وَمَا جَعَلَ عَلَيْكُمْ فِي الدِّينِ مِنْ حَرَجٍ) ، (وَيَضَعُ عَنْهُمْ إِصْرَهُمْ وَالأَغْلاَلَ الَّتِي كَانَتْ عَلَيْهِمْ) ، (فَإِنَّ مَعَ الْعُسْرِ يُسْراً{5} إِنَّ مَعَ الْعُسْرِ يُسْراً) ، (رَبَّنَا لاَ تُؤَاخِذْنَا إِن نَّسِينَا أَوْ أَخْطَأْنَا رَبَّنَا وَلاَ تَحْمِلْ عَلَيْنَا إِصْراً كَمَا حَمَلْتَهُ عَلَى الَّذِينَ مِن قَبْلِنَا رَبَّنَا وَلاَ تُحَمِّلْنَا مَا لاَ طَاقَةَ لَنَا بِهِ وَاعْفُ عَنَّا وَاغْفِرْ لَنَا وَارْحَمْنَا أَنتَ مَوْلاَنَا فَانصُرْنَا عَلَى الْقَوْمِ الْكَافِرِينَ) .
((رُفع عنْ أُمّتي الخطأُ والنسيانُ وما استُكْرِهُوا عليهِ)) ، ((إنَّ الدِّين يُسْرٌ ، ولنْ يُشادَّ الدين أحدٌ إلاَّ غلبه)) ، سدِّدُوا وقارِبُوا وأبشِرُوا)) ،((بُعثْتُ بالحنيفيّةِ السّمْحةِ)) ، ((خَيْرُ دينكم أيْسَرُه)) .
عُرِضتْ على شاعرٍ معاصرٍ في دولةٍ وزارةٌ يتولاّها ، على أنْ يترُك طموحاتِه ورسالاتِه وأطرُوحاتِه الحقّةِ ، فقال :

خُذوا كلَّ دنياكُمُ فؤادي حُراً طليقاً
فإنِّي أعْظمُكم ثروةً وإنْ خِلْتُمُوني وحيداً

****
أُسُسٌ للرّاحةِ

في مجلّةِ (أهلاً وسهلاً) بتاريخ 3 / 4 / 1415هـ مقالةٌ بعنوان « عشرون وصفةٍ لتجنُّبِ القلق » بقلم د . حسان شمسي باشا .

من معاني هذه المقالةِ :

إنَّ الأجلَ قد فُرِغ منهُ ، وإنَّ كلَّ شيءٍ بقضاءٍ وقدرٍ ، فلا يأسفِ العبدُ ، ولا يحزنْ على ما يجري . إنَّ رزق المخلوقِ عند الخالقِ في السماءِ ، فلا يملكُه أحدٌ ، ولا يتصرَّفُ فيه قومٌ ، ولا يمنعُه إنسانٌ . وإنَّ الماضي قدْ ذَهَبَ بهمومِه وغمومِه ، وانتهى فلنْ يعود، ولو اجتمع العالمُ بأسْرِه على إعادتِه . وإنَّ المستقبل في عالمِ الغيْبِ ، ولم يحضرْ إلى الآن ، ولم يستأذِن عليك ، فلا تسْتدْعِهِ حتى يأتي . وإنَّ الإحسان إلى الناسِ يُضفي على القلبِ سروراً ، وعلى الصدرِ انشراحاً ، وهو يعودُ على مُسديهِ أعْظَمَ بركةٍ وثوابٍ وأجرٍ وراحةٍ ممنْ أسدي إليهِ .

ومنْ شِيمِ المؤمنِ عدمُ الاكتراثِ بالنقْدِ الجائرِ الظالمِ ، فلمْ يَسْلَمْ من السَّبِّ والشَّتْمِ حتى ربُّ العالمين ، الذي هو الكاملُ الجليلُ الجميلُ ، تقدَّستْ أسماؤه .

قلتُ في أبياتٍ لي :

فعلام تَحْرِقُ أدمُعاً قد ... ويظلُّ يُقْلِقُ قلْبَك
وكِّلْ بها ربّاً جليلاً كلّما ... نَامَ الخلِيُّ تَفَتَّحتْ أبوابُ

****

احْذرِ العِشق

إياك وعِشْق الصُّورِ ، فإنَّها همٌّ حاضِر ، وكَدَرٌ مستمرٌّ . منْ سعادةِ المسلمِ بُعدُه عنْ تأوُّهاتِ الشعراءِ وولهِهم وعشقِهم ، وشكواهُم الهجْر والوصْل والفراق ، فإنَّ هذا منْ فراغ القلبِ (**أَفَرَأَيْتَ مَنِ اتَّخَذَ إِلَهَهُ هَوَاهُ وَأَضَلَّهُ اللَّهُ عَلَى عِلْمٍ وَخَتَمَ عَلَى سَمْعِهِ وَقَلْبِهِ وَجَعَلَ عَلَى بَصَرِهِ غِشَاوَةً**) .

وأنا الذي جَلَبَ المنيَّة ... فمنِ المُطالبُ والقتيلُ

والمعنى : إنني أستحقُّ وأستأهلُ ما ذُقتُ من الألمِ والحسْرةِ ؛ لأنني المتسبِّبُ الأعظمُ فيما جرى لي .

وآخرُ أندلسٌ يتباهى بكثْرةِ هيامِه وعشقِه وولهِهِ ، فيقولُ :

شكا ألم الفِراقِ النَّاسُ ... ورُوِّع بالجوى حيٌّ

وأمَّا مِثْلما ضمَّتْ فإنِّي ما سمعتُ ولا

ولو ضمَّ بين ضلوعهِ التقوى والذكر وروحانيةً وربّانيةً ، لَوَصَلَ إلى الحقّ ، ولعَرَ الدليل ، ولأبصر الرُّشد ، ولسَلَك الجادَّة : (**وَإِمَّا يَنزَغَنَّكَ مِنَ الشَّيْطَانِ نَزْغٌ فَاسْتَعِذْ بِاللّهِ**) ، (**إِنَّ الَّذِينَ اتَّقَواْ إِذَا مَسَّهُمْ طَائِفٌ مِّنَ الشَّيْطَانِ تَذَكَّرُواْ فَإِذَا هُم مُّبْصِرُونَ**).

إنَّ ابن القيِّمِ عالج هذهِ المسألة علاجاً شافياً كافياً في كتابِهِ (الداءُ والدواءُ) فليُرْجَعْ إليهِ.

إن للعشق أسباباً منها :

1. فراغٌ منْ حُبّه سبحانه وتعالى وذكْرِهِ وشُكرِه وعبادتِهِ .
2. إطلاقُ البصرِ ، فإنهُ رائدٌ يجلبُ على القلبِ أحزاناً وهموماً : (**قُل لِّلْمُؤْمِنِينَ يَغُضُّوا مِنْ أَبْصَارِهِمْ وَيَحْفَظُوا فُرُوجَهُمْ**)، ((**النظرةُ سهمٌ منْ سهامِ إبليس**)).

وأنت متى أرسلت طرْفك إلى كلّ عينٍ أتعبتْكَ
رأيت الذي لا كُلّه أنتً عليه ولا عنْ بعضِهِ أنْتْ

3. التقصيرُ في العبوديَّةِ ، والتقصيرُ في الذِّكْرِ والدُّعاءِ والنوافلِ (**إِنَّ الصَّلاَةَ تَنْهَى عَنِ الْفَحْشَاء وَالْمُنكَرِ**) .

أمَّ دواءُ العِشْقِ ، فمنْهُ :

(**كَذَلِكَ لِنَصْرِفَ عَنْهُ السُّوءَ وَالْفَحْشَاء إِنَّهُ مِنْ عِبَادِنَا الْمُخْلَصِينَ**) .

1. الانطراحُ على عتباتِ العبوديّةِ ، وسؤالُ المولى الشِّفاء والعافية .
2. وغضُّ البصرِ وحفْظُ الفرْجِ (**وَيَحْفَظُوا فُرُوجَهُمْ**) ، (**وَالَّذِينَ هُمْ لِفُرُوجِهِمْ حَافِظُونَ**) .
3. وهجْرُ ديارِ منْ تعلّق بهِ القلبُ ، وتركُ بيتِهِ وموطنِهِ وذكْرِهِ .
4. والاشتغالُ بالأعمالِ الصالحةِ : (**إِنَّهُمْ كَانُوا يُسَارِعُونَ فِي الْخَيْرَاتِ وَيَدْعُونَنَا رَغَباً وَرَهَباً**) .
5. والزَّواجُ الشَّرْعيُّ (**فَانكِحُواْ مَا طَابَ لَكُم مِّنَ النِّسَاء**) ، (**وَمِنْ آيَاتِهِ أَنْ خَلَقَ لَكُم مِّنْ أَنفُسِكُمْ أَزْوَاجاً لِّتَسْكُنُوا إِلَيْهَا**) ، ((**يا معشر الشباب ، منِ استطاع منكمُ الباءة فليتزوَّجْ**)) .

****

حقوقُ الأخوَّةِ

مما يُسعدُ أخاك المسلم أنْ تُناديهِ بأحبِّ الأسماءِ إليهِ .

أُكْنِيــهِ حــين أناديــه ولا ألقِّبُـهُ والسَّـوْءَةُ اللَّقبُ

وأنْ تهَشَّ وتَبَشَّ في وجهِه ((**ولو أنْ تلْقى أخاك بوجه طلْقٍ**)) ، ((**تبسُّمُك في وجهِ أخيك صدقةٌ**)) . وأنْ تشجِّعهُ على الحديثِ معك – أي تتركَ له فرصةً ليتكلَّم عنْ نفسِه وعن أخبارِهِ – وتسأل عنْ أمورِه العامّةِ والخاصّةِ ، التي لا حَرَجَ في السؤالِ عنها ، وأنْ تهتمّ بأموره ((**منْ لم يهتمَّ بأمرِ المسلمين فليس منهمْ**)) ، (**وَالْمُؤْمِنُونَ وَالْمُؤْمِنَاتُ بَعْضُهُمْ أَوْلِيَاء بَعْضٍ**) .

ومنها : أنْ لا تلومه ولا تعْذله على شيءٍ مضى وانتهى ، ولا تحرجه بالمزاحِ : ((**لا تُمارِ أخاك ولا تُمازِحْه ، ولا تعِدْهُ موعداً فتُخْلِفه**)) .

****

« أسرارٌ في الذنوبِ .. ولكنْ لا تذنبْ ! »

ذكر بعضُ أهلِ العلمِ : أنَّ الذنب كالختْمِ على العبد ، ومنْ أسرارِها بعد التوبةِ : قصْمُ ظهرِ العُجْبِ ، وكثْرةُ الاستغفارِ والتوبةُ والإنابةُ والتَّوجُّهُ والانكسارُ والندامة ، ووقوع القضاءِ والقدرِ ، والتَّسليمُ بعبوديَّةِ مُقابلةِ القضاءِ والقدرِ .

ومنها : تحقُّقُ أسماءِ اللهِ الحسنى وصفاتِه العُلى مثلِ : الرحيمِ والغفورِ والتَّوّابِ .

****

اطْلُبِ الرزق ولا تحرِصْ

سبحان الخالقِ الرازقِ ، أعطى الدودةَ رزقها في الطِّينِ ، والسمكة في الماءِ ، والطائرَ في الهواءِ ، والنملة في الظَّلماءِ ، والحيَّة بين الصخورِ الصّمّاءِ .

ذَكَرَ ابنُ الجوزيِّ لطيفةً من اللَّطائفِ : أنَّ حيَّةً عمياء كانتْ في رأسِ نخلةٍ ، فكان يأتيها عصفورٌ بلحمٍ في فمِه ، فإذا اقترب منها وَرْوَرَ وصفَّرَ ، فتفتحُ فاها ، فيضعُ اللحم فيهِ سبحان منْ سخرَّ هذا لهذِه (**وَلاَ طَائِرٍ يَطِيرُ بِجَنَاحَيْهِ إِلاَّ أُمَمٌ أَمْثَالُكُم**) .

وإذا تـرى الثعبـان ينفـثُ　　　فاسـألهُ مـنْ ذا بالسُّـمومِ
واسـألهُ كيـف تعـيشُ يـا　　　تحيا وهذا السُّمُّ يَمْلأ فاكَا

كانتْ مريمُ عليها السلامُ يأتُيها رزقُها في المحرابِ صباح مساء ، فقيل لها : (**يَا مَرْيَمُ أَنَّى لَكِ هَـذَا قَالَتْ هُوَ مِنْ عِندِ اللّهِ إنَّ اللّهَ يَرْزُقُ مَن يَشَاءُ بِغَيْرِ حِسَابٍ**) .

لا تحزنْ فرزقُك مضمونٌ (**وَلاَ تَقْتُلُواْ أَوْلاَدَكُم مِّنْ إمْلاَقٍ نَّحْنُ نَرْزُقُكُمْ وَإِيَّاهُمْ**) . لتعلم البشريَّةُ أنَّ رازق الوالدِ ، هو الذي لم يلدْ ولمْ يولدْ .

(**وَلاَ تَقْتُلُواْ أَوْلادَكُمْ خَشْيَةَ إِمْلاقٍ نَّحْنُ نَرْزُقُهُمْ وَإِيَّاكُم**) إنَّ صاحب الخزائنِ الكبرى جلَّ في علاهُ قد تكفَّل بالرزقِ ، فِبم القلقُ والزعيمُ بذلك اللهُ ؟!

(**فَابْتَغُوا عِندَ اللَّهِ الرِّزْقَ وَاعْبُدُوهُ وَاشْكُرُوا لَهُ**) .

(**وَالَّذِي هُوَ يُطْعِمُنِي وَيَسْقِينِ**) .

****

وقفـــة

« أمّا الصلاةُ فشأنُها في تفريغِ القلبِ وتقويتِه ، وشرْحِه ، وابتهاجِه ولذَّتِه ، أكبَرْ شأنٍ ، وفيها اتِّصالُ القلبِ والرُّوح باللهِ ، وقُربِه والتَّنعُّم بذكرِه ، والابتهاج بمُناجاتِه ، والوقوفِ بين يديْه ، واستعمالِ جميعِ البدنِ وقُواهُ وآلاتِه في عبوديَّتِه ، وإعطاءِ كلِّ عضو حظَّه منها ، واشتغالِه عن التَّعلُّقِ بالخلقِ ومُلابستِهم ومُحاوَرَتِهم ، وانجذاب قوى قلبِه وجوارحِه إلى ربِّه وفاطرِه ، وراحتِه منْ عدوِّه حالة الصلاةِ ما صارتْ بهِ منْ أكبرِ الأدويةِ والمفرحاتِ والأغذيةِ التي لا تُلائمُ إلا القلوب الصحيحة . وأمّا القلوبُ العليلةُ فهي كالأبدانِ ، لا تُناسبها إلاَّ الأغذيةُ الفاضلةُ » .

« فالصلاةُ منْ أكبرِ العوْنِ على تحصيلِ مصالحِ الدنيا والآخرةِ ، ودفْع مفاسِد الدنيا والآخرةِ ، وهي منْهاةٌ عن الإثْمِ ، ودافعةٌ لأدواءِ القلوبِ ، ومطْردةٌ للداءِ عن الجسدِ ، ومُنوِّرةٌ للقلبِ ، ومُبيِّضةٌ للوجهِ ، ومنشِّطةٌ للجوارحِ والنفْسِ ، وجالِبةٌ للرزقِ ، ودافعةٌ للظُّلْمِ ، وناصِرةٌ للمظلوم ، وقامعةٌ لأخلاطِ الشّهواتِ ، وحافظةٌ للنعمةِ ، ودافعةٌ للنقمةِ ، ومُنزلةٌ للرحمةِ ، وكاشفةٌ للغُمةِ » .

****

شريعةٌ سَمْحةٌ

ممَّا يُفرِّحُ العبد المسلم ، ما في الشريعةِ من الثَّوابِ الجزيلِ والعطاءِ الضخْمِ ، يتجلّى ذلك في المكفِّراتِ العشْرِ ، كالتوحيدِ وما يكفِّرُه من الذنوبِ . والحسناتِ الماحيةِ ، كالصلاةِ ، والجمعةِ إلى الجمعةِ ، والعمرةِ إلى العمرةِ ، والحجِّ ، والصومِ ، ونحو ذلك من الأعمالِ الصالحةِ . وما هناك من مُضاعَفَةِ الأعمالِ الصالحةِ ، كالحسنةِ بعشرِ أمثالِها إلى سبعمائةِ ضِعفٍ إلى أضعافٍ كثيرةٍ . ومنها التوبةُ تجُبُّ ما قبلها من الذنوبِ والخطايا . ومنها المصائبُ المكفِّرةُ فلا يصيبُ المؤمن منْ أذىً إلا كفَّرَ اللهُ بهِ منْ خطاياهُ . ومنها دعواتُ المسلمين لهُ بظهْرِ الغيبِ . ومنها ما يُصيبُه من الكرْبِ وقت الموتِ . ومنها شفاعةُ المسلمين له وقت الصلاةِ عليهِ . ومنها شفاعةُ سيِّد الخلقِ ﷺ ، ورحمةُ أرحم الراحمين تبارك وتعالى (**وَإِن تَعُدُّواْ نِعْمَةَ اللّهِ لاَ تُحْصُوهَا**) ، (**وَأَسْبَغَ عَلَيْكُمْ نِعَمَهُ ظَاهِرَةً وَبَاطِنَةً**) .

****

(لَا تَخَفْ إِنَّكَ أَنتَ الْأَعْلَى)

أوجس موسى في نفسِهِ خِيفةً ثلاث مرَّاتٍ :

الأولى : عندما دخل ديوان الطاغيةِ فرعون ، فقال : (**إِنَّنَا نَخَافُ أَن يَفْرُطَ عَلَيْنَا أَوْ أَن يَطْغَى**) ، قال اللهُ : (**قَالَ لَا تَخَافَا إِنَّنِي مَعَكُمَا أَسْمَعُ وَأَرَى**) .

وحقِيقٌ بالمؤمنِ أن تكون في ذاكرتهِ وفي خلدِه : لا تخفْ ، إنني أسمعُ وأرى .

والثانية : عندما ألقى السحرةُ عصِيَّهم ، فأوْجس في نفسِه خِيفةً موسى .

فقال الله تعالى : (**لَا تَخَفْ إِنَّكَ أَنتَ الْأَعْلَى**) .

الثالثةُ : لما أتْبعهُ فرعونٌ بجنودِه ، فقال لـه اللهُ : (**اضْرِب بِّعَصَاكَ**) وقال موسى: (**كَلَّا إِنَّ مَعِيَ رَبِّي سَيَهْدِينِ**) .

****

إياك وأربعاً

أربعٌ تُورثُ ضنْكَ المعيشةِ وكَدَرَ الخاطرِ وضيقَ الصَّدْرِ :

الأولى : التَّسخُّطُ من قضاءِ اللهِ وقدرِه ، وعَدَمُ الرِّضا بهِ .

الثانية : الوقوعُ في المعاصي بلا توبةٍ (**قُلْ هُوَ مِنْ عِندِ أَنْفُسِكُمْ**) ،(**فَبِمَا كَسَبَتْ أَيْدِيكُمْ**) .

الثالثةُ : الحقدُ على الناسِ ، وحُبُّ الانتقامِ منهمْ ، وحَسَدُهم على ما آتـاهُمُ اللهُ منْ فضلِه (**أَمْ يَحْسُدُونَ النَّاسَ عَلَى مَا آتَاهُمُ اللّهُ مِن فَضْلِهِ**) ، ((لا راحـة لحسودِ)) .

الرابعةُ : الإعـراضُ عـنْ ذكـرِ اللهِ (**وَمَـنْ أَعْرَضَ عَن ذِكْـرِي فَـإِنَّ لَـهُ مَعِيشَةً ضَنكاً**) .

****

اسكُنْ إلى ربِّك

راحةُ العبدِ في سكونِه إلى ربِّه سبحانه وتعالى .

وقد ذَكَرَ اللهُ السكينةَ في مواطن منْ كتابِه عزَّ من قائلٍ ، فقال : (**أنـزَلَ اللَّهُ سَكِينَتَهُ عَلَى رَسُولِهِ وَعَلَى الْمُؤْمِنِينَ**) ، (**فَـأَنزَلَ السَّكِينَةَ عَلَيْهِمْ**) ، (**ثُمَّ أَنَزلَ اللّهُ سَكِينَتَهُ عَلَى رَسُولِهِ**) ، (**فَأَنزَلَ اللّهُ سَكِينَتَهُ عَلَيْهِ**) .

والسَّكينةُ هي ثباتُ القلبِ إلى الرَّبّ ، أو رسوخُ الجنـان ثقةً بـالرحمنِ ، أو سُكُونُ الخـاطرِ تـوكُّلاً علـى القـادرِ . والسكينةُ هدوءُ لـواعجِ النفسِ وسكونُها ، واستئناسُـها ورُكُودُهـا وعدمُ تفلُّتِهـا ، وهـي حالـةٌ من الأمـنِ ، يَحْظَـى بهـا أهلُ الإيمانِ ، تُنقذُهُمْ منْ مزالقِ الحيْرةِ والاضطرابِ ، ومهاوي الشَّكِّ والتَّسخُّطِ ، وهي بحسب ولايةِ العبدِ لربِّه ، وذكْرِه وشُكرِه لمولاهُ ، واستقامتِه على أمرِهِ ، واتِّبـاعِ رسـولِه ﷺ ، وتمسُّكِه بهدْيِـه ، وحبِّـه لخالقِـهِ ، وثقتِـه فـي مالـكِ أمـرِهِ ، والإعراضِ عمَّ سواهُ ، وهجْرِ ما عداهُ، لا يدعو إلا الله، ولا يعبدُ إلا أياهُ (**يُثَبِّتُ اللّهُ الَّذِينَ آمَنُواْ بِالْقَوْلِ الثَّابِتِ فِي الْحَيَاةِ الدُّنْيَا وَفِي الآخِرَةِ**) .

****

كلمتان عظيمتان

قال الإمامُ أحمد : كلمتان نفعني اللهُ بهما في المحنةِ

الأولـى : لرجُلٍ حُبس فـي شربِ الخمْرِ ، فقـال : يـا أحمدُ ، اثبتْ ، فإنك تُجلدُ فـي السُّنَّةِ ، وأنـا جُلِدْتُ فـي الخمرِ مـراراً ، وقدْ صـبرْتُ . (**إِن تَكُونُـواْ**

تَألَمُونَ فَإِنَّهُمْ يَألَمُونَ كَمَا تَألَمونَ وَتَرْجُونَ مِنَ اللهِ مَا لاَ يَرْجُونَ) ، (**فَاصْبِرْ إِنَّ وَعْدَ اللَّهِ حَقٌّ وَلَا يَسْتَخِفَّنَّكَ الَّذِينَ لَا يُوقِنُونَ**) .

الثانيةُ : لأعرابيٍّ قال للإمامِ أحمد – والإمامُ أحمدُ قدْ أُخِذَ إلى الحبْسِ ، وهو مقيَّدٌ بالسلاسلِ : يا أحمدُ ، اصبرْ ، فإنَّما تُقتل منْ هنا ، وتدخُلُ الجنة منْ هنا . (**يُبَشِّرُهُمْ رَبُّهُم بِرَحْمَةٍ مِّنْهُ وَرِضْوَانٍ وَجَنَّاتٍ لَّهُمْ فِيهَا نَعِيمٌ مُّقِيمٌ**) .

****

منْ فوائدِ المصائبِ

استخرجُ مكنونِ عبوديةِ الدعاءِ ، قال أحدُهم : سبحان منِ استخرج الدعاء بالبلاءِ . وذكَرُوا في الأثرِ : أنَّ الله ابتلى عبداً صالحاً منْ عبادِهِ ، وقال لملائكتِه : لأسمع صوتهُ . يعني : بالدعاءِ والإلحْاحِ .

ومنها : كسْرُ جماحِ النفسِ وغيِّها ؛ لأنَّ الله يقول : (**كَلَّا إِنَّ الْإِنسَانَ لَيَطْغَى{6} أَن رَّآهُ اسْتَغْنَى**) .

ومنها : عطفُ الناسِ وحبُّهم ودعاؤُهم للمصابِ ، فإنَّ الناس يتضامنون ويتعاطفون مع منْ أُصيب ومنِ ابتُلي .

ومنها : صرْفُ ما هو أعظمُ منْ تلك المصيبةِ ، فغنها صغيرةٌ بالنسبةِ لأكبر منها ، ثمَّ هي كفَّارةٌ للذنوبِ والخطايا ، وأجرٌ عند اللهِ ومثوبةٌ . فإذا علِمَ العبدُ أنَّ هذه ثمارُ المصيبةِ أنس بها وارتاح ، ولم ينزعجْ ويقْنطْ (**إِنَّمَا يُوَفَّى الصَّابِرُونَ أَجْرَهُم بِغَيْرِ حِسَابٍ**) .

****

العلم هُدى وشِفاءٌ :

ذكَرَ ابنُ حزمٍ في (مُداواة النفوس) أنَّ منْ فوائدِ العلمِ : نَفْيَ الوسواسِ عن النَّفْسِ ، وطرْدَ الهمومِ والغمومِ والأحزانِ .

وهذا كلامٌ صحيحٌ خاصَّةً لمنْ أحبَّ العِلْم وشغف به وزاولهُ ، وعمل به وظهر عليه نفْعُه وأثرُه .

فعلى طالبِ العلمِ أن يوزِّع وقته ، فوقتٌ للحفْظِ والتكرارِ والإعادةِ ، ووقتٌ للمطالعةِ العامَّةِ ، ووقتٌ للاستنباطِ ، ووقتٌ للجَمْعِ والتَّرتيبِ ، ووقتٌ للتأمُّلِ والتدبُّرِ .

فكُنْ رجُلاً رِجْلُه في ... وهامةُ هِمَّتِه في الثُّريَّا

****

عسى أن يكون خيراً

للسيوطي كتابٌ بعنوان (الأرجُ في الفرج) : ذَكَرَ منْ كلامِ أهلِ العلمِ ما مجموعُه يُفيدُنا أنَّ المحَابَّ كثيرةٌ في المكارِهِ ، وأنَّ المصائب تُسفرُ عن عجائب وعن رغائب لا يُدركُها العبدُ ، إلا بعد تكشُّفِها وانجلائِها .

لعَمْرُك ما يدري الفتى كيف يتَّقي نوائب هذا الدَّهرِ أمْ كيف يحذرُ
يرى الشيء ممَّا يُتَّقى فيخافُه وما لا يرى مما يقِي اللهُ أكثرُ

****

السعادةُ موهبةٌ ربَّانيَّة

ليس عجباً أنْ يكون هناك نفرٌ من الناسِ يجلسون على الأرصفةِ ، وهم عُمَّالٌ لا يجدُ احدُهم إلا ما يكفي يومه وليلته ، ومع ذلك يبتسمون للحياةِ ، صدورُهم منشرحةٌ وأجسامُهم قويةٌ ، وقلوبُهم مطمئنَّةٌ ، وما ذلك إلا لأنَّهم عَرَفوا أنَّ الحياة إنما هي اليومُ ، ولم يشتغلوا بتذكُّرِ الماضي ولا بالمستقبلِ وإنما أفنوْا أعمارهم في أعمالِهم .

وما أبالي إذا نفسي تطاوعني على النَّجاةِ بمنْ قدْ عاش أو هلكا

وقارِنْ بين هؤلاء وبين أُناسٍ يسكنون القصور والدُّور الفاخرة ، ولكنَّهمْ بَقُوا في فراغٍ وهواجس ووساوس ، فشتتهُمُ الهمُّ ، وذهب بهم كلَّ مذهبِ .

لحا اللهُ ذي الدُّنيا مُناخاً لراكبٍ فكُلُّ بعيدِ الهمِّ فيها معذَّبُ

****

*

الذِّكْرُ الجميلُ عمرٌ طويلٌ

منْ سعادةِ العبدِ المسلمِ أنْ يكون لهُ عمرٌ ثانٍ ، وهو الذِّكْرُ الحسنُ ، وعجباً لمنْ وجد الذكْر الحسنَ رخيصاً ، ولمْ يشترِهِ بمالِه وجاهِه وسعيِه وعملِه .

وقدْ سبق معنا أنَّ إبراهيم عليهِ السلامُ طلب منْ ربِّه لسان صدْقٍ في الآخرِين ، وهو : الثَّناءُ الحسنُ ، والدعاءُ له .

وعجبْتُ لأنـاسٍ خلّدوا ثنـاءً حسناً فـي العـالمِ بحُسْنِ صنيعهِم وبكـرمهِم وبذْلِهم ، حتى إنَّ عُمَرَ سأل أبنـاء هرِم بنِ سنانٍ : مـاذا أعطـاكمْ زهيرٌ ، ومـاذا أعطيتُموهُ ؟ قالوا : مَدَحَنا ، وأعطيناهُ مالاً . قال عمرُ : ذهب واللهِ ما أعطيتموهُ ، وبقي ما أعطاكمْ .

يعني : الثناءُ والمديحُ بقي لهمْ أبد الدّهرِ .

أولـى البرِيَّـةِ طُـرًّا أنْ تُواسِيهُ ... عند السُّرورِ الذي واساك في

إن الكرام إذا ما أرسِلُوا ذكرُوا ... مَـنْ كـان يـألفُهم فـي المنـزلِ

****

أُمَّهاتُ المراثي

هناك ثلاثُ قصائد خلَّدتْ منْ قِيلتْ فيهم :

ابنُ بقيَّةَ الوزيرُ الشهيرُ ، قتلـهُ عَضُدُ الدولـةِ ، فرثـاهُ أبو الحسنِ الأنباريُّ بقصيدتِه الرائعةِ العامرةِ ، ومنها :

عُلُـوٌّ فـي الحيـاةِ وفـي ... لحـقٌ تِلْـك إحـدى

كأنَّ الناس حوْلك حين ... وفُـودُ نـداك أيـام

كأنَّـك واقِـفٌ فـيهمٍ ... وهمْ وقفُوا قِيامـاً للصَّلاةِ

مـددت يـديْك نحو همُـو ... كمـدِّهما إلـيهمْ بالهِبـاتِ

ولمـا ضـاق بطنُ الأرضِ ... يُـواروا فيـه تلـك

أصـاروا الجـوَّ قبـرك ... عليـك اليـوم صـوت

ومـا لـك تُربـةٌ فـأقولُ ... لأنَّـك نُصْـب هطْـلِ

عليـك تحيَّـة الـرحمنِ ... بتبريـكِ الفـؤادِ الرّائِحـاتِ

لِعظْمِك في النُّفُوسِ تباتُ ... بحُـراسٍ وحُفَّـاظٍ ثقـاتِ

وتُوقـدُ حولـك النيـرانُ ... كـذلك كُنـت أيـام الحيـاةِ

ما أجْمل العباراتِ ، وما أجملً الأبياتِ ، وما أنْبلَ هذهِ المُثُل ، وما أضـخم هذهِ المعاني . الله ما أجْملها من أوسمةٍ ، وما أحسنها من تِيجان !!

لمَّا سمع هذه الأبيات عضدُ الدولة الذي قتلهُ ، دمعتْ عيناه وقال : وددتُ واللهِ أنني قُتلتُ وصُلِبْتَ ، وقِيلتْ فيَّ .

ويُقتلُ محمدُ بنُ حميدٍ الطوسيُّ في سبيلِ اللهِ ، فيقولُ أبو تمام يرثيه :

كذا فليجلَّ الخطبُ وليَفْدحِ ... فليْس لِعَيْنٍ لم يفِضْ ماؤها

تُوفِّيتِ الآمالُ بعد محمَّدٍ ... وأصبح في شُغلٍ عن السَّفْرِ

تردَّ ثياب الموت حُمْراً فما ... لَهَا الليلُ إلا وهي منْ سُنْدُسٍ

إلَى آخرِ ما قال في تلك القصيدةِ الماتِعةِ ، فسمِعها المعتصمُ ، وقال : ما مات من قِيلتْ فيه هذهِ الأبياتُ .

ورأيتُ كريماً آخر في سلالةِ قُتيبة بنِ مسلمٍ القائدِ الشهيرِ ، هذا الكريمُ بذل ماله وجاههُ ، وواسى المنكوبين ، ووقف مع المصابين وأعطى المساكين ، وأطعم الجائعين ، وكان ملاذاً للخائفين ، فلمَّا مات ، قال أحدُ الشعراء :

مضى ابنُ سعيدٍ حين لم يبق ... ولا مغربٌ غلاًّ لهُ فيهِ مادحُ

وما كنتُ أدري ما فواضِلُ ... على الناسِ حتى غيَّبْتهُ

وأصبح في لحدٍ مِن الأرضِ ... وكانَّتْ به حيّاً تضِيقُ

سأبكيك ما فاضتْ دموعي فإنْ ... فحسْبُك مني ما تجِنُّ الجوانِحُ

فما أنا مِنْ رُزْءٍ وإنْ جلَّ ... ولا بسرورٍ بعد موتِك فارِحُ

كأنْ لم يُمتْ حيٌّ سواك ولم ... على أحدٍ إلا عليك النَّوائِحُ

لئنْ عظُمتْ فيك المراثي ... لقد عظمتْ مِنْ قبلُ فيك

وهذا أبو نواس يكتبُ تاريخ الخصيبِ أميرِ مِصْر ، ويسجِّل في دفترِ الزمانِ اسمه فيقولُ :

إذا لم تزُرْ أرض الخصيبِ ... فأيَّ بلادٍ بعدهنَّ تزورُ

فما جازهُ جودٌ ولا حلَّ دونه ... ولكنْ يسيرُ الجودُ حيثُ

فتىً يشتري حُسْن الثَّناءِ ... ويعلمُ أنَّ الدَّائراتِ تدورُ

ثم لا يذكُرُ الناسُ منْ حياةِ الخصيبِ ، ولا منْ أيامِه إلا هذهِ الأبياتِ .

****

*

وقفةٌ

((اللهمَّ اقسِمْ لنا مِنْ خشيتِك ما تحُولُ به بيننا وبين معاصيك ، ومِنْ طاعتِك ما تُبلِّغُنا به جنَّتك ، ومن اليقينِ ما تُهوِّنُ به علينا مصائب الدنيا ، ومتِّعْنا بأسماعِنا وأبصارِنا وقوَّتِنا ما أحْييْتنا ، واجْعلْه الوارِث منا ، واجعلْ ثأرنا على منْ ظَلَمنا ، وانصُرْنا على منْ عادانا ، ولا تجعلْ مصيبتنا في ديننا ، ولا تجعلِ الدُّنيا أكبر همنا ، ولا مبلغ عِلْمِنا ، ولا تُسلِّطْ علينا بذنوبنا منْ لا يرحمُنا)) .

قال عليُّ بنُ مقلة :

إذا اشتملتْ على اليأسِ ... وضاق لما بهِ الصَّدرُ
وأوْطنتِ المكارهُ ... وأرستْ في أماكنِها
ولمْ ترَ لانكشافٍ ... ولا أغنى بحِيلتِهِ الأريبُ
أتاكَ على قُنُوطِك منهُ ... يمُنُّ به القريبُ
وكُلُّ الحادثاتِ وإنْ ... فموصولٌ بها فرجٌ قريبُ

****

ربٌّ لا يظْلِمُ ولا يَهْضِمُ

ألا يحقُّ لك أنْ تَسْعَدَ ، وأنْ تهدأ وأنْ تسكن إلى موعودِ اللهِ ، إذا علمت أنَّ في السماء ربّاً عادلاً ، وحكماً مُنصفاً ، أدخل امرأةً الجنة في كلبٍ ، وأدخل امرأةً النار في هِرَّة .

فتلك امرأةٌ بغيٌّ منْ بني إسرائيل ، سقتْ كلباً على ظمأٍ ، فغفر اللهُ لها وأدخلها الجنة ، لمِا قام في قلبِها منْ إخلاصِ العملِ للهِ .

وهذهِ حبست قطَّةً في غُرفةٍ ، لا هي أطعمتْها ، ولا سقتْها ، ولا تركتْها تأكلُ منْ خشاشِ الأرضِ ، فأدخلها اللهُ النار .

فهذا ينفعُك ويُثلجُ صدرك بحيثُ تعلمُ أنه سبحانه وتعالى يجزي على القليلِ ، ويُثيبُ على العملِ الصغيرِ ، ويُكافئُ عبدهُ على الحقيرِ .

وعند البخاريِّ مرفوعاً : **((أربعون خصْلةً ، أعلاها منِحةُ العنزِ ما من عاملٍ يعملُ بخصلةٍ منها رجاء موعودِها وتصديق ثوابِها إلا أدخله اللهُ الجنة))** (**فَمَن يَعْمَلْ مِثْقَالَ ذَرَّةٍ خَيْراً يَرَهُ{7} وَمَن يَعْمَلْ مِثْقَالَ ذَرَّةٍ شَرّاً يَرَهُ**) ، (**إِنَّ الْحَسَنَاتِ يُذْهِبْنَ السَّيِّئَاتِ**) .

فرِّجْ عنْ مكروبٍ ، وأعطِ محروماً ، وانصرْ مظلوماً ، وأطعمْ جائعاً ، واسْقِ ظامئاً ، وعُدْ مريضاً ، وشيِّع جنازةً ، وواسِ مصاباً ، وقُدْ أعْمى ، وأرشِدْ تائِهاً ، وأكرم ضيفاً ، وبِرَّ جاراً ، واحترمْ كبيراً ، وارحمْ صغيراً ، وابذُلْ طعامك ، وتصدَّقْ بدِرْهمِك ، وأحسِنْ لفظك ، وكُفَّ أذاك ، فإنه صدقةٌ لك .

إنَّ هذه المعاني الجميلة ، والصفاتِ السامية ، منْ أعظمِ ما يجلبُ السعادة ، وانشراح الصدرِ ، وطردَ الهمِّ والغمَّ والقلق والحزن .

لله درُّ الخُلُقِ الجميلِ ، لو كان رجلاً لكان حَسَنَ الشَّارةِ ، طيِّب الرائحةِ حَسَنَ الذكْرِ ، باسِم الوجهِ .

****

اكتبْ تأريخك بنفْسِك

كنتُ جالساً في الحرَمِ في شدَّةِ الحرِّ ، قبل صلاةِ الظهرِ بساعةٍ ، فقام رجلٌ شيخٌ كبيرٌ ، وأخذ يُباشِرُ على الناسِ بالماءِ البارد ، فيأخذُ بيدِهِ اليُمنى كوباً ، وفي اليُسرى كوباً ، ويسقيهمُ منْ ماءِ زمزم ، فكلَّما شرب شاربٌ ، عاد فأسقى جارهُ ، حتى أسقى فِئاماً من الناسِ ، وعَرَقُه يتصبَّبُ ، والناسُ جلوسٌ كلٌّ ينتظرُ دوره ليشرب منْ يدِ هذه الشيخِ الكبيرِ ، فعجبتُ منْ جلدِهِ ومنْ صبرِهِ ومنْ حبِّه للخيرِ ، ومن إعطائِه هذا الماءَ للناسِ وهو يتبسَّمُ ، وعلمتُ أنَّ الخير يسيرٌ على منْ يسرَّه اللهُ عليه ، وأنَّ فِعْلَ الجميلِ سَهْلٌ على منْ سهَّلهُ اللهُ عليه ، وأنَّ للهِ ادِّخاراتٍ من الإحسانِ ، يمنحُها منْ يشاءُ منْ عبادِهِ ، وأنَّ اللهُ يُجري الفضائل ولو كانتْ قليلةً على يدِ أناسٍ خيرِّين ، يحبُّون الخيْر لعبادِ اللهِ ، ويكرهون الشَّرَّ لهم .

أبو بكر يعرِّضُ نفسه للخطرِ في الهجرةِ ، حمايةً للرسولِ ﷺ .

وحاتمٌ ينامُ جائعاً ، ليشبع ضيوفه .

وأبو عبيدة يسهرُ على راحةِ جيشِ المسلمين .

وعمرُ يطوفُ المدينة والناسُ نيامٌ .

ويتلوى من الجوعِ عام الرَّمادة ، ليُطعم الناس .

وأبو طلحة يتلقى السهام في أُحُدٍ ، ليقي رسول اللهِ ﷺ .

وابنُ المباركِ يُباشِرُ على الناسِ بالطعامِ وهو صائمٌ .

ذهبوا يرون الذكر عمراً ومضـوا يعـدُّون الثنـاء

(**وَيُطْعِمُونَ الطَّعَامَ عَلَى حُبِّهِ مِسْكِيناً وَيَتِيماً وَأَسِيراً**) .

****

أنْصِتْ لكلامِ اللهِ

هدِّئ أعصابك بالإنصاتِ إلى كتابِ ربِّك ، تلاوةً مُمتعةً حسنةً مؤثِّرةً منْ كتابِ اللهِ ، تسمعُها منْ قارئٍ مجوِّدٍ حَسَنِ الصوتِ ، تصلُك على رضوانِ اللهِ عزَّ وجلَّ ، وتُضفي على نفسِك السكينة ، وعلى قلبِك يقيناً وبرداً وسلاماً .

كان ﷺ يحبُّ أنْ يسمع القرآن منْ غيرِه ، وكان ﷺ يتأثَّرُ إذا سمع القرآن منْ سواهُ ، وكان يطلُبُ منْ أصحابِه أنْ يقرؤوا عليه ، وقد أُنزل عليهِ القرآنُ هو ، فيستأنسُ ﷺ ويخشعُ ويرتاحُ .

إنَّ لك فيهِ أسوةً أنْ يكون لك دقائقُ ، أو وقتٌ من اليومِ أو الليلِ ، تفتحُ فيهِ المذياع أو مسجّلاً ، لتستمع إلى القارئِ الذي يعجبُك ، وهو يتلو كلام اللهِ عزَّ وجلَّ .

إنَّ ضجَّة الحياةِ وبلبلة الناسِ ، وتشويش الآخرين ، كفيلٌ بإزعاجِك ، وهدِّ قُواك ، وبتشتيتِ خاطرِك . وليس لك سكينةٌ ولا طمأنينةٌ ، إلاَّ في كتابِ ربِّك وفي ذكرِ مولاك : (**الَّذِينَ آمَنُواْ وَتَطْمَئِنُّ قُلُوبُهُم بِذِكْرِ اللّهِ أَلاَ بِذِكْرِ اللّهِ تَطْمَئِنُّ الْقُلُوبُ**) .

يأمرُ ﷺ ابن مسعودٍ ، فيقرأ عليه منْ سورةِ النساءِ ، فيبكي ﷺ حتى تنهمر دموعُه على خدِّه ، ويقولُ : ((**حسْبُك الآن**)) .

ويمرُّ بأبي موسى الأشعريِّ ، وهو يقرأُ في المسجدِ ، فيُنصتُ لهُ ، فيقولُ له في الصباحِ : ((**لو رأيتني البارحة وأنا أستمعُ لقراءتِك**)) ، قال أبو موسى : لو أعلمُ يا رسول الله أنك تستمعُ لي ، لحبَّرْتُهُ لك تحبيراً .

عند ابن أبي حاتم يمرُّ ﷺ بعجوزٍ ، فيُنصت إليها منْ وراءِ بابها ، وهي تقرأُ (**هَلْ أَتَاكَ حَدِيثُ الْغَاشِيَةِ**) ، تعيدُها وتكرِّرُها ، فيقولُ : ((**نعم أتاني ، نعم أتاني**)) .

إنَّ للاستماعِ حلاوةً ، وللإنصاتِ طلاوةً .

أحدُ الكُتّابِ اللامعين المسلمين سافر إلى أوربا ، فأبحر في سفينةٍ ، وركبتْ معه امرأةٌ منْ يوغسلافيا ، شيوعيَّةٌ فرَّتْ منْ ظُلمٍ ومنْ قهرِ تيتو ،

فأدركتْه صلاةُ الجمعةِ مع زملائِه ، فقام فخطبهم ، ثم صلّى بهمْ وقرأ سورة الأعلى والغاشية ، وكانتِ المرأةُ لا تجيدُ العربية ، كانتْ تُنصتُ إلى الكلام وإلى الجرْسِ وإلى النَّغمةِ ، وبعد الصلاةِ سألتْ هذا الكاتب عن هذهِ الآياتِ ؟ فأخبرها أنها من كلامِ اللهِ عزَّ وجَّل ، فبقيتْ مدهوشةً مذهولةً ، قال : ولم تمكنّي لغتي لأدعُوها إلى الإسلامِ : (**قُل لَّئِنِ اجْتَمَعَتِ الإِنسُ وَالْجِنُّ عَلَى أَن يَأْتُواْ بِمِثْلِ هَـذَا الْقُرْآنِ لاَ يَأْتُونَ بِمِثْلِهِ وَلَوْ كَانَ بَعْضُهُمْ لِبَعْضٍ ظَهِيراً**) .

إنَّ للقرآنِ سلطاناً على القلوبِ ، وهيبةً على الأرواحِ ، وقوةً مؤثّرةً فاعلةً على النفوسِ.

عجبتُ لأناسٍ من السلفِ الأخبارِ ، ومن المتقدّمين الأبرار، انهدُّوا أمام تأثيرِ القرآن ،وأمام إيقاعاتِه الهائلةِ الصادقة النافذة : (**لَوْ أَنزَلْنَا هَذَا الْقُرْآنَ عَلَى جَبَلٍ لَّرَأَيْتَهُ خَاشِعاً مُّتَصَدِّعاً مِّنْ خَشْيَةِ اللَّهِ**) .

فذاك عليُّ بنُ الفُضيل بن عياضٍ يموتُ لمَّا سمع أباه يقرأُ : (**وَقِفُوهُمْ إِنَّهُم مَّسْئُولُونَ{24} مَا لَكُمْ لا تَنَاصَرُونَ**) .

وعمرُ رضي اللهُ عنه وأرضاهُ منْ سماعِه لآيةٍ ، ويبقى مريضاً شهراً كاملاً يُعادُ ، كما يُعادُ المريضُ ، كما ذكر ذلك ابنُ كثيرٍ . (**وَلَوْ أَنَّ قُرْآناً سُيِّرَتْ بِهِ الْجِبَالُ أَوْ قُطِّعَتْ بِهِ الأَرْضُ أَوْ كُلِّمَ بِهِ الْمَوْتَى**) .

وعبدُاللهِ بنُ وهبٍ ، مرَّ يوم الجمعةِ فسمع غلاماً يقرأُ : (**وَإِذْ يَتَحَاجُّونَ فِي النَّارِ...**) فأُغمي عليه ، ونُقل إلى بيتهِ ، وبقي ثلاثة أيامٍ مريضاً ، ومات في اليوم الرابعِ . ذكَرَه الذهبيُّ .

وأخبرني عالمٌ أنه صلَّى في المدينةِ ، فقرأ القارئُ بسورةِ الواقعةِ ، قال : فأصابني من الذهولِ ومن الوجلِ ما جعلني اهتزُّ مكاني ، وأتحرّكُ بغيرِ إرادةٍ مني ، مع بكاءٍ ، ودمعٍ غزيرٍ . (**فَبِأَيِّ حَدِيثٍ بَعْدَهُ يُؤْمِنُونَ**) .

ولكنْ ما علاقةُ هذا الحديثِ بموضوعِنا عنِ السعادةِ ؟!

إنَّ التشويش الذي يعيشُه الإنسانُ في الأربعِ والعشرين ساعةً كفيلٌ أنْ يُفقِده وعيهُ ، وأن يُقلقه ، وأن يُصيبه بالإحباطِ ، فإذا رَجَعَ وأنصت وسَمَعَ وتدبَّر كلام المولى ، بصوتٍ حسنٍ منْ قارئٍ خاشعٍ ، ثاب إليه رُشدُه ، وعادتْ إليه نفسهُ ، وقرَّتْ بلابلهُ ، وسكنتْ لواعِجُه . إنني أحذِّرك بهذا الكلامِ عنْ قومٍ جعلُوا الموسيقى أسباب أنسِهمْ وسعادتِهمْ وارتياحِهم ، وكتبُوا في ذلك كُتُباً ، وتبجَّح كثيرٌ منهمْ بأنَّ أجمل الأوقات وأفضل الساعات يوم يُنصت إلى

الموسيقى ، بلْ إنَّ الكُتَّاب الغربيين الذين كتبُوا عنِ السعادةِ وطردِ القلقِ يجعلون منْ عواملِ السعادةِ الموسيقى . (**وَمَا كَانَ صَلاَتُهُمْ عِندَ الْبَيْتِ إِلاَّ مُكَاء وَتَصْدِيَةً**) ، (**سَامِراً تَهْجُرُونَ**) .

إنَّ هذا بديلٌ آثِم ، واستماعٌ محرَّم ، وعندنا الخيْرُ الذي نزل على محمدٍ ﷺ ، والصِّدقُ والتوجيهُ الرَّاشدُ الحكيمُ ، الذي تضمَّنه كتاب اللهِ عزَّ وجلَّ : (**لَا يَأْتِيهِ الْبَاطِلُ مِن بَيْنِ يَدَيْهِ وَلَا مِنْ خَلْفِهِ تَنزِيلٌ مِّنْ حَكِيمٍ حَمِيدٍ**) .

فسماعُنا للقرآنِ سماعٌ إيمانيٌّ شرعيٌّ محمديٌّ سنيٌّ (**تَرَى أَعْيُنَهُمْ تَفِيضُ مِنَ الدَّمْعِ مِمَّا عَرَفُواْ مِنَ الْحَقِّ**) ، وسماعُهم للموسيقي سماعٌ لاهٍ عابثٌ ، لا يقومُ به إلا الجَهَلةُ والحمقى والسُّفهاءُ من الناسِ (**وَمِنَ النَّاسِ مَن يَشْتَرِي لَهْوَ الْحَدِيثِ لِيُضِلَّ عَن سَبِيلِ اللَّهِ**) .

****

كلٌّ يبحثُ عنِ السعادةِ ولكنْ

للعالِمِ الإسكافيِّ كتابٌ بعنوان (لُطْفُ التدبيرِ) وهو كتابٌ جمُّ الفائدةِ ، أخَّاذٌ جذَّابٌ جلاَّبٌ ، مؤدَّى الكلامِ فيه البحثُ عن السيادةِ والسعادةِ والرِّيادةِ ، فإذا الاحتيالُ والمكرُ والدهاءُ ، وضَرْبٌ من السياسةِ ، وأفانينُ من الالتواءِ ، فعَلها كثيرٌ من الملوكِ والرؤساءِ ، والأدباءِ والشعراءِ ، وبعضِ العلماءِ ، كلُّهم يريدُ أنْ يهدأ وأنْ يرتاح ، وأنْ يحصل على مطلوبهِ ، حتى إنّهُ منْ عناوينِ هذا الكتابِ :

في لطفِ التدبيرِ ، تسكيرُ شغْبٍ ، وإصلاحُ نِفارٍ أو ذاتِ بيْن ، ماذا يفعلُ المنهزمُ في مكائدِ الأعداءِ ، مُكايَدَةُ صغيرٍ لكبيرٍ ، في دفعِ مكروهٍ بقولٍ ، في دفعِ مكروهٍ بمكروهٍ ، في دفعِ مكروهٍ بلُطفٍ ، في لُطفِ التدبيرِ في دفعِ مكروهٍ ، في مُداراةِ سلطانٍ ، في الانتقامِ منْ سالبِ مُلكٍ ، في الخلاصِ منْ نِقْمةٍ في الفَتْكِ والاحترازِ منْه في إظهارِ أمرٍ لإخفاءِ غيرِه . إلى آخرِ تلك الأبوابِ .

ووجدتُ أنَّ الجميع كلَّهمْ يبحثون عنِ السعادةِ والاطمئنانِ ، ولكنْ قليلٌ منهمْ منِ اهتدى إلى ذلك ووُفِّق لنيْلِها . وخرجتُ من الكتابِ بثلاثِ فوائد :

الأولى : أنَّ منْ لم يجعلِ الله نصب عينيه ، عادتْ فوائدُه خسائر وأفراحُه أتراحاً ، وخيراتُه نكباتٍ (**سَنَسْتَدْرِجُهُم مِّنْ حَيْثُ لاَ يَعْلَمُونَ**) .

الثانيةِ : أنَّ الطرق الملتوية الصَّعْبة التي يسعى إليها كثيرٌ من الناسِ في غيرِ الشريعةِ ، لنيلِ السعادةِ ، يجدونها – بطُرُقٍ أسهلَ وأقربَ – في طريق

الشرعِ المحمديِّ ، (**وَلَوْ أَنَّهُمْ فَعَلُواْ مَا يُوعَظُونَ بِهِ لَكَانَ خَيْراً لَّهُمْ وَأَشَدَّ تَثْبِيتاً**) فينالون خَيْرَ الدنيا وخَيْرَ الآخرةِ .

الثالثـةُ : أنَّ أُناسـاً ذهبتْ عليهمْ دنيـاهم وأخـراهم ، وهـمْ يظُنُّـون أنهـم يُحسـنون صُـنعاً ، وينـالون سـعادةً ، فمـا ظفـرُوا بهـذه ولا بتلـك ، والسـببُ إعراضُهم عن الطريقِ الصحيحِ الذي بعث اللهُ به رُسُلَهُ ، وأنزل به كتبه ، وهي طلبُ الحقِّ ، وقولُ الصدْقِ ، (**تَمَّتْ كَلِمَتُ رَبِّكَ صِدْقاً وَعَدْلاً لاَّ مُبَدِّلِ لِكَلِمَاتِهِ**) .

كان أحدُ الوزراءِ في لهوهِ وطربِه ، فأصابه غمٌّ كـاتِمٌ ، وهمٌّ جاثِمٌ فصرخ :

ألا مـوتٌ يُبـاعُ فأشـترِيهِ   فهـذا العـيشُ مـا لا خيـر
إذا أبصـرتُ قبـراً مـن   وددتُ لـو أننـي ممَّـا يليـهِ
ألا رحِـم المهـيمنُ نفْـسٍ   تصـدَّق بالوفـاةِ علـى

****

وقفـــةٌ

« فليُكْثِرِ الدُّعاء في الرَّخاءِ : أيْ في حالِ الرَّفاهيةِ والأمنِ والعافيةِ ؛ لأنَّ مِنْ سمةِ المؤمنِ الشاكرِ الحازمِ ، أنْ يريش الشهم قبل الرمْي ، ويلتجئ إلى اللهِ قبْل الاضطرار ، بخلافِ الكافرِ الشَّقيِّ والمؤمنِ الغبيِّ (**وَإِذَا مَسَّ الْإِنسَانَ ضُرٌّ دَعَا رَبَّهُ مُنِيباً إِلَيْهِ ثُمَّ إِذَا خَوَّلَهُ نِعْمَةً مِّنْهُ نَسِيَ مَا كَانَ يَدْعُو إِلَيْهِ مِن قَبْلُ وَجَعَلَ لِلَّهِ أَندَاداً**) .

فتعيَّن على منْ يريدُ النجاةَ مِنْ ورطاتِ الشَّدائدِ والغُمومِ ، أنْ لا يفعل بقلبِهِ ولسانِه عنِ التَّوجُّهِ إلى حضرةِ الحقِّ – تقدّسَ – بالحمْدِ والابتهالِ إليه والثَّناء عليه ، إذ المراد بالدعاء في الرخاء – كما قاله الإمام الحليمي – دعاء الثنـاءِ والشُّكرِ والاعتـرافِ بـالمِنن ، وسـؤالِ التوفيـقِ والمعونـةِ والتَّأييـدِ . والاستغفارِ لعوارضِ التَّقصيرِ ، فإنَّ العبد – وإنْ جهد – لم يُوفِّ ما عليهِ منْ حقوقِ الله بتمامِها ، ومنْ غفل عنْ ذلك ، ولم يُلاحظْه في زَمَنِ صِحَّتِهِ وفراغِه وأمْنِهِ ، فقدْ صدقَ عليه قولُه تعالى : (**فَإِذَا رَكِبُوا فِي الْفُلْكِ دَعَوُا اللَّهَ مُخْلِصِينَ لَهُ الدِّينَ فَلَمَّا نَجَّاهُمْ إِلَى الْبَرِّ إِذَا هُمْ يُشْرِكُونَ**) » .

****

نعيمٌ وجحيمٌ

نشرتْ الصحفُ العالميةُ خبراً عن انتحارِ رئيسِ وزراءِ فرنسا في حُكمِ الرئيسِ ميتران ، والسببُ في ذلك أنَّ بعض الصحفِ الفرنسية شنَّتْ عليهِ غارةً من النقْدِ والشتْمِ والتَّجريحِ ، فلمْ يجدْ هذا المسكينُ إيماناً ولا سكينةً ولا استقراراً يعودُ إليه ، ولم يجدْ منْ يركنُ إليه ، فبادر فأزْهَقَ رُوحَه .

إنَّ هذا الرجل المسكين الذي أقدم على الانتحارِ لم يهتدِ بالهدايةِ الرّبّانيّةِ المتمثّلةِ في قولِه سبحانه : (**وَلاَ تَكُ فِي ضَيْقٍ مِّمَّا يَمْكُرُونَ**) وقولِه سبحانه : (**لَن يَضُرُّوكُمْ إِلاَّ أَذًى**) ، وقوله : (**وَاصْبِرْ عَلَى مَا يَقُولُونَ وَاهْجُرْهُمْ هَجْراً جَمِيلاً**) ، لأنَّ الرجل فَقدَ مفتاح الهدايةِ ، وطريق السَّدادِ وسبيل الرَّشادِ : (**مَن يُضْلِلِ اللّهُ فَلاَ هَادِيَ لَهُ**) .

إنَّ منْ وصايا الآخرين لكلِّ مُثْقلٍ بالهمِّ والحزنِ ، أنْ يأمروه بالجلوسِ على ضفافِ النهرِ ، ويستمتع بالموسيقى ، ويلعب النَّرْد ، ويتزلَّج على الثَّلج .

لكنْ وصايا أهل الإسلامِ ، وأهلَ العبوديَّةِ الحقَّةِ : جلسةٌ بين الأذانِ والإقامةِ في روضةٍ منْ رياضِ الجنَّةِ ، وهتافٌ بذِكرِ الواحد الأحدِ ، وتسليمٌ بالقضاءِ والقدرِ ، ورضاً بما قسم اللهُ ، وتوكُّلٌ على اللهِ جلَّ وعلا .

****

(أَلَمْ نَشْرَحْ لَكَ صَدْرَكَ)

نَزَلَ هذا الكلامُ على رسولِ اللهِ ﷺ فتحقَّقتْ فيه هذهِ الكلمةُ ، فكان سهل الخاطرِ ، منشرح الصدرِ ، متفائلاً ، جيَّاشَ الفؤادِ ، حيَّ العاطفةِ ، ميسَّراً في أمورهِ ، قريباً من القلوبِ ، بسيطاً في عظمةٍ ، دانياً من الناسِ في هيبةٍ ، متبسماً في وقارٍ ، متحبباً في سموٍّ ، مألوفاً للحاضر والبادي ، جمَّ الخُلُقِ ، طلْقَ المُحيَّا ، مشرقَ الطلْعةِ ، غزير الحياءِ ، يهشُّ للدُّعابةِ ، ويَبَشُّ للقادِم ، مسروراً بعطاءِ اللهِ ، جذلاً بالهِباتِ الرَّبانيَّةِ ، لا يعتريه اليأسُ ، ولا يعرفُ الإحباط ، ولا يخلدُ إلى التَّخْذيلِ ، ولا يعترفُ بالقنوطِ ، ويُعجبُه الفألُ الحسنُ ، ويكرهُ التَّعمُّق والتَّشدُّقِ ، والتَّفيْهقَ والتَّكلُّف والتَّنطُّع ؛ لأنهُ صاحبُ رسالةٍ ، وحاملُ مبدأ ، وقدوةُ أمَّةٍ ، وأسوةُ أجيالٍ ، ومعلِّمُ شعوبٍ ، وربُّ أسرةٍ ، ورجُلُ مجتمعٍ ، وكنْز مُثُلٍ ، ومَجْمَعُ فضائل ، وبحرُ عطايا ، ومشرِقُ نورٍ .

إنه باختصار : ميسرٌ لليُسرى ، ، وإنه بإيجازٍ (**وَيَضَعُ عَنْهُمْ إِصْرَهُمْ وَالأَغْلاَلَ الَّتِي كَانَتْ عَلَيْهِمْ**) أو بعبارةٍ أخرى : (**رَحْمَةً لِّلْعَالَمِينَ**) وكفى !! (**شَاهِداً وَمُبَشِّراً وَنَذِيراً{45} وَدَاعِياً إِلَى اللَّهِ بِإِذْنِهِ وَسِرَاجاً مُّنِيراً**) .

إنَّ مما يُعارضُ الرسالة الميسَّرة السهلة : تنطُّعُ الخوارج ، وتزندُقُ أهلِ المنطقِ عبيدِ الدنيا ، وانحرافُ مرتزقةِ الأفكار (**فَهَدَى اللّهُ الَّذِينَ آمَنُواْ لِمَا اخْتَلَفُواْ فِيهِ مِنَ الْحَقِّ بِإِذْنِهِ وَاللّهُ يَهْدِي مَن يَشَاءُ إِلَى صِرَاطٍ مُّسْتَقِيمٍ**) .

****

مفهومُ الحياةِ الطَّيِّبةِ

يقولُ أحدُ أذكياءِ الإنكليزِ : بإمكانك وأنت في السجنِ منْ وراءِ القضبانِ الحديديةِ أنْ تنظُرَ إلى الأُفُقِ ، وأنْ تُخْرِج زهرةً منْ جيبِك فتشُمَّها وتبتسم ، وأنت مكانك ، وبإمكانِك وأنت في القصْرِ على الديباج والحريرِ ، أنْ تحتدَّ وأنْ تغضب وأنْ تثور ساخطاً منْ بيتِك وأسرتِك وأموالِك .

إذنْ السعادةُ ليستْ في الزمانِ ولا في المكانِ ، ولكنَّها في الإيمانِ ، وفي طاعةِ الدَّيَّانِ ، وفي القلبِ . والقلبُ محلُّ نظرِ الرَّبِّ ، فإذا استقرَّ اليقينُ فيه ، انبعثتِ السعادةُ ، فأضفتْ على الروحِ وعلى النفسِ انشراحاً وارتياحاً ، ثمَّ فاضتْ على الآخرين ، فصارتْ على الظِّرابِ وبطونِ الأوديةِ ومنابتِ الشجرِ .

أحمدُ بنُ حنبل عاش سعيداً ، وكان ثوبُه أبيض مرقَّعاً ، يخيطُه بيدِهِ ، وعندهُ ثلاثُ غُرفٍ منْ طينٍ يسكُنها ، ولا يجدُ إلا كِسرَ الخُبْزِ مع الزيتِ ، وبقي حذاؤه – كما قال المترجمون عنهُ – سبع عشرة سنةً يرقِّعها ويخيطُها ، ويأكلُ اللحم في شهرٍ مرَّةً ويصومُ غالب الأيامِ ، يذرعُ الدنيا ذهاباً وإياباً في طلَبِ الحديثِ ، ومع ذلك وجد الراحة والهدوء والسكينة والاطمئنان ؛ لأنهُ ثابتُ القدم ، مرفوعُ الهامةِ ، عارفٌ بمصيرِه ، طالبٌ لثوابٍ ، ساعٍ لأجرٍ ، عاملٌ لآخرةٍ ، راغبٌ في جنَّةٍ .

وكان الخلفاءُ في عهدِه – الذين حكموا الدنيا – المأمونُ ، والواثقُ ، والمعتصمُ ، والمتوكلُ عندهم القصورُ والدُّورُ والذهبُ والفضةُ والبنودُ والجنودُ ، والأعلامُ والأوسمةُ والشاراتُ والعقاراتُ ، ومعهمْ ما يشتهون ، ومع ذلك عاشُوا في كَدَرٍ ، وقَضَوْا حياتَهم في همٍّ وغمٍّ ، وفي قلاقل وحروبٍ وثوراتٍ وشَغَبٍ وضجيجٍ ، وبعضُهم كان يتأوَّهُ في سكراتِ الموتِ نادماً على ما فرَّط ، وعلى ما فعل في جنبِ اللهِ .

ابنُ تيمية شيخُ الإسلامِ ، لا أهل ولا دار ولا أسرة ولا مال ولا منصب ، عندهُ غرفةٌ بجانبِ جامعِ بني أمية يسكنُها ، ولهُ رغيفٌ في اليومِ ، وله ثوبانِ يغيِّر هذا بهذا ، وينامُ أحياناً في المسجدِ ، ولكنْ كما وَصَفَ نفسه : جنَّتُه في صدره ، وقتْلُه شهادةٌ ، وسجْنه خلْوةٌ ، وإخراجهُ منْ بلدِهِ سياحةٌ ؛ لأن شجرة الإيمانِ في قلبِهِ استقامتْ على سُوقِها ، تُؤتي أُكُلَها كلَّ حينٍ بإذنِ ربِّها يمُدُّها زيتُ العنايةِ الربانيةِ ، (**يُضِيءُ وَلَوْ لَمْ تَمْسَسْهُ نَارٌ نُورٌ عَلَى نُورٍ يَهْدِي اللَّهُ لِنُورِهِ مَن يَشَاءُ**) ، (**كَفَّرَ عَنْهُمْ سَيِّئَاتِهِمْ وَأَصْلَحَ بَالَهُمْ**) ،(**وَالَّذِينَ اهْتَدَوْا زَادَهُمْ هُدًى وَآتَاهُمْ تَقْواهُمْ**) ،(**تَعْرِفُ فِي وُجُوهِهِمْ نَضْرَةَ النَّعِيمِ**) .

خرج أبو ذرٍّ رضي اللهُ عنه وأرضاهُ إلى الرَّبذةِ ، فنصب خيمتهُ هناكَ ، وأتى بامرأتِه وبناتِهِ ، فكان يصومُ كثيراً من الأيامِ ، يذكُرُ مولاهُ ، ويسبِّحُ خالقهُ ، ويتعبَّدُ ويقرأُ ويتلو ويتأمَّلُ ، لا يملكُ من الدنيا إلا شمْلةً أو خيمةً ، وقطعةً من الغنمِ مع صحْفةٍ وقصْعةٍ وعصا ، زارَهُ أصحابُه ذات يوم ، فقالوا : أين الدنيا؟ قال : في بيتي ما أحتاجُه من الدنيا ، وقدْ أخبرنا ﷺ أنَّ أمامنا عقبةً كؤوداً لا يجيزُها إلا المُخِفُّ .

كان منشرحَ الصدرِ ، ومنثلج الخاطرِ ، فعندهُ ما يحتاجُه من الدنيا ، أمّا ما زاد على حاجتِه ، فأشغالٌ وتبعاتٌ وهمومٌ وغمومٌ .

قلتُ في قصيدةٍ بعنوان : أبو ذرٍّ في القرن الخامسِ عَشَرَ ، متحدِّثاً عنْ غُربةِ أبي ذرٍّ وعن سعادتِه ، وعن وحدتِه وعزلتِه ، وعن هجرتِه بروحِه ومبادئِه ، وكأنه يتحدثُ عن نفسِه :

لاطفُوني هـدَّدْتُهم بالمنايا لاطفتُ حتى
أركبُوني نزلتُ أركبُ أنزلُوني ركِبتُ في الحقِّ
أطْرُدُ الموت مُقْدماً والمنايا أجتاحُها وهْي
قُد بكتْ غربتي الرمالُ يا أبا ذرٍّ لا تخفْ وتأسّا
قلتُ لا خوف لم أزلْ في منْ يقيني ما مِتُّ حتى
أنا عاهدتُ صاحِبي وتلقَّنْتُ منْ أماليهِ درْسا

****

****

إذنْ فما هي السعادةُ ؟!

((كنْ في الدنيا كأنك غريبٌ أو عابرُ سبيل)) ، ((فطوبى للغرباءِ)) .

ليسِ السعادةُ قصر عبدِالملك بنِ مروان ، ولا جيوش هارونِ الرشيدِ ولا دُور ابنِ الجصَّاصِ ، ولا كنوز قارون ، ولا في كتابِ الشفاءِ لابنِ سينا ، ولا في ديوانِ المتنبي ، ولا في حدائقِ قرطبة ، أو بساتينِ الزهراءِ .

السعادةُ عند الصحابةِ مع قلّةِ ذاتِ اليدِ ، وشظفِ المعيشةِ ، وزهادهِ الموارِدِ ، وشُحِّ النَّفقةِ .

السعادةُ عند ابنِ المسيبِ في تألُّهِه ، وعند البخاري في صحيحِهِ ، وعند الحسنِ البصريِّ في صِدْقِهِ ، ومع الشافعيِّ في استنباطاتِه ، ومالكٍ في مُراقبتِه ، وأحمد في ورعِه ، وثابتٍ البنانيِّ في عبادتِه **(ذَلِكَ بِأَنَّهُمْ لاَ يُصِيبُهُمْ ظَمَأٌ وَلاَ نَصَبٌ وَلاَ مَخْمَصَةٌ فِي سَبِيلِ اللّهِ وَلاَ يَطَؤُونَ مَوْطِئاً يَغِيظُ الْكُفَّارَ وَلاَ يَنَالُونَ مِنْ عَدُوٍّ نَّيْلاً إِلاَّ كُتِبَ لَهُم بِهِ عَمَلٌ صَالِحٌ)** .

ليستِ السعادةُ شيكاً يُصرفُ ، ولا دابةً تُشترَى ، ولا وردةً تُشَمّ ، ولا بُرّاً يُكالُ ، ولا بزّاً يُنشرُ .

السعادةُ سلوةُ خاطرٍ بحقٍّ يحمِلُه ، وانشراحُ صدرٍ لمبدأ يعيشُه، وراحةُ قلبٍ لخيرٍ يكْتنفُه.

كنّا نظُنُّ أننا إذا أكثرْنا من التوسُّعِ في الدُّورِ ، وكثْرةِ الأشياءِ ، وجمْعِ المسهّلاتِ والمرغِّباتِ والمشتهياتِ ، أننا نسعدُ ونفرحُ ونمرحُ ونُسرُّ ، فإذا هي سببُ الهمِّ والكدَرِ والتنغيصِ ؛ لأنَّ كلَّ شيءٍ بهمِّه وغمِّه وضريبةِ كدِّهِ وكدْحِهِ **(وَلا تَمُدَّنَّ عَيْنَيْكَ إِلَى مَا مَتَّعْنَا بِهِ أَزْوَاجاً مِّنْهُمْ زَهْرَةَ الْحَيَاةِ الدُّنيَا لِنَفْتِنَهُمْ فِيهِ)** .

إنَّ أكبر مُصلحٍ في العالمِ رسولُ الهدى محمدٌ ﷺ ، عاش فقيراً ، يتلوّى من الجوعِ ، لا يجدُ دَقْلَ التمرِ يسدُّ جوعه ، ومع ذلك عاش في نعيمٍ لا يعلمُه إلا اللهُ ، وفي انشراحٍ وارتياحٍ ، وانبساطٍ واغتباطٍ ، وفي هدوءٍ وسكينةٍ **(وَوَضَعْنَا عَنكَ وِزْرَكَ{2} الَّذِي أَنقَضَ ظَهْرَكَ)** ، **(وَكَانَ فَضْلُ اللّهِ عَلَيْكَ عَظِيماً)** ، **(اللّهُ أَعْلَمُ حَيْثُ يَجْعَلُ رِسَالَتَهُ)** .

في الحديثِ الصحيحِ : **((البرُّ حُسْنُ الخُلُقِ ، والإثم ما حاك في صدرِك وكرهْت أن يطلع عليه النّاسُ))** .

إنَّ البرَّ راحةٌ للضميرِ ، وسكونٌ للنفسِ ، حتى قال بعضُهم :

البـرُّ أبقـى وإنْ طـال والإثمُ أقبحُ ما أوعيت منْ

وفي الحديث : ((البرُّ طُمأنينةٌ ، والإثم ريبةٌ)) . إنَّ المحسن صراحةً يبقى في هدوءٍ وسكينةٍ ، وإنَّ المريب يتوجَّسُ من الأحداثِ والخطراتِ ومن الحركاتِ والسَّكناتِ (**يَحْسَبُونَ كُلَّ صَيْحَةٍ عَلَيْهِمْ**) . والسببُ أنه أساء فحسْبُ ، فإنَّ المسيء لابدَّ أنْ يقلق وأنْ يرتبِك وأنْ يضطرب ، وأنْ يتوجَّس خِيفةً .

إذا ساءِ فِعْلُ المرءِ ساءتْ وصـدَّق مـا يعتـادُهُ مِـنْ

والحلُّ لمنْ أراد السعادة ، أنْ يُحْسن دائماً ، وأنْ يتجنَّب الإساءة ، ليكون في أمنٍ (**الَّذِينَ آمَنُواْ وَلَمْ يَلْبِسُواْ إِيمَانَهُم بِظُلْمٍ أُوْلَـئِكَ لَهُمُ الأَمْنُ وَهُم مُّهْتَدُونَ**)

.

أقبل راكبٌ يحثُّ السير ، يثورُ الغبارُ منْ على رأسِهِ ، يريدُ سعد بن أبي وقَّاصٍ ، وقدْ ضرب سعدٌ خيمتهُ في كبِدِ الصحراءِ ، بعيداً عنِ الضجيجِ ، بعيداً عنِ اهتماماتِ الدَّهْماءِ ، منفرداً بنفسِهِ وأهلِهِ في خيمتِهِ ، معهُ قطيعٌ من الغنمِ ، فاقترب الراكبُ فإذا هو ابنُه عُمَرُ ، فقال ابنُه له : يا أبتاهُ ، الناسُ يتنازعون الملك وأنت ترعى غنمك . قال : أعوذُ باللهِ منْ شرِّك ، إني أولى بالخلافةِ منِّي بهذا الرداءِ الذي عليَّ ، ولكن سمعتُ الرسول ﷺ يقولُ : ((**إنَّ الله يحبُّ العبد الغنيَّ التَّقيَّ الخفيَّ**)) .

إن سلامةَ المسلمِ بدينِه أعْظَمُ منْ مُلكِ كسرى وقيصر ؛ لأنَّ الدين هو الذي يبقى معك حتى تستقرَّ في جناتِ النعيمِ ، وأما الملكُ والمنصبُ فإنَّهُ زائلٌ لا محالة (**إِنَّا نَحْنُ نَرِثُ الْأَرْضَ وَمَنْ عَلَيْهَا وَإِلَيْنَا يُرْجَعُونَ**) .

****

إليهِ يصعدُ الكلِمُ الطَّيِّبُ

كان للصحابةِ كنوزٌ من الكلماتِ المباركاتِ الطَّيِّباتِ ، التي عمَّهم إياها صفوةُ الخلْقِ ﷺ .

وكلُّ كلمةٍ عند أحدِهم خيرٌ من الدنيا وما فيها ، ومِنْ عظمتِهِمْ معرفتُهم بقيمةِ الأشياءِ ومقاديرِ الأمورِ .

أبو بكرٍ يسألُ الرسولَ ﷺ أنْ يُعلِّمه دعاءً ، فقال له : ((**قلْ : ربِّ إني ظلمتُ نفسي ظُلماً كثيراً ، ولا يغفرُ الذنوب غلا أنت ، فاغفرْ لي مغفرةً منْ عندِك وارحمني ، إنك أنت الغفورُ الرحيمُ**)) .

ويقولُ ﷺ للعباسِ : ((اسألِ اللهَ العفو والعافية)) .
ويقولُ لعليٍّ : ((قلْ : اللَّهمَّ اهدني وسدِّدْني)) .
ويقولُ لعبيدِ بنِ حصينٍ : ((قلْ : اللهمَّ ألهمْني رُشدي ، وقِني شرَّ نفسي)) .

ويقولُ لشدَّادِ بنِ أوسٍ : ((قلْ : اللهمَّ إني أسألُك الثباتَ في الأمرِ ، والعزيمةَ على الرشدِ ، وشُكرَ نعمتِك ، وحُسْنَ عبادتِك ، وأسألُك قلباً سليماً ، ولساناً صادقاً ، وأسألُك مِنْ خَيْرِ ما تعْلمُ ، وأعوذُ بك منْ شرِّ ما تعلمُ ، وأستغفرُك لما تعلمُ ، إنك أنت علاَّمُ الغيوبِ)) .

ويقولُ لمعاذٍ : ((قلْ : اللهمَّ أعنّي على ذكرِك وشُكْرِك وحُسْنِ عبادتِك)) .

ويقولُ لعائشة : ((قولي : اللهم إنك عفُوٌّ تحبُّ العَفْوَ ، فاعْفُ عنِّي)) .

إنَّ الجامعَ لهذهِ الأدعيةِ : سؤالُ رضوانِ اللهِ عزَّ وجلَّ ورحمتِهِ في الآخرةِ ، والنَّجاةِ منْ غضبِه ، وأليمِ عقابِه ، والعونِ على عبادتِه سبحانه وتعالى وشكرِه .

وإنَّ الرّابط بينها : طَلَبُ ما عند اللهِ ، والإعراضُ عمَّ في الدنيا . إنهُ ليس فيها طلبُ أموالِ الدنيا الفانيةِ ، وأعراضِها الزائلةِ ، أو زخرفِها الرخيصِ .

****

(وَكَذَلِكَ أَخْذُ رَبِّكَ إِذَا أَخَذَ الْقُرَى وَهِيَ ظَالِمَةٌ إِنَّ أَخْذَهُ أَلِيمٌ شَدِيدٌ)

إنَّ منْ تعاسةِ العبدِ ، وعثْرةِ قدمِهِ وسقوطِ مكانتِهِ : ظُلْمُهُ لعبادِ اللهِ ، وهضْمُهُ حقوقهم ، وسخْفُه ضعيفهم ، حتى قال أحدُ الحكماءِ : خفْ ممَّن لم يجدْ له عليك ناصراً إلا الله .

ولقدْ حفظ لنا تاريخُ الأممِ أمثلةً في الأذهانِ عنْ عواقبِ الظَّلَمةِ .

فهذا عامرُ بنُ الطفيل يكيد للرسول ﷺ ، ويحاولُ اغتيالهُ ، فيدعو عليه ﷺ ، فيبتليه اللهُ بغدَّةٍ في نحْرِه ، فيموتُ لساعتِه ، وهو يصرخُ من الألمِ .

وأربدُ بنُ قيسٍ يؤذي رسول اللهِ ﷺ ، ويسعى في تدبيرِ قتْلِهِ ، فيدعو عليه ، فيُنزلُ اللهُ عليه صاعقةً تحرقُه هو وبعيرُه .

وقبلَ أنْ يقتُلَ الحجاجُ سعيد بن جبيرٍ بوقتٍ قصيرٍ ، دعا عليهِ سعيدٌ وقال : اللّهمّ لا تسلّطْهُ على أحدٍ بعدي . فأصابَ الحجاجَ خُرّاجٌ في يدِهِ ، ثمَّ انتشر في جسمِهِ ، فأخذ يخوُر كما يخورُ الثورُ ، ثم مات في حالةٍ مؤسفةٍ .

واختفى سفيانُ الثوريُّ خَوْفاً منْ أبي جعفرِ المنصورِ ، وخرج أبو جعفر يريدُ الحرمَ المكّيَّ وسفيانُ داخل الحرمِ ، فقام سفيانُ وأخذ بأستارِ الكعبةِ ، ودعا الله عزَّ وجلَّ أن لا يُدخِلَ أبت جعفر بيته ، فمات أبو جعفر عند بئرِ ميمونٍ قبل دخولِه مكّة .

وأحمدُ بن أبي دؤادٍ القاضي المعتزليُّ يُشاركُ في إيذاءِ الإمامِ أحمدِ بن حنبل فيدعو عليهم فيُصيبُه اللهُ بمرض الفالجِ فكان يقول : أمّا نصفُ جسمي ، فلوْ وقع عليه الذبابُ لظننتُ أنَّ القيامة قامتْ ، وأمّا النصفُ الآخرُ ، فلو قُرِض بالمقاريض ما أحسستُ .

ويدعو أحمدُ بنُ حنبل أيضاً على ابن الزّيّاتِ الوزيرِ ، فيسلّطُ اللهُ عليه منْ أخذَهُ ، وجعَلَهُ في فرنٍ من نارٍ ، وضرب المسامير في رأسِه .

وحمزةُ البسيونيُّ كان يعذّبُ المسلمين في سجنِ جمالِ عبدِالناصر ، ويقولُ في كلمةٍ له مؤذية : « أين إلهكمْ لأضعَهُ في الحديدِ » ؟ تعالى اللهُ عمّا يقولُ الظالمون علوّاً كبيراً . فاصطدمتْ سيارتُه – وهو خارجٌ من القاهرةِ إلى الإسكندريةِ – بشاحنةٍ تحملُ حديداً ، فدخل الحديدُ في جسمه منْ أعلى رأسِهِ إلى أحشائِه ، وعَجَزَ المنقذون أنْ يُخرجوُه إلا قطعاً **(وَاسْتَكْبَرَ هُوَ وَجُنُودُهُ فِي الْأَرْضِ بِغَيْرِ الْحَقِّ وَظَنُّوا أَنَّهُمْ إِلَيْنَا لَا يُرْجَعُونَ)** ، **(وَقَالُوا مَنْ أَشَدُّ مِنَّا قُوَّةً أَوَلَمْ يَرَوْا أَنَّ اللَّهَ الَّذِي خَلَقَهُمْ هُوَ أَشَدُّ مِنْهُمْ قُوَّةً)** .

وكذلك صلاحُ نصرٍ منْ قادةِ عبدِالناصرِ ، وممَنْ أكثرَ في الأرضِ الظلْم والفساد ، أصيب بأكثر منْ عشرةِ أمراضٍ مؤلمةٍ مُزمنةٍ ، عاش عدَّة سنواتٍ منْ عمرِهِ في تعاسةٍ ، ولم يجدْ لهُ الطبُّ علاّجاً ، حتى مات سجيناً مزجوجاً بهِ في زنزاناتِ زعمائِه الذين كان يخدمُهمْ .

(الَّذِينَ طَغَوْا فِي الْبِلَادِ{11} فَأَكْثَرُوا فِيهَا الْفَسَادَ{12} فَصَبَّ عَلَيْهِمْ رَبُّكَ سَوْطَ عَذَابٍ) ، **((إنَّ اللهَ ليُمْلي للظالمِ ، حتى إذا أخذهُ لم يُفْلِتْه))** ، **((واتّقِ دعوة المظلومِ ، فإنه ليس بينها وبين اللهِ حجابٌ))** .

قال إبراهيمُ التيميُّ : إنَّ الرجل ليظلمُني فأرحَمُهُ .

وسُرِقتْ دنانيرُ لرجلٍ صالح منْ خراسان ، فجعل يبكي ، فقال له الفضيلُ : لِم تبكي ؟ قال : ذكرتُ أنَّ الله سوف يجمعُني بهذا السارقِ يوم القيامةِ ، فبكيتُ رحمةً له .

واغتاب رجُلٌ أحد علماءِ السلفِ ، فأهدى للرجُلِ تمراً وقال : لأنهُ صنع لي معروفاً .

****

قلتُ : بالبابِ أنا

على هيئةِ الأممِ المتحدةِ بنيويورك لوحةٌ ، مكتوبٌ عليها قطعةٌ جميلةٌ للشاعرِ العالميِّ السعدي الشيرازي ، وقدْ ترجمتْ إلى الإنجليزيةِ وهي تدعو إلى الإخاءِ والألفةِ والاتحادِ ، يقول:

قال لي المحبوبُ لمَّا ... منْ ببابي قلتُ بالبابِ
قالَ لي أخطأت تعريفَ ... حينما فرَّقت فيه بيْنَنَا
ومضى عامٌ فلمَّا جئتُهُ ... أطرُقُ البابَ عليه
قال لي منْ أنتَ قلتُ أنْظُرْ ... ثمَّ إلاَّ أنتَ بالبابِ هُنا
قال لي أحسنت تعريفَ ... وعَرَفْتَ الحُبَّ فادخُلْ

لابُدَّ للعبد منْ أخٍ مفيدٍ يأنسُ إليه ، ويرتاحُ إليه ، ويُشاركُه أفراحهُ وأتراحهُ ، ويبادلُه وداًّ بودٍّ . (**وَاجْعَل لِّي وَزِيراً مِّنْ أَهْلِي{29} هَارُونَ أَخِي{30} اشْدُدْ بِهِ أَزْرِي{31} وَأَشْرِكْهُ فِي أَمْرِي{32} كَيْ نُسَبِّحَكَ كَثِيراً{33} وَنَذْكُرَكَ كَثِيراً**) .

ولابدَّ منْ شكوى إلى ذي ... يُواسيك أو يُسليك أو

(**بَعْضُهُمْ أَوْلِيَاء بَعْضٍ**) ، (**كَأَنَّهُم بُنيَانٌ مَّرْصُوصٌ**) ، (**وَأَلَّفَ بَيْنَ قُلُوبِهِمْ**) ، (**إِنَّمَا الْمُؤْمِنُونَ إِخْوَةٌ**) .

****

لابدَّ منْ صاحبٍ

إنَّ منْ أسبابِ السعادةِ أنْ تجد منْ تنفعُك صُحبتُه ، وتُسعدُك رفقتُه . ((أين المتحابُّون في جلالي ، اليوم أُظِلُّهمْ في ظِلِّي يوم لا ظِلَّ إلا ظلِّي)) .

((ورجلانِ تحابَّا في اللهِ ، اجتمعا عليهِ وتفرَّقا عليه)) .

****

الأمْنُ مطلبٌ شرعيٌّ وعقليٌّ

(**أُوْلَـئِكَ لَهُمُ الأَمْنُ وَهُم مُّهْتَدُونَ**) ، (**الَّذِي أَطْعَمَهُم مِّن جُوعٍ وَآمَنَهُم مِّنْ خَوْفٍ**) ، (**أَوَلَمْ نُمَكِّن لَّهُمْ حَرَماً آمِناً**) ، (**وَمَن دَخَلَهُ كَانَ آمِناً**) ، (**ثُمَّ أَبْلِغْهُ مَأْمَنَهُ**) .

((**منْ بات آمِناً في سِرْبِهِ ، مُعافىً في بدنِهِ ، عنده قُوتُ يومِهِ ، فكأنَّما حِيزتْ له الدنيا بحذافيرِها**)) .

فأمنُ القلبِ : إيمانُه ورسوخُه في معرفةِ الحقِّ ، وامتلاؤُه باليقينِ .

وأمْنُ البيتِ : سلامتُه من الانحرافِ ، وبُعْدُه عنِ الرذيلةِ ، وامتلاؤُهُ بالسكينةِ ، واهتداؤه بالبرهانِ الرّبّانيِّ .

وأمْنُ الأمةِ : جمْعُها بالحبِّ ، وإقامةُ أمرِها بالعَدْلِ ، ورعايتُها بالشريعةِ .

والخوف عدوُّ الأمنِ (**فَخَرَجَ مِنْهَا خَائِفاً يَتَرَقَّبُ**) ، (**فَلاَ تَخَافُوهُمْ وَخَافُونِ إِن كُنتُم مُّؤْمِنِينَ**) .

ولا راحة لخائفٍ ولا أمْن لملحِدٍ ، ولا عيش لمريضٍ .

إنَّمـــا العُمـــرُ صـــحَّةٌ   فإذا وليا عن العُمرِ ولَّى

للهِ ما أتْعسَ الدّنيا ، إنْ صحّتْ منْ جانبٍ فسدتْ منْ جانبٍ آخر ، إنْ أقبل المالُ مَرِضَ الجسمُ ، وإنْ صحَّ الجسمُ حلَّتِ المصائبُ ، وإنْ صلُح الحالُ واستقام الأمرُ حلَّ الموتُ .

خرج الشاعرُ الأعشى منْ (نجدٍ) إلى الرسولِ ﷺ يمتدحُه بقصيدةٍ ويسلمُ ، فعرض له أبو سفيان فأعطاهُ مائة ناقةٍ ، على أنْ يترك سفَرَهُ ويعود إلى ديارِهِ ، فأخذ الإبل وعاد ، وركب أحدها فهو جلتْ به ، فسقط على رأسِهِ ، فاندقَّتْ عنقُهُ ، وفارق الحياة ، بلا دينٍ ولا دنيا. أمَّ قصيدتُه التي هيَّأها ليقولها بين يديْ رسول اللهِ ﷺ ، فهي بديعةُ الحُسْنِ يقولُ فيها:

شبابٌ وشيبٌ وافتقارٌ وثروةٌ فللّـهِ هـذا الـدَّهرُ كيـف
إذا أنت لمْ ترْحلْ بزادٍ من ولاقيت بعد الموتِ منْ قدْ
نـدمْت علـى أنْ لا تكـون وأنَّك لـمْ تُرْصِدْ لما كـان

****

أمجادٌ زائلةٌ

إنَّ منْ لوازمِ السعادةِ الحقَّةِ أنْ تكون دائمةً تامَّةً ، فدوامُها أنْ تكون في الدنيا والآخرةِ ، في الغيبِ والشهادةِ ، اليوم وغداً .

وتمامُها أنْ لا يُنغِّصها نكدٌ ، وأنْ لا يخْدشَ وجهُ محاسِنها بسخطٍ .

جلس النعمانُ بنُ المنذرِ – ملكُ العراقِ – تحت شجرةٍ متنزِّهاً يشربُ الخَمْرَ فأراد عديُّ بنُ زيد – وكان حكيماً – أنْ يعظه بلفظٍ فقال له : أيُّها الملكُ ، أتدري ماذا تقولُ هذهِ الشَّجرةُ ؟ قال الملكُ : ماذا تقول : قال عديٌّ : تقولُ :

رُبَّ ركـبٍ قـدْ أنـاخُوا يمْزُجُـون الخمـر بالمـاءِ
ثـمَّ صـاروا لَعِب الـدَّهْرُ وكـذاك الـدَّهرُ حـالاً بعـدْ

فتنغصُ النعمانُ ، وترك الخمر ، وبقي متكدِّراً حتى مات .

وهذا شاهُ إيران الذي احتفل بمرورِ ألفينِ وخمسمائةِ سنةٍ على قيام الدولةِ الفارسيَّةِ ، وكان يُخطِّطُ لتوسيعِ نفوذِه ، وبسْطِ ملكِهِ على بقعةٍ أكبر منْ بلدِهِ ، ثم يُسلب سلطانُه بين عشيَّةٍ وضحاها (**تُؤْتِي الْمُلْكَ مَن تَشَاء وَتَنزِعُ الْمُلْكَ مِمَّن تَشَاء**) .

ويطرُدُ منْ قصورِهِ ودُورِهِ ودنياه طرداً ، ويموتُ مشرَّداً بعيداً محرُوماً مفلساً ، لا يبكي عليه أحدٌ : (**كَمْ تَرَكُوا مِن جَنَّاتٍ وَعُيُونٍ{25} وَزُرُوعٍ وَمَقَامٍ كَرِيمٍ{26} وَنَعْمَةٍ كَانُوا فِيهَا فَاكِهِينَ**) .

وكذلك شاوشيسكو رئيسُ رومانيا ، الذي حكم اثنتين وعشرين سنة ، وكان حَرَسُه الخاصُّ سبعين ألفاً ، ثمَّ يحيطُ شعبُه بقصرِهِ ، فيمزِّقونهُ وجنودهُ إرباً إرباً (**فَمَا كَانَ لَهُ مِن فِئَةٍ يَنصُرُونَهُ مِن دُونِ اللَّهِ وَمَا كَانَ مِنَ المُنتَصِرِينَ**) . لقدْ ذهب ، فلا دنيا ولا آخرة .

وذاك رئيسُ الفلبينِ ماركوس : جمع الرئاسة والمال ، ولكنَّه أذاق أمَّته أصناف الذُّلّ ، وأسقاها كأس الهوانِ ، فأذاقه اللهُ غُصص التعاسةِ والشقاءِ ، فإذا

هو مشرَّدٌ منْ بلادِهِ ومنْ أهلِه وسلطانِه ، لا يملكُ مأوى يأوي إليه ، ويموتُ شقيّاً ، يرفضُ شعبُهُ أن يُدفنَ في بلدِه : (**أَلَمْ يَجْعَلْ كَيْدَهُمْ فِي تَضْلِيلٍ**) ، (**فَأَخَذَهُ اللَّهُ نَكَالَ الْآخِرَةِ وَالْأُولَى**) ، (**فَكُلاًّ أَخَذْنَا بِذَنبِهِ**) .

****

*

اكتسابُ الفضائلِ أكاليلٌ على هامِ الحياةِ السعيدةِ

مطلوبُ من العبدِ لكيْ يكسب السعادة والأمن والراحة ، أن يُبادر إلى الفضائل ، وأنْ يُسارعِ إلى الصفاتِ الحميدةِ والأفعالِ الجميلةِ ((**احرصْ على ما ينفعُك واستعِنْ باللهِ**)) .

أحدُ الصحابةِ يسألُ الرسول ﷺ مرافقَتَهُ في الجنةِ فيقول : ((**أعنِّي على نفسِك بكثْرةِ السجودِ ، فإنَّك لا تسجُدُ للهِ سجدةً ، إلاَّ رَفعَك بها درجة**)) . والآخرُ يسألُ عنْ بابٍ جامعٍ من الخيرِ ، فيقولُ له : ((**لا يزالُ لسانُك رطباً من ذكر اللهِ**)) . وثالثٌ يسألُ فيقولُ له : ((**لا تسُبَّنَّ أحداً ، ولا تضربِنَّ بيدِك أحداً ، وإنْ أحدٌ سبَّك بما يعلمُ فيك فلا تسُبَّنَّه بما تعلمُ فيه ، ولا تحقِرنَّ من المعروفِ شيئاً ، ولو أنْ تُفْرِغ منْ دَلْوِك في إناءِ المستقي**)) .

إنَّ الأمر يقتضي المبادَرَةَ والمُسارعة : ((**بادِروا بالأعمالِ فتناً**)) ، ((**اغتنِمْ خمساً قبل خمسٍ**)) ، (**وَسَارِعُواْ إِلَى مَغْفِرَةٍ مِّن رَّبِّكُمْ وَجَنَّةٍ**)، (**إِنَّهُمْ كَانُوا يُسَارِعُونَ فِي الْخَيْرَاتِ**) ، (**وَالسَّابِقُونَ السَّابِقُونَ**) .

لا تُهمِلْ في فِعْلِ الخَيْرِ ، ولا تنتظرْ في عملِ البِرِّ ، ولا تُسوِّفْ في طَلَبِ الفضائلِ :

دقَّاتُ قلبِ المرءِ قائلةٌ   إنَّ الحياة دقائقٌ وثوانِ

(**وَفِي ذَلِكَ فَلْيَتَنَافَسِ الْمُتَنَافِسُونَ**) .

عمرُ بنُ الخطابِ بعد أنْ طُعِن وثَجَّ دمُه ، يرى شابّاً يجرُّ إزاره ، فقال له عمرُ : ((**يا ابن أخي ، ارْفَعْ إزارك ، فإنهُ أتقى لربِّك ، وأنْقى لثوبك**)) . وهذا أمرٌ بالمعروفِ في سكراتِ الموتِ (**لِمَن شَاء مِنكُمْ أَن يَتَقَدَّمَ أَوْ يَتَأَخَّرَ**) .

إنَّ السعادة لا تحصلُ بالنومِ الطويلِ ، والخلودِ إلى الدَّعةِ ، وهَجْرِ المعالي ، واطِّراحِ الفضائلِ . (**وَلَكِن كَرِهَ اللَّهُ انبِعَاثَهُمْ فَثَبَّطَهُمْ وَقِيلَ اقْعُدُواْ مَعَ الْقَاعِدِينَ**) .

إنَّ منطق أصحابِ الهممِ الدَّنيَّةِ والنفوسِ الهابطةِ يقولُ : (**لاَ تَنفِرُواْ فِي الْحَرِّ**) ، (**لَّوْ كَانُواْ عِندَنَا مَا مَاتُواْ وَمَا قُتِلُواْ**) .

وقد نهي العبدُ بالوحي عن التَّأخرِ عنْ فِعلِ الخيرِ : (**مَا لَكُمْ إِذَا قِيلَ لَكُمُ انفِرُواْ فِي سَبِيلِ اللّهِ اثَّاقَلْتُمْ إِلَى الأَرْضِ**) ، (**وَإِنَّ مِنكُمْ لَمَن لَّيُبَطِّئَنَّ**) ، (**وَلَـكِنَّهُ أَخْلَدَ إِلَى الأَرْضِ**) ، (**أَعَجَزْتُ أَنْ أَكُونَ مِثْلَ هَـذَا الْغُرَابِ**) ، (**ذَلِكَ بِأَنَّهُمُ اسْتَحَبُّواْ الْحَيَاةَ الْدُّنْيَا عَلَى الآخِرَةِ**) ، (**وَلاَ تَنَازَعُواْ فَتَفْشَلُواْ**) ، (**وَإِذَا قَامُواْ إِلَى الصَّلاَةِ قَامُواْ كُسَالَى**) ، ((**اللَّهمَّ إني أعوذُ بك من الكسلِ**)) ، ((**والكيِّسُ منْ دان نفْسه وعمِل لما بعد الموتِ ، والعاجزُ منْ أتْبَعَ نَفْسَه هواها ، وتمنَّى على اللهِ الأماني**)) .

****

*

الخُلدُ والنعيمُ هناك لا هُنا

هلْ تريدُ أن تبقى شاباً مُعافىً غنياً مخلَّداً ؟ إنْ كنت تريدُ ذلك فإنهُ ليس في الدنيا ، بلْ هناك في الآخرةِ ، إنَّ هذهِ الحياة الدنيا كَتَبَ اللهُ عليها الشقاء والفناء ، وسمَّاها لهواً ولعِباً ومتاع الغرورِ .

عاش أحدُ الشعراءِ معدماً مُفلِساً ، وهو في عنفوانِ شبابِهِ ، يريدُ درهماً فلا يجدُهُ ، يريدُ زوجةً فلا يحصُلُ عليها ، فلمَّا كبرتْ سِنُّ وشاب رأسُه ، ورقَّ عَظْمُهُ ، جاءهُ المالُ منْ كلِّ مكانٍ ، وسهُلَ أمرُ زواجِهِ وسكنِه ، فتأوَّه منْ هذه المتادّاتِ وأنشد :

مـا كنـتُ أرجـوهُ إذ كنـتُ ابـن ... مُلِّكْتُـهُ بعـد مـا جـاوزتُ سـبعينا

تطُوفُ بي منْ بناتِ التُّركِ أغْزِلَةٌ ... مِثـلُ الظِّبـاءِ علـى كُثبـانِ يبرينـا

قـالوا أنينُـك طـول الليلِ يُسْـهِرُنا ... فمـا الـذي تشـتكي قلـتُ الثمانينـا

(**أَوَلَمْ نُعَمِّرْكُم مَّا يَتَذَكَّرُ فِيهِ مَن تَذَكَّرَ وَجَاءكُمُ النَّذِيرُ**) ، (**وَظَنُّوا أَنَّهُمْ إِلَيْنَا لَا يُرْجَعُونَ**) ، (**وَمَا هَذِهِ الْحَيَاةُ الدُّنْيَا إِلَّا لَهْوٌ وَلَعِبٌ**) .

إنَّ مَثَلَ هذهِ الحياةِ الدنيا كمسافرٍ استظلَّ تحت ظلِّ شجرةٍ ثم ذهب وتركها .

****

أعداءُ المنهجِ الرَّبانيِّ

قرأتُ كتباً للملاحدةِ الصَّادِّين عنْ منهج اللهِ شعراً ونثراً ، فرأيتُ كلام هؤلاءِ المنحرفين عنْ منهجِ الله في الأرضِ ، وطالعتُ سخافاتِهم ، ووجدتُ الاعتداء الجارف على المبادئِ الحقةِ ، وعلى التعاليمِ الرَّبانيَّة ، ووجدتُ هذا الرُّكام الرخص الذي تفوَّهَ به هؤلاء ورأيتُ منْ سُوءِ أدبِهم ، ومنْ قلَّةِ حيائِهم، ما يستحي الإنسانُ أنْ ينقُل للناسِ ما قالوه وما كتبوه وما أنشدوهُ.

وعلمتُ أنَّ الإنسان إذا لمْ يحملْ مبدأً ولم يستشعِرْ رسالةً ، فإنَّهُ يتحوَّلُ إلى دابَّةٍ في مِسْلاخ إنسانٍ ، وإلى بهيمةٍ في هيكلِ رجُلٍ : (**أَمْ تَحْسَبُ أَنَّ أَكْثَرَهُمْ يَسْمَعُونَ أَوْ يَعْقِلُونَ إِنْ هُمْ إِلَّا كَالْأَنْعَامِ بَلْ هُمْ أَضَلُّ سَبِيلاً**) .

وسألتُ نفسي ، وأنا أقرأ الكتاب : كيف يَسْعَدُ هؤلاءِ وقدْ أعرضُوا عنِ اللهِ الذي يملكُ السعادة ويعطيها سبحانه وتعالى لمنْ يشاءُ ؟!

كيف يسعدُ هؤلاءِ وقدْ قطعوا الحبال بينهم وبينه ، وأغلقوا الأبواب بين أنفسِهم الهزيلةِ المريضِ وبين رحمةِ اللهِ الواسعةِ ؟!

كيف يسعدُ هؤلاءِ وقد أغضبُوا الله ؟!

وكيف يجدون ارتياحاً وقدْ حاربُوه ؟!

ولكنِّي وجدتُ أنَّ أول النَّكالِ أخذ يُصيبُهم في هذه الدارِ بمقدِّماتِ نكالٍ أخرويٍّ – إنْ لم يتوبوا – في نار جهنمٍ ، نكالُ الشقاءِ ، وعدمُ المبالاةِ ، والضِّيقُ ، والانهيارُ والإحباطُ : (**وَمَنْ أَعْرَضَ عَن ذِكْرِي فَإِنَّ لَهُ مَعِيشَةً ضَنكاً**) .

حتى إنَّ كثيراً منهمْ يريدُ أنْ يزول العالمُ ، وأنْ تنتهي الحياةُ ، وأنْ تُنسف الدنيا ، وأن يُفارق هذه المعيشة .

إنَّ القاسم المشترك الذي يجمعُ الملاحدة الأوَّلين والآخِرين هو : سوءُ الأدبِ مع اللهِ ، والمجازفةُ بالقيمِ والمبادئ ، والرُّعونةُ في الأخْذِ والعطاءِ والإعراضُ عن العواقبِ ، وعدمُ المبالاةِ بما يقولون ويكتبون ويعملون : (**أَفَمَنْ أَسَّسَ بُنْيَانَهُ عَلَى تَقْوَى مِنَ اللّهِ وَرِضْوَانٍ خَيْرٌ أَم مَّنْ أَسَّسَ بُنْيَانَهُ عَلَىَ شَفَا جُرُفٍ هَارٍ فَانْهَارَ بِهِ فِي نَارِ جَهَنَّمَ وَاللّهُ لاَ يَهْدِي الْقَوْمَ الظَّالِمِينَ**) .

إنَّ الحلَّ الوحيد لهؤلاءِ الملاحدةِ ، للتَّخلُّصِ منْ همومِهم وأحزانِهم – إنْ لم يتوبوا ويهتدوا – أنْ ينتحرُوا ويُنهُوا هذا العيش المُرَّ ، والمرَ التافه الرخيص: (**قُلْ مُوتُواْ بِغَيْظِكُمْ**) ، (**فَاقْتُلُواْ أَنفُسَكُمْ ذَلِكُمْ خَيْرٌ لَّكُمْ**) .

****

حقيقةُ الدُّنيا

إنَّ ميزان السعادةِ في كتابِ اللهِ العظيم ، وإنَّ تقدير الأشياءِ في ذِكْرِهِ الحكيم ، فهو يقرِّرُ الشيءَ وقيمتهُ ومردودَهُ على العبدِ في الدُّنيا والآخرةِ (**وَلَوْلَا أَن يَكُونَ النَّاسُ أُمَّةً وَاحِدَةً لَجَعَلْنَا لِمَن يَكْفُرُ بِالرَّحْمَنِ لِبُيُوتِهِمْ سُقُفاً مِّن فَضَّةٍ وَمَعَارِجَ عَلَيْهَا يَظْهَرُونَ{33} وَلِبُيُوتِهِمْ أَبْوَاباً وَسُرُراً عَلَيْهَا يَتَّكِؤُونَ{34} وَزُخْرُفاً وَإِن كُلُّ ذَلِكَ لَمَّا مَتَاعُ الْحَيَاةِ الدُّنْيَا وَالْآخِرَةُ عِندَ رَبِّكَ لِلْمُتَّقِينَ**) .

هذهِ هي حقيقةُ الحياةِ ، وقصورُها ودُورُها ، وذهبُها وفضَّتُها ومناصبُها .

إنَّ منْ تفاهتِها أنْ تعطي الكافر جملةً واحدةً ، وأن يُحْرَمَهَا المؤمنُ ليبيِّن للناسِ قيمةَ الحياةِ الدنيا.

إنَّ عتبةَ بن غزوان الصحابيَّ الشهير يستغربُ وهو يخطبُ الناس الجمعة : كيف يكونُ في حالةٍ مع رسولِ اللهِ ﷺ ، مع سيِّدِ الخَلْقِ يأكلُ معهُ وَرَقَ الشجرِ مجاهداً في سبيلِ اللهِ ، في أرْضى ساعاتِ عمرِهِ ، وأحلى أيامِهِ ، ثمَّ يتخلَّفُ عنْ رسولِ اللهِ ﷺ ، فيكونُ أميراً على إقليمٍ ، وحاكماً على مقاطعةٍ ، إنَّ الحياة التي تُقبلُ بعد وفاةِ الرسولِ ﷺ حياةٌ رخيصةٌ حقّاً .

أرى أشقياء الناسِ لا … على أنَّهمْ فيها عراةٌ

أراها وإنْ كانت تُسرُّ … سحابةُ صيفٍ عنْ قليلِ

سعدُ بنُ أبي وقَّاصٍ يصيبُهُ الذهولُ وهو يتولَّى إمرة الكوفةِ بعدَ وفاةِ الرسولِ ﷺ ، وقدْ أكل معه الشجر ، ويأكلُ جلداً ميِّتاً ، يشويهِ ثمَّ يسحقُه ، ثم يحتسيهِ على الماءِ ، فما لهذهِ الحياةِ وما لقصورِها ودُورِها ، تُقبلُ بعد إدبارِ الرسولِ ﷺ ، وتأتي بعد ذهابهِ ﷺ (**وَلَلْآخِرَةُ خَيْرٌ لَّكَ مِنَ الْأُولَى**) .

إذنْ في الأمرِ شيءٌ ، وفي المسألةِ سرٌّ ، إنها تفاهةُ الدنيا فَحَسْبُ (**أَيَحْسَبُونَ أَنَّمَا نُمِدُّهُم بِهِ مِن مَّالٍ وَبَنِينَ{55} نُسَارِعُ لَهُمْ فِي الْخَيْرَاتِ بَل لَّا يَشْعُرُونَ**) ، ((**واللهِ ما الفقر أخشى عليكمْ**)) .

لمَّ دخل عُمر على رسولِ اللهِ ﷺ وهو في المشْرَبةِ ، ورآه على حصيرٍ أثَّر في جنبهِ ، وما في بيتهِ إلا شعيرٌ معلَّقٌ ، دمعتْ عينا عُمَرَ .

إنَّ الموقف مؤثِّرٌ ، أنْ يكون رسولُ اللهِ ﷺ قدوةُ الناسِ وإمامُ الجميعِ ، في هذهِ الحالةِ (**وَقَالُوا مَالِ هَذَا الرَّسُولِ يَأْكُلُ الطَّعَامَ وَيَمْشِي فِي الْأَسْوَاقِ**) .

ثمَّ يقولُ له عُمَرُ – رضي اللهُ عنه - : كسرى وقيصر فيما تعلمُ يا رسول اللهِ ! قال رسولُ الله ﷺ : ((**أفي شكٍّ أنت يا بن الخطاب ، أما ترضى أن تكون لنا الآخرةُ ولهم الدنيا**)) .

إنها معادلةٌ واضحةٌ ، وقسمةٌ عادلةٌ ، فلْيَرْضَ مَنْ يرضى ، ولْيَسخطْ منْ يسخطُ ، وليطلُبِ السعادة منْ أرادها في الدِّرهمِ والدينارِ والقصرِ والسيارةِ ويعملْ لها وحدها ، فلنْ يجدها والذي لا إله إلا هو .

(**مَن كَانَ يُرِيدُ الْحَيَاةَ الدُّنْيَا وَزِينَتَهَا نُوَفِّ إِلَيْهِمْ أَعْمَالَهُمْ فِيهَا وَهُمْ فِيهَا لاَ يُبْخَسُونَ{15} أُوْلَـئِكَ الَّذِينَ لَيْسَ لَهُمْ فِي الآخِرَةِ إِلاَّ النَّارُ وَحَبِطَ مَا صَنَعُواْ فِيهَا وَبَاطِلٌ مَّا كَانُواْ يَعْمَلُونَ**) .

عفاءٌ على دنيا رَحَلْتُ فليس بها للصّالحين

****

مفتاحُ السعادةِ

إذا عرفت الله وسبَّحْته وعبدْتَهُ وتألَّهْتهُ وأنت في كوخٍ ، وجدت الخَيْرَ والسعادةَ والراحة والهدوء .

ولكنْ عند الانحرافِ ، فلوْ سكنت أرقى القصورِ ، وأوسع الدورِ ، وعندك كلُّ ما تشتهي، فاعلمْ أنَّها نهايتُك المُرَّةُ ، وتعاستُك المحققةُ ؛ لأنك ما ملكت إلى الآنِ مفتاح السعادةِ.

(**وَآتَيْنَاهُ مِنَ الْكُنُوزِ مَا إِنَّ مَفَاتِحَهُ لَتَنُوءُ بِالْعُصْبَةِ أُولِي الْقُوَّةِ**) .

****

وقفــةٌ

(**إِنَّ اللَّهَ يُدَافِعُ عَنِ الَّذِينَ آمَنُوا**) . إي : يدفعُ عنهمْ شرور الدنيا والآخرة .

« هذا إخبارٌ ووعدٌ وبشارةٌ من اللهِ للذين آمنوا ، أنه يدفعُ عنهمْ كلَّ مكروهٍ ، ويدفعُ عنهم – بسببِ إيمانِهم – كلَّ شرٍّ منْ شرورِ الكفارِ ، وشرورِ وسوسةِ الشيطانِ ، وشرورِ أنفسِهم ، وسيئاتِ أعمالِهم ، ويحملُ عنهمْ عند نزولِ المكارهِ ما لا يتحملونه ، فيُخفِّف عنهمْ غاية التخفيفِ ، كلُّ مؤمنٍ له منْ هذه المدافعةِ والفضيلةِ بحسب إيمانِه ، فمُستقلٌّ ومُستكثِرٌ » .

« منْ ثمراتِ الإيمانِ أنه يُسلِّي العبدُ به عند المصائبِ ، وتُهوِّن عليه الشدائدُ والنَّوائبُ (**وَمَن يُؤْمِن بِاللَّهِ يَهْدِ قَلْبَهُ**) وهو العبدُ الذي تصيبُه المصيبةُ ،

فيعلمُ أنها منْ عندِ اللهِ ، وأنَّ ما أصابه لم يكُنْ ليُخطئه ، وما أخطأهُ لم يكُنْ ليُصيبه ، فيرضى ويُسَلِّمُ للأقدارِ المؤلِمةِ ، وتهونُ عليه المصائبُ المزعجةُ ، لصدورِها منْ عندِ اللهِ ، ولإيصالِها إلى ثوابِهِ » .

****

كيف كانُوا يعيشُ

تعال إلى يومٍ منْ أيام أحدِ الصحابةِ الأخيارِ ، وعظمائِهم الأبرارِ ، عليِّ بن أبي طالبٍ مع ابنهِ رسولِ اللهِ ﷺ ، مع فلذةِ كبدِهِ ، بصحُو عليٌّ في الصباحِ الباكرِ ، فيبحثُ هو وفاطمةُ عن شيءٍ منْ طعامٍ فلا يجدانِ ، فيرتدي فروًا على جسمِهِ منْ شدَّةِ البردِ ويخرجُ ، ويتلمَّسُ ويذهبُ في أطرافِ المدينةِ ، ويتذكرُ يهوديّاً عنده مزرعةٌ ، فيقتحمُ عليٌّ عليه باب المزرعةِ الضَّيِّقِ الصغيرِ ويدخلُ ، ويقولُ اليهوديُّ : يا أعرابيُّ ، تعالى وأخرِج كلَّ غَرْبٍ بتمرةٍ . والغربُ هو الدلوُ الكبيرُ ، وإخراجُه ، أيْ : إظهارُه من البئرِ مُعاوَنَةً مع الجملِ . فيشتغلُ عليٌّ – رضي اللهُ عنهُ – معهُ برهةً من الزمنِ ، حتى ترم يداه ويكلَّ جسمُه ، فيُعطيهِ بعددِ الغروبِ تمراتٍ ، ويذهبُ بها ويمرُّ برسولِ اللهِ ﷺ ويُعطيه منها ، ويبقى هو وفاطمةُ يأكلان مِنْ هذا التمرِ القليلِ طيلة النهارِ .

هذهِ هي حياتهم ، لكنَّهم يشعرون أنَّ بيتَهُمْ قد امتلأ سعادةً وحبوراً ونوراً وسروراً .

إنَّ قلوبهم تعيشُ المبادئ الحقَّة التي بُعث بها الرسولُ ﷺ ، والمُثُل السامية ، فهمْ في

أعمالٍ قلبيَّةٍ ، وفي روحانيَّة قُدسيَّةٍ يُبصرون بها الحقَّ ، ويُنصرون بها الباطل ، فيعملون لذاك ويجتنبون هذا ، ويُدركون قيمة الشيءِ وحقيقة الأمرِ ، وسرَّ المسألةِ .

أين سعادةُ قارون ، وسرورُ وفرحُ وسكينةُ هامان ؟! فالأولُ مدفونٌ ، والثاني ملعون (**كَمَثَلِ غَيْثٍ أَعْجَبَ الْكُفَّارَ نَبَاتُهُ ثُمَّ يَهِيجُ فَتَرَاهُ مُصْفَرّاً ثُمَّ يَكُونُ حُطَاماً**) .

السعادةُ عند بلالٍ وسلمان وعمّارٍ ، لأنَّ بلالاً أذَّن للحقِّ ، وسلمان آخى على الصِّدقِ ، وعمّاراً وفّى الميثاق (**أُوْلَئِكَ الَّذِينَ نَتَقَبَّلُ عَنْهُمْ أَحْسَنَ مَا عَمِلُوا وَنَتَجَاوَزُ عَن سَيِّئَاتِهِمْ فِي أَصْحَابِ الْجَنَّةِ وَعْدَ الصِّدْقِ الَّذِي كَانُوا يُوعَدُونَ**) .

****

أقوالُ الحكماءِ في الصَّبْرِ

يُحكى عنْ أنوشروان أنهُ قال : جميعُ المكارهِ في الدنيا تنقسمُ على ضربين : فضربٌ فيه حِيلةٌ ، فالاضطرابُ دواؤه ، وضربٌ لا حيلة فيه ، فالاصطبارُ شفاؤُهُ .

كان بعضُ الحكماءِ يقولُ : الحِيلةُ فيما لا حيلة فيه ، الصبرُ .

وكان يقالُ : منِ اتَّبع الصبر ، اتَّبعَهُ النصرُ .

ومن الأمثالِ السائرة ، الصبرُ مفتاحُ الفَرَجِ منْ صَبَرَ قدَرَ ، ثمرةُ الصبرِ الظَّفرُ ، عند اشتدادِ البلاءِ يأتي الرَّخاءُ .

وكان يقالُ : خفِ المضارَّ منْ خللِ المسارِّ ، وارجُ النفْعِ منْ موضعِ المنْعِ ، واحرصْ على الحياةِ بطلبِ الموتِ ، فكمْ منْ بقاءٍ سببُه استدعاءُ الفناءِ ، ومنْ فناءٍ سببُه البقاءِ ، وأكثرُ ما يأتي الأمنُ منْ قِبلِ الفزعِ .

والعربُ تقولُ : إنَّ في الشرَّ خِياراً .

قال الأصمعيَّ : معناهُ : أنَّ بعض الشَّرِّ أهونُ منْ بعْضٍ .

وقال أبو عبيدة : معناهُ : إذا أصابتْك مصيبةٌ ، فاعلمْ أنهُ قدْ يكونُ أجلُّ منها ، فلتهُنْ عليك مصيبتُك .

قال بعضُ الحكماءِ : عواقبُ الأمورِ تتشابهُ في الغيوب ، فرُبَّ محبوبٍ في مكروهٍ ، ومكروهٍ في محبوبٍ ، وكمْ مغبوطٍ بنعمةٍ هي داؤُه ، ومرحومٍ من داءٍ هو شفاؤُه .

وكان يُقالُ : رُبَّ خيرٍ منْ شرٍّ ، ونفعٍ منْ ضرٍّ .

وقال وداعةُ السهميُّ ، في كلامٍ له : اصبرْ على الشَّرِّ إنْ قَدَحَك ، فربَّما أجْلى عما يُفرحُك ، وتحت الرَّغوةِ اللبنُ الصَّريحُ .

يأتي اللهُ بالفرحِ عند انقطاعِ الأملِ : (**حَتَّى إِذَا اسْتَيْأَسَ الرُّسُلُ وَظَنُّواْ أَنَّهُمْ قَدْ كُذِبُواْ جَاءهُمْ نَصْرُنَا**) ، (**إِنَّ اللّهَ مَعَ الصَّابِرِينَ**) ، (**إِنَّمَا يُوَفَّى الصَّابِرُونَ أَجْرَهُم بِغَيْرِ حِسَابٍ**) .

يقولُ بعضُ الكُتَّابِ : وكما أنَّ الله – جلَّ وعلا – يأتي بالمحبوبِ من الوجهِ الذي قدَّرَ ورودَ المكروهِ منه، ويفتحُ بفرجٍ عند انقطاعِ الأملِ، واستبهامِ وجوهِ الحِيلِ، ليحُضَّ سائر خلْقه بما يريدهم من تمام قدرته ، على صرف الرجاء إليه ، وإخلاصِ آمالِهم في التَّوكُّلِ عليه ، وأنْ لا يَزْوُوا وجوههُم في وقتٍ من الأوقاتِ عنْ توقُّعِ الرَّوْحِ منه ، فلا يعدلُوا بآمالِهم على أيِّ حالٍ من

الحالاتِ ، عنِ انتظارِ فرجٍ يصدُر عنه ، وكذلك أيضاً يسرُّهم فيما ساءهم ، بأنْ كفاهم بمحنةٍ يسيرةٍ، ما هو أعظمُ منها، وافتداهُمْ بمُلِمَّةٍ سهلةٍ ، ممَّ كان أنكى فيهمْ لو لحِقهُمْ.

لعلَّ عتْبك محمودٌ فربَّما صحَّتِ الأجسامُ

قال إسحاقُ العابدُ : ربما امتحنَ اللهُ العبْدَ بمحنةٍ يخلِّصُه بها من الهلكةِ ، فتكون تلك المحنةُ أجلَّ نعمةٍ .

يقالُ : إنَّ منِ احتملَ المحنة ، ورضي بتدبيرِ اللهِ تعالى في النكْبةِ ، وصبر على الشِّدَّةِ ، كشف له عنْ منفعتِها ، حتى يقف على المستورِ عنه منْ مصلحتِها .

حُكي عن بعضِ النصارى أنَّ بعض الأنبياءِ عليهمُ السلامُ قال : المِحنُ تأديبٌ من اللهِ ، والأدبُ لا يدومُ ، فطوبى لمنْ تصبَّر على التأديبِ ، وتثبَّت عند المحنةِ ، فيجبُ له لُبسُ إكليلِ الغَلَبَةِ ، وتاجِ الفلاحِ ، الذي وعَدَ اللهُ به مُحِبِّيه ، وأهلِ طاعتِهِ .

قال إسحاقُ : احذرِ الضَّجَرَ ، إذا أصابتْك أسِنَّةُ المحنِ ، وأعراضُ الفِتنِ ، فإنَّ الطريق المؤدِّي إلى النجاةِ صعْبُ المسْلكِ .

قال بزرجمهرُ : انتظارُ الفَرَجِ بالصبرِ ، يُعقبُ الاغتباط .

****

حُسْنُ الظَّنِّ باللهِ لا يخيبُ

((أنا عند ظنِّ عبدي بي ، فليظنَّ بي ما شاء)) .

لبعضِ الكُتّابِ : إنَّ الرجاء مادَّةُ الصبرِ ، والمُعينُ عليه . فكذلك عِلَّةُ الرجاءِ ومادَّتَهُ ، حُسْنُ الظَّنِّ باللهِ ، الذي لا يجوزُ أن يخيب ، فإنَّا قد نستقري الكرماء ، فنجدُهم يرفعون منْ أحسن ظنَّهُ بهمْ ، ويتحوَّبُون منْ تخيّب أملِه فيهمْ ، ويتحرَّ جون مِنْ قصدَهم ، فكيف بأكرمِ الأكرمين ، الذي لا يعوزُه أنْ يمنح مؤمِّليه ، ما يزيدُ على أمانيِّهم فيه .

وأعدلُ الشواهدِ بمحبَّةِ الله جلَّ ذِكْرُه ، لتمسُّكِ عبدِه برحابهِ ، وانتظارُ الرَّوحِ منْ ظلِّهِ ومآبِه ، أنَّ الإنسان لا يأتيه الفَرَجَ ، ولا تُدركُه النجاةُ ، إلا بعد إخفاقِ أملِهِ في كلِّ ما كان يتوجَّه نحوه بأملِه ورغبتِه ، وعند انغلاقِ مطالبِهِ ، وعَجْزِ حيلتِه ، وتناهي ضَرِّهِ ومحنتِه ، ليكون ذلك باعثاً له على صَرْفِ رجائِهِ

أبداً إلى اللهِ عزَّ وجلَّ ، وزاجراً له على تجاوز حُسْنِ ظنِّه به (إِنَّ الَّذِينَ تَدْعُونَ مِن دُونِ اللّهِ عِبَادٌ أَمْثَالُكُمْ فَادْعُوهُمْ فَلْيَسْتَجِيبُواْ لَكُمْ إِن كُنتُمْ صَادِقِينَ) .

****

يُدركُ الصَّبُورُ أحْمَدَ الأمورِ

رُوِي عنْ عبدِالله بنِ مسعودٍ : الفَرَجُ والروحُ في اليقينِ والرضا ، والهمُّ والحزنُ في الشَّكِّ والسخطِ .

وكان يقولُ : الصَّبُورُ ، يُدركُ أحْمد الأمورِ .

قال أبانُ بنُ تغلب : سمعتُ أعربيّاً يقولُ : منْ أفْضلِ آداب الرجالِ أنهُ إذا نزلتْ بأحدِهمْ جائحةٌ استعمل الصبر عليها ، وألهم نفْسه الرجاء لزوالِها ، حتى كأنه لصبرِه يعاينُ الخلاص منها والعناء ، توكُّلاً على اللهِ عزَّ وجلَّ ، وحُسْنِ ظنٍّ به ، فمتى لزِم هذه الصفة ، لم يلبثْ أن يقضي اللهُ حاجته ، ويُزيل كُربيه ، ويُنجح طِلْبتهُ ، ومعهُ دينُه وعِرضُه ومروءتُه .

روى الأصمعيُّ عنْ أعرابيٍّ أنه قال : خفِ الشَّرّ منْ موضعِ الخيْرِ ، وارجُ الخيْرَ منْ موضعِ الشَّرِّ ، فرُبَّ حياةٍ سببُها طلبُ الموتِ ، وموتٍ سببُه طلبُ الحياةِ ، وأكْثَرُ ما يأتي الأمنُ من ناحيةِ الخوْفِ .

وإذا العنايةُ لاحظتْـك ... نَمْ فالحوادِثُ كلّهُنَّ أمانُ

وقال قطريُّ بنُ الفجاءةِ :

لا يَرْكَنَنْ أحدٌ إلى الإحجامِ ... يوم الوغى مُتَخَوِّفاً لحِمامِ

فلقدْ أراني للرِّماحِ دريئةً ... من عن يميني مرَّةً

حتى خضبتُ بما تحدَّر مِن ... أحناء سرْجي أو عنان لجامي

ثم انصرفتُ وقدْ أصبتُ ولم ... جذع البصيرةِ قارِح

وقال بعضُ الحكماءِ : العاقلُ يتعزَّى فيما نزل به منْ مكروهٍ بأمرينِ :

أحدهما : السرورُ بما بقي له .

والآخر : رجاءُ الفَرَجِ مما نَزَلَهُ به .

والجاهل يجزعُ في محنتِهِ بأمرينِ :

أحدهما : استكثارُ ما أوى إليه .

والآخر : تخوُّفه ما هو أشدُّ منهُ .

وكان يقالُ : المِحنُ آدابُ اللهِ عزَّ وجلَّ لخلقِهِ ، وتأديبُ اللهِ يفتحُ القلوب والأسماع والأبصار .

ووصف الحَسَنُ بنُ سَهْلٍ المِحن فقال : فيها تمحيصٌ من الذنبِ ، وتنبيهٌ من الغفلةِ ، وتعرُّضٌ للثوابِ بالصبرِ ، وتذكيرٌ بالنعمةِ ، واستدعاءٌ للمثوبةِ ، وفي نظرِ اللهِ عزَّ وجلَّ وقضائِهِ الخيارُ .

فهذا من أحبَّ الموت ، طلباً لحياةِ الذِّكْرِ . (**الَّذِينَ قَالُواْ لإِخْوَانِهِمْ وَقَعَدُواْ لَوْ أَطَاعُونَا مَا قُتِلُوا قُلْ فَادْرَؤُوا عَنْ أَنفُسِكُمُ الْمَوْتَ إِن كُنتُمْ صَادِقِينَ**) .

أقوالٌ في تهوينِ المصائبِ :

قال بعضُ عقلاءِ التُّجَّارِ : ما أصْغرَ المصيبة بالأرباحِ ، إذا عادتْ بسلامةِ الأرواحِ .

وكان منْ قولِ العربِ : إنّ تسْلمِ الجِلَّةُ فالسَّخْلةُ هَدَرٌ .

ومنْ كلامِهِم : لا تيأسْ أرضٌ من عمرانٍ ، وإن جفاها الزمانُ .

والعامَّة تقول : نهرٌ جرى فيه الماءُ لابدَّ أن يعود إليه .

وقال ثامسطيوس : لم يتفاضلْ أهلُ العقولِ والدِّينِ إلا في استعمالِ الفضْلِ في حالِ القُدرةِ والنعمةِ ، وابتذالِ الصبرِ في حالِ الشِّدَّةِ والمحنةِ .

****

وقفـــةٌ

(**إِن تَكُونُواْ تَأْلَمُونَ فَإِنَّهُمْ يَأْلَمُونَ كَمَا تَأْلَمونَ وَتَرْجُونَ مِنَ اللهِ مَا لاَ يَرْجُونَ**) .

ولهذا يوجدُ عند المؤمنين الصادقين حين تصيبُهم النَّوازلُ والقلاقِلُ والابتلاءُ مِن الصبرِ والثباتِ والطُّمأنينةِ والسكُّونِ والقيامِ بحقِّ اللهِ مالا يوجدُ عُشْرُ مِعْشارِهِ عند من ليس كذلك ، وذلك لقوّةِ الإيمانِ واليقينِ .

عن معقلِ بن يسارٍ رضي اللهُ عنه قال : قال رسولُ اللهِ ﷺ : ((**يقولُ ربُّكم تبارك وتعالى : يا بنَ آدم ، تفرّغْ لعبادتي ، أملأ قلبك غنى ، وأملأ يديْك رزقاً . يا بن آدم ، لا تباعدْ مني ، فأملأُ قلبك فقراً ، وأملأُ يديك شُغلاً**)) .

« الإقبالُ على اللهِ تعالى ، والإنابةُ إليه ، والرِّضا بهِ وعنهُ ، وامتلاءُ القلبِ من محبَّتِه ، واللَّهجُ بذكْرِهِ ، والفرحُ والسرورُ بمعرفتِه ثوابٌ عاجِل ، وجنَّةٌ ، وعيشٌ ، لا نسبة لعيشِ الملوكِ إليه ألبتَّة » .

****

لا تحزنْ إنْ قلَّ مالُك أو رثَّ حالُك فقيمتُك شيءٌ آخرُ

قال عليٌّ رضي اللهُ عنهُ : **قيمةُ كلِّ امرئٍ ما يُحسِنُ .**

فقيمةُ العالمِ عِلْمُهُ قلَّ منهُ أو كُثرَ ، وقيمةُ الشاعرِ شعرُه أحسن فيهِ أو أساء . وكلُّ صاحبِ موهبةٍ أو حرفةٍ إنما قيمتُه عند البشرِ تلك الموهبةُ أو تلك الحرفةُ ليس إلا ، فليحرصِ العبدُ على أنْ يرفع قيمتهُ ، ويُغلي ثمنه بعملِهِ الصالحِ ، وبعلْمِه وحكمتِه ، وجُودِهِ وحفْظِهِ ، ونبوغِه واطِّلاعِه ، ومُثابرتِه وبحْثِهِ ، وسؤالِه وحِرْصِهِ على الفائدةِ ، وتثقيفِ عقْلِهِ وصقْلِ ذهنهِ ، وإشعالِ الطموحِ في رُوحِهِ ، والنُّبلِ في نفسِهِ ، لتكون قيمتُه غاليةً عاليةً .

****

لا تحزنْ ، واعلمْ أنك بوساطةِ الكُتُبِ يمكنُ أن تُنمِّي مواهبك وقدراتِك

مطالعةُ الكتبِ تُفتِّقُ الذِّهن ، وتهدي العِبر والعظاتِ ، وتمدُّ المطَّلع بمددٍ من الحِكم ، وتُطلقُ اللسان ، وتُنمِّي مَلَكة التفكيرِ ، وترسِّخُ الحقائق ، وتطردُ الشُّبَهَ ، وهي سلوةٌ للمتفرِّدِ ، ومناجاةٌ للخاطر ، ومحادثةٌ للسامرِ ، ومتعةٌ للمتأمِّلِ ، وسراجٌ للسَّاري ، وكلَّما كُرِّرتِ المعلومةُ وضُبطتْ ، ومُحِّصتْ ، أثمرتْ وأينعتْ وحان قِطافُها ، واستوتْ على سوقِها ، وآتت أُكُلها كلَّ حينٍ بإذنِ ربِّها ، وبلغ الكتابُ بها أجَلَهُ ، والنبأُ مستقرَّهُ .

وهجْرُ المطالعةِ ، وترْكُ النظرِ في الكتبِ والانفرادُ بها ، حُبْسةٌ في اللسانِ ، وحَصْرٌ للطَّبعِ ، وركودٌ للخاطرِ ، وفتورٌ للعقلِ ، وموتٌ للطبيعةِ ، وذبولٌ في رصيدِ المعرفةِ ، وجفافٌ للفكرِ ، وما منْ كتابٍ إلا وفيهِ فائدةٌ أو مَثَلٌ ، أو طُرفةٌ أو حكايةٌ ، أو خاطرةٌ أو نادرةٌ .

هذا وفوائدُ القراءةِ فوق الحَصْرِ ، ونعوذُ باللهِ منْ موتِ الهممِ وخِسَّةِ العزيمةِ ، وبرودِ الرُّمحِ ، فإنها منْ أعظمِ المصائبِ .

****

لا تحزنْ ، واقرأْ عجائب خلقِ اللهِ في الكونِ

وطالِعْ غرائب صُنعِهِ في المعمورةِ ، تجدِ العَجَبَ العُجابَ ، وتقضي على همومِك وغمومِك ، فإنَّ النَّفْس مُولعةٌ بالطَّريفِ الغريبِ .

رَوَى البخاريُّ ومسلمٌ ، عنْ جابرِ بنِ عبدِاللهِ رضي اللهُ عنه ، قال : بَعَثَنا رسولُ اللهِ ﷺ ، وأمَّر علينا أبا عبيدة ، نتلقَّى عِيراً لقريشٍ ، وزوَّدنا جِراباً منْ تمرٍ لمْ يجِدْ لنا غَيْرَه ، فكان أبو عبيدة يُطينا تمرةً تمرةً .

قال – الراوي عنْ جابرٍ - : فقلتُ : كيف كنتُمْ تصنعون بها ؟ قال : نمصُّها كما يمُصُّ الصَّبيُّ ، ثمَّ نشْربُ عليها من الماءِ ، فتكفينا يومنا إلى الليلِ ، وكنَّا نضربُ بعصيِّنا الخَبَطَ – أي ورق الشجرِ – ثم نبُلُّه فنأكُلُهُ .

قال : وانطلْقْنا على ساحلِ البحرِ فإذا شيءٌ كهيئةِ الكثيبِ الضخمِ – أي كصورةِ التَّلِّ الكبيرِ المستطيلِ المُحْدَوْدَبِ من الرملِ – فأتيناهُ ، فإذا هي دابَّةٌ تُدعى العَنْبَرَ . قال : قالَ أبو عبيدة : ميْتةٌ . ثم قال : لا بلْ نحنُ رُسُلُ رسول الله ﷺ ، وفي سبيلِ اللهِ ، وقدْ اضطُررْتُم فكُلُوا . قال : فأقمْنا عليه شهراً ونحنُ ثلاثمائة حتى سمِنَّا . قال : ولقدْ رأيتُنا نغترفُ منْ وَقْبِ عينِه – أي منْ داخلِ عينِه – ونفرقُها بالقلالِ – أي بالجرارِ الكبيرةِ – الدُّهْنَ ، ونقتطعُ منه الفِدر – أيْ القِطع – كالثورِ أو قدْرِ الثورِ . فلقدْ أخذ منا أبو عبيدة ثلاثة عشرَ رجلاً ، فأقعدهم في وقبِ عينِهِ ، وأخذ ضلعاً منْ أضلاعِهِ فأقامها ، ثمَّ رحَّل أعظم بعيرٍ ، ونظر إلى أطولِ رجُلٍ فحملهُ عليهِ ، فمرَّ منْ تحتِها .

وتزوَّدْنا منْ لحْمِه وشائِق ، فلمَّا قدمْنا المدينة ، أتينا رسول اللهِ ﷺ ، فذكرنا له ذلك ، فقال : ((هو رزقٌ أخرجه اللهُ لكمْ ، فهل معكمْ منْ لحمِهِ شيءٌ فتُطعمونا ؟)) ، قال : فأرسلْنا إلى رسولِ اللهِ ﷺ ، فأكل منه .

(الَّذِي أَعْطَى كُلَّ شَيْءٍ خَلْقَهُ ثُمَّ هَدَى) :

البذرةُ إذا وُضِعتْ في الأرضِ لا تنبتُ حتى تهتزَّ الأرضُ هِزَّةً خفيفةً ، تُسجَّلُ بجهازِ رِخْتَرَ ، فتفقسُ البذرةُ وتنبتُ : (**فَإِذَا أَنزَلْنَا عَلَيْهَا الْمَاء اهْتَزَّتْ وَرَبَتْ**)

(الَّذِي أَعْطَى كُلَّ شَيْءٍ خَلْقَهُ ثُمَّ هَدَى) :

قال أبو داود في كتابهِ (السنن) في بابِ زكاةِ الزرعِ : شَبَرْتُ قثاءةً بمصر ثلاثة عشر شِبْراً ، ورأيتُ أُتْرُجَّةً على بعيرٍ بقطعتيْن ، قُطعتْ وصيِّرَتْ على مثْلِ عِدلْين .

(الَّذِي أَعْطَى كُلَّ شَيْءٍ خَلْقَهُ ثُمَّ هَدَى) :

ذكر الدكتورُ زغلولُ النجّارُ الدارسُ للآياتِ الكونيةِ – في إحدى محاضراتِه – أنَّ هناك نجوماً انطلقتْ منْ آلافِ السنواتِ ، وهي في سرعةِ الضوءِ ، ولم تصلْ حتى الآن إلى الأرضِ ، وما بقي إلا مواقعُها (**فَلَا أُقْسِمُ بِمَوَاقِعِ النُّجُومِ**) .

(**الَّذِي أَعْطَى كُلَّ شَيْءٍ خَلْقَهُ ثُمَّ هَدَى**) :

جاء في (جريدة الأخبارِ الجديدة) في العددِ 396 بتاريخ 27/ 9/ 1953 م ص 2 أنه : « دخلُ صباح اليومِ (أونا) باريس دخول الفاتحين ، يحرسُه عشراتُ منْ رجالِ البوليس ، الراكبِ والراجلِ . أمَّا (أونا) هذا فهو حوتٌ نرويجيٌّ ضخمٌ محنَّطٌ ، وزنه 80000 كيلو ، وكان محمولاً على عَشْرِ جراراتٍ مربوطةٍ بسيارةِ نقلٍ ضخمةٍ ، وسيُعرضُ الحوتُ لمدةِ شهْرٍ ويُسمحُ للناسِ بدخولِ كرشِهِ المضاءِ بالكهرباءِ ، ويستطيعُ عشرةُ أشخاص أنْ يدخلوا بطنَه مرَّةً واحدةً .

لكنَّ المشرفين على معرضِ (أونا) وبوليس المدينةِ ، لم يتفقا على المكانِ الذي يوضعُ فيه الحوتُ ، وهمْ يخشون وضْعَهُ فوق محطةِ القطارِ الأرضيِّ خشية أنْ ينهار الشارعُ .

وبرغمِ أنَّ سِنَّ هذا الحوتِ لا يزيدُ على 18 شهراً ، فإنَّ طوله 20 متراً ، وقد صيد في شهرِ سبتمبرِ من العامِ الماضي في مياهِ النرويج ، وقدْ صُنِعتْ لهُ عربةُ قطارٍ خاصَّةٌ ، لنقْلِه في جولةٍ عَبْرَ أوربا ، ولكنَّها انهارتْ تحته ، فصنُعتْ له سيارةُ جرٍّ ، طولها 30 متراً » .

(**الَّذِي أَعْطَى كُلَّ شَيْءٍ خَلْقَهُ ثُمَّ هَدَى**) :

النملةُ تدَّخِرُ قُوتها من الصيفِ للشتاءِ ؛ لأنَّها لا تخرجُ في الشتاءِ ، فإذا خشيتْ أنْ تنبت الحبَّةُ ، كسرتْها نصفين ، والحيَّةُ في الصحراءِ إذا لم تجدْ طعاماً ، نصبتْ نفسها كالعودِ ، فيقعُ عليها الطائرُ فتأكلهُ .

(**الَّذِي أَعْطَى كُلَّ شَيْءٍ خَلْقَهُ ثُمَّ هَدَى**) :

قال عبدُالرزاقِ الصنعانيُّ : سمعتُ معمر بن راشدٍ البصريَّ يقولُ : رأيتُ باليمنِ عنقود عنبٍ ، وقْرَ بَغْلٍ تامٍّ . (**وَالنَّخْلَ بَاسِقَاتٍ لَّهَا طَلْعٌ نَّضِيدٌ**) . كلّ الأشجارِ والنباتاتِ تُسقى بماءٍ واحدٍ (**وَنُفَضِّلُ بَعْضَهَا عَلَى بَعْضٍ فِي الأُكُلِ**) . وللنباتاتِ مناعةٌ خاصَّةٌ ، فمنها القويَّةُ بنفسها ، ومنها الشوكيَّةُ التي تدافعُ بشوكِها ، ومنها الحامضةُ اللاذِعةُ .

(الَّذِي أَعْطَى كُلَّ شَيْءٍ خَلْقَهُ ثُمَّ هَدَى) :

قال كمالُ الدين الأدفويُّ المصريُّ في كتابهِ (الطالع السعيد الجامع نجباء أنباء الصعيد) : « رأيتُ قطفَ عنبٍ ، جاءتْ زنتُه ثمانيةَ أرطالٍ بـاللّيثيِّ ، ووُزِنتْ حبَّةُ عنبٍ ، جاءتْ زنتُها عشرةَ دراهم ، وذلك بأدفو بلدِنا » .

(الَّذِي أَعْطَى كُلَّ شَيْءٍ خَلْقَهُ ثُمَّ هَدَى) :

وقد ذكر علماءُ الفلك أنَّ الكونَ لا يزالُ يتَّسعُ شيئاً فشيئاً كما تتَّسعُ البالونةُ : (وَالسَّمَاءَ بَنَيْنَاهَا بِأَيْدٍ وَإِنَّا لَمُوسِعُونَ) . وذكروا أنَّ الأرضَ اليابسةَ تنقصُ ، وأنَّ المحيطاتِ تتَّسعُ ، (أَوَلَمْ يَرَوْا أَنَّا نَأْتِي الْأَرْضَ نَنقُصُهَا مِنْ أَطْرَافِهَا) .

(الَّذِي أَعْطَى كُلَّ شَيْءٍ خَلْقَهُ ثُمَّ هَدَى) :

جاء في مجلةِ (الفيصلِ) عدد 62 سنة 1402 هـ ص 112 صورةٌ لثمرةِ كرنبٍ (ملفوف) وزنتْ 22 كيلو غراماً ، وبلغ قطرُها متراً واحداً ، وصورةٌ لبصلةٍ يابسةٍ واحدةٍ ، وزنتْ 3,2 كيلو غراماً ، وبلغ قطرُها 30 سم .

وذكرتِ المجلةُ عقبَ ذلك ، أنَّ ثمرةَ بندورةٍ (طماطم) واحدةٍ بلغ محيطُها أكثر مِنْ 60 سم ، وأنَّ هذه الأشياءَ غيرَ العاديةِ ، نبتتْ في أرضِ المُزارعِ المكسيكي (جوزيه كارمن) ذي الخبرةِ الطويلةِ في الزراعةِ والعنايةِ بالأرضِ ، مما جعلَهُ المزارعَ الأوَّلَ في المكسيكِ .

****

يا الله يا الله

(قُلِ اللَّهُ يُنَجِّيكُم مِّنْهَا وَمِن كُلِّ كَرْبٍ) .
(أَلَيْسَ اللَّهُ بِكَافٍ عَبْدَهُ) .
(قُلْ مَن يُنَجِّيكُم مِّن ظُلُمَاتِ الْبَرِّ وَالْبَحْرِ) .
(وَنُرِيدُ أَن نَّمُنَّ عَلَى الَّذِينَ اسْتُضْعِفُوا فِي الْأَرْضِ) .
وقال عن آدم : (ثُمَّ اجْتَبَاهُ رَبُّهُ فَتَابَ عَلَيْهِ وَهَدَى) .
ونوحٍ : (وَنَجَّيْنَاهُ وَأَهْلَهُ مِنَ الْكَرْبِ الْعَظِيمِ) .
وإبراهيمَ : (قُلْنَا يَا نَارُ كُونِي بَرْدًا وَسَلَامًا عَلَى إِبْرَاهِيمَ) .
ويعقوبَ : (عَسَى اللَّهُ أَن يَأْتِيَنِي بِهِمْ جَمِيعًا) .
ويوسفَ : (وَقَدْ أَحْسَنَ بِي إِذْ أَخْرَجَنِي مِنَ السِّجْنِ وَجَاءَ بِكُم مِّنَ الْبَدْوِ) .

وداود : (**فَغَفَرْنَا لَهُ ذَلِكَ وَإِنَّ لَهُ عِندَنَا لَزُلْفَى وَحُسْنَ مَآبٍ**) .
وأيوب : (**فَكَشَفْنَا مَا بِهِ مِن ضُرٍّ**) .
ويونس : (**وَنَجَّيْنَاهُ مِنَ الْغَمِّ**) .
وموسى : (**فَنَجَّيْنَاكَ مِنَ الْغَمِّ**) .
ومحمد : (**إِلاَّ تَنصُرُوهُ فَقَدْ نَصَرَهُ اللّهُ**) ، (**أَلَمْ يَجِدْكَ يَتِيماً فَآوَى{6} وَوَجَدَكَ ضَالاًّ فَهَدَى{7} وَوَجَدَكَ عَائِلاً فَأَغْنَى**) .

(كُلَّ يَوْمٍ هُوَ فِي شَأْنٍ) :

قال بعضُهم : يغفرُ ذنباً ، ويكشفُ كرْباً ، ويرفع أقواماً ، ويضعُ آخرين .

اشْـتدِّي أزمــةُ تنْفرجـي قـد آذن صُـبْحُكِ بـالبَلَجِ

سحابة ثمَّ تنقشع : (**لَيْسَ لَهَا مِن دُونِ اللَّهِ كَاشِفَةٌ**)

****

*

لا تحزنْ ، فإنَّ الأيام دُوَلٌ

سَجَنَ ابنُ الزبير محمد بن الحنفيَّةِ في سجنِ (عارمٍ) بمكة ، فقال كُثَّر عزة :

ومـا رونــقُ الــدُّنيا ببــاقٍ ومـا شـدَّةُ الـدُّنيا بضـرْبةِ
لَهــذا وهــذا مُـدَّةٌ سـوف ويُصـبِحُ مـا لاقيتُـهُ حلـم

وتأمَّلتُ بعد هذا الحدث بقرونٍ، فإذا ابنُ الزبيرِ وابنُ الحنفية وسِجْنُ عارمٍ كحلمِ حالمٍ: (**هَلْ تُحِسُّ مِنْهُم مِّنْ أَحَدٍ أَوْ تَسْمَعُ لَهُمْ رِكْزاً**) .
مات الظالمُ والمظلومُ والحابسُ والمحبوسُ .
كلُّ بطَّاحٍ مِن الناسِ له يومٌ بطوحٌ .

****

(هَذَانِ خَصْمَانِ اخْتَصَمُوا فِي رَبِّهِمْ)

وفي الحديثِ : ((**لتُؤدُّنَّ الحقوق إلى أهلِها حتى يُقاد للشاةِ الجلْحاءِ من القرْناءِ**))

مثِّــلْ أنفسِــك أيُّهـا يــوم القيامــةِ والسَّــماءْ
هــذا بــلا ذنـبٍ يخـافُ كيـف الـذي مـرَّتْ عليـهِ

****

لا تحزنْ ، فيُسرَّ عدوُّك

إنَّ حزنك يُفْرِحُ خصمك ، ولذلك كان من أصولِ الملَّةِ إرغامُ أعدائِها : (**تُرْهِبُونَ بِهِ عَدْوَّ اللهِ وَعَدُوَّكُمْ**) .

وقولُه ﷺ لأبي دُجانة ، وهو يخطرُ في الصفوفِ متبختراً في أُحُد : ((**إنها لمشيةٌ يبغضُها اللهُ إلا في هذا الموطنِ**)) . وأمر أصحابهُ بالرَّمل حَوْلَ البيتِ ، ليُظهروا قوتهم للمشركين .

إنَّ أعداء الحقِّ وخصوم الفضيلةِ سوف يتقطَّعون حسرةً إذا علمُوا بسعادتِنا وفرحِنا وسرورِنا ، (**قُلْ مُوتُواْ بِغَيْظِكُمْ**) ، (**إِن تُصِبْكَ حَسَنَةٌ تَسُؤْهُمْ**) ،(**وَدُّواْ مَا عَنِتُّمْ**) .

رُبَّ مـنْ أنضـجتُ يومـاً قـد تمنَّـى لـي شـراً لـم

وقال آخر :

وتجلُّدي للشَّـامتين أريهـمُ أنِّـي لريْـبِ الـدَّهرِ لا

وفي الحديثِ : ((**اللهمّ لا تُشمتْ بي عدُواً ولا حاسِداً**)) .

وفيه : ((**ونعوذُ بك منْ شماتةِ الأعداءِ**)) .

كُلُّ المصائبِ قد تمُرُّ على وتهـونُ غيـر شـماتةِ

وكـانُوا يتبسَّـمون فـي الحـوادِثِ ، ويصـبرون للمصـائبِ ، ويتجلَّـدُون للخطوبِ ، لإرغامِ أُنوفِ الشّامتِين ، وإدخالِ الغيْظ في قلوبِ الحاسدين : (**فَمَا وَهَنُواْ لِمَا أَصَابَهُمْ فِي سَبِيلِ اللهِ وَمَا ضَعُفُواْ وَمَا اسْتَكَانُواْ**) .

****

تفاؤلٌ وتشاؤمٌ

(**فَأَمَّا الَّذِينَ آمَنُواْ فَزَادَتْهُمْ إِيمَاناً وَهُمْ يَسْتَبْشِرُونَ{124} وَأَمَّا الَّذِينَ فِي قُلُوبِهِم مَّرَضٌ فَزَادَتْهُمْ رِجْساً إِلَى رِجْسِهِمْ وَمَاتُواْ وَهُمْ كَافِرُونَ**) .

كثيرٌ من الأخيارِ تفاءلوا بالأمرِ الشّاقِّ العسير ، ورأوْا في ذلك خيْراً على المنهج الحقِّ : (**وَعَسَى أَن تَكْرَهُواْ شَيْئاً وَهُوَ خَيْرٌ لَّكُمْ وَعَسَى أَن تُحِبُّواْ شَيْئاً وَهُوَ شَرٌّ لَّكُمْ**) .

فهذا أبو الدرداءِ يقولُ : أُحبُّ ثلاثاً يكرهُها النـاسُ : أحبُّ الفَقْرَ والمرَضَ والموْتَ ، لأنَّ الفقرَ مسكنةٌ ، والمرضَ كفَّرةٌ ، والموت لقاءٌ باللهِ عزَّ وجلَّ .

ولكنَّ الآخرَ يكرهُ الفقر ويذُمُّه ، ويُخبرُ أنَّ الكلاب حتى هي تكرهُ الفقير :

إذا رأتْ يومـاً فقيـراً   هـرَّتْ عليـهِ وكشـرَّتْ

والحُمَّى رحَّب بها بعضُهم فقالَ :

زارتْ مكفِّـرةُ الـذنوبِ   فسـألتُها بـاللهِ أن لا تُقْلِعـي

لكنّ المتنبي يقولُ عنها :

بـذلتُ لهـا المطـارف   فعافتْهـا وباتـتْ فـي

وقال يوْسُفُ عليهِ السلامُ عنِ السجنِ : (**السِّجْنُ أَحَبُّ إِلَيَّ مِمَّا يَدْعُونَنِي إِلَيْهِ**) .

وعليُّ بنُ الجهم يقولُ عنِ الحبْسِ أيضاً :

قـالوا حُبِسْـت فقلـتُ لـيس   حبسْـي وأيُّ مهنَّـدٍ لا يُغْمـدُ

ولكنّ عليَّ بن محمدٍ الكاتب يقولُ :

قـالوا حُبست فقلـتُ خطْـبٌ   أنْحـى علـيَّ بـه الزمـانُ

والموتُ أحبَّه كثيرٌ ورحَّبوا بهِ ، فمعاذٌ يقولُ : مرحباً بـالموتِ ، حبيبٌ جاء على فاقةٍ ، أفلح منْ ندم .

ويقولُ في ذلك الحُصيْن بنُ الحمامِ :

تأخَّرتُ أستبقي الحياة فلمْ   لنفسـي حيـاةً مثْـل أن

ويقولُ الآخرُ : لا بأس بالموتِ إذا الموتُ نزلْ .

ولكنَّ الآخرين تذمَّروا من الموتِ وسبُّوه وفرُّوا منهُ .

فـاليهودُ أحرصُ الناسِ على حياةٍ ، قال سبحانه وتعالى عنهمْ : (**قُلْ إِنَّ الْمَوْتَ الَّذِي تَفِرُّونَ مِنْهُ فَإِنَّهُ مُلَاقِيكُمْ**) .

وقال بعضُهم :

ومـالي بعـد هـذا العـيشِ   ومـالي بعـد هـذا الـرأسِ

والقتلُ في سبيلِ اللهِ أمنيةٌ عذْبةٌ عند الأبرارِ الشرفاءِ : (**فَمِنْهُم مَّن قَضَىٰ نَحْبَهُ وَمِنْهُم مَّن يَنتَظِرُ**) .

وابنُ رواحة ينشدُ :

لكنَّني أسألُ الرحمنَ مغفرةً وطعنةً ذات فزعٍ تقذفُ

ويقولُ ابنُ الطِّرِمَّاح :

أيا ربِّ لا تجعلْ وفاتي إنْ أتَتْ على شرْجَعَ يعلو بحُسْنِ

ولكنْ شهيداً ثاوياً في عصابةٍ يُصابون في فجٍّ مِن الأرْض

غير أنَّ بعضهمْ كره القتْلَ وفرَّ منه ، يقولُ جميلُ بثينة :

يقولون جاهِد يا جميلُ بغزوةٍ وأيُّ جهادٍ غيرهُنَّ أريدُ

وقال الأعرابيُّ : واللهِ إني أكرهُ الموت على فراشي ، فكيف أطلبُه في الثغور (**قُلْ فَادْرَؤُوا عَنْ أَنفُسِكُمُ الْمَوْتَ إِن كُنتُمْ صَادِقِينَ**) ، (**قُل لَّوْ كُنتُمْ فِي بُيُوتِكُمْ لَبَرَزَ الَّذِينَ كُتِبَ عَلَيْهِمُ الْقَتْلُ إِلَى مَضَاجِعِهِمْ**) . إنَّ الوقائع واحدةٌ لكنَّ النفوس هي التي تختلفُ .

****

أيُّها الإنسان

أيُّها الإنسانُ : يا منْ ملَّ من الحياةِ ، وسئِم العيش ، وضاق ذرعاً بالأيامِ وذاق الغُصص ، أنَّ هناك فتحاً مبيناً ، ونصراً قريباً ، وفرجاً بعد شدَّة ، ويُسراً بعد عُسْرٍ .

إنَّ هناك لُطفاً خفيّاً منْ بينِ يديْك ومنْ خلفِك ، وإنَّ هناك أملاً مشرقاً ، ومستقبلاً حافلاً ، ووعداً صادقاً ، (**وَعْدَ اللَّهِ لا يُخْلِفُ اللَّهُ وَعْدَهُ**) . إن لضِيقِك فُرْجةً وكشْفاً ، ولمصيبتِك زوالٌ ، وإن هناك أنساً وروحاً وندىً وطلاً وظلاً . (**الْحَمْدُ لِلَّهِ الَّذِي أَذْهَبَ عَنَّا الْحَزَنَ**) .

أيُّها الإنسانُ : آنَ أنْ تُداوي شكَّك باليقينِ ، والتواء ضميرِك بالحقِّ ، وعِوج الأفكارِ بالهُدى ، واضطراب المسيرةِ بالرُّشدِ .

آن أنْ تقشع عنك غياهب الظلامِ بوجْهِ الفجرِ الصادقِ ، ومرارةِ الأسى بحلاوةِ الرِّضا ، وحنادسِ الفتنِ بنورٍ يلقفُ ما يأفكُون .

أيُّها الإنسانُ: إنَّ وراء بيدائِكمْ القاحلةِ أرضاً مطمئنَّةً، يأتيها رزقُها رَغَداً منْ كلِّ مكانٍ

وإنَّ على رأسِ جبلِ المشقَّة والضَّنى والإجهاد ، جنَّةً أصابها وابلٌ ، فهي مُمرعةٌ ، فإنْ لم يصبْها وابلٌ فطلٌّ من البُشرى والفألِ الحسنِ ، والأملِ المنشودِ

.

يا منْ أصابه الأرقُ ، وصرخ في وجهِ الليلِ : ألا أيُّها الليل الطويلُ ألا انْجلِ ، أبشِرْ بالصبحِ (**أَلَيْسَ الصُّبْحُ بِقَرِيبٍ**) . صبحٌ يملؤُك نوراً وحبوراً وسروراً .

يا منْ أذهب لُبَّه الهمُّ : رُويْدك ، فإنَّ منْ أُفُقِ الغيبِ فَرَجاً ، ولك منْ السُّننِ الثابتةِ الصادقةِ فُسْحةً .

يا منْ ملأت عينك بالدمعِ : كفْكِفْ دموعك ، وأرِحْ مُقلتيْك ، اهدأْ فإنَّ لك منْ خالقِ الوجودِ ولايةً ، وعليك منْ لطفه رعايةً ، اطمئنَّ أيُّها العبدُ ، فقدْ فُرغ من القضاءِ ، ووقع الاختيارُ ، وحَصَلَ اللُّطفُ ، وذهب ظمأُ المشقَّةِ ، وابتلَّتْ عروقُ الجهدِ ، وثبت الأجرُ عند منْ لا يخيبُ لديهِ السعْيُ .

اطمئنَّ : فإنك تتعاملُ مع غالبٍ على أمرِه ، لطيفٍ بعبادِه ، رحيمٍ بخْلقِهِ ، حسنِ الصُّنعِ في تدبيرِه .

اطمئنَّ : فإنَّ العواقب حسنةٌ ، والنتائج مريحةٌ ، والخاتمة كريمةٌ .

بعد الفقرِ غِنًى ، وبعد الظَّمأ رِيٌّ ، وبعد الفراقِ اجتماعٌ ، وبعد الهجْرِ وَصْلٌ ، وبعد الانقطاعِ اتِّصالٌ ، وبعد السُّهادِ نومٌ هادئٌ ، (**لَا تَدْرِي لَعَلَّ اللَّهَ يُحْدِثُ بَعْدَ ذَلِكَ أَمْراً**) .

لمعتْ نارُهُم وقدْ عسْعَسَ ـلُ وملَّ الحادي وحار
فتأمَّلتُها وفِكْري مـن ـنِ عليلٌ وطرْفُ عينـي
وفـؤادي ذاك الفـؤادُ وغرامي ذاك الغـرامُ
وسألْنا عن الوكيلِ للمُلِمَّاتِ هل إليهِ سبيلٌ
فوجدْناه صاحب المُلْكِ أكرم المُجزلِين فـردٌ

أيُّها المعذَّبون في الأرضِ ، بالجوعِ والضَّنْكِ والضَّنى والألمِ والفقْرِ والمرضِ ، أبشرُوا ، فإنكم سوف تشبعون وتسعدون ، وتفرحون وتصِحُّون ، (**وَاللَّيْلِ إِذْ أَدْبَرَ{33} وَالصُّبْحِ إِذَا أَسْفَرَ**) .

فلابُدَّ لِلّيلِ أنْ ينجلِـيْ ولابدَّ للقيْدِ أنْ ينكسِـرْ
ومـنْ يتهيَّـبْ صُـعُود يعِشْ أبد الدَّهْرِ بـين

وحقٌّ على العبدِ أن يظُنَّ بربِّه خيراً ، وأن ينتظر منهُ فضلاً ، وأنْ يرجُو من مولاهُ لُطفاً ، فإنَّ منْ أمرُه في كلمةِ (كُن) ، جديرٌ أنْ يُوثق بموعودِهِ ، وأنْ يُتعلَّقَ بعهودِهِ ، فلا يجلبُ النفع إلا هو ، ولا يدفع الضُّرَّ إلا هو ، ولهُ في كلِّ

نفسٍ لُطفٌ ، وفي كلِّ حركةٍ حكمةٌ ، وفي كلِّ ساعةٍ فَرَجٌ ، جعل بعدَ الليلِ صُبحاً ، وبعد القحْطِ غَيْثاً ، يُعطي ليُشْكر ، ويبتلي ليعلم من يصْبِرُ ، يمنحُ النَّعْماء ليسمع الثَّناء ، ويُسلِّطُ البلاء ليُرفع إليه الدُّعاءُ ، فحريٌّ بالعبدِ أن يقوِّي معه الاتِّصال ، ويُمدَّ إليه الحبال ، ويُكثِرُ السؤال (**وَاسْأَلُواْ اللّهَ مِن فَضْلِهِ**) ، (**ادْعُواْ رَبَّكُمْ تَضَرُّعاً وَخُفْيَةً**) .

لو لمْ تُردْ نيْل ما أرجو   مِن جُودِ كفِّك ما علَّمْتني

انقطع العلاءُ بنُ الحضرميِّ ببعضِ الصَّحابةِ في الصحراءِ ، ونفِد ماؤُهم ، وأشرفُوا على الموتِ ، فنادى العلاءُ ربَّه القريب ، وسأل إلهاً سميعاً مجيباً ، وهتف بقولِهِ : يا عليُّ يا عظيمُ ، يا حكيمُ يا حكيمُ . فنزل الغيثُ في تلك اللحظةِ ، فشربُوا وتوضؤوا ، واغتسلوا وسَقَوْا دوابَّهم . (**وَهُوَ الَّذِي يُنَزِّلُ الْغَيْثَ مِن بَعْدِ مَا قَنَطُوا وَيَنشُرُ رَحْمَتَهُ وَهُوَ الْوَلِيُّ الْحَمِيدُ**) .

****

وقفـــةٌ

« محبَّةُ اللهِ تعالى ، ومعرفُته ، ودوامُ ذِكْرِه ، والسُّكُونُ إليه ، والطمأنينةُ إليه ، وإفرادُه بالحُبِّ والخوفِ والرجاءِ والتَّوكُّلِ ، والمعاملةُ ، بحيثُ يكون هو وَحْدَهُ المستولي على همومِ العبدِ وعزماتِه وإرادتِه . هو جنَّةُ الدنيا ، والنعيمُ الذي لا يُشبِهُهُ نعيمٌ ، وهو قُرَّة عينِ المُحِبين ، وحياةُ العارفين » .

« تعلُّقُ القلبِ باللهِ وحدهُ واللَّهجُ بذِكرِهِ والقناعةُ : أسبابٌ لزوالِ الهمومِ والغمومِ ، وانشراحُ الصدرِ والحياةُ الطَّيِّبة . والضِّدُّ بالضِّدِّ ، فلا أضيقُ صدراً ، وأكْثَرُ همّاً ، ممَّنْ تعلَّق قلبُه بغيرِ اللهِ ، ونسي ذِكْر اللهِ ، ولم يقْنَعْ بما آتاهُ اللهُ ، والتَّجرِبةُ أكبرُ شاهدٍ » .

****

تعزَّ بالمنكوبين

(**وَلَقَدْ أَهْلَكْنَا مَا حَوْلَكُم مِّنَ الْقُرَى**) .

وممَّنْ نُكِب نكبةً داميةً ساحقةً ماحقةً : البرامكةُ ، أُسرةُ الأُسرةُ الأُبَّهةِ والتَّرَفِ والبذْلِ والسَّخاءِ ، وأصبحتْ نكْبتُهم عِبرةً وعظةً ومثلاً ، فإنَّ هارون الرشيد سطا عليهمْ بيْن عشيَّةٍ وضُحاها ، وكانوا في النعيمِ غافلين ، وفي لحافِ الرَّغدِ دافِئين ، وفي بستانِ الترفِ مُنعَّين ، فجاءهم أمرُ اللهِ ضُحىً وهم يلعبون

، على يدِ أقربِ الناسِ إليهم ، فخرَّب دُورهم ، وهدمَ قصورهُم ، وهتك سُتُورهُم ، واستلب عبيدهُمْ ، وأسال دماءهم ، وأوردهم موارد الهالِكين ، فَجَرَحَ بمصابِهم قلوب أحبابِهم ، وقرَّح بنكالِهم عيون أطفالِهم ، فلا إله إلا اللهُ ، كم مِنْ نعمةٍ عليهم سُلبتْ ، وكمْ منْ عبرةٍ منْ أجلهِم سُفكتْ ، (**فَاعْتَبِرُوا يَا أُولِي الْأَبْصَارِ**) . قبل نكبتهم بساعةٍ ، كانوا في الحرير يرْفُلون ، وعلى الدِّيباجِ يزحفون ، وبكأسِ الأماني يترعُون ، فيها لهوْلِ ما دهاهُم ، ويا لفجيعةِ ما علاهم

هذا المصابُ وإلاّ غيرُه وهكذا تُمحقُ الأيَّامُ

اطمأنوا في سِنةٍ من الدهرٍ ، وأمْنٍ منَ الحدثان ، وغفْلةٍ منَ الأيامِ (**وَسَكَنتُمْ فِي مَسَاكِنِ الَّذِينَ ظَلَمُواْ أَنفُسَهُمْ وَتَبَيَّنَ لَكُمْ كَيْفَ فَعَلْنَا بِهِمْ وَضَرَبْنَا لَكُمُ الأَمْثَالَ**) . خفقتْ على رؤوسِهِمُ البنودُ ، واصطفَّتْ على جوانِبِهم الجنودُ .

كأنْ لم يكُن بين الحَجُونِ إلى الصَّفا أنيسٌ ولم يسْمُرْ بمكَّة سامرُ

رتعُوا في لذَّةِ العيشِ لاهين ، وتمتَّعُوا في صفْو الزمان آمنِين ، ظنُّوا السراب ماءً ، والورم شحْماً ، والدنيا خُلُوداً ، والفناء بقاءً ، وحسبوا الوديعة لا تُستردُّ ، والعارية لا تُضمنُ ، والأمانة لا تُؤدَّى ، (**وَظَنُّوا أَنَّهُمْ إِلَيْنَا لَا يُرْجَعُونَ**) .

فجائعُ الدهرِ ألوانٌ منوَّعةٌ وللزَّمانِ مَسَرَّاتٌ وأحزانُ
وهذه الدارُ لا تبقي على أحدٍ ولا يدومُ على حالٍ لها شانُ

أصبحوا في سرورٍ وأمسوْا في القبورِ ، وفي لحظةٍ منْ لحظاتِ غضبِ هارونِ الرشيدِ ، سلَّ سيفَ النِّقمةِ عليهمْ ، فقتل جعفر بن يحيى البرمكيَّ ، وصلبهُ ثمَّ أحرق جثمانه ، وسجن أباه يحيي بن خالدٍ ، وأخاه الفضْل بن يحيى ، وصادر أموالهمْ وأملاكهم .

ولما قتَلَ أبو جعفر المنصورُ محمد بن عبدِاللهِ بن الحَسَنِ ، بعث برأسِهِ إلى أبيهِ عبدِاللهِ بن الحسنِ في السجنِ مع حاجبِهِ الربيعِ ، فوضعَ الرأسَ بين يديهِ ، فقال : رحمك اللهُ يا أبا القاسم ، فقدْ كنت من الذين يُفون بعهدِ اللهِ ، ولا ينقُضون الميثاق ، والذين يصِلون ما أمر اللهُ بهِ أنْ يُوصل ويخشوْن ربَّهم ويخافون سوء الحسابِ ، ثم تمثَّل بقولِ الشاعرِ :

فتى كان يحميه مِنْ الذِّلِّ سيفُهُ ويكفيه سوءاتِ الأمورِ اجتنابُها

والتفت إلى الربيع حاجبِ المنصورِ ، وقال له : قُلْ لصاحبِك : قدْ مضى منْ بُؤسِنا مُدَّةٌ ، ومنْ نعيمِك مِثْلُها ، والموعدُ اللهُ تعالى !

وقدْ أخذ هذا المعنى العباسُ بنُ الأحنفِ – وقيل : عمارةُ بنُ عقيلٍ – فقال :

فإنْ تلحظي حالي وحالكِ مرَّةً بنظرةِ عينٍ عنْ هَوَى النَّفْسِ
نجِدْ كُلَّ مرَّ منْ بُؤسٍ يمُرُّ بيومٍ منْ نعيمكِ يُحْسَبُ

كما في (قولٍ على قول) .

والآن : أين هارون الرشيدُ وأين جعفرُ البرمكيُّ ؟ أين القاتلُ والمقتولُ ؟ أين الآمرُ والمأمورُ ؟ أين الذين أصدر أمره وهو على سريرهِ في قصرهِ ؟ وأين الذي قتِل وصُلِب ؟ لا شيء ، أصبحوا كأمسِ الدَّابر ، وسوف يجمعُهم الحكمُ العدْلُ ليومٍ لا ريب فيه ، فلا ظُلْم ولا هضْم ، (**قَالَ عِلْمُهَا عِندَ رَبِّي فِي كِتَابٍ لَّا يَضِلُّ رَبِّي وَلَا يَنسَى**) ، (**يَوْمَ يَقُومُ النَّاسُ لِرَبِّ الْعَالَمِينَ**) ، (**يَوْمَئِذٍ تُعْرَضُونَ لَا تَخْفَى مِنكُمْ خَافِيَةٌ**) .

قيل ليحيى بن خالدٍ البرمكيِّ : أرأيت هذه النكبة ، هل تدري ما سببُها ؟ قال : لعلَّها دعوةُ مظلومٍ ، سرتْ في ظلامِ الليلِ ونحنُ عنها غافلون .

ونُكب عبدُالله بنُ معاوية بنِ عبدِاللهِ بنِ جعفر ، فقال في حبْسهِ :

خَرَجْنَا من الدنيا ونحنُ مِن فلسْنا مِن الأمواتِ فيها ولا
إذا دخل السَّجانُ يوماً لحاجةٍ عجِبْنا وقلنا : جاء هذا مِن
ونفرحُ بالرُّؤيا فجُلُّ حديثِنا إذا نحنُ أصبحنا الحديثُ عن
فإنْ حسُنتْ كانتْ بطيئاً مجيئُها وإنْ قبُحتْ لم تنتظر وأتتْ

سجنَ أحدُ ملوكِ فارس حكيماً منْ حكمائِهمْ ، فكتب لهُ رقعةً يقولُ : إنها لنْ تمُرَّ عليَّ فيها ساعةٌ ، إلا قرَّبتْني من الفرجِ وقرَّبتْك من النِّقمةِ ، فأنا أنتظرُ السَّعة ، وأنت موعودٌ بالضيِّقِ .

ويُنكبُ ابنُ عبَّادٍ سلطانُ الأندلسِ ، عندما غلب عليه الترفُ ، وغلب عليهِ الانحرافُ عنِ الجادَّةِ ، فكثُرتِ الجواري في بيتِهِ ، والدُّفوفُ والطَّنابيرُ ، والعزْفُ وسماعُ الغناءِ ، فاستغاث يوماً بابن تاشفين – وهو سلطانُ المغربِ – على أعدائِهِ الروم في الأندلسِ ، فعبر ابنُ تاشفين البحر ، ونصرَ ابن عبَّادٍ ،

فأنزلهُ ابنُ عبَّادٍ في الحدائقِ والقصورِ والدُّورِ ، ورحَّب به وأكرمه . وكان ابنُ تاشفين كالأسدِ ، ينظرُ في مداخلِ المدينة وفي مخارجِها ، لأنَّ في نفسه شيئاً .

وبعد ثلاثةِ أيام هجم ابنُ تاشفين بجنودِه على المملكةِ الضعيفةِ ، وأسر ابن عبَّادٍ وقيَّده وسَلَبَ مُلكه ، وأخذ دُوره ودمَّر قصوره ، وعاث في حدائقِهِ ، ونَقَلَهُ إلى بلدِه (أغماتٍ) أسيراً ، (**وَتِلْكَ الأيَّامُ نُدَاوِلُهَا بَيْنَ النَّاسِ**) . فتقلَّد ابنُ تاشفين زِمام الحُكمِ ، وادعى أنَّ أهل الأندلسِ همُ الذين استدعوْه وأرادوه .

ومرَّتِ الأيامُ ، وإذا ببناتِ ابنِ عبَّادٍ يصِلْنه في السجنِ ، حافياتٍ باكياتٍ كسيفاتٍ جائعاتٍ ، فلمَّا رآهنّ بكى عند البابِ ، وقال :

فيما مضى كُنت بالأعيادِ ... فساءك العيدُ في أغماتِ
ترى بناتِك في الأطمارِ جائعةً ... يغْزِلْن للناسِ ما يمْلِكْنَ
بَرَزْنَ نحْوك للتَّسليمِ ... أبْصارُهُنَّ حسيراتٍ
يطَأن في الطينِ والأقدامُ ... كأنَّها لم تطأ مِسكاً وكافُوراً

ثمَّ دخل الشاعرُ ابنُ اللَّبانةِ على ابنِ عبّادٍ ، فقال له :

تَنَشَّقْ رياحين السَّلامِ ... أصُبُّ بها مِسْكاً عليك
وقُلْ مجازاً إن عدمت ... بأنكَ ذو نُعمى فقد كُنت
بكاك الحيا والريحُ شقَّتْ ... عليها وتاه الرَّعدُ باسمِك

وهي قصيدةٌ بديعة ، أوْرَدَها الذهبيُّ ومدحها .

روى الترمذيُّ ، عن عطاءٍ ، عنْ عائشة – رضي اللهُ عنها وأرضاها – أنَّها مرَّتْ بقبرِ أخيها عبدِالله الذي دُفن فيه بمكة ، فسلَّمت عليهِ ، وقالتْ : يا عبدالله ، ما مثَلي ومثَلك إلا كما قال مُتمِّمٌ :

وكُنَّا كندْماني جُذيْمَةَ ... من الدهرِ حتى قِيل لنْ
وعِشْنا بخيرٍ في الحياةِ ... أصاب المنايا رهط كسرَّى
فلمَّا تفرَّقْنا كأنِّي ومالِكاً ... لطُولِ اجتماعٍ لم نبِتْ ليلةً

ثمَّ بكتْ وودَّعتْه .

وكان عمرُ رضي اللهُ عنهُ يقولُ لمتمِّمِ بن نويرة : يا متمِّم ، والذي نفسي بيده ، لَوَدِدْتُ أني شاعرٌ فأرثي أخي زيداً ، واللهِ ما هبَّتِ الصّبا منْ نجد إلاَّ

جاءتني بريحِ زيدٍ . يا متممُ ، إنَّ زيداً أسلم قبلي وهاجرَ وقتل قبلي ، ثمَّ يبكي عمر . يقول متمِّم :

لعمْري لقد لام الحبيبُ على حبيبي لِتذْرافِ الدُّموعِ
فقال أتبكي كلَّ قبرٍ رأيتهُ لقبَّرٍ ثوى بين اللّوى
فقلتُ له إن الشَّجى يبعثُ فدعْني فهذا كلُّهُ قبرُ مالِكِ

نُكِّبَ بنو الأحمرِ في الأندلسِ ، فجاء الشاعرُ ابنُ عبدون يُعزِّيهم في هذه المصيبةِ فقال :

الدَّهْرُ يفجعُ بعد العَيْنِ فما البكاءُ على الأشباحِ
أنهاك أنهاك لا آلُوك عَنْ نوْمَةٍ بين نابِ اللّيْثِ
وَلَيْتَها إذ فدتْ عمراً فدتْ علياً بمنْ شاءتْ من

(فَلَمَّا جَاء أَمْرُنَا جَعَلْنَا عَالِيَهَا سَافِلَهَا) ،(إِنَّمَا مَثَلُ الْحَيَاةِ الدُّنْيَا كَمَاء أَنزَلْنَاهُ مِنَ السَّمَاءِ فَاخْتَلَطَ بِهِ نَبَاتُ الأَرْضِ مِمَّا يَأْكُلُ النَّاسُ وَالأَنْعَامُ حَتَّىَ إِذَا أَخَذَتِ الأَرْضُ زُخْرُفَهَا وَازَّيَّنَتْ وَظَنَّ أَهْلُهَا أَنَّهُمْ قَادِرُونَ عَلَيْهَا أَتَاهَا أَمْرُنَا لَيْلاً أَوْ نَهَاراً فَجَعَلْنَاهَا حَصِيداً كَأَن لَّمْ تَغْنَ بِالأَمْسِ) .

****

ثمراتُ الرِّضا اليانعة

(رَّضِيَ اللّهُ عَنْهُمْ وَرَضُواْ عَنْهُ) .

وللرضا ثمراتٌ إيمانيةٌ كثيرةٌ وافرةٌ تنتجُ عنه ، يرتفعُ بها الراضي إلى أعلى المنازلِ ، فيُصبحُ راسخاً في يقينِه ، ثابتاً في اعتقادِه ، وصادقاً في أقوالِه وأعمالِه وأحوالِه .

فتمامُ عبوديَّتِه في جَرَيانِ ما يكرهُهُ من الأحكام عليه . ولو لم يجْرِ عليه منها إلاَّ ما يحبُّ ، لكان أبْعَد شيءٍ عنْ عبوديَّة ربِّه ، فلا تتمُّ له عبوديَّة . من الصَّبرِ والتَّوكلِ والرِّضا والتضرُّعِ والافتقارِ والذُّلِّ والخضوعِ وغيْرِها – إلاَّ بجريانِ القدرِ له بما يكرهُ ، وليس الشأنُ في الرضا بالقضاءِ الملائمِ للطبيعةِ ، إنما الشأنُ في القضاءِ المُؤْلِمِ المنافِرِ للطَّبْعِ . فليس للعبدِ أنْ يتحكَّم في قضاءِ اللهِ وقدرِه ، فيرضى بما شاء ويرفضُ ما شاء ، فإنَّ البشر ما كان لهمِ الخِيَرَةُ ، بلْ

الخيرةُ اللهِ ، فهو أعْلَمُ وأحْكَمُ وأجلُّ وأعلى ، لأنه عالمُ الغيبِ المطّلِعُ على السرائرِ ، العالمُ بالعواقبِ المحيطُ بها .

رضاً برضا :

ولْيَعْلم أنَّ رضاه عن ربِّه سبحانهُ وتعالى في جميعِ الحالاتِ ، يُثمِرُ رضا ربُه عنه ، فإذا رضي عنه بالقليلِ من الرِّزقِ ، رضي ربُّه عنه بالقليلِ من العملِ ، وإذا رضي عنه في جميع الحالاتِ ، واستوتْ عندهُ ، وجدهُ أسْرَعَ شيءٍ إلى رضاهُ إذا ترضَّاه وتملَّقه ؛ ولذلك انظرْ للمُخلصين مع قِلَّةِ عملهم ، كيف رضي اللهُ سعيهم لأنهمْ رضُوا عنهُ ورضي عنهمْ ، بخلافِ المنافقين ، فإنَّ الله ردَّ عملهم قليلهُ وكثيرهُ ؛ لأنهمِ سخِطُوا ما أنزلَ الله وكرهُوا رضوانهُ ، فأحبط أعمالهم .

منْ سخِط فلهُ السُّخْطُ :

والسُّخطُ بابُ الهمِّ والغمِّ والحزنِ ، وشتاتِ القلبِ ، وكسفِ البالِ ، وسُوءِ الحالِ ، والظَّنِّ بالله خلافُ ما هو أهلُه . والرضا يُخلِّصُه منْ ذلك كلّه ، ويفتحُ له باب جنةِ الدنيا قبل الآخرةِ ، فإنَّ الارتياح النفسيَّ لا يتمُّ بمُعاكسةِ الأقدارِ ومضادَّة القضاءِ ، بل بالتسليمِ والإذعانِ والقبُولِ ، لأنَّ مدبِّر الأمرِ حكيمٌ لا يُتَّهمُ في قضائِه وقدرِهِ ، ولا زلتُ أذكرُ قصةَ ابن الراونديِّ الفيلسوف الذَّكيِّ الملحدِ ، وكان فقيراً ، فرأى عامياً جاهلاً مع الدُّورِ والقصورِ والأموالِ الطائلةِ ، فنظر إلى السماءِ وقال : أنا فيلسوفُ الدنيا وأعيشُ فقيراً ، وهذا بليدٌ جاهلٌ ويحيا غنيّاً ، وهذه قِسمةٌ ضِيزى . فما زادهُ اللهُ إلا مقْتاً وذُلاً وضنْكاً (**وَلَعَذَابُ الْآخِرَةِ أَخْزَى وَهُمْ لَا يُنصَرُونَ**) .

فوائدُ الرِّضا :

فالرِّضا يُوجِبُ له الطُّمأنينة ، وبرد القلبِ ، وسكونهُ وقراره وثباتهُ عند اضطرابِ الشُّبهِ والتباسِ والقضايا وكثْرةِ الواردِ ، فيثقُ هذا القلبُ بموعودِ اللهِ وموعودِ رسوله ﷺ ، ويقولُ لسانُ الحالِ : (**هَذَا مَا وَعَدَنَا اللَّهُ وَرَسُولُهُ وَصَدَقَ اللَّهُ وَرَسُولُهُ وَمَا زَادَهُمْ إِلَّا إِيمَاناً وَتَسْلِيماً**) . والسخطُ يوجبُ اضطراب قلبِه ، وريبتهُ وانزعاجهُ ، وعَدَمَ قرارِهِ ، ومرضهُ وتمزُّقهُ ، فيبقى قلقاً ناقِماً ساخِطاً متمرِّداً ، فلسانُ حالِه يقولُ : (**مَا وَعَدَنَا اللَّهُ وَرَسُولُهُ إِلَّا غُرُوراً**) . فأصحابُ هذه القلوبِ إن يكُن لهمُ الحقُّ ، يأتوا إليه مُذعِنين ، وإن طُولِبوا بالحقِّ إذا همْ

يصْدقون ، وإنْ أصابهم خيرٌ اطمأنُّوا به ، وإنْ أصابتهم فتنةٌ انقلبُوا على وجوههم ، خسرُوا الدنيا والآخرةِ (**ذَلِكَ هُوَ الْخُسْرَانُ الْمُبِينُ**) . كما أنّ الرضا يُنزلُ عليه السكينة التي لا أنْفعَ له منها ، ومتى نزلتْ عليه السكينةُ ، استقام وصلحتْ أحوالُه ، وصلح بالُه ، والسُّخط يُبعِدُه منها بحسبِ قلّتِه وكثرتِه ، وإذا ترحّلتْ عنهُ السكينةُ ، ترحّل عنه السرورُ والأمْنُ والراحةُ وطِيبُ العيشِ . فمنْ أعْظَمِ نعمِ اللهِ على عبدِه : تنزُّلُ السكينةِ عليهِ . ومنْ أعظمِ أسبابِها : الرضا عنه في جميعِ الحالاتِ .

لا تُخاصِم ربَّك :

والرضا يخلِّصُ العبد منْ مُخاصمةِ الربِّ تعالى في أحكامِه وأقضيتِه . فإنَّ السُّخط عليهِ مُخاصمةٌ له فيما لم يرض به العبدُ ، وأصلُ مخاصمةِ إبليس لربِّه : منْ عَدَمِ رضاه بأقْضِيَتِه ، وأحكامِه الدِّينيةِ والكونيةِ . وإنَّما ألحد منْ ألحدَ ، وجَحِدَ منْ جحد لأنهُ نازعَ ربَّه رداء العظمةِ وإزار الكبرياءِ ، ولم يُذْعِنْ لمقامِ الجبروتِ ، فهو يُعطِّلُ الأوامر ، وينتهِكُ المناهي ، ويتسخَّطُ المقادير ، ولم يُذعِنْ للقضاءِ .

حُكْمٌ ماضٍ وقضاءٌ عَدْلٌ :

وحُكمُ الرَّبِّ ماضٍ في عبدِه ، وقضاؤُه عدْلٌ فيه ، كما في الحديثِ : ((**ماضٍ فيَّ حكمُك ، عَدْلٌ فيَّ قضاؤك**)) . ومنْ لم يرض بالعدلِ ، فهو منْ أهلِ الظُّلمِ والجوْرِ . واللهُ أحكمُ الحاكمين ، وقدْ حرَّ الظُّلْمَ على نفسِه ، وليس بظلاَّمٍ للعبيدِ ، وتقدَّس سبحانه وتنزَّه عنْ ظُلْمِ الناسِ ، ولكنّ أنْفُسهم يظلمون .

وقولُه : ((**عَدْلٌ في قضاؤك**)) يَعُمُّ قضاء الذنبِ ، وقضاء أثرِهِ وعقوبتِه ، فإنَّ الأمرينِ منْ قضائِه عزَّ وجلَّ ، وهو أعدلُ العادلين في قضائِه بالذنبِ ، وفي قضائِه بعقوبتِه . وقد يقضي سبحانه بالذنبِ على العبدِ لأسرارٍ وخفايا هو أعْلَمُ بها ، قد يكونُ لها من المصالحِ العظيمةِ ما لا يعلمُها إلا هُو .

لا فائدة في السُّخطِ :

وعدمُ الرِّضا : إمَّا أنْ يكون لفواتِ ما أخطأهُ ممَّ يحبُّه ويريدهُ ، وإمّا لإصابةٍ بما يكرهُه ويُسخطُه . فإذا تيقَّن أنَّ ما أخطأه لم يكُنْ ليُصيبَه ، وما أصابه لم يكنْ ليُخطئه ، فلا فائدة في سخطِه بعد ذلك إلا فواتُ ما ينفعُه ، وحصولُ ما يضرُّه . وفي الحديث : ((**جفَّ القلمُ بما أنت لاقٍ يا أبا هريرة ،**

فقدْ فُرِغَ من القضاءِ ، وانتُهِي من القدرِ ، وكُتِبتِ المقاديرُ ، ورُفِعتِ الأقلامُ ، وجفّتِ الصُّحُفُ)) .

السلامةُ مع الرِّضا :

والرضا يفتحُ له باب السلامةِ ، فيجعلُ قلبهُ سليماً ، نقيّاً من الغشِّ والدَّغلِ والغلِّ ، ولا ينجو منْ عذابِ اللهِ إلا منْ أتـى الله بقلبٍ سليمٍ ، وهو السَّالِمُ من الشُّبهِ ، والشّكِّ والشِّـركِ ، وتلبُّسِ إبليس وجُنـدِه ، وتخذيلِـهِ وتسويفِهِ، ووعْدِه ووعيدِه ، فهذا القلبُ ليس فيهِ إلا اللهُ: **(قُلِ اللّهُ ثُمَّ ذَرْهُمْ فِي خَوْضِهِمْ يَلْعَبُونَ)** .

وكذلك تستحيلُ سلامةُ القلبِ من السُّخطِ وعدمِ الرضـا ، وكلّما كـان العبدُ أشدَّ رضاً ، كان قلبُـه أسْلَمَ . فالخبثُ والدَّغلُ والغشُّ : قـرينُ السُّـخطِ . وسلامةُ القلبِ وبرُّه ونُصحُه : قـرينُ الرضـا . وكذلك الحسدُ هو منْ ثمراتِ السخطِ . وسلامةُ القلبِ منـهُ : منْ ثمـراتِ الرضـا . فالرضـا شجرةٌ طيّبـة ، تُسقى بمـاءِ الإخلاصِ في بستانِ التوحيدِ ، أصلُها الإيمانُ ، وأغصـانُها الأعمـالُ الصـالحةُ ، ولها ثمرةٌ يانِعةٌ حلاوتُها . في الحديثِ : ((**ذاق طعْم الإيمانِ منْ رضي باللهِ ربّاً ، وبالإسلام ديناً ، وبحمدٍ نبياً**)) . وفـي الحـديث أيضـاً : ((**ثـلاثٌ منْ كنَّ فيـه وجد بهنَّ حلاوة الإيمانِ ....**)) .

السُّخْطُ بابُ الشَّكِّ :

والسُّخطُ يفتحُ عليهِ بـاب الشَّكّ في اللهِ ، وقضـائه ، وقدرِه ، وحكمتِهِ وعلمِـهِ ، فقلَّ أنْ يَسْلَمَ الساخِطُ منْ شكٍّ يُداخلُ قلبه ، ويتغلغلُ فيه ، وإنْ كان لا يشعرُ بـه ، فلوْ فتَّش نفسه غاية التفتيشِ ، لوَجَدَ يقينهُ معلولاً مدخولاً ، فإنَّ الرضـا واليقين أخوانِ مُصطحبانِ ، والشَّكَّ والسُّخط قرينـانِ ، وهـذا معنـى الحديثِ الـذي فـي الترمذيِّ : ((**إنِ استطعت أن تعملِ بالرِّضا مع اليقينِ ، فافعل . فإن لـم تستطع ، فإن في الصبر على ما تكره النَّفْسُ خيْراً كثيراً**)) . فالسـاخطُون نـاقِمون منْ الداخلِ ، غاضبِون ولوْ لمْ يتكلّمُوا ، عندهم إشكالاتٌ وأسئلةٌ ، مفادُها : لِم هذا ؟ وكيف يكونُ هذا ؟ ولماذا وقع هذا ؟

الرِّضا غِنىً وأمْنٌ :

ومنْ مـلأ قلبـه من الرضـا بالقدرِ ، مـلأ اللهُ صدرهُ غِنـىً وأمْنـاً وقناعـةً ، وفرَّغ قلبه لمحبّتِهِ والإنابةِ إليـه ، والتَّوكُّلِ عليـه . ومنْ فاتـه حظُّـه من الرِّضـا ، امتلأ قلبُه بضدِّ ذلك ، واشتغل عمَّا فيه سعادتُه وفلاحُه .

فالرِّضا يُفرِّغُ القلب للهِ ، والسخطُ يفرِّغُ القلب من اللهِ ، ولا عيش لساخِطٍ ، ولا قرار لناقِمٍ ، فهو في أمرٍ مريجٍ ، يرى أنَّ رزقهُ ناقصٌ ، وحظَّهُ باخِسٌ ، وعطيَّتهُ زهيدةٌ ، ومصائبهُ جمَّةٌ ، فيرى أنه يستحقّ أكْثر منْ هذا ، وأرفع وأجلّ ، لكنّ ربَّه – في نظرِهِ – بخسهُ وحَرَمَه ومنعَهُ وابتلاه ، وأضناهُ وأرهَقَه ، فكيف يأنسُ وكيف يرتاح ، وكيف يحيا ؟ (**ذَلِكَ بِأَنَّهُمُ اتَّبَعُوا مَا أَسْخَطَ اللَّهَ وَكَرِهُوا رِضْوَانَهُ فَأَحْبَطَ أَعْمَالَهُمْ**) .

ثمرةُ الرِّضا الشُّكْرُ :

والرضا يُثمرُ الشكر الذي هو منْ أعلى مقاماتِ الإيمانِ ، بل هو حقيقةُ الإيمانِ . فإنَّ غايةَ المنازلِ شكرُ المولى ، ولا يشكُرُ اللهُ منْ يرضى بمواهبه وأحكامِه ، وصُنعِه وتدبيرِه ، وأخذِه وعطائِه ، فالشاكرُ أنْعمُ الناسِ بالاً ، وأحسنُهم حالاً .

ثمرةُ السَّخط الكفرُ :

والسخطُ يُثمِر ضدَّه ، وهو كُفْرُ النِّعمِ ، وربما أثمر له كُفْر المنعِم . فإذا رضي العبدُ عن ربِّه في جميعِ الحالاتِ ، أوجب له لذلك شُكره ، فيكونُ من الراضين الشاكرين . وإذا فاتهُ الرضا ، كان من الساخطين ، وسلك سُبُل الكافرين . وإنما وقع الحيْفُ في الاعتقاداتِ والخللُ في الدياناتِ مِنْ كوْنِ كثيرٍ من العبيدِ يريدون أن يكونوا أرباباً ، بلْ يقترحون على ربِّهم ، ويُحِلُّون على مولاهم ما يريدون: (**يَا أَيُّهَا الَّذِينَ آمَنُوا لَا تُقَدِّمُوا بَيْنَ يَدَيِ اللَّهِ وَرَسُولِهِ**) .

السَّخطُ مصيدةٌ للشيطانِ :

والشيطانُ إنما يظفرُ بالإنسانِ غالباً عند السخطِ والشهوةِ ، فهناك يصطادُه ، ولاسيَّما إذا استحكم سخطُه ، فإنهُ يقولُ ما لا يُرضي الرَّبَّ ، ويفعلُ ما لا يُرضيه ، وينوي ما لا يُرضيهِ ، ولهذا قال النبيُّ ﷺ عند موت ابنهِ إبراهيم : ((**يحزنُ القلبُ وتدمعُ العينُ ، ولا نقولُ إلا ما يُرضي ربَّنا**)) . فإنَّ موت البنين من العوارضِ التي تُوجِبُ للعبدِ السخط على القدَرِ ، فأخبرَ النبيُّ ﷺ أنهُ لا يقولُ في مثْلِ هذا المقامِ – الذي يسخطُه أكثرُ الناسِ ، فيتكلَّمون بما لا يُرضي الله ، ويفعلون ما لا يرضيه – إلا ما يُرضي ربَّه تبارك وتعالى . ولو لمح العبدُ في القضاءِ بما يراهُ مكروهاً إلى ثلاثةِ أمورٍ ، لهان عليه المصابُ .

أوّلها : علمُه بحكمةِ المقدِّرِ جلَّ في علاه ، وأنهُ أخْبَرُ بمصلحةِ العبدِ وما ينفعُه .

ثانيها : أنْ ينظر للأجرِ العظيمِ والثوابِ الجزيلِ ، كما وعد اللهُ منْ أُصيب فصبر مِنْ عبادِهِ .

ثالثُها : أن الحُكم والأمر للربِّ ، والتسليم والإذعان للعبدِ : (**أَهُمْ يَقْسِمُونَ رَحْمَةَ رَبِّكَ**) .

الرِّضا يُخرجُ الهوى :

والرضا يُخرجُ الهوى من القلبِ ، فالراضي هواهُ تبعٌ لمرادِ ربِّه منه ، أعني المراد الذي يحبُّه ربُّه ويرضاهُ ، فلا يجتمعُ الرضا واتِّباعُ الهوى في القلبِ أبداً ، وإنْ كان معهُ شُعبةٌ منْ هذا ، وشعبةٌ منْ هذا ، فهو للغالِب عليه منهما .

إنْ كان رضاكُم في ... فسلامُ اللهِ على وَسَني

(**وَعَجِلْتُ إِلَيْكَ رَبِّ لِتَرْضَى**) .

إنْ كان سرَّكُمُ ما قال ... فما لجُرْحٍ إذا

****

وقفة

((تعرَّفْ إلى اللهِ في الرخاءِ ، يعرفْك في الشِّدَّة)) .

« **(تعرَّفْ)** بتشديدِ الرَّاءِ **(إلى اللهِ)** أيْ : تحبَّبْ وتقرَّبْ إليهِ بطاعتِه ، والشُّكرِ لهُ على سابغِ نعمتِه ، والصبرِ تحت مُرِّ أقْضِيتِهِ ، وصدْقِ الالتجاءِ الخاصِ قبل نزولِ بليَّتِه . **(في الرخاءِ)** أيْ : في الدَّعةِ والأمْنِ والنعمةِ وسَعَةِ العمرِ وصحَّةِ البدنِ ، فالزمِ الطاعاتِ والإنفاق في القُرُباتِ ، حتى تكون متَّصِفاً عنده بذلك ، معروفاً به . **(يعرفْك في الشِّدَّة)** بتفريجِها عنك ، وجعْلِه لك منْ كلِّ ضِيقٍ مخرجاً ، ومنْ كلِّ همٍّ فرجاً ، بما سلف منْ ذلك التَّعرُّفِ » .

« ينبغي أنْ يكون بين العبدِ وبين ربِّهِ معرفةٌ خاصَّةٌ بقلبِهِ ، بحيثُ يجدُه قريباً للاستغناءِ لهُ منهُ ، فيأنسُ بهِ في خلوتِه ، ويجدُ حلاوة ذكْرِه ودعائِه

ومناجاتِه وطاعتِه ، ولا يزالُ العبدُ يقع في شدائد وكُربٍ في الدنيا والبرْزخ والموقفِ ، فإذا كان بينهُ وبين ربِّه معرفةٌ خاصَّة ، كفاهُ ذلك كلَّه » .

****

الإغضاءُ عنِ هفواتِ الإخوانِ

(**خُذِ الْعَفْوَ وَأْمُرْ بِالْعُرْفِ وَأَعْرِضْ عَنِ الْجَاهِلِينَ**) .

لا ينبغي أنْ يزهد فيهِ – أي الأخ- لخُلُقٍ أو خُلُقَيْن ينكرُهما منهُ، إذا رضي سائر أخلاقِه ، وحمِد أكثرَ شِيمِه ، لأنَّ اليسير مغفورٌ ، والكمال مُعوزٌ ، وقدْ قال الكِنْديُّ : كيف تريدُ منْ صديقِك خُلُقاً واحداً ، وهو ذو طبائع أربعٍ . مع أنَّ نفْس الإنسانِ التي هي أخصُّ النفوسِ به ، ومدبِّرةٌ باختيارِه وإرادتِه ، لا تُعطيه قيادها في كلِّ ما يريدُ ، ولا تُجيبُه إلى طاعتِه في كلِّ ما يجبُ ، فكيف بنفسِ غيرِه ؟! (**كَذَلِكَ كُنتُم مِّن قَبْلُ فَمَنَّ اللّهُ عَلَيْكُمْ**) ، (**فَلَا تُزَكُّوا أَنفُسَكُمْ هُوَ أَعْلَمُ بِمَنِ اتَّقَى**) .

وحسْبُك أنْ يكون لك منْ أخيك أكثرُه ، وقدْ قال أبو الدرداءِ – رضي الله عنه - : مُعاتبَةُ الأخِ خَيْرٌ منْ فقْدِه ، منْ لك بأخيك كلِّه ؟! فأخذ الشعراءُ هذا المعنى ، فقال أبو العتاهية :

أأخيَّ منْ لك مِن بني ... نيا بكلِّ أخيك منْ لكْ
فاسْتبْقِ بعضك لا يَمَلْ ... ك كلُّ منْ لم تُعْطِ كُلَّكْ

وقال أبو تمامٍ الطائيُّ :

ما غبن المغبون مِثْلُ ... منْ لك يوماً بأخيك كُلِّهِ

وقال بعْضُ الحكماء : طَلَبُ الإنصاف ، مِنْ قلَّةِ الإنصافِ .

وقال بعضُهم : نحنُ ما رضِينا عنْ أنفُسِنا ، فكيف نرضى عنْ غيرِنا !!

وقال بعضُ البلغاءِ : لا يُزهدنَّك في رجلٍ حمدت سيرته ، وارتضيت وتيرته ، وعرفت فَضْله ، وبطنت عقله – عَيْبٌ خفيٌّ ، تحيطُ به كثرةُ فضائلِه ، أو ذنبٌ صغيرٌ تستغفرُ له قوةُ وسائلِه ، فإنك لنْ تجِد – ما بقيت – مُهذَّباً لا يكونُ فيه عيبٌ ، ولا يقعُ منه ذنبٌ ، فاعتبرْ بنفسك بعدُ ألاَّ تراها بعينِ الرضا ، ولا تجري فيها على حُكمِ الهوى ، فإنَّ في اعتبارِك بها ، واختبارِك لها ، ما يُواسيك مما تطلبُ ، ويعطِفك على منْ يُذنبُ ، وقد قال الشاعرُ :

ومنْ ذا الذي تُرضى سجاياهُ ... كفى المرء نُبلاً أنْ تُعدَّ

وقال النابغةُ الذُّبيانيُّ :

ولستَ بمُستبقٍ أخاً لا ... على شعثٍ أيُّ الرِّجالِ

وليس يُنقضُ هذا القول ما وصفناهُ منْ اختباره ، واختبارِ الخصَّالِ الأربع فيه ، لأنَّ ما اعوز فيه معفوٌّ عنهُ ، هذا لا ينبغي أنْ تُوحشك فترةٌ تجدُها منهُ ، ولا أنْ تُسيء الظَّنَّ في كبوةٍ تكونُ منه ، ما لم تتحقَّق تغيُّره ، وتتيقَّن تنكُّره ، وليصرفْ ذلك إلى فتراتِ النفوسِ ، واستراحاتِ الخواطرِ ، فإنَّ الإنسان قد يتغيَّرُ عنْ مُراعاةِ نفسِه التي هي أخصُّ النفوسِ به ، ولا يكونُ ذلك منْ عداوةٍ لها ، ولا مللٍ منها . وقدْ قيل في منثورِ الحِكمِ : لا يُفسِدنَّك الظَّنُّ على صديقٍ قد أصلحك اليقينُ له . وقال جعفرُ بنُ محمدٍ لابنِه : يا بُنيَّ ، منْ غضب من إخوانِك ثلاث مرَّاتٍ ، فلمْ يقُل فيك سوى الحقِّ ، فاتخِذْه لنفسِك خِلاًّ . وقال الحسنُ بنُ وهبٍ : منْ حقوقِ المودَّةِ أخْذُ عَفْوِ الإخوانِ ، والإغضاءُ عن تقصير إن كان . وقد روي عنْ عليٍّ – رضي اللهُ عنهُ – في قولِه تعالى : (**فَاصْفَحِ الصَّفْحَ الْجَمِيلَ**) ، قال : الرِّضا بغيرِ عتابٍ .

وقال ابنُ الروميِّ :

همُ الناسُ والدنيا ولابُدَّ منْ ... يُلِمُّ بعينٍ أو يُكدِّرُ مشْربا

ومنْ قلّةِ الإنصافِ أنَّك تبتغي ... مُهذّب في الدنيا ولست المهذَبا

وقال بعضُ الشعراءِ :

تَوَاصُلُنا على الأيامِ باقٍ ... ولكنْ هجرُنا مطرُ

يرُوعُك صَوْبُهُ لكنْ ... علَّى علاَّتِهِ داني

معاذ اللهِ أنْ تلقى ... سوى دلُ المطاعِ علَى

(**وَلَوْلا فَضْلُ اللَّهِ عَلَيْكُمْ وَرَحْمَتُهُ مَا زَكَا مِنكُم مِّنْ أَحَدٍ أَبَداً**)

تريدُ مُهذَّباً لا عيب فيه ... وهلْ عُودٌ يفُوحُ بلا

(**فَلا تُزَكُّوا أَنفُسَكُمْ هُوَ أَعْلَمُ بِمَنِ اتَّقَى**) .

****

****

الصِّحَّةُ والفراغُ

ينبغي ألا تضيِّع صِحَّة جسمِك ، وفراغ وقتِك ، بالتقصيرِ في طاعةِ ربِّك ، والثِّقةِ بسالفِ عمِلك ، فاجعلْ الاجتهاد غنيمة صحَّتك ، والعمل فرصة فراغِك ، فليس كلُّ الزمانِ مستعداً ولا ما فات مستدركاً ، وللفراغِ زيْغٌ أو ندمٌ ، وللخْلوةِ مَيْلٌ أو أسفٌ .

وقال عمرُ بنُ الخطابِ : الراحةُ للرجالِ غفْلةٌ ، وللنساءِ غُلْمةٌ .

وقال بزرجمهرُ : إنْ يكنِ الشغلُ مَجْهَدةً ، فالفراغُ مفْسدةٌ .

وقال بعضُ الحكماءِ : إيَّاكمْ والخلواتِ ، فإنها تُفسدُ العقول ، وتعقِدُ المحلول .

وقال بعضُ البلغاءِ : لا تمضِ يومك في غير منفعةٍ ، ولا تضعْ مالك في غيْرِ صنيعةٍ ، فالعمرُ أقصرُ منْ ينفَدَ في غيرِ المنافعِ ، والمالُ أقلُّ منْ أنْ يُصرف في غيرِ الصنائعِ ، والعاقلُ أجلُّ منْ أنْ يُفني أيامه فيما لا يعودُ عليه نفعُه وخيرُهُ ، ويُنفق أموالهُ فيما لا يحصُل له ثوابُه وأجْرُه .

وأبلغُ منْ ذلك قولُ عيس ابن مريم ، على نبينا وعليه السلامُ : البرُّ ثلاثةٌ : المنطقُ ، والنَّظرُ ، والصَّمتُ ، فمنْ كان منطقُه في غيرِ ذكرٍ فقد لغا، ومنْ كان نظرُه في غيْرِ اعتبارٍ فقدْ سها ، ومنْ كان صمْته في غيرِ فِكْرٍ فقد لها .

****

اللهُ وليُّ الذين آمنُوا

العبدُ بحاجةٍ إلى إلهٍ ، وفي ضرورةٍ إلى مولىً ، ولابدَّ في الإلهِ من القُدرةِ والنُّصرةِ ، والحُكمِ ، والغنمِ ، والغناءِ والقوةِ ، والبقاءِ . والمُتَّصِفِ بذلك هو الواحدُ الأحدُ الملكُ المهيمنُ ، جلَّ في علاه .

فليس في الكائناتِ ما يسكُن العبدُ إليهِ ويطمئنُّ به ، ويتنعَّمُ بالتَّوجُّه إليه إلا اللهُ سبحانه ، فهو ملاذُ الخائفين ، ومعاذُ المُلجئين ، وغوْثُ المستغيثين ، وجارُ المستجيرين : ﴿ **إِذْ تَسْتَغِيثُونَ رَبَّكُمْ فَاسْتَجَابَ لَكُمْ** ﴾ ، ﴿ **وَهُوَ يُجِيرُ وَلَا يُجَارُ عَلَيْهِ** ﴾ ، ﴿ **لَيْسَ لَهُم مِّن دُونِهِ وَلِيٌّ وَلَا شَفِيعٌ** ﴾ ، ومنْ عبد غيْر اللهِ ، وإنْ أحبَّه وحصل له به مودَّةٌ في الحياةِ الدنيا ، ونوعٌ من اللَّذَّةِ – فهو مَفْسَدةٌ لصاحبه أعظمُ منْ مفسدةِ التذاذِ أكلِ الطعامِ المسمومِ ﴿ **لَوْ كَانَ فِيهِمَا آلِهَةٌ إِلَّا اللَّهُ لَفَسَدَتَا فَسُبْحَانَ اللَّهِ رَبِّ الْعَرْشِ عَمَّا يَصِفُونَ** ﴾ فإنَّ قوامهُما بأنْ تألهَا الإلهَ الحقَّ ، فلو كان فيهما آلهةٌ غيرُ اللهِ ، لم يكنْ إلهاً حقّاً ، إذ اللهُ لا سميَّ له ولا مِثْلَ له ، فكانتْ تفسُد ، لانتفاءِ ما به صلاحُها ، هذا من جهةِ الإلهيةِ . فعُلِم بالضرورة

اضطرار العبدِ إلى إلهِهِ ومولاهُ وكافِيهِ وناصره ، وهو اتِّصالُ الفاني بالباقي ، والضعيفِ بالقويِّ ، والفقيرِ بالغنيِّ ، وكلُّ منْ لم يتَّخِذ الله ربّاً وإلهاً ، اتَّخذ غيره من الأشياءِ والصورِ والمحبوباتِ والمرغوباتِ ، فصار عبداً لها وخادماً ، لا محالة في ذلك : (**أَرَأَيْتَ مَنِ اتَّخَذَ إِلَهَهُ هَوَاهُ**) ، (**وَاتَّخَذُوا مِن دُونِ اللَّهِ آلِهَةً**) .

وفي الحديثِ : ((**يا حُصيْنُ ، كم تعبدُ ؟**)) قال : أعبدُ سبعةً ، ستةً في الأرضِ ، وواحداً في السماءِ . قال : ((**فمنْ لِرغبِك ولِرهبِك ؟**)) . قال : الذي في السماءِ . قال : ((**فاترُكِ التي في الأرضِ ، واعبُدِ الذي في السماءِ**)) .

واعلمْ أنَّ فقر العبدِ إلى اللهِ ، أنْ يعبد الله لا يُشرِكُ به شيئاً ، ليس له نظيرٌ فيُقاسُ به ، لكنْ يُشبِهُ – منْ بعضِ الوجوهِ – حاجة الجسدِ إلى الطعامِ والشرابِ ، وبينهما فروقٌ كثيرةٌ .

فإنَّ حقيقة العبدِ قلبُه ورُوحُه ، وهي لا صلاح لها إلا بإلهها اللهِ الذي لا إله إلا هو ، فلا تطمئنَّ في الدنيا إلا بذكْرِه ، وهي كادحةٌ إليه كدْحاً فمُلاقيتُه ، ولابُدَّ لها منْ لقائِه ، ولا صلاح لها إلا بلقائِه .

ومنْ لقاءِ اللهِ قدْ أحبَّا   كان له اللهُ أشدَّ حُبّا

وعكسُه الكارهُ فاللهُ   رحْمتُهُ فضلاً ولا تتكِلْ

ولو حصل للعبد لذَّاتٌ أو سرورٌ بغيرِ اللهِ ، فلا يدومُ ذلك ، بلْ ينتقلُ منْ نوعٍ إلى نوعٍ ، ومنْ شخصٍ إلى شخصٍ ، ويتنعَّمُ بهذا في وقتٍ وفي بعضِ الأحوالِ ، وتارةً أخرى يكونُ ذلك الذي يتنعَّمُ به ويلتذُّ ، غير منعِّمٍ لهُ ولا ملتذٌّ له ، بلْ قد يُؤذيهِ اتِّصالُه به ووجودُه عنده ، ويضرُّه ذلك .

وأمّا إلههُ فلابُدَّ لهُ منه في كلِّ حالٍ وكلِّ وقتٍ ، وأينما كان فهو معه .

عساك ترضى وكلُّ الناسِ   إذا رضيت فهذا مُنتهى

وفي الحديثِ : ((**منْ أرضى الله بسخطِ الناسِ ، رضي الله عليه ، وأرضى عنه الناس . ومنْ أسخط الله برضا الناس ، سخِط اللهُ عليه وأسخط عليه الناس**)) . ولا زلتُ أذكرُ قصَّة (العكوَّك) الشاعرِ وقدْ مدح أبا دلفٍ الأمير فقال :

ولا مددْت يداً بالخيرِ   إلاَّ قضيت بأرزاقِ

فسلَّط اللهُ عليهِ المأمون فقَتَلَه على بساطِهِ بسببِ هذا البيت (**وَكَذَلِكَ نُوَلِّي بَعْضَ الظَّالِمِينَ بَعْضاً بِمَا كَانُواْ يَكْسِبُونَ**) .

****

إشاراتٌ في طريقِ الباحثِين

للسعادةِ والفلاحِ علاماتٌ تلوحُ ، وإشاراتٌ تظهرُ ، وهي شهودٌ على رقيِّ صاحبها ، ونجاحِ حامِلها ، وفلاحِ منِ اتَّصف بها .

فمنْ علاماتِ السعادةِ والفلاحِ : أنَّ العبد كلَّما زاد وزْنه ونفاستُه ، غاص في قاعِ البحارِ ، فهو يعلمُ أنَّ العلم موهبةٌ راسخةٌ يمتحِنُ اللهُ بها منْ شاء ، فإنْ أحْسَنَ شُكْرَها ، وأحسن في قبُولِهِ ، رَفعهُ به درجاتٍ (**يَرْفَعِ اللَّهُ الَّذِينَ آمَنُوا مِنكُمْ وَالَّذِينَ أُوتُوا الْعِلْمَ دَرَجَاتٍ**) . وكلَّما زِيد في عملِه ، زِيد في خوفِهِ وحَذَرِه ، فهو لا يأمنُ عثرة القدمِ ، وزلَّة اللسانِ ، وتقلُّب القلبِ ، فهو في مُحاسبةٍ ومُراقبةٍ كالطائرِ الحذِر ، كلَّما وقع على شجرةٍ تركها لأخرى ، يخافُ مهارة القنَّاص ، وطائشة الرصاصِ . وكلَّما زِيد في عمرِه ، نقص من حِرْصِهِ ويعلمُ علم اليقينِ أنَّهُ قدِ اقترب من المنتهى ، وقطع المرحلة ، وأشرف على وادي اليقين . وهو كلَّما زِيد في مالِه ، زيد في سخائِه وبذْلِهِ ؛ لأنَّ المال عاريةٌ ، والواهب ممتحنٌ ، ومناسباتِ الإمكانِ فُرصٌ ، والموت بالمرصادِ . وهو كلَّما زِيد في قدْرِه وجاهِه ، زِيد في قُربِه من الناسِ وقضاءِ حوائجِهم والتَّواضُعِ لهم ؛ لأنَّ العبادَ عيالُ الله ، وأحبُّهم إلى اللهِ أنفعُهم لعيالِه .

وعلاماتُ الشقاوةِ : أنَّ كلَّما زِيد في علمِهِ ، زيد في كِبْرِه وتيهِهِ ، فعلْمُه غيرُ نافعٍ ، وقلبُه خاوٍ ، وطبيعتُه ثخينةٌ ، وطينتُه سِباخٌ وعْرةٌ . وهو كلَّما زِيد في عملِه ، زِيد في فخْرِه واحتقارِه للناس ، وحُسْنِ ظنِّه بنفسِهِ . فهو الناجي وحده ، والباقون هلْكى ، وهو الضامنُ جواز المفازةِ ، والآخرون على شفا المتالِفِ . وهو كلَّما زِيد في عمرِه ، زيد في حِرصِهِ ، فهو جمُوعٌ منُوعٌ ، لا تُحرِّكهُ الحوادِثُ ، ولا تُزعزعُه المصائبُ ، ولا تُوقِظهُ القوارِعُ . وهو كلَّما زيد في مالِه ، زيد في بُخلِه وإمساكِه ، فقلْبُه مقفرٌ من القِيم ، وكفُّه شحيحةٌ بالبذْلِ ، ووجهُه صفيقٌ عريٌّ من المكارِمِ . وهو كلَّما زيد في قدْرِه وجاهِه ، زِيد في كِبْرِه وتيْهِه ، فهو مغرورٌ مدحورٌ ، طائشُ الإرادةِ منتفخُ الرِّئةِ ، مريشُ الجناحِ ، لكنَّه في النهايةِ لا شيء : ((**يُحشر المتكبِّرون يوم القيامةِ في صورةِ الذَّرِّ ، يطؤهُمْ الناسُ بأقدامِهِمْ**)) . وهذهِ الأمور ابتلاءٌ من اللهِ وامتحانٌ ، يَبْتَلي بها عباده فيسْعدُ بها أقوامٌ ، ويشقى بها آخرون .

****

الكرامةُ ابتلاءٌ

وكذلك الكراماتُ امتحانٌ وابتلاءٌ ، كالمُلْكِ والسُّلطانِ والمالِ ، قال تعالى عنْ نبيِّه سليمان لمَّا رأى عِرش بلقيس عنده : (**هَذَا مِن فَضْلِ رَبِّي لِيَبْلُوَنِي أَأَشْكُرُ أَمْ أَكْفُرُ**) ، فهو سبحانه يُسْدِي النعمة ليرى منْ قبِلها بقبُولٍ حسن ، وشكرها وحفظها ، وثمَّرها وانتفع ونفع بها ، ومنْ أهلها وعطَّلها ، وكفرها وصرفها في مُحاربةِ المعطي ، واستعان بها في مُحادّةِ الواهبِ جلّ في عُلاهُ .

فالنِّعمُ ابتلاءٌ من اللهِ وامتحانٌ ، يظهرُ بها شُكْرُ الشكُورِ وكُفرُ الكفورِ . كما أنَّ المحنَ منهُ سبحانه ، فهو يبتلي بالنعمِ كما يبتلي بالمصائبِ قال تعالى : (**فَأَمَّا الْإِنسَانُ إِذَا مَا ابْتَلَاهُ رَبُّهُ فَأَكْرَمَهُ وَنَعَّمَهُ فَيَقُولُ رَبِّي أَكْرَمَنِ{15} وَأَمَّا إِذَا مَا ابْتَلَاهُ فَقَدَرَ عَلَيْهِ رِزْقَهُ فَيَقُولُ رَبِّي أَهَانَنِ{16} كَلَّا ....**) ، أي ليس كلُّ منْ وسَّعْتُ عليهِ وأكرمتُه ونعَّمتُه ، يكونُ ذلك إكراماً مني له ، ولا كلُّ منْ ضيَّقتُ عليهِ رزقه وابتليتُه ، يكونُ إهانةً مني له .

****

الكنوزُ الباقيةُ

إنَّ المواهب الجزيلة والعطايا الجليلة ، هي الكنوزُ الباقيةُ لأصحابها ، الراحلةُ معهمْ إلى دارِ المقامِ ، من الإسلامِ والإيمانِ والإحسانِ والبرِ والتقى والهجرةِ والجهادِ والتوبة والإنابةِ : (**لَّيْسَ الْبِرَّ أَن تُوَلُّواْ وُجُوهَكُمْ قِبَلَ الْمَشْرِقِ وَالْمَغْرِبِ وَلَـكِنَّ الْبِرَّ مَنْ آمَنَ بِاللّهِ وَالْيَوْمِ الآخِرِ ...**) إلى قولهِ تعالى : (**هُمُ الْمُتَّقُونَ**) .

****

همَّةٌ تنطحُ الثُّريَّا

إذا أُعطي العبدُ همَّةً كبرى ، ارتحلتْ بهِ في دروبِ الفضائلِ ، وصعِدتْ بهِ في درجاتِ المعالي .

ومنْ سجايا الإسلامِ التَّحلِّي بكِبرِ الهمَّةِ ، وجلالةِ المقصودِ ، وسموِّ الهدفِ ، وعظمةِ الغايةِ . فالهمَّةُ هي مركزُ السالبِ والموجبِ في شخصِك ، الرقيبُ على جوارحِك ، وهي الوقودُ الحسِّيُّ والطاقةُ الملتهبةُ ، التي تمدُّ صاحبها بالوثوبِ إلى المعالي والمسابقةِ إلى المحامدِ . وكِبَرُ الهمَّةِ يجلبُ لك . بإذن اللهِ

خيْراً غير مجذوذٍ ، لترقى إلى درجاتِ الكمالِ ، فيُجْرِي في عروقِك دم الشهامةِ ، والـركْضِ فـي ميدانِ العلمِ والعملِ . فلا يـراك النـاسُ واقفاً إلا علـى أبـواب الفضائلِ ، ولا باسطاً يديْك إلا لمهمَّاتِ الأمورِ ، تُنافسُ الرُّوَّاد في الفضـائلِ ، وتُزاحمُ السَّادة في المزايا ، لا ترضى بالدُّون ، ولا تقفُ في الأخيرِ ، ولا تقبلُ بالأقلِّ . وبالتحلِّي بالهِمَّةِ ، يُسلبُ منك سفساف الآمال والأعمالِ ، ويُجتثُّ منك شجرةُ الذُّلِّ والهوانِ ، والتملُّق ، والمداهنـةِ ، فكبيـرُ الهمَّـةُ ثابتُ الجأشِ ، لا تُرهبُه المواقفُ ، وفاقدُها جبانٌ رعديدٌ ، تُغلقُ فمه الفهاهةُ .

ولا تغلطْ فتخْلِط بين كِبرِ الهمة والكِبْر ، فإن بينهما من الرْق كما بين السماء ذاتِ الرَّجعِ والأرضِ ذاتِ الصَّدْعِ ، فكِبرُ الهمَّةِ تاجٌ على مفْرقِ القلبِ الحُرِّ المثـالي ، يسعى به دائماً وأبداً إلى الطُّهرِ والقداسـةِ والزِّيادة والفضلِ ، فكبيرُ الهمّةِ يتلمَّظُ على ما فاته من محاسن ، ويتحسَّرُ على ما فقده من مآثِر ، فهو في حنينٍ مستمرٍّ ، ونهمٍ دؤوبٍ للوصولِ إلى الغايةِ والنهايةِ .

كِبَـرُ الهمَّـةِ حِلْيـةُ ورثـةِ الأنبيـاءِ ، والكِبْـرُ داءُ المرضـى بعلَّـة الجبـابرةِ البؤساءِ .

فكِبرُ الهمَّةِ تصعَدُ بصاحبِها أبداً إلى الرُّقـيِّ ، والكِبْرُ يهبطُ به دائماً إلى الحضيضِ . فيا طالب العلم ، ارسمْ لنفسك كِبرِ الهمّةِ ، ولا تنفلتْ منها وقد أومأ الشرعُ إليها في فقهيَّاتٍ تُلابس حياتك ، لتكون دائماً على يقظةٍ من اغتنامِها ، ومنها : إباحةُ التَّيمُّمِ للمكلَّفِ عند فقْدِ الماءِ ، وعدمُ إلزامـهِ بقبُولِ هِبةِ ثمن الماءِ للوضوءِ ، لما في ذلك من المنَّةِ التي تنالُ من الهمَّة منالاً ، وعلى هذا فقِيسْ .

فالله الله في الاهتمامِ بالهمَّةِ ، وسلِّ سيفِها في غمراتِ الحياةِ :

هو الجِدَثُ حتى تفضُل العينُ وحتَّى يكون اليومُ لليومِ سيِّدا [1]

أ خ ة .

****

قراءة العقول

ممَّا يشرح الخاطر ويسُرُّ النَّفْس ، القراءةُ والتأمُّلُ في عقولِ الأذكياءِ وأهلِ الفِطنةِ ، فإنَّها متعةٌ يسلو بها المُطالعِ لتلك الإشراقاتِ البديعةِ من أولئك الفطناءِ . وسيِّدُ العارفين وخيرةُ العالمين ، رسولُنا ﷺ ، ولا يُقاسُ عليه بقيةُ

الناسِ ، لأنهُ مؤيَّدٌ بالوحْي ، مصدَّقٌ بالمعجزاتِ ، مبعوثٌ بالآياتِ البيِّناتِ ، وهذا فوق ذكاءِ الأذكياء ولمُوعِ الأدباءِ .

****

(وَإِذَا مَرِضْتُ فَهُوَ يَشْفِينِ)

قال أبقراطُ : « الإقلالُ من الضَّارّ ، خيرٌ من الإكثارِ من النافعِ » . وقال : « استديموا الصِّحَّة بترْكِ التَّكاسُلِ عن التعبِ ، وبتركِ الامتلاءِ من الطعامِ والشرابِ » .

وقال بعضُ الحكماءِ : « من أراد الصحة : فليُجوِّد الغداء ، وليأكُلْ على نقاءٍ ، وليشربْ على ظماءٍ ، وليُقلِّلْ من شُربِ الماءِ ، ويتمدَّدْ بعد الغداءِ ، ويتمشَّ بعد العشاءِ ، ولا ينمْ حتى يعرض نفسهُ على الخلاءِ ، وليحْذرْ دخول الحمَّامِ عقِيب الامتلاء ، ومرَّةٌ في الصيفِ خيرٌ من عشرٍ في الشتاءِ » .

وقال الحارثُ : « من سرَّه البقاءُ – ولا بقاء – فليُباكِرِ الغداءَ ، وليُعجِّلِ العشاء ، ولْخفِّفِ الرِّداء ، وليُقِلَّ غِشيان النساءِ » .

وقال أفلاطون : « خمسٌ يُذبْنِ البَدنَ ، وربما قَتَلْنَ : قِصَرُ ذاتِ اليدِ ، وفراقُ الأحبَّةِ ، وتجرُّعُ المغايظِ ، وردُّ النُّصحِ ، وضحِكُ ذوي الجهلِ بالعقلاءِ » .

ومن جوامعِ كلماتِ أبقراط قولهُ : « كلُّ كثيرٍ ، فهو مُعادٍ للطبيعةِ » .

وقيل لجالينوس : ما لك لا تمرضُ ؟ فقال : « لأني لم أجمعْ بين طعاميْنِ رديئينِ ، ولم أدخِل طعاماً على طعامٍ ، ولم أحبِسْ في المعدةِ طعاماً تأذَّيتُ منه » .

وأربعةُ أشياء تُمرضُ الجسْم : الكلامُ الكثيرُ ، والنومُ الكثيرُ ، والأكلُ الكثيرُ ، والجماعُ الكثيرُ . فالكلامُ الكثيرُ : يقلِّل مُخَّ الدِّماغِ ويُضعفُه ، ويعجِّلُ الشَّيْب . والنومُ الكثيرُ : يصفِّرُ الوجه ، ويُعمي القلب ، ويُهيِّجُ العين ، ويُكسلُ عن العملِ ، ويولِّدُ الغليظة ، والأدواء العسِرة . والجماعُ الكثيرُ : يَهُدُّ البَدنَ ، ويُضعفُ القُوى ، ويُجفِّفُ رُطوبات البدنِ ، ويُرخي العصبَ ، ويُورثُ السُّدَدَ ، ويعُمُّ ضررُهُ جميع البدنِ ، ونخفضُ الدِّماغ لكثْرةِ ما يتحلَّلُ منهُ من الرُّوحِ النَّفساني . ولإضعافُهُ أكثر من إضعافِ جميعِ المستفرغاتِ ، ويستفرغ من جوهرِ الرُّوحِ شيئاً كثيراً .

أربعةٌ تهدم البدن : الهمُّ ، والحزنُ ، والجوعُ ، والسَّهرُ .

وأربعة تُفرحُ : النَّظرُ إلى الخُضرةِ ، وإلى الماءِ الجاري ، والمحبوبِ ، والثمارِ .

وأربعة تُظلِم البصر : المشْيُ حافياً ، والتَّصبُّحُ والإمساءُ بوجهِ البغيضِ والثقيلِ والعدوِّ ، وكثْرةُ البُكاءِ ، وكثْرةُ النَّظرِ في الخطِّ الدِّقيقِ .

وأربعةٌ تقوِّي الجسم : لُبْسُ الناعمِ ، ودخولِ الحمَّامِ المعتدلِ ، وأكلُ الطعامِ الحلوِ والدَّسمِ ، وشمُّ الروائحِ الطيِّبةِ .

وأربعةٌ تُيبِّس الوجه، وتُذهبُ ماءه وبهجتهُ وطلاقَتَهُ : الكذِبُ ، والوقاحةُ ، وكثْرةُ السؤالِ عن غيرِ علمٍ ، وكثْرةُ الفجورِ .

وأربعةٌ تزيدُ في ماءِ الوجه وبهجتِه : المروءةُ ، والوفُاء ، والكرمُ ، والتقوى .

وأربعةٌ تجلبُ البغضاء والمقْتَ : الكِبْرُ ، والحسدُ ، والكَذِبُ ، والنَّميمةُ .

وأربعةٌ تجلبُ الرزق : قيامُ الليلِ ، وكثْرةُ الاستغفارِ بالأسحارِ ، وتعاهُدُ الصدقةِ ، والذِّكْر أول النهارِ وآخِره .

وأربعةٌ تمنعُ الرزق : نومُ الصُّبحة ، وقلَّةُ الصلاةِ ، والكسلُ ، والخيانةُ .

وأربعةٌ تُضرُّ بالفهمِ والذهنِ : إدمانُ أكْلِ الحامضِ والفواكهِ ، والنومُ على القفا ، والهمُّ ، والغمُّ .

وأربعةٌ تزيدُ في الفهم : فراغُ القلبِ ، وقلَّةُ التَّملِّي من الطعام والشرابِ ، وحُسْنِ تدبيرِ الغذاءِ بالأشياءِ الحُلوةِ والدَّسِمةِ ، وإخراجُ الفضلاتِ المثقِّلةِ للبَدنِ .

****

خُذُوا حِذْركمْ

فالحازم يتوقَّفُ حتى يرى ويبصر ، ويترقَّب ، ويتأمَّل ، ويُعيدَ النظر ، ويقرأ العواقب ، ويقدِّر الخطواتِ ، ويُبرم الرأي ، ويحتاط ويَحْذر ، لئلاَّ يندم ، فإن وقع الأمرُ على ما أراد ، حَمِدَ الله ، وشكر رأيه ، وإن كانتِ الأُخرى ، قال : قدرَّ اللهُ ، وما شاء فَعَلَ . ورضي ولم يحزنْ .

****

فتبيَّنُوا

فالعاقلُ ثابتُ القدمِ ، سديدُ الرَّأي ، إذا هجمتْ عليهِ الأخبارُ ، وأشكلتِ المسائلُ ، فلا يأخُذُ بالبوادِرِ ، ولا يتعجَّل الحُكم ، وإنما يُمحِّصُ ما يسمعُ ، ويقلِّبُ النظر ، ويُحادثُ الفكر ، ويُشاوِرُ العقلاء ، فإنَّ الرَّأي الخمير ، خيرٌ من الرأي الفطيرِ . وقالوا : لأن تُخطئَ في العفوِ ، خيرٌ منْ أنْ تخطئَ في العقوبةِ (**فَتُصْبِحُوا عَلَى مَا فَعَلْتُمْ نَادِمِينَ**) .

****

اعزمْ وأقْدِمْ

إنَّ كلَّ ما أكتبُه هنا منْ آياتٍ وأبياتٍ ، وأثرٍ وعِبرٍ ، وقصصٍ وحِكمٍ ، تدعوك بأنْ تبدأ حياةً جديدةً ، مِلْؤُها الرجاءُ في حُسْنِ العاقبةِ ، وجميلِ الختامِ ، وأفضلِ النتائجِ . ولا تستطيعُ أن تستفيد إلا بهمَّةٍ صادقةٍ ، وعزمٍ حثيثٍ ، ورغبةٍ أكيدةٍ في أن تتخلَّص منْ همومِك وغمومك وأحزانِك وكآبتِك . قيل لأحدِ العلماءِ : كيف يتوبُ العبدُ ؟ قال : لابُدَّ له منْ سوْطِ عَزْمٍ . ولذلك ميَّز اللهُ أُولي العزمِ بالهممِ (**فَاصْبِرْ كَمَا صَبَرَ أُوْلُوا الْعَزْمِ مِنَ الرُّسُلِ**) . وآدمُ ليس من أولي العَزْمِ ، لأنه (**فَنَسِيَ وَلَمْ نَجِدْ لَهُ عَزْماً**)، وكذلك أبناؤه ، فهي شِنْشِنَةٌ نعرفُها مِنْ أخْزمٍ، ومنْ يُشابِهِ أباه فما ظلَمَ ، لكن لا تقْتدِ به في الذنبِ ، وتُخالِفْه في التوبةِ. واللهُ المستعانُ .

****

ليستْ حياتُنا الدنيا فحسْب

سعادةُ الآخرةِ مرهونةٌ بسعادةِ الدنيا ، وحقٌّ على العاقِلِ أن يعلم أنَّ هذه الحياة متَّصلة بتلك ، وأنها حياة واحدةٌ ، الغيب والشهادةُ ، والدنيا والآخرة ، واليومُ وغدٌ . وظنَّ بعضُهم أنَّ حياته هنا فحسْب ، فجمع فأوعى ، وتشبَّث بالبقاءِ ، وتعلَّق بحياةِ الفناء ، ثم مات ومآرُبه وطموحاتُه ومشاغلُه في صدرِه .

نـروحُ ونغـدو لحاجاتِنـا   وحاجـةُ مـنْ عـاش لا
تمـوت مـع المرِ حاجاتـهُ   وتبْقـى لـه حاجـةٌ مـا بقِـي
أشـاب الصـغير وأفنـي   ـرُّ الغـداةِ ومـرُّ العشِـي
إذَا ليلـةٌ أهرمـت يومهـا   أتـى بعـد ذلـك يـومٌ فتِـي

وعجبتُ لنفسي والناسِ من حولي : آمالٌ بعيدةٌ ، وأحلامٌ مديدةٌ وطموحاتٌ عارمةٌ ، ونوايا في البقاءِ ، وتطلّعاتٌ مُذهلةٌ ، ثم يذهبُ الواحدُ منّا ولا يُشاورُ أو يُخبرُ أو يُخبَّرُ **(وَمَا تَدْرِي نَفْسٌ مَّاذَا تَكْسِبُ غَداً وَمَا تَدْرِي نَفْسٌ بِأَيِّ أَرْضٍ تَمُوتُ)** .

وأنا أعرضُ عليك ثلاث حقائق :

الأولى : متى تظنُّ أنك سوف تهدأُ وترتاحُ وتطمئنُّ ، إذا لم ترض عن ربِّك وعنْ أحكامِه وأفعالِه وقضائِه وقدرِه ، ولم ترض عنْ رزقِك ، ومواهبِك وما عندك!

الثانية : هلْ شكرت على ما عندك من النِّعم والأيادي والخبرات حتى تطلب غيرها ، وتسأل سواها ؟! إنَّ منْ عَجَزَ عن القليلِ ، أوْلى أن يعجز عن الكثير .

الثالثة : لماذا لا نستفيدُ من مواهبِ اللهِ التي وهبنا وأعطانا، فنثمِّرُها، وننمِّيها، ونوظِّفُها توظيفاً حسناً ، وننقيها من المثالبِ والشَّوائبِ ، وننطلقُ بها في هذه الحياةِ نفعاً وعطاءً وتأثيراً .

إن الصِّفاتِ الحميدة والمواهب الجليلة ، كامنةٌ في عقولِنا وأجسامِنا ، ولكنَّها عند الكثير منّا كالمعادنِ الثمينةِ في التُّرابِ ، مدفونةٌ مغمورةٌ مطمورةٌ ، لم تجِد حاذقاً يُخرجُها من الطينِ ، فيغسلُها وينقِّيها ، لتلمع وتشعَّ وتُعرف مكانتُها .

****

التَّوارِي من البطْش حلٌ مؤقَّتٌ ريثما يبرُقُ الفرجُ

قرأتُ كتاب (المتوارين) لعبدِ الغني الأزديِّ ، وهو لطيفٌ جذَّاب ، يتحدَّث فيه عمَّن توارى خوفاً من الحجاجِ بن يوسف ، فعلمتُ أنَّ في الحياةِ فسحةً ، وفي الشَّرِّ خياراً ، وعنِ المكروهِ مندوحةً أحياناً .

وذكرتُ بيتينِ للأبيورديِّ عن تواريهِ ، يقولُ :

تستَّرْتُ مِن دهري بظِلِّ   فعيني ترى دهري وليس
فلوْ تسألِ الأيام عنِّي ما   وأيْن مكاني ما عرفت

هذا القارئُ الأديبُ اللامعُ الفصيحُ الصَّادِقُ ، أبو عمرو بنُ العلاءِ ، يقولُ عن مُعاناتِه في حالة الاختبار : « أخافني الحجَّاجُ فهربتُ إلى اليمن ، فولجتُ

في بيتٍ بصنعاء ، فكنتُ من الغدواتِ على سطحِ ذلك البيتِ ، إذْ سمعتُ رجلاً يُنشِدُ:

رُبَّما تجزعُ النُّفوسُ من الأمـ ـرِ لهُ فُرْجَةٌ كحلِّ العِقالِ

قال : فقلتُ : فُرْجةٌ . قال : فسُرِرتُ بها . قال : وقالَ آخرَ : ماتَ الحجّاجُ . قال : فواللهِ ما أدري بأيِّهما كنتُ أسَرُّ ، بقولهِ : فرْجةٌ . أو بقولِه : ماتَ الحجّاجُ » .

إنَّ القرارَ الوحيد النافذ ، عند من بيده ملكوتُ السماواتِ والأرضِ **(كُلَّ يَوْمٍ هُوَ فِي شَأْنٍ)** .

توارى الحسنُ البصريُّ عنِ عين الحجَّاج ، فجاءه الخبرُ بموتِهِ ، فسجد شكراً اللهِ .

سبحان اللهِ الذي مايز بين خلْقِه ، بعضُهم يموتُ ، فيُسجدُ غيْرُهُ للشُّكر فرحاً وسروراً **(فَمَا بَكَتْ عَلَيْهِمُ السَّمَاء وَالْأَرْضُ وَمَا كَانُوا مُنظَرِينَ)** . وآخرون يموتون ، فتتحوَّلُ البيوتُ إلى مآتِمِ ، وتقرحُ الأجفانُ ، وتُطعنُ بموتهم القلوبُ في سويدائِها .

وتوارى إبراهيمُ النَّخعِيُّ من الحجَّاج ، فجاءه الخبرُ بموتِهِ ، فبكى إبراهيمُ فرحاً .

طفح السرورُ عليَّ حتى إنَّني من عظمِ ما قد سرَّني أبكاني

إنَّ هناك ملاذاتٍ آمنة للخائفين في كَنَفِ أرحمِ الراحمين ، فهو يرى ويسمعُ ويُبصرُ الظالمين والمظلومين ، والغالبين والمغلوبين **(وَجَعَلْنَا بَعْضَكُمْ لِبَعْضٍ فِتْنَةً أَتَصْبِرُونَ وَكَانَ رَبُّكَ بَصِيراً)** .

ذكرتُ بهذا طائراً يسمَّى الحُمَّرة ، جاءت تُرفرفُ على رسولِ الله ﷺ ، وهو جالسٌ مع أصحابِه تحت شجرةٍ ، كأنها بلسانِ الحالِ تشكو رجلاً أخذ أفراخها منْ عشِّها ، فقال ﷺ : **((منْ فجع هذه بأفراخِها ؟ رُدُّوا عليها أفراخها))** .

وفي مثل هذا يقولُ أحدُهم :

جاءتْ إليك حمامةٌ مشتاقةٌ تشكو إليك بقلبِ صبٍّ واجفِ

منْ أخبر الورْقاء أنَّ مكانكمْ حَرَمٌ وأنَّك ملجأ للخائفِ

وقال سعيدُ بنُ جبيرٍ : واللهِ لقد فررتُ من الحجَّاج ، حتى استحييتُ من اللهِ عزَّ وجلَّ . ثم جيءَ به إلى الحجّاج ، فلمَّا سُلَّ السيفُ على رأسِه ، تبسَّم . قال الحجاجُ : لِم تبتسمُ ؟ قال : أعجبُ منْ جُرأتك على اللهِ ، ومن حِلْمِ الله عليك . يا لها من نفْسٍ كبيرةٍ ، ومن ثقةٍ في وعدِ اللهِ ، وسكونٍ إلى حُسْنِ المصيرِ ، وطِيبِ المُنقلَب . وهكذا فليكُنِ الإيمانُ .

****

أنت تتعاملُ مع أرحمِ الراحمين

إن لفت نَظَرَك هذا الحديثُ ، فقد لفت نظري أيضاً ، وهو ما رواه أحمد وأبو يعلى والبزارُ والطبرانيُّ ، أنَّ شيخاً كبيراً أتى النبي ﷺ وهو مُدَّعِمٌ على عصا ، فقال : يا نبيَّ اللهِ ، إنَّ لي غدراتٍ وفجراتٍ ، فهل يُغفرُ لي ؟ فقال النبي ﷺ : ((**تشهدُ أنْ لا إله إلا اللهُ وأنَّ محمداً رسول الله ؟**)) قال : نعمْ يا رسول اللهِ . قال : ((**فإن الله قد غفر لك غدراتِك وفجراتِك**)) . فانطلق وهو يقول : اللهُ أكبرُ ، اللهُ أكبرُ .

أفهمُ من الحديث مسائل : منها سعةُ رحمةِ أرحمِ الراحمين ، وأنَّ الإسلام يهدمُ ما قبله ، وأن التوبة تجبُّ ما قبلها ، وأن جبال الذنوب في غفرانِ علاّم الغيوب لاشيءٌ ، وأنه يجبُ عليك حُسْنُ الظّنِّ بمولاك ، والرجاءُ في كرمِه العميمِ ، ورحمتِه الواسعةِ .

****

براهينُ تدعوك للتفاؤلِ

في كتابِ « حُسْنِ الظَّنِّ باللهِ » لابن أبي الدنيا ، واحدٌ وخمسون ومائة نصٍّ ، ما بين آيةٍ وحديث ، كلّها تدعوك إلى التفاؤلِ ، وترْكِ اليأسِ والقنوطِ ، والمُثابرَة على حُسْنِ الظَّنِّ وحُسْنِ العَمَلِ ، حتى إنك لتجدُ نصوصَ الوعدِ أعْظَمَ منْ نصوصِ الوعيدِ ، وأدلَّةَ التهديدِ ، وقد جعل اللهُ لكلِّ شيءٍ قدراً .

****

حياةٌ كلُّها تعبٌ

لا تحزنْ منْ كدرِ الحياةِ ، فإنها هكذا خُلقتْ .

إنَّ الأصل في هذه الحياة المتاعبُ والضّنى ، والسرورُ فيها أمرٌ طارئٌ ، والفرحُ فيها شيءٌ نادرٌ . تحلو لهذه الدارِ واللهُ لم يرْضها لأوليائِه مستقرًّا ؟!

ولولا أنَّ الدنيا دارُ ابتلاءٍ ، لم تكُنْ فيها الأمراضُ والأكدارُ ، ولم يضِقِ العيشُ فيها على الأنبياء والأخبار ، فآدمُ يُعاني المِحن إلى أن خرج من الدنيا ، ونوحٌ كذَّبهُ قومُه واستهزؤُوا به ، ولإبراهيمُ يُكابِدُ النار وذَبْحَ الولد ، ويعقوبُ بكى حتى ذهب بصرُه ، وموسى يُقاسي ظُلم فرعون ، ويلقى من قومه المِحنَ ، وعيسى بنُ مريم عاش معدماً فقيراً ، ومحمدٌ ﷺ يُصابِرُ الفقْر ، وقتلِ عمِّهِ حمزة ، وهو منْ أحبِّ أقاربِه إليه ، ونفورِ قومِه منهُ . وغير هؤلاء من الأنبياءِ والأولياءِ مما يطُول ذِكْرُهُ . ولو خُلقتِ الدنيا لِلَّذَّةِ ، لم يكنْ للمؤمنِ حظٌّ منها . وقال النبي ﷺ : ((**الدنيا سجنُ المؤمنِ ، وجنَّةُ الكافرِ**)) . وفي الدنيا سُجِن الصّالحون، وابتُلي العلماءُ العاملون ، ونغِّص على كبارِ الأولياءِ . وكدّرتْ مشارِبُ الصادِقِين.

****

وقفـــــة

عن زيدِ بنِ ثابتٍ – رضي اللهُ عنه – قال : سمعتُ رسول اللهِ ﷺ يقولُ : **((منْ كانتِ الدنيا همَّهُ ، فرَّق اللهُ عليهِ أمرهُ ، وجعل فقرهُ بين عينيْه ، ولم يأتِهِ منَ الدنيا إلا ما كُتب له. ومنْ كانتِ الآخرةُ نِيَّتهُ، جمع اللهُ له أمرهُ ، وجعل غناهُ في قلبِهِ ، وأتتْه الدنيا وهي راغمةٌ)).**

وعنْ عبدِالله بن مسعودٍ – رضي اللهُ عنه – قال : سمعتُ نبيَّكم ﷺ يقولُ : **((منْ جعل الهموم هماً واحداً ، وهمَّ آخرته ، كفَاهُ اللهُ همَّ دنياه ، ومنْ تشعبَّتْ به الهُمُومُ في أحوالِ الدُّنيا ، لم يُبالِ اللهُ في أيِّ أوْدِيتِها هَلَكَ))** .

قال الكاتبُ المعروفُ بـ « الببْغاء » :

تنكَّبْ مذْهبَ الهمجِ   وعُذْ بالصبرِ تبْتهجِ
فإنَّ مُظلمَ الأيَّا   م محجوجٌ بلا حُججِ
تُسامحُنا بلا شُكرٍ   وتمْنَعُنا بلا حرجِ
ولُطفُ الله في إتيا   نهِ فتْحٌ مِن اللّججِ
فمِنْ ضِيقٍ إلى سعةٍ   ومِنْ غمٍّ إلى فرجِ

****

الوَسَطِيَّةُ نجاةٌ من الهلاك

تمامُ السعادة مبنيٌّ على ثلاثةِ أشياء :

1. اعتدالِ الغضبِ .
2. اعتدالِ الشهوةِ .
3. اعتدالِ العِلْمِ .

فيحتاجُ أن يكون أمرُها متوسِّطاً ، لئلاَّ تزيد قوةُ الشهوةِ ، فتُخرجه إلى الرُّخصِ فيهلك ، أو تزيدُ قوةُ الغضبِ ، فيخرُج إلى الجموحِ فيهلك . ((**وخيرُ الأمورِ أوسطُها**)) .

فإذا توسَّطتِ القُوَّتانِ بإشارة قوَّةِ العِلْمِ ، دلَّ على طريقِ الهدايةِ . وكذلك الغضبُ : إذا زاد ، سهُل عليهِ الضربُ والقتلُ ، وإذا نقص ، ذهبتِ الغيرةُ والحميَّةُ في الدينِ والدنيا ، وإذا توسَّط ، كان الصبرُ والشجاعةُ والحِكْمةُ . وكذلك الشهوةُ : إذا زادتْ ، كان الفِسْقُ والفجورُ ، وإنْ نقصتْ ، كان العَجْزُ والفتورُ ، وإن توسَّطتْ ، كانتِ العفةُ والقناعةُ وأمثالُ ذلك . وفي الحديثِ ((**عليكم هدْياً قاصِداً**)) (**وَكَذَلِكَ جَعَلْنَاكُمْ أُمَّةً وَسَطاً**)

****

المرءُ بصِفاتِهِ الغالبة

منْ سعادتِك أنْ تغْلِب صفاتُ الخيرِ فيك صفاتِ الذَّمِّ ، فيُساقُ إليك الثناءُ حتى على شيءٍ ليس فيك ، ولم يقْبَلِ الناسُ فيك ذمّاً ولو كان صحيحاً ، لأنَّ الماء إذا بلغ قُلَّتين لم يحملِ الخبثَ . إنَّ الجبل لا يزيدُ فيه حجرٌ ولا ينقصهُ حَجَرٌ .

طالعتُ هجوماً مقذعاً في قيسِ بن عاصم حليمِ العربِ ، وفي البرامكةِ الكرماء ، وفي قُتيْبة بن مسلمٍ القائدِ الشهيرِ ، ووجدت أنَّ هذا الشتْم والهجْو ، لم يُحفظْ ولم يُنقلْ ولم يُصدِّقْه أحدٌ ، لأنه سقط في بحرِ المحاسنِ فغرق ، ووجدتُ على الضِّدِّ منْ ذلك مدْحاً وثناءً في الحجَّاج ، وفي أبي مسلمٍ الخراساني ، وفي الحاكم بأمرِ الله العُبيْدِي ، ولكنَّه لم يُحفظْ ولم يُنقلْ ولم يُصدِّقْه أحدٌ ، لأنه ضاع في ركامِ زيفِهم وظلمِهم وتهوُّرِهم ، فسبحان العادلِ بين خلْقِهِ .

****

هكذا خُلِقت

في الحديث : ((كلٌّ مُيَسَّرٌ لما خُلِق له)) . فلماذا تُعْسفُ المواهبُ ويُلْوى عنقُ الصِّفاتِ والقدراتِ لَيًّا ؟! إن الله إذا أراد شيئاً هيَّأ أسبابه ، وما هناك أتْعَسُ نفْساً وأنْكدُ خاطراً من الذي يريدُ أنْ يكون غَيْرَ نَفْسِه ، والذكيُّ الأريبُ هو الذي يدرسُ نفسهُ ، ويسدُّ الفراغَ الذي وُضع له ، إن كان في السَّاقةِ كان في السَّاقةِ ، وإنْ كان في الحراسةِ كان في الحراسةِ ، هذا سيبويه شيخُ النَّحْوِ ، تعلَّم الحديث فأعياهُ ، وتبلَّد حسُّهُ فيع ، فتعلَّم النحو ، فَمَهَرَ فيه وأتى بالعَجَبِ العُجاب . يقولُ أحدُ الحكماءِ : الذي يريدُ عملاً ليس منْ شأنِهِ ، كالذي يزرعُ النَّخْل في غوطةِ دمشق ، ويزرعُ الأتْرُجَّ في الحجازِ .

حسانُ بنُ ثابتٍ لا يُجيدُ الأذانَ ، لأنهُ ليس بلالاً ، وخالدُ بنُ الوليد لا يقسمُ المواريث ، لأنه ليس زيد بن ثابتٍ ، وعلماءُ التربيةِ يقولون : حدِّدْ موقِعَكَ .

****

لابُدَّ للذَّكاء مِن زكاء

سمعتُ إذاعة لندن تُخبرُ عنْ محاولةِ اغتيالِ الكاتب نجيبِ محفوظٍ ، الحائزِ على جائزةِ نوبل في الأدبِ ، وعدتُ بذاكراتي إلى كتبٍ له كنتُ قرأتُها مْن قبْلُ ، وعجبتُ لهذا الذَّكيِّ ، كيف فاتهُ أنَّ الحقيقة أعظمُ من الخيالِ ، وأنَّ الخلود أجلُّ من الفناءِ ، وأن المبدأ الرَّبَّانيَّ السَّماويَّ أسْمى من المبدأِ البشريِّ (**أَفَمَن يَهْدِي إِلَى الْحَقِّ أَحَقُّ أَن يُتَّبَعَ أَمَّن لاَّ يَهِدِّيَ إِلاَّ أَن يُهْدَى**) . بمعنى أنهُ كتب مسرحياتٍ منْ نسْج خيالِهِ ، مُستخدِماً قدراتِه القويَّة في التصويرِ والعرضِ والإثارةِ ، والنهايةُ أنها أخبارٌ لا صحَّة لها .

لقد استفدتُ من قراءةِ حياتِه مسألةً كبرى ، وهي أنَّ السعادة ليستْ سعاد الآخرين على حسابِ سعادتِك وراحتِك ، فليس بصحيحٍ أن يُسرَّ بك الناسُ وأنت في همٍّ وغمٍّ وحزنٍ ، إنَّ بعض الكُتَّابِ يمدحُ بعضَ المُبدِعِين ، ويصفُه بأنه يحترقُ ليُضيء للناس ، والمنهجُ السَّويُّ الثابتُ هو الذي يجعلُ المبدع يُضيءُ في نفْسِه ويضيءُ للناسِ ، ويعمرُ نفسه بالخيرِ والهدى والرُّشدِ ، ليعمر قلوب الناسِ بذلك .

وبعد هذا ، فماذا ينفعُ الإنسان لو حاز على مُلْكِ كسرى وقلبُه بالباطلِ مكسورٌ ، وحصل على سلطانِ قيصر وأملُه عن الخيْرِ مقصورٌ ؟! إنَّ الموهبة إذا لم تكنْ سبباً في النجاةِ ، فما نفعُها وما ثمرتُها ؟!

****

كُنْ جميلاً تَرَ الوجود جميلاً

إنَّ مِنْ تمامِ سعادتِنا أنْ نتمتَّع بمباهج الحياةِ في حدودِ منطقِ الشرعِ المقدّسِ ، فاللهُ أنبت حدائق ذات بهجةٍ ، لأنهُ جميلٌ يحبُ الجمالَ ، ولتقرأ آيا الوحدانية في هذا الصُّنع البهيج (**هُوَ الَّذِي خَلَقَ لَكُم مَّا فِي الأَرْضِ جَمِيعاً**) .

فالرائحةُ الزّكيةُ والمطعمُ الشهيُّ والمنظرُ البهيُّ ، تزيدُ الصَّدْرَ انشراحاً والرُّوح فرحاً (**كُلُواْ مِمَّا فِي الأَرْضِ حَلاَلاً طَيِّباً**) . وفي الحديث : ((**حُبِّب إليَّ من دنياكمْ : الطِّيبُ ، والنساءُ ، وجُعِلتْ قُرَّةُ عيني في الصلاةِ**)) .

إنَّ الزهدَ القاتِم والورع المُظلِم ، الذي دلف علينا منْ مناهج أرضيَّةٍ ، قدْ شوَّه مباهج الحياةِ عند كثيرٍ مِنَّا ، فعاشُوا حياتهم همَّا وغمَّا وجوعاً وسهراً وتبتُّلاً ، بقولُ رسولُنا ﷺ : ((لكنِّي أصومُ وأفطرُ ، وأقومُ وأفترُ ، وأتزوَّجُ النساء ، وآكُلُ اللحم ، فمن رغب عن سُنَّتي فليس مني)) .

وإنْ تعجبْ ، فعجبٌ ما فعلهُ بعضُ الطوائفِ بأنفسهمْ ! فهذا لا يأكلُ الرّطب ، وذاك لا يضحكُ ، وآخرُ لا يشربُ الماء البارد ، وكأنهم ما علمُوا أنَّ هذا تعذيبٌ للنفسِ وطمْسٌ لإشراقها (**قُلْ مَنْ حَرَّمَ زِينَةَ اللهِ الَّتِيَ أَخْرَجَ لِعِبَادِهِ وَالْطَّيِّبَاتِ مِنَ الرِّزْقِ**) .

إنَّ رسولنا ﷺ أكل العسل وهو أزْهدُ الناسِ في الدنيا ، واللهُ خلق العسل ليُؤكل : (**يَخْرُجُ مِن بُطُونِهَا شَرَابٌ مُّخْتَلِفٌ أَلْوَانُهُ فِيهِ شِفَاء لِلنَّاسِ**) . وتزوَّج الثَّيِّباتِ والأبكار : (**فَانكِحُواْ مَا طَابَ لَكُم مِّنَ النِّسَاء مَثْنَى وَثُلاَثَ وَرُبَاعَ**) . ولبس أجمل الثيابِ في مناسباتِ الأعيادِ وغيرها : (**خُذُواْ زِينَتَكُمْ عِندَ كُلِّ مَسْجِدٍ**) . فهو ﷺ يجمعُ بين حقِّ الرُّوحِ وحقِّ الجسدِ ، وسعادةِ الدنيا والآخرةِ ، لأنه بُعث بدينِ الفطرةِ التي فطرَ اللهُ الناس عليها .

****

أبشِرْ بالفَرَج القريبِ

يقولُ بعضُ مؤلّفي عصرنا : إنَّ الشدائد – مهما تعاظمتْ وامتدَّتْ . لا تدومُ على أصحابِها ، ولا تخلَّدُ على مصابِها ، بل إنها أقوى ما تكونُ اشتداداً وامتداداً واسوداداً ، أقربُ ما تكونُ انقشاعاً وانفراجاً وانبلاجاً ، عن يُسْرٍ وملاءةٍ، وفرجٍ وهناءةٍ ، وحياةٍ رخيَّةٍ مشرقةٍ وضَّاءةٍ ، فيأتي العونُ من اللهِ والإحسانُ عندَ ذروةِ الشدَّةِ والامتحانِ ، وهكذا نهايةُ كلِّ ليلٍ غاسِق ، فجرٌ صادِقٌ .

فما هي إلا ساعةٌ ثُمَّ   ويَحْمَدُ غِبَّ السَّيْرِ منْ هو

****

أنتَ أرْفَعُ مِنَ الأحقاد

أسعدُ الناس حالاً وأشرحُهم صدْراً ، هو الذي يريدُ الآخرة ، فلا يحسُدُ الناس على ما آتاهم اللهُ منْ فضْلِهِ ، وإنما عنده رسالةٌ من الخيرِ ومُثُلٌ ساميةٌ من البرِّ والإحسانِ ، يريدُ إيصال نفْعِه إلى الناسِ ، فإنْ لم يستطعْ ، كفَّ عنهم أذاه . وانظرْ إلى ابنِ عباسٍ بحْرِ العلمِ وترْجُمانِ القرآنِ ، كيف استطاع بخُلُقه الجمّ وسخاوةِ نفسِه مساراتِه الشرعّةِ ، أنْ يحوِّل أعداءهُ منْ بني أميَّة وبني مروان ومنْ شايعهم إلى أصدقاء ، فانتفع الناسُ بعلْمِه وفهْمه ، فملأ المجامع فِقهاً وذكراً وتفسيراً وخيْراً . لقد نسي ابنُ عباسٍ أيام الجمَلِ وصِفّين ، وما قبلها وما بعدها ، وانطلق يبني ويُصلحُ ، ويرتُقُ الفتْقَ ، ويسمحُ الجراح ، فأحبَّهُ الجميعُ ، وأصبح – بحقٍّ حبْرَ الأمةِ المحمديةِ . وهذا ابنُ الزبيرِ – رضي اللهُ عنه - ، وهو منْ هو في كرمِ أصلِهِ وشهامتِه وعبادتِه وسموِّ قدرِه ، فضَّل المُوجَهة مجتهداً في ذلك ، فكان من النتائجِ أن شُغِلَ عن الرِّوايةِ ، وخسِر جمْعاً كثيراً من المسلمين ، ثمَّ حصلتِ الواقعةُ فضُربتِ الكعبةُ لأجل مُجاوَرَتِه في الحرمِ ، وذُبح كثيرٌ من الناسِ ، وقُتِل هو ثمَّ صُلِب (**وَكَانَ أَمْرُ اللَّهِ قَدَراً مَّقْدُوراً**) . وليس هذا تنقُّصاً للقومِ ، ولا تطاوُلاً على مكانتِهم ، وإنما هي دراسةٌ تاريخيَّة تجمعُ العِبَرَ والعِظاتِ . إنَّ الرِّفق واللِّين والصَّفح والعفو ، صفاتٌ لا يجمعُها إلاَّ القِلَّةُ القليلةُ من البشرِ ، لأنها تُكلِّفُ الإنسان هضْم نفْسِه ، وكبْح طموحِه ، وإلجام اندفاعِه وتطلّعِه .

****

وقفـــة

« قولهُ ﷺ : ((**تعرَّفْ إلى اللهِ في الرخاءِ ، يعرفك في الشِّدَّة**)) يعني أنَّ العبد إذا اتَّقى الله وحفظ حدودهُ ، وراعى حقوقهُ في حالِ رخائِه ، فقد تعرَّف بذلك إلى اللهِ ، وصار بينه وبين ربِّه معرفةٌ خاصَّةٌ ، فمعرفةُ ربِّه في الشِّدَّةِ ورعي له تعرُّفهُ إليه في الرخاءِ ، فنجَّاهُ من الشدائدِ بهذِه المعرفة ، وهذه معرفة خاصَّةٌ ، تقتضي قُرب العبدِ من ربِّهْ ومحبَّته له وإجابتهُ لدعائِه » .

« الصبرُ إذا قام به العبد كما ينبغي ، انقلبتْ المِحنةُ في حقِّه مِنْحةً ، واستحالتِ البليَّة عطيَّة ، وصار المكروهُ محبوباً ، فإنَّ الله سبحانه وتعالى لم يبْتلِه عطيَّة ، وصار المكروهُ محبوباً ، فإنَّ الله تعالى على العبدِ عبوديَّةً في الضَّراءِ ، كما له عبوديَّةٌ في السَّرَّاءِ ، وله عبوديَّةٌ عليه فيما يحبُّونه ، والشأنُ في إعطاءِ العبوديَّةِ في المكارهِ ، ففيه تفاوتُ مراتبِ العبادِ ، وبحسبِه كانتْ منازلُهم عند اللهِ تعالى » .

****

العِلْمُ مِفتاحُ اليُسْرِ

العِلْمُ واليُسْرُ قرينان وأخوانِ شقيقانِ، ولك أنْ تنظر في بحورِ الشريعةِ من العلماءِ الراسخين ، ما أيْسرَ حياتهُم ، وما أسْهل التَّعامُل معهم! إنهم فهموا المقصد ، ووقعُوا على المطلوب ، وغاصُوا في الأعماقِ ، بينما تجدُ مِنْ أعْسرِ الناسِ ، وأصعبِهم مراساً ، وأشقِّهم طريقةً الزُّهَّادُ الذين قلَّ نصيبُهم من العِلْمِ ، لأنهم سمعُوا جُملاً ما فهموها ، ومسائل ما عَرَفُوها ، وما كانتْ مصيبةُ الخوارج إلاَّ منْ قلَّةِ علْمِهِمْ وضحالةِ فهْمِهم ؛ لأنهمْ لم يقعُوا على الحقائقِ، ولم يهتدُوا إلى المقاصدِ ، فحافظُوا على النُّتفِ، وضيَّعُوا المطالب العاليةَ، ووقعُوا في أمرٍ مريجٍ .

****

ما هكذا تُوردُ الإبِل

طالعتُ كتابينِ شهيرينِ ، لا أرى إلاَّ أنَّ فيهما سطوةً عارمةً على السعادةِ واليُسْرِ اللذيْنِ أتى بهما الشارعُ الحكيمُ .

فكتابُ « إحياء عِلوم الدينِ » للغزاليِّ ، دعوةٌ صارخةٌ للتجويعِ والعُرْيش (والبهذلة) ، والآصالِ والأغلالِ التي أتى رسولُنا ﷺ لوضْعِها عنِ العالمين .

فهو يجمعُ من الأحاديثِ ، المتردِّية والنطيحة وما أكل السَّبُعُ ، وغالبُها ضعيفةٌ أو موضوعةٌ ، ثم يبني عليها أُصُولاً يظنُّها منْ أعظمِ ما يُوصِّلُ العبدُ إلى ربِّه .

وقارنتُ بين إحياءِ علومِ الدين وبينِ الصحيحين للبخاري ومسلم ، فبان البونُ وظهر الفرْقُ ، فذاك عَنَتٌ ومشقَّةٌ وتكلُّفٌ ، وهذه يُسْرُ وسماحةٌ وسهولةٌ ، فأدركتُ قول البري : (**وَنُيَسِّرُكَ لِلْيُسْرَى**) .

والكتابُ الثاني : « قُوتُ القلوبِ » لأبي طالب المكِّيِّ ، وهو طلبٌ مُلِحٌّ منه لترْكِ الحياة الدنيا والانزواء عنها ، وتعطيل السَّعْيِ والكسْبِ ، وهجْرِ الطَّيِّباتِ ، والتَّسابُقِ في طرقِ الضنْكِ والضَّنى والشِّدَّة .

والمؤلِّفان : أبو حامدٍ الغزاليُّ ، وأبو طالبِ المكيُّ ، أرادا الخَبْرَ ، لكنْ كانت بضاعتُهما في السُّنَّةِ والحديثِ مُزْجاةً ، فمنْ هنا وقع الخَلَلُ ، ولابُدَّ للدليل أن يكون ماهراً في الطريق خِرِّيتاً في معرفة المسالكِ (**وَلَـكِن كُونُواْ رَبَّانِيِّينَ بِمَا كُنتُمْ تُعَلِّمُونَ الْكِتَابَ وَبِمَا كُنتُمْ تَدْرُسُونَ**) .

****

أشْرَحُ الناسِ صدراً

الصّفةُ البارزةُ في مُعَلِّمِ الخيرِ ﷺ : انشراحُ الصدرِ والرِّضا والتَّفاؤلُ ، فهو مبشِّرٌ ، ينهى عن المشقَّةِ والتنفير، ولا يعرفُ اليأس والإحباط ، فالبسمةُ على مُحيَّاه ، والرِّضا في خلدِه ، واليُسْرُ في شريعتِه ، والوسطيَّةُ في سُنَّتِه ، والسعادةُ في مِلَّته . إنَّ جُلَّ مهمَّتِهِ أن يضع عنهم إصْرهم والأغلال التي كانتْ عليهم .

****

رويداً .. رويداً

إنّ من إضفاء السعادة على المُخاطبين بكلمة الوعي ، التَّدرُّجُ في المسائلِ ، الأهمُّ ، يصدِّقُ هذا وصيتُه ﷺ لمعاذٍ – رضي اللهُ عنه – لمَّا أرْسَلَه إلى اليمنِ : ((**فليكُنْ أوَّلَ ما تدعوهمْ إليه ، أنْ لا إله إلا الله وأني رسولُ اللهِ .....**)) الحديث . إذن في المسألة أولٌ وثانٍ وثالثٌ ، فلماذا نُقحمُ المسائل على المسائل إقحاماً ، ولماذا نطرحُها جملةً واحدةً ؟! (**وَقَالَ الَّذِينَ كَفَرُوا لَوْلَا نُزِّلَ عَلَيْهِ الْقُرْآنُ جُمْلَةً وَاحِدَةً كَذَلِكَ لِنُثَبِّتَ بِهِ فُؤَادَكَ وَرَتَّلْنَاهُ تَرْتِيلاً**) .

إنَّ من سعادةِ المسلمين بإسلامِهم أنْ يشعُروا بالارتياح منْ تعاليمِه وباليُسر في تلقِّي أوامره ونواهيه ؛ لأنه أتى أصلاً لإنقاذهم من الاضطرابِ النفسيِّ والتَّشرُّدِ الذِّهنيِّ والتَّفلُّتِ الاجتماعي .

« التكليفُ لم يأتِ في الشرعِ إلا منفيّاً (**لاَ يُكَلِّفُ اللّهُ نَفْساً إِلاَّ وُسْعَهَا**) ، لأنَّ التكليف مشقَّةٌ ، والدينُ لم يأتِ بالمشقَّةِ ، وإنما أتي لإزالتِها » .

إنَّ الصحابيَّ كان يطلبُ من الرسولِ ﷺ وصيتهُ ، فيُخبرُه بحديثٍ مختَصَرٍ الحاضرُ والبادي ، فإذا الواقعيةُ ومراعاةُ الحالِ واليُسْرُ هي السمةُ البارزةُ في تلك النصائحِ الغاليةِ .

إننا نخطئُ يوم نَسْرُدُ على المستمعين كلَّ ما في جعْبتِنا منْ وصايا ونصائح ، وتعاليم وسُننٍ وآداب، في مقامٍ واحدٍ (**وَقُرْآناً فَرَقْنَاهُ لِتَقْرَأَهُ عَلَى النَّاسِ عَلَى مُكْثٍ وَنَزَّلْنَاهُ تَنزِيلاً**) .

أوْرَدَها سعْدٌ وسعدٌ   ما هكذا تُوردُ يا سعْدُ

****
**

كيف تشكُرُ على الكثيرِ وقد قصَّرت في شُكْرِ القليلِ

إنَّ منْ لا يحمدُ الله على الماءِ البارِدِ العذْبِ الزُّلالِ ، لا يحمدُه على القصورِ الفخمةِ ، والمراكبِ الفارهةِ ، والبساتينِ الغنَّاءِ .

وإنّ منْ لا يشكُرُ الله على الخبزِ الدافئِ ، لا يشكرهُ على الموائدِ الشَّهيَّةِ والوجباتِ اللَّذيذةِ ، لأنَّ الكنُود الجحُود يرى القليل والكثير سواءً ، وكثيرٌ منْ هؤلاء أعطى ربَّه المواثيق الصارمة ، على أنه متى أنعم عليه وحباهُ وأغدق عليه فسوف يشكُرُ ويُنفقُ ويتصدَّقُ (**وَمِنْهُم مَّنْ عَاهَدَ اللّهَ لَئِنْ آتَانَا مِن فَضْلِهِ لَنَصَّدَّقَنَّ وَلَنَكُونَنَّ مِنَ الصَّالِحِينَ{75} فَلَمَّا آتَاهُم مِّن فَضْلِهِ بَخِلُواْ بِهِ وَتَوَلَّواْ وَّهُم مُّعْرِضُونَ**) .

ونحنُ نلاحظُ كلَّ يومٍ منْ هذا الصِّفِ بشراً كثيراً ، كاسف البالِ مكدَّر الخاطرِ ، خاوي الضميرِ ، ناقماً على ربِّه أنه ما أجْزل له العطيَّة ، ولا أتحفهُ

برزقٍ واسعٍ بينما هو يرفُلُ في صحَّةٍ وعافيةٍ وكفافٍ ، ولم يشكُرْ وهو في فراغٍ وفسحةٍ ، فكيف لو شُغِل مثل هذا الجاحدُ بالكنوزِ والدُّورِ والقصورِ ؟! إذنْ كان أكْثرَ شُرُداً من ربِّه ، وعقوقاً لمولاهُ وسيِّدِه .

الحافي منّا يقول : سوف أشكرُ ربِّي إذا مَنحَني حذاءً . وصاحبُ الحذاءِ يؤجِّل الشُّكْر حتى يحصُل على سيَّارةٍ فارهةٍ نأخُذ النعيمَ نقْداً ، ونُعطي الشُّكْر نسيئةً ، رغباتُنا على اللهِ ملحَّةٌ ، وأوامرُ اللهِ عندنا بطيئةُ الامتثالِ .

****

ثلاثُ لوحاتٍ

بعضُ الأذكياء علَّق على مكتبِهِ ثلاث لوحاتٍ ثمينةٍ :

مكتوبٌ على الأولى : **يوْمُك يومُك** . أي عِشْ في حدودِ اليوم .

وعلى الثانيةِ : **فكِّرْ واشكرْ** . أي فكِّرْ في نِعَمِ اللهِ عليك ، واشكُرْه عليها .

وعلى الثالثةِ : **لا تغضبْ** .

إنها ثلاثُ وصايا تدلُّك على السعادةِ منْ أقْربِ الطرقِ ، ومن أيْسرِ السُّبُلِ ، ولك أن تكتبها في مُفكِّرتِك لتطالِعها كلَّ يومٍ .

****

وقفـــة

« منْ لطائفِ أسرارِ اقترانِ الفرج بالكرْب ، واليُسْرِ ، أنَّ الكرب إذا اشتدَّ وعظُم وتناهى ، وحصل للعبد اليأسُ من كشْفِه من جهةِ المخلوقين تعلَّق باللهِ وحده ، وهذا هو حقيقةُ التَّوكُّلِ على اللهِ .

وأيضاً فإنَّ المؤمن إذا استبطأ الفرج ، وأيس منه كثْرةِ دعائِه وتضرُّعِه ، ولم يظهر عليه أثرُ الإجابةِ ، فرجع إلى نفسِه باللائمةِ ، وقال لها : إنما أُتيتُ منْ قِبلِكِ ، ولو كان فيك خيرٌ لأُجبْتُ . وهذا اللومُ أحبُّ إلى اللهِ منْ كثيرٍ من الطاعاتِ ، فإنه يُوجبُ انكسار العبدِ لمولاهُ ، واعترافُه له بأنه أهلٌ لما نزل من البلاءِ ، وأنه ليس أهلاً لإجابةِ الدعاءِ ، فلذلك تُسرعُ إليه حينئذٍ إجابةُ الدعاءِ وتفريجُ الكرْبِ » .

ويقولُ إبراهيمُ بنُ أدهم الزاهدُ . « نحن في عيشٍ لو علم به الملوكُ ، لجالَدُونا عليه بالسيوفِ » .

ويقولُ ابنُ تيمية شيخُ الإسلامِ : « إنها لَتَمرُّ بقلبي ساعاتٌ أقولُ : إن كان أهلُ الجنةِ في مِثْلِ ما أنا فيه ، فهم في عيشٍ طيِّبٍ » .

****

اطمئِنُّوا أيُّها الناسُ

في كتاب « الفَرَجِ بعد الشِّدَّةِ » أكْثر منْ ثلاثين كتاباً ، كلُّها تُخبرُنا أنَّ في ذروة المُدلهمات انفراجاً ، وفي قمَّةِ الأزماتِ انبلاجاً ، وأنَّ أكثر ما تكون مكبوتاً حزيناً غارقاً في النكْبةِ ، أقْربُ ما تكونُ إلى الفتْحِ والسُّهُولةِ والخروجِ منْ هذا الضَّنْكِ ، وساق لنا التَّنوخيُّ في كتابِه الطويل الشائقِ ، أكثَرَ منْ مائتي قصَّةٍ لمن نُكبُوا ، أو حُبسُوا أو عُزلُوا ، أو شُرِّدُوا وطُرِدُوا ، أو عُذِّبُوا وجُلِدُوا ، أو افتقرُوا وأملقوا ، فما هي إلا أيام ، فإذا طلائع الإمداد وكتائب الإسعاد وافتْهم على حين يأس ، وباشرتْهم على حين غفلة ، ساقها لهم السميع المجيب . إنَّ التنوخيَّ يقولُ للمصابين والمنكوبين : اطمئِنُّوا ، فلقد سبقكُم فوقٌ في هذا الطَّريقِ وتقدَّمكم أُناسٌ :

صحِبَ الناسُ قبْلنا ذا وعناهُم مِنْ شأنِهِ ما
رُبَّما تُحْسِنُ الصَّنيع ليـ ـاليه ولكنْ تُكدِّرُ الإحْسانا

إذنْ فهذه سُنَّةٌ ماضية (**وَلَنَبْلُوَنَّكُمْ بِشَيْءٍ**) ، (**وَلَقَدْ فَتَنَّا الَّذِينَ مِن قَبْلِهِمْ**) . إنها قضيَّةٌ عادلةٌ أنْ يُمحِّص اللهُ عباده ، وأنْ يتعبَّدهم بالشِّدَّةِ كما تعبَّدهُمْ بالرخاءِ ، وأنْ يُغايِر عليهم الأطوار كما غاير عليهم الليل والنهار ، فلِم إذن التَّسخُّطُ والاعتراضُ والتَّذمُّرُ (**وَلَوْ أَنَّا كَتَبْنَا عَلَيْهِمْ أَنِ اقْتُلُواْ أَنفُسَكُمْ أَوِ اخْرُجُواْ مِن دِيَارِكُم مَّا فَعَلُوهُ إِلاَّ قَلِيلٌ مِّنْهُمْ**) .

****

صنائعُ المعروفِ تقي مصارع السُّوءِ

منْ أجملِ الكلماتِ ، قولُ أبي بكرٍ الصِّديق – رضي الله عنه - : صنائع المعروف تقي مصارع السوءِ . وهذا كلامٌ يُصدِّقه النَّقلُ والعقلُ : (**فَلَوْلَا أَنَّهُ كَانَ مِنْ الْمُسَبِّحِينَ{143} لَلَبِثَ فِي بَطْنِهِ إِلَى يَوْمِ يُبْعَثُونَ**) . تقولُ خديجةُ للرسول ﷺ : ((**كلا واللهِ لا يُخزيك اللهُ أبداً لتصلُ الرَّحِم ، وتحمِلُ الكلَّ ،**

وتكسِبُ المعدوم ، وتُعينُ على نوائِبِ الدَّهْرِ)) . فانظُرْ كيف استدلَّتْ بمحاسِنِ الأفعالِ على حُسْنِ العواقبِ ، وكَرَمِ البدايةِ على جلالِةِ النهايةِ .

وفي كتاب « الوزراء » للصابي ، و« المنتظم » لابنِ الجوزي ، و «الفَرَجِ بعد الشِّدَّةِ » للتنوخي قصَّةٌ ، مفادُها : أن ابن الفراتِ الوزير ، كان يتتبَّعُ أبا جعفرِ بن بسطامٍ بالأذيَّةِ ، ويقصدُه بالمكاره ، فلقي منه في ذلك شدائد كثيرةً ، وكانتْ أمّ أبي جعفر قد عوَّدته – منذُ كان طفلاً – أنْ تجعل له في كلِّ ليلةٍ ، تحت مخدَّته التي ينامُ عليها رغيفاً من الخبزِ ، فإذا كان في غدٍ ، تصدَّقتْ به عنه . فلمَّا كان بعد مُدَّة من أذيَّةِ ابنِ الفراتِ له ، دخل إلى ابن الفراتِ في شيءٍ احتاج إلى ذلك فيه ، فقال له ابنُ الفراتِ : لك مع أُمِّك خُبْزٌ في رغيف ؟ قال : لا . فقال : لابُدَّ أن تصدُقني . فذكر أبو جعفر الحديث ، فحدَّثه به على سبيل التَّطايُبِ بذلك منْ أفعالِ النساءِ . فقال ابنُ الفراتِ : لا تفعلْ ، فإنّي بتُّ البارحة ، وأنا أُدبِّرُ عليك تدبيراً لو تمَّ لاستأصلْتُك ، فنمتُ ، فرأيتُ في منامي كأنَّ بيدي سيفاً مسلولاً ، وقد قصدتُك لأقتلك به ، فاعترضتْني أمُّك بيدِها رغيفٌ تُترِّسُك به منّي ، فما وصلتُ إليك ، وانتبهتُ . فعاتبه أبو جعفر على ما كان بينهما ، وجعل ذلك طريقاً إلى استصلاحِه ، وبذل لهُ منْ نفْسِه ما يريدُه منْ حُسْنِ الطاعةِ ، ولم يبرحْ حتى أرضاهُ ، وصارا صديقيْن . وقال له ابنُ الفراتِ : واللهِ ، لا رأيت منِّي بعدها سُوءاً أبداً .

****

استجمامٌ يُعين علىُ مُواصلةِ السَّيْرِ

من المعلومِ أنَّ في الشريعةِ سَعَةً وفُسحةً ، تُعينُ العبد على الاستمرار في عبادتِه وعطائِه وعملِه الصالحِ ، فرسولُنا ﷺ كان يضحكُ (**وَأَنَّهُ هُوَ أَضْحَكَ وَأَبْكَى**) ، وكان يمزحُ ولا يقولُ إلا حقّاً ، وسابق عائشة رضي اللهُ عنها ، وكان يتخوَّلُ الصحابة بالموعظةِ ، كراهيةَ السَّآمةِ عليهم ، وكان ينهى عن التَّعمُّق والتَّكلُّفِ والتشديدِ ، ويُخبرُ أنه لن يُشادّ الدِّين أحدٌ ، إلا غَلَبَهُ ، وفي الحديثِ أنَّ الدين متينٌ ، فأوغِلُوا فيه برفْقٍ . وفي الحديثِ أيضاً أنَّ لكل عابد شِرَّةً ، وهي الشِّدَّةُ والضَّراوةُ والاندفاعُ . ولا يلبثُ المتكلِّفُ إلا أنْ ينقطع ، لأنه نظر إلى الحالةِ الراهنةِ ونسي الطوارئ وطُول المُدَّة وملالة النَّفْس ، وإلاَّ فالعاقلُ له حدٌّ أدنى في العملِ يُداومُ عليه ، فإنْ نشط زاد ، وإنْ ضعف بقي على أصلِه ، وهذا

معنى الأثر منْ كلامِ بعضِ الصحابة : إنَّ للنفوسِ إقبالاً وإدباراً ، فاغتنموها عند إقبالها ، وذرُوها عند إدبارِها .

وما رأيتُ نفراً زادُوا في الكَيْلِ ، وأكثَرُوا من النوافل ، وحاولوا أنْ يُغالوا ، فانقطعُوا وعادُوا أضْعفَ ممَّا كانوا قبْلَ البدايةِ .

والدِّينُ أصلاً جاء للإسعاد (**مَا أَنزَلْنَا عَلَيْكَ الْقُرْآنَ لِتَشْقَى**) . وقد لام اللهُ قوماً كلَّفُوا أنفُسهم فوقَ الطَّاقةِ ، ثم انسحبوا منْ أرضِ الواقعِ ناكثِين ما ألزمُوا أنفسهم به (**وَرَهْبَانِيَّةً ابْتَدَعُوهَا مَا كَتَبْنَاهَا عَلَيْهِمْ إِلَّا ابْتِغَاء رِضْوَانِ اللَّهِ فَمَا رَعَوْهَا حَقَّ رِعَايَتِهَا**) .

وميزةُ الإسلامِ على سائرِ الأديانُ أنه دينُ فطرةٍ ، وأنه وَسَطٌ ، وأنه للرُّوحِ والجسمِ ، والدنيا والآخرةِ ، وأنه ميسرٌ (**ذَلِكَ الدِّينُ الْقَيِّمُ**) .

عن أبي سعيد الخُدْريّ قال : جاء أعرابيٌّ إلى النبيِّ ﷺ فقال : يا رسول اللهِ ، أيُّ الناسِ خيْرٌ ؟ قال: ((**مؤمنٌ مجاهِدٌ بنفسِه ومالِه في سبيلِ اللهِ، ثم رجُلٌ معتزِلٌ في شِعْبٍ من الشِّعابِ يعبُد ربَّه**)) . وفي روايةٍ : ((**يتَّقي الله ويدع الناس من شرِّه**)) ، وعنْ أبي سعيدٍ قال : سمعتُ النبي ﷺ يقولُ : ((**يُوشكُ أنْ يكون خير مالِ المسلم غنمٌ يتبعُ بها شعْفَ الجبالِ ومواقعَ القطْرِ ، يفرُّ بدينِه من الفِتنِ**)) . رواه البخاريُّ .

قال عمرُ : « خُذُوا حظَّكم من العُزلةِ » . وما أحْسنَ قول الجنيدِ : « مُكابدَةُ العزلةِ أيسرُ مْن مداراةِ الخلطةِ » . وقال الخطَّابيُّ : لو لم يكُنْ في العزلةِ إلا السلامةُ من الغيبةِ ، ومنْ رؤيةِ المنكرِ الذي لا يقدرُ على إزالتهِ ، لكان ذلك خيراً كثيراً .

وفي هذا معنى ما أخرجهُ الحاكمُ ، منْ حديث أبي ذرٍّ مرفوعاً ، بلفظ : ((**الوحدُة خيرٌ من جليسِ السُّوء**)) . وسنده حَسَنٌ .

وذكر الخطَّابيُّ في « كتاب العزلة » أنَّ العزلة والاختلاط يختلفُ باختلافِ متعلقاتهما ، فتُحمل الأدلَّةُ الواردةُ في الحضِّ على الاجتماعِ ، على ما يتعلَّقُ بطاعةِ الأئمةِ وأمورِ الدينِ ، وعكسُها في عكسِهِ ، وأما الاجتماعُ والافتراقُ بالأبدانِ ، فمنْ عَرَفَ الاكتفاء بنفسِه في حقِّ معاشِهِ ومحافظةِ دينِهِ ، فالأوْلى لهُ الانكفافُ منْ مخالطةِ الناسِ ، بشرْطِ أنْ يُحافظَ على الجماعةِ ، والسَّلامِ والرَّدِّ ، وحقوقِ المسلمين من العيادةِ وشهودِ الجنازةِ ، ونحْوِ ذلك . والمطلوبُ إنما هو ترْكُ فضولِ الصُّحبةِ ، لما في ذلك منْ شغلِ البالِ وتضييعِ

الوقتِ عن المُهمَّاتِ ، ويجعلُ الاجتماع بمنزلةِ الاحتياجِ إلى الغداءِ والعشاءِ ، فيقتصرُ منه على ما لابدَّ له منه ، فهو أرْوَحُ للبَدَنِ والقلبِ . واللهُ أعلمُ .

وقال القُشيريُّ في « الرسالة» : طريقُ من آثرَ العُزلة ، أن يعتقد سلامة الناسِ منْ شرِّه ، لا العكسُ ، فإنَّ **الأول** : يُنتجهُ استصغارُه نفسه ، وهي صفةُ المتواضعِ ، **والثاني** : شهودُه مزيةً له على غيرِه ، وهذه صفةُ المتكبِّرِ .

والنّاسُ في مسألةِ العُزلةِ والخلطةِ طرفانِ ووسطٌ .

فالطرف الأوّلُ : من اعتزل الناس حتى عن الجُمعِ والجماعاتِ والأعيادِ ومجامع الخيْرِ ، وهؤلاءِ أخطؤُوا .

والطرف الثاني : منْ خالط الناس حتى في مجالسِ اللّهوِ واللّغوِ والقيلِ والقالِ وتضييعِ الزّمانِ ، وهؤلاء أخطؤُوا .

والوسط : منْ خالط الناس في العباداتِ التي لا تقوُم إلا باجتماعٍ ، وشاركهم في ما فيه تعاونٌ على البِرِّ والتقوى وأجرٌ ومثوبةٌ ، واعتزالَ مناسباتِ الصَّدِّ والإعراضِ عن اللهِ وفضولِ المباحاتِ (**وَكَذَلِكَ جَعَلْنَاكُمْ أُمَّةً وَسَطاً**) .

****

****

وقفة

عن عُباد بنِ الصامتِ قال : قال رسولُ اللهِ ﷺ : ((**عليكمْ بالجهاد في سبيلِ اللهِ ، فإنه بابٌ من أبوابِ الجنةِ ، يُذهِبُ اللهُ به الغمَّ والهمَّ**)) .

« وأمَّا تأثيرُ الجهاد في دفْع الهمِّ والغمِّ ، فأمرٌ معلومٌ بالوجدان ، فإنَّ النَّفس متى تركتْ صائل الباطلِ وصولتهُ واستيلاءهُ ، اشتدَّ همُّها وغمُّها ، وكربُها وخوفُها ، فإذا جاهدتْه للهِ ، أبدل اللهُ ذلك الهمَّ والحُزْن فرحاً ونشاطاً وقوةً ، كما قال تعالى : (**قَاتِلُوهُمْ يُعَذِّبْهُمُ اللّهُ بِأَيْدِيكُمْ وَيُخْزِهِمْ وَيَنصُرْكُمْ عَلَيْهِمْ وَيَشْفِ صُدُورَ قَوْمٍ مُّؤْمِنِينَ{14} وَيُذْهِبْ غَيْظَ قُلُوبِهِمْ**) . فلا شيء أذْهبُ لجَوَى القلبِ وغمِّه وحزنِه من الجهادِ ، واللهُ المستعانُ » .

قال الشاعرُ :

وإني لأغضي مقلتيَّ على القذى وألْبَسُ ثوب الصبرِ أبيض أبلجا

وإنّي لأدعو اللهَ والأمرُ ضيقٌ عليَّ فما ينفكُّ أن يَتَفرَّجَا

وكم من فتى سُدَّتْ عليه ... أصاب لها في دعوةِ اللهِ

****

مَسارِحُ النَّظر في الملكوت

منْ طُرُقِ الارتياحِ وبسْطِة الخاطرِ ، التَّطلُّعُ إلى آثارِ القُدرةِ في بديعِ السماواتِ والأرضِ ، فتستلذُّ بالبهجة العامرةِ في خلقِ الباري – جلَّ في عُلاهُ – في الزهرة ، في الشجرةِ ، في الجدولِ ، في الخميلةِ ، في التلِّ والجبل ، في الأرضِ والسماءِ ، في الليلِ والنهارِ ، في الشمسِ والقمرِ ، فتجدُ المتعة والأنس ، وتزدادُ إيماناً وتسليماً وانقياداً لهذا الخالقِ العظيمِ (**فَاعْتَبِرُوا يَا أُولِي الْأَبْصَارِ**) .

يقولُ أحدُ الفلاسفةِ ممنْ أسلموا : كنتُ إذا شككْتُ في القُدرةِ ، نظرتُ إلى كتابِ الكونِ ، لأُطالع فيه أحْرُفَ الإعجازِ والإبداعِ ، فأزدادُ إيماناً .

****

خُطوات مدروسة

يقولُ الشوكانيُّ : أوصاني بعضُ العلماءِ فقال : لا تنقطعْ عن التأليف ولو أنْ تكتُبَ في اليومِ سطرين . قال : فأخذتُ بوصيَّتِه ، فوجدتُ ثمرتها .

وهذا معنى الحديث : ((**خيرُ العملِ ما داوم عليه صاحبُه وإنْ قلَّ**))

وقال : القطرةُ مع القطرةِ تجتمعُ سيلاً عظيماً .

أما تَرَى الحبلَ بطُولِ ... على صليبِ الصَّخْرِ قدْ

وإنما يأتينا الاضطرابُ منْ أننا نريدُ أنْ نفعل كلَّ شيءٍ مرَّةً واحدةً ، فنَمَلُّ ونتعبُ ونترُكُ العمل ، ولو أننا أخذْنا عَمَلنا شيئاً فشيئاً ، ووزَّعْناه على مراحل ، لقطعْنا المراحل في هدوءٍ ، واعتبِرْ بالصلاةِ ، فإنَّ الشَّرْع جعَلَها في خمسةِ أوقاتٍ متفرِّقةٍ ، ليكون العبدُ في استجمامٍ وراحةٍ ، ويأتي لها بالأشواق ، ولو جُمعتْ في وقتٍ ، لملَّ العبد، وفي الحديثِ : ((**إن المُنْبتَّ لا ظَهْراً أبْقى ولا أرضاً قطع**)) . ووُجِد بالتَّربةِ ، أنَّ منْ يأخذُ العَمَلَ على فتراتٍ ، يُنجزُ ما لم يُنجزْهُ منْ أخذهُ دفعةً واحدةً ، مع بقاءِ جذوةِ الرُّوحِ وتوقُّدِ العاطفةِ .

ومما استفدتُه عنْ بعضِ العلماءِ ، أنَّ الصلواتِ ترتِّبُ الأوقاتِ ، أخذاً منْ قولِ الباري : (**إِنَّ الصَّلَاةَ كَانَتْ عَلَى الْمُؤْمِنِينَ كِتَابًا مَوْقُوتًا**) . فلو أنَّ العبد

وزَّع أعمالَهُ الدينية والدُّنيوية بعد كلِّ صلاةٍ ، لوجد سعةً في الوقت ، وفسحةً في الزمنِ .

وأنا أضربُ لك مَثَلاً: فلو أن طالب العِلْم، جعل ما بعد الفجرِ للحفْظِ في أيّ فنٍّ شاء، وجعل بعد الظُّهر للقراءةِ السهْلةِ في المجامع العامَّة ، وجعل بعد العصر للبحثِ العلميِّ الدقيقِ ، وما بعد المغربِ للزِّيارةِ والأُنسِ ، وما بعد العشاءِ لقراءة الكُتُبِ العصريَّةِ والبحوثِ والدوريَّاتِ والجلوسِ مع الأهل ، لكان هذا حسناً ، والعاقِل له مِنْ بصيرتِه مَدَدٌ ونورٌ . (**إَن تَتَّقُواْ اللّهَ يَجْعَل لَّكُمْ فُرْقَاناً**) .

****

بلا فوضويَّة

مما يُكدِّرُ ويُشتِّتُ الذِّهن ، الفوضويَّةُ الفكريَّةُ التي يعيشُها بعضُ الناسِ ، فهو لم يحدِّد قُدراتِه ، ولم يقصدْ إلى ما يجمعُ شمل فكْرِه ونظرِه ؛ لأن المعرفة شعوبٌ ودروبٌ ، ولابُدَّ مِنْ تحديدِ آيتِها ومعرفةِ مسالكها ، ويُجمعُ رأيه على مشربٍ معروفٍ ، لأنّ التَّفرد مطلوبٌ .

وكذلك ممَّا يشتِّتُ الذهن ، ويُورِثُ الغمَّ ، الدَّيْنُ والتبِعاتُ الماليةُ والتكاليفُ المعيشيَّةُ . وهناك أصولٌ في هذه المسألةِ أريدُ ذِكرها :

أولها : ما غال مِن اقتصدُ : ومنْ أحْسَنَ الإنفاق ، وحفِظ مالهُ إلاَّ للحاجة ، واجتنب التبذير والإسراف ، وَجَدَ العونَ من اللهِ (**إِنَّ الْمُبَذِّرِينَ كَانُواْ إِخْوَانَ الشَّيَاطِينِ**) ، (**وَالَّذِينَ إِذَا أَنفَقُوا لَمْ يُسْرِفُوا وَلَمْ يَقْتُرُوا وَكَانَ بَيْنَ ذَلِكَ قَوَاماً**) .

الثاني : كسْب المالِ من الوجوهِ المُباحةِ ، وهجْرُ كلِّ كسبٍ محرَّم ، فإنَّ الله طيِّبٌ لا يقبلُ إلا طيِّباً ، واللهُ لا يُباركُ في المكسبِ الخبيثِ (**وَلَوْ أَعْجَبَكَ كَثْرَةُ الْخَبِيثِ**) .

الثالث : السَّعْيُ في طلبِ المالِ الحلالِ ، وجمْعُه منْ حلِّه ، وتركُ العطالةِ والبطالةِ ، واجتنابِ إزجاءِ الأوقاتِ في التفاهاتِ ، فهذا ابنُ عوف يقول : دُلُّوني على السوقِ : (**فَإِذَا قُضِيَتِ الصَّلَاةُ فَانتَشِرُوا فِي الْأَرْضِ وَابْتَغُوا مِن فَضْلِ اللَّهِ وَاذْكُرُوا اللَّهَ كَثِيراً لَّعَلَّكُمْ تُفْلِحُونَ**) .

****

ثمنُك إيمانُك وخُلُقُك

مرَّ هذا الرجلُ الفقيرُ المعدومُ ، وعليهِ أسمالٌ باليةٌ وثيابٌ رثَّة ، جائع البطْن ، حافي القدمِ ، مغمور النَّسبِ ، لا جاهٌ ولا مالٌ ولا عشيرةٌ ، ليس له بيتٌ يأوي إليهِ ، ولا أثاث ولا متاع ، يشربُ من الحياضِ العامَّةِ بكفَّيْه مع الواردين ، وينامُ في المسجدِ ، مخدَّتُه ذراعُه ، وفراشُه البطحاءُ ، لكنَّه صاحبُ ذِكرٍ لربِّه وتلاوةٍ لكتابِ مولاهُ لا يغيبُ عنِ الصَّفِّ الأولِ في الصلاةِ والقتالِ ، مرَّ ذات يومٍ برسولِ اللهِ ﷺ فناداهُ باسمِهِ وصاح به : ((**يا جُليْبيبُ ألا تتزوَّجُ ؟**)) . قال : يا رسول اللهِ ، ومنْ يُزوِّجُني ؟ ولا مالٌ ولا جاهٌ ؟ ثمَّ مرَّ به أخرى ، فقال له مثْل قولِهِ الأولِ ، وأجاب بنفسِ الجواب، ومرَّ ثالثةً ، فأعاد عليه السؤال وأعاد هو الجواب ، فقال ﷺ : ((**يا جليبيبُ ، انطلِقْ إلى بيتِ فلانٍ الأنصاريِّ وقُلْ له : رسولُ اللهِ ﷺ يقرئُك السلام ، ويطلبُ منك أن تُزوِّجني بِنْتك**)) .

وهذا الأنصاريَّ منْ بيتٍ شريفٍ وأسرةٍ موقرةٍ ، فانطلق جليبيبٌ إلى هذا الأنصاريِّ وطرق عليه الباب وأخبره بما أمره به رسولُ اللهِ ﷺ فقال الأنصاريُّ : على رسول الله ﷺ السلامُ ، وكيف أُزوِّجك بنتي يا جليبيبُ ولا مالٌ ولا جاهٌ ؟ وتسمعُ زوجتُه الخَبَرَ فتعجبُ وتتساءلُ : جليبيبٌ ! لا مالٌ ولا جاهٌ ؟ فتسمُع البنتُ المؤمنةُ كلام جليبيبٍ ورسالة الرسولِ ﷺ فتقول لأبويها : أتردَّانِ طلب رسولِ اللهِ ﷺ ، لا والذي نفسي بيدِهِ .

وحصل الزواج المبارك والذُّرِّيَّةُ المباركةُ والبيتُ العامرُ ، المؤسَّسُ على تقوى من اللهِ ورضوانٍ ، ونادى منادي الجهادِ ، وحضر جليبيبُ المعركة ، وقتل بيده سبعةً من الكفارِ ، ثم قُتل في سبيلِ اللهِ ، وتوسد الثرى راضياً عنْ ربِّه وعنْ رسولِه ﷺ وعنْ مبدئِه الذي مات منْ أجلِهِ ، ويتفقَّدُ الرسولُ ﷺ القتلى ، فيُخبرُه الناسُ بأسمائِهم ، وينسون جليبيباً في غمرةِ الحديث ، لأنهُ ليس لامعاً ولا مشهوراً ، ولكنّ الرسول ﷺ يذكُرُ جليبيباً ولا ينساهُ ، ويحفظُ اسمه في الزحامِ ولا يُغفله ، ويقولُ : ((**لكنَّني أفقِدُ جليبيباً**)) .

ويجده وقد تدثَّر بالتراب ، فينفضُ التراب عن وجهه ويقولُ له : ((**قَتَلْت سبعة ثم قُتِلْت ؟ أنت مني وأنا منك ، أنت مني وأنا منك ، أنت مني وأنا منك**)) . ويكفي هذا الوسام النبويُّ جليبيباً عطاءً ومكافأةً وجائزةً .

إنَّ ثمنَ جليبيبٍ ، إيمانُه وحبُّ رسولِ اللهِ ﷺ له ، ورسالتُه التي مات من أجلِها . إنَّ فقره وعدمَه وضآلةُ أسرتِه لم تُؤخِّرْه عنْ هذا الشرفِ العظيمِ

والمكسب الضخمِ ، لقدْ حازَ الشهادة والرِّضا والقبُول والسعادة في الدنيا والآخرة : (**فَرِحِينَ بِمَا آتَاهُمُ اللّهُ مِن فَضْلِهِ وَيَسْتَبْشِرُونَ بِالَّذِينَ لَمْ يَلْحَقُواْ بِهِم مِّنْ خَلْفِهِمْ أَلاَّ خَوْفٌ عَلَيْهِمْ وَلاَ هُمْ يَحْزَنُونَ**) .

إنَّ قيمتك في معانيك الجليلةِ وصفاتِك النبيلةِ .

إنَّ سعادتك في معرفتِك للأشياءِ واهتماماتِك وسموِّك .

إنَّ الفقرَ والعوز والخمول، ما كان - يوماً من الأيامِ- عائقاً في طريق التَّفوُّقِ والوصولِ والاستعلاءِ . هنيئاً لمنْ عَرَفَ ثمنه فعلاً بنفسِه ، وهنيئاً لمنْ أسعد نفسهُ بتوجيههِ وجهادِه ونُبلِه ، وهنيئاً لمنْ أحْسنَ مرَّتيْن ، وسعد في الحياتينِ ، وأفلح في الكرتيْنِ ، الدُّنيا والآخرةِ .

****

**

يا سعادة هؤلاء

أبو بكرٍ – رضي اللهُ عنهُ - : بآيةٍ : (**وَسَيُجَنَّبُهَا الْأَتْقَى{17} الَّذِي يُؤْتِي مَالَهُ يَتَزَكَّى**) .

عمرُ - رضي الله عنه - : بحديثٍ : ((**رأيتُ قصراً أبيض في الجنةِ ، قلتُ : لمن هذا القصرُ ؟ قيل لي : لعمر بنش الخطابِ**)) .

وعثمانُ - رضي الله عنهُ - : بدعاءِ : ((**اللهمَّ اغْفِر لعثمان ما تقدَّم منْ ذنبِه وما تأخَّر**)) .

وعليٌّ - رضي الله عنهُ - : ((**رجُلٌ يحبُّ الله ورسوله ، ويحبُّه اللهُ ورسولُه**)) .

وسعدُ بنُ معاذٍ - رضي الله عنهُ - : ((**اهتزَّ له عرشُ الرحمنِ**)) .

وعبدُاللهِ بن عمْرٍو الأنصاريُّ - رضي الله عنهُ -: ((**كلَّمه اللهُ كِفاحاً بلا ترْجُمان**)) .

وحنْظَلَةُ - رضي الله عنهُ - : ((**غسَّلتْهُ ملائكةُ الرحمنِ**)) .

****

ويا شقاوة هؤلاء

فرعونُ : (**النَّارُ يُعْرَضُونَ عَلَيْهَا غُدُوّاً وَعَشِيّاً**) .

وقارونُ : (**فَخَسَفْنَا بِهِ وَبِدَارِهِ الْأَرْضَ**) .

والوليدُ بنُ المغيرة : (سَأُرْهِقُهُ صَعُوداً) .
وأميَّةُ بنُ خلف : (وَيْلٌ لِّكُلِّ هُمَزَةٍ لُّمَزَةٍ) .
وأبو لهبٍ : (تَبَّتْ يَدَا أَبِي لَهَبٍ وَتَبَّ) .
والعاص بنُ وائلٍ : (كَلَّا سَنَكْتُبُ مَا يَقُولُ وَنَمُدُّ لَهُ مِنَ الْعَذَابِ مَدّاً) .
****

وقفـــة

« قلَّةُ التوفيقِ وفسادُ الرأي ، وخفاءُ الحقِّ وفسادُ القلب ، وخمولُ الذِّكْرِ ، وإضاعةُ الوقتِ ، ونَفْرَةُ الخلْق ، والوحْشةُ بين العبدِ وبين ربِّه ، ومنْعُ إجابةِ الدعاءِ ، وقسوةُ القلبِ ، ومحْقُ البركةِ في الرِّزقِ والعُمرِ ، وحرمانُ العلمِ ، ولباسُ الذُّلِّ ، وإهانةُ العدوِّ وضيقُ الصدرِ ، والابتلاءُ بقرناءِ السوءِ الذين يُفسدون القلب ويُضيِّعون الوقت ، وطولُ الهمِّ ، وضنْكُ المعيشةِ ، وكَسْفُ البالِ ... تتولَّد من المعصيةِ والغفلةِ عن ذكرِ اللهِ ، كما يتولَّد الزرعُ عن الماءِ ، والإحراقُ عن النارِ . وأضدادُ هذه تتولَّدُ عن الطاعةِ » .

« أمَّا تأثيرُ الاستغفارِ في دفْعِ الهمِّ والغمِّ والضيقِ ، فممَّا اشترك في العلْمِ به أهلُ المللِ وعقلاءُ كلِّ أمَّة ، إنَّ المعاصي والفساد تُوجِب الهمَّ والغمَّ ، والخوف والحزن، وضيق الصدر ، وأمراض القلب ، حتى إنّ أهلها إذا قضوا منها أوطارها ، وسئمتْها نفوسُهم ، ارتكبوها دفعاً لما يجدونهُ في صدورهِم من الضِّيقِ والهمِّ والغمِّ ، كما قال شيخُ الفسوقِ :

وكأسٍ شربْتُ على لذَّةٍ   وأخرى تداويْتُ مِنْها

وإذا كان هذا تأثيرُ الذنوبِ والآثامِ في القلوبِ ، فلا دواء لها إلا التوبةُ والاستغفارُ» .
****

رِفْقاً بالقوارير

(وَعَاشِرُوهُنَّ بِالْمَعْرُوفِ) . (وَجَعَلَ بَيْنَكُم مَّوَدَّةً وَرَحْمَةً) .
وفي الحديثِ : ((**استوصُوا بالنساءِ خيراً ، فإنهنَّ عوانٍ عندكم**)) .
وفي حديثٍ آخر : ((**خيرُكم خيرُكم لأهلِه ، وأنا خيرُكم لأهلي**)) .
البيتُ السعيدُ هو العامرُ بالألفةِ ، القائمُ على الحبِّ المملوءُ تقوى ورضواناً : (أَفَمَنْ أَسَّسَ بُنْيَانَهُ عَلَى تَقْوَى مِنَ اللهِ وَرِضْوَانٍ خَيْرٌ أَم مَّنْ أَسَّسَ

بُنْيَانَـهُ عَلَـىَ شَفَا جُرُفٍ هَارٍ فَانْهَـارَ بِـهِ فِـي نَـارِ جَهَنَّمَ وَاللّهُ لاَ يَهْـدِي الْقَـوْمَ الظَّالِمِينَ) .

****

بَسْمةٌ في البدايةِ

من حُسنِ الطالعِ وجميلِ المقابلةِ تبسُّم الزوجةِ لزوجِها والزوجُ لزوجتِه ، إن هذه البسمة إعلانٌ مبدئيٌّ للوفاقِ والمصالحةِ : ((**وتبسُّمك في وجه أخيك صدقةٌ**)) . وكان ﷺ ضحَّاكاً بسَّاماً .

وفي البدايةِ بالسلامِ : (**فَسَلِّمُوا عَلَى أَنفُسِكُمْ تَحِيَّةً مِّنْ عِندِ اللَّهِ مُبَارَكَةً طَيِّبَةً**) ، وردُّ التحيةِ من أحدِهما للآخرِ : (**وَإِذَا حُيِّيْتُم بِتَحِيَّةٍ فَحَيُّواْ بِأَحْسَنَ مِنْهَا أَوْ رُدُّوهَا**) .

قال كُثيِّر :

حيَّتْك عـزّةُ بالتسليمِ فحيِّها مثل ما حيَّتْك يا
ليتَ التحيةَ كانتْ لي مكان يا جملاً حُيِّيت يا

ومنها الدعاءُ عند دخول المنزلِ : ((**اللهمَّ إني أسألُك خَيْرَ المَوْلجِ وخير المخرجِ ، باسم اللهِ ولجْنا ، وباسمِ اللهِ خرجْنا ، وعلى اللهِ ربِّنا توكَّلنا**)) .

ومن أسبابِ سعادةِ البيتِ : لِينُ الخطابِ من الطرفين : (**وَقُل لِّعِبَادِي يَقُولُواْ الَّتِي هِيَ أَحْسَنُ**) .

وكلامُها السحرُ الحلالُ لو لم يجنِ قتل المسلمِ
إنْ طال لمْ يُمْلَلْ وإنْ هي وَدَّ المحدَّثُ أنها لم تُوجزِ

يا ليت الرجل ويا ليت المرأة ، كلٌّ منهما يسحبُ كلام الإساءةِ وجرْح المشاعرِ والاستفزازِ ، يا ليت أنهما يذكرانِ الجانب الجميل المشرق في كلٍّ منهما ، ويغضَّانِ الطرْف عن الجانبِ الضعيفِ البشريِّ في كليهما .

إن الرجل إذا عدَّد محاسن امرأتِه ، وتجافى عن النقصِ ، سعِد وارتاح ، وفي الحديثِ : ((**لا يفرُكْ مؤمنٌ مؤمنةً ، إن كره منها خُلقاً رضي منها آخر**)) .

ومعنى لا يفرك : لا يبغض ولا يكره .

مـن ذا الـذي مـا سـاءَ قـطْ ومـنْ لـه الحسـنى فقـطْ

من الذي ما ما نبا سيفُ فضائِله ولا كبا جوادُ محاسنِه : (**وَلَوْلَا فَضْلُ اللَّهِ عَلَيْكُمْ وَرَحْمَتُهُ مَا زَكَا مِنكُم مِّنْ أَحَدٍ أَبَداً**) .

أكثرُ مشاكلِ البيوتِ من معاناةِ التوافهِ ومعايشةِ صغارِ المسائلِ ، وقد عشتُ عشراتِ القضايا التي تنتهي بالفراقِ ، سببُ إيقادِ جذوتها أمورٌ هينةٌ سهلة ، أحدُ الأسبابِ أن البيت لم يكن مرتّباً ، والطعام لم يقدَّم في وقتِه ، وسببُه عند آخرين أن المرأة تريدُ من زوجها أن لا يُكثر من استقبالِ الضيوفِ ، وخذْ من هذه القائمة التي تُورثُ اليتْم والمآسي في البيوتِ .

إن علينا جميعاً أن نعترف بواقِعنا وحالِنا وضعفِنا ، ولا نعيشُ الخيال والمثالياتِ ، التي لا تحصلُ إلا لأولي العزمِ من أفرادِ العالمِ .

نحن بشرٌ نغضبُ ونحتدُّ ، ونضعفُ ونخطئُ ، وما معنا إلا البحثُ عن الأمرِ النسبيِّ في الموافقة الزوجيةِ حتى بعد هذه السنواتِ القصيرةِ بسلامٍ .

إن أريحية أحمد بنِ حنبل وحُسْن صحبته تقدّم في هذه الكلمة ، إذ يقول بعد وفاة زوجتهِ أمِّ عبدِالله : لقد صاحبتُها أربعين سنةً ما اختلفتُ معها في كلمةٍ .

إن على الرجل أن يسكت إذا غضبتْ زوجتُه ، وعليها أن تسكتُ هي إذا غضب ، حتى تهدأ الثائرةُ ، وتبرد المشاعرُ ، وتسكن اضطراباتُ النفسِ .

قال ابنُ الجوزيِّ في « صيدِ الخاطرِ » : « متى رأيت صاحبك قد غَضِبَ وأخذ يتكلَّمُ بما لا يصلحُ ، فلا ينبغي أن تعقد على ما يقولُه خِنْصِرا (أي لا تعتدَّ به ولا تلتفتْ إليه) ، ولا أن تؤاخذه به ، فإن حاله حالُ السكرانِ لا يدري ما يجري ، بل اصبرْ ولو فترةً ، ولا تعوِّلْ عليها ، فإن الشيطان قد غلبه ، والطبعُ قد هاج ، والعقلُ قد استتر ، ومتى أخذت في نفسِك عليه ، أو أجبته بمقتضى فعْله ، كنت كعاقل واجه مجنوناً ، أو مفيقٍ عاتب مغمىً عليه ، فالذنبُ لك، بل انظرْ إليه بعينِ الرحمةِ ، وتلمَّحْ تصريف القدر له ، وتفرَّجْ في لعبِ الطبعِ به .

واعلم أنه إذا انتبه ندِم على ما جرى ، وعَرَفَ لك فضْل الصَّبْرِ ، وأقلُّ الأقسامِ أن تُسْلِمه فيما يفعلُ في غضبِه إلى ما يستريحُ به .

وهذه الحالةُ ينبغي أن يتلمَّحها الولدُ عند غضب الوالدِ ، والزوجةُ عند غضبِ الزوج ، فتتركه يشفي بما يقولُ ، ولا تعوِّلْ على ذلك ، فسيعودُ نادماً

معتذراً ، ومتى قُوبل على حالته ومقالتِه صارتِ العداوةُ متمكِّنةً ، وجازى في الإفاقةِ على ما فُعِل في حقِّه وقت السُّكْرِ .

وأكثرُ الناسِ على غيْرِ هذا الطريقِ ، متى رأوا غضبانَ قابلُوه بما يقولُ ويعملُ ، وهذا على غيْرُ مقتضى الحكمةِ ، بل الحِكمةُ ما ذكرتُ ، وما يعقلُها إلا العالمون » .

****

حبُّ الانتقامِ سُمٌّ زُعاف في النفوسِ الهائجةِ

في كتاب « المصلوبون في التاريخ » قصصٌ وحكاياتٌ لبعضِ أهل البطشِ الذين أنزلوا بخصومهم أشدَّ العقوباتِ وأقسى المُثلات ، ثم لما قتلوهم ما شفى لهم القتلُ غليلاً ، ولا أبرد لهم عليلاً ، حتى صلبوهُم على الخُشُب ، والعَجَبُ أن المصلوب بعد قتلِهِ لا يتألَّم ولا يُحِسُّ ولا يتعذبُ ، لأن روحه فارقتْ جسمه ، ولكن الحيَّ القاتل يأنسُ ويرتاحُ ، ويُسرُّ بزيادةِ التنكيلِ . إن هذه النفوس المتلمِّظة على خصومِها المضطرمة على أعدائِها لن تهدأ أبداً ولن تسعد ، لأن نار الانتقامِ وبركان التشفِّي يدمِّرُهم قبل خصومِهِمْ .

وأعجبُ من هذا أن بعض خلفاءِ بني العباس فاته أن يقتل خصومه من بني أمية ، لأنهم ماتُوا قبل أن يتولَّى ، فأخرجهم من قبورهم وبعضُهم رميمٌ فجلدهم ، ثم صلبهم ، ثم أحرقهم . إنها ثورةُ الحقدِ العارمِ الذي يُنهي على المسرَّاتِ وعلى مباهجِ النفسِ واستقرارِها .

إن الضرر على المنتقمِ أعظمُ ، لأنه فَقَدَ أعصابَه وراحته وهدوءَهُ وطمأنينته .

لا يبلغُ الأعداءُ من   ما يبلغُ الجاهلُ مِنْ

﴿ وَإِذَا خَلَوْاْ عَضُّواْ عَلَيْكُمُ الأَنَامِلَ مِنَ الْغَيْظِ قُلْ مُوتُواْ بِغَيْظِكُمْ ﴾ .

****

وقفةٌ

« ليس للعبدِ إذا بُغِي عليه وأُوذي وتسلَّط عليه خصومُه ، شيء أنفعُ له من التوبةِ النصوحِ ، وعلامةُ سعادتِه أن يعكس فكره ونظره على نفسه وذنوبِه وعيوبِه ، فيشتغل بها وبإصلاحها ، وبالتوبةِ منها ، فلا يبقى فيه فراغٌ لتدبُّر ما نَزَل به ، بل يتولَّى هو التوبة وإصلاح عيوبه ، واللهُ يتولى نُصرته وحفظه

والدفع عنه ولابدَّ ، فما أسعدهُ من عبدٍ ، وما أبركها من نازلةٍ نزلتْ به ، وما أحسن أثرها عليه ، ولكن التوفيق والرشد بيدِ اللهِ ، لا مانع لما أعطى ولا مُعطي لما منع ، فما كلُّ أحدٍ يُوفَّق لهذا ، لا معرفةً به ، ولا إرادةً له ، ولا قدرةً عليه ، ولا حول ولا قوة إلا باللهِ » .

سبحان مَنْ يعفو ونهفو ولم يزلْ مهما هفا العبدُ
يُعطي الذي يخطي ولا جلالُه عن العطا لذي

****

لا تذُبْ في شخصيةِ غيرك

تمرُّ بالإنسان ثلاثةُ أطوار : طوْرُ التقليد ، وطورُ الاختيار ، وطورُ الابتكار . فالتقليدُ : هو المحاكاةُ للآخرين وتقمُّصُ شخصياتِهم وانتحالُ صفاتِهم والذوبانُ فيهم ، وسببُ هذا التقليدِ هو الإعجابُ والتعلُّقُ والميْلُ الشديدُ ، وهذا التقليدُ الغالي ليحمل بعضهُم على التقليد في الحركاتِ واللحظاتِ ، ونبْرةِ الصوتِ والالتفاتِ ، ونحو ذلك ، وهو وأْدٌ للشخصية وانتحارٌ معنويٌّ للذاتِ . ويا لمُعاناةِ هؤلاءِ من أنفسِهم ، وهم يعكسون اتجاهَهُمْ ، ويسيرون إلى الخلفِ !! فالواحدُ منهم ترك صوته لصوتِ الآخر ، وهَجَرَ مشيته لمشيةِ فلانٍ ، ليت هذا التقليد كان للصفاتِ الممدوحةِ التي تُثري العمر وتُضفي عليه هالةً من السموِّ والرِّفعةِ ، كالعِلْمِ والكرمِ والحلمِ ونحوها ، لكنك تُفاجأُ أن هؤلاء يقلِّدون في مخارجِ الحروفِ وطريقةِ الكلامِ وإشارةِ اليدِ !! .

أريدُ التأكيد عليك بما سبق : إنك خَلْقٌ آخرُ وشيءٌ آخرُ ، إنه نهجُك أنت من خلالِ صفاتِك وقدراتِك ، فإنه منذُ خَلَقَ اللهُ آدم إلى أن ينهي اللهُ العالم ، لم يتفقْ اثنانِ في الصورةِ الخارجيةِ للجسمِ ، بحيثُ ينطبق شكلُ هذا على شكلِ ذاك : (**وَاخْتِلَافُ أَلْسِنَتِكُمْ وَأَلْوَانِكُمْ** ......) الآية . فلماذا نحنُ نريدُ أن نتفقَ مع الآخرين في صفاتِنا ومواهبِنا وقدراتِنا ؟!

إن جمال صوتِك أن يكون متفرِّداً ، وإن حُسْن إلقائِك أن يكون متميِّزاً : (**وَمِنَ الْجِبَالِ جُدَدٌ بِيضٌ وَحُمْرٌ مُّخْتَلِفٌ أَلْوَانُهَا وَغَرَابِيبُ سُودٌ**) .

****

المكظومون في انتظار لطْف الله

هذا الخطيبُ المِصْقعُ لا يلتوي لسانُه إذا تراكضتِ الألفاظُ في ميدانِ البيانِ ، بل يمضي ساطعاً صارماً متدفِّقاً .

هو خطيبُ الرسول ﷺ وحسْبُ ، وخطيب الإسلام وكفى ، كان يرفع صوته بالخطبِ بين يدي رسول اللهِ ﷺ لنصرةِ الدِّين ، إنه ثابتُ بنُ قيسِ بن شمّاس ، وأنزل اللهُ : (**يَا أَيُّهَا الَّذِينَ آمَنُوا لا تَرْفَعُوا أَصْوَاتَكُمْ فَوْقَ صَوْتِ النَّبِيِّ وَلا تَجْهَرُوا لَهُ بِالْقَوْلِ كَجَهْرِ بَعْضِكُمْ لِبَعْضٍ أَن تَحْبَطَ أَعْمَالُكُمْ وَأَنتُمْ لا تَشْعُرُونَ**) . وظنَّ قيسٌ أنه هو المقصودُ ، فاعتزل الناس واختبأ في بيتِه يبكي ، وفقده رسولُ اللهِ ﷺ فسأل عنه ، فأخبره الصحابةُ الخَبَرَ ، فقال : ((**كلاَّ ، بل هو من أهلِ الجنةِ**)) .

فصارتِ النذارةُ بشارةً .

هناءٌ محا ذاك العزاء فما جزِع المحزونُ حتى

وتبقى عائشةُ أمُّ المؤمنين – رضي اللهُ عنها – تبكي شهراً كاملاً ليلاً ونهاراً ، حتى كاد البكاء يمزِّقُ كبِدها ويفري جسمها ، لأنها طُعنتْ في عِرْضها الشريفِ ، العفيفِ ، فجاء الفرج : (**إِنَّ الَّذِينَ يَرْمُونَ الْمُحْصَنَاتِ الْغَافِلَاتِ الْمُؤْمِنَاتِ لُعِنُوا فِي الدُّنْيَا وَالْآخِرَةِ**) . وحمدتِ الله وصارتْ أطهر الطُّهرِ ، كما كانتْ ، وفرح المؤمنون بهذا الفتحِ المبينِ .

والثَّلاثةُ الذين تخلَّفوا عن غزوةِ تبوك ، وضاقتْ عليهمْ الأرضُ بما رحُبتْ ، وضاقتْ عليهم أنفسُهم ، وظنُّوا أن لا ملجأ من اللهِ إلا إليه ، أتاهم الفرجُ ممنْ يملكُه – سبحانه- ونزل عليهم الغوْثُ من السميعِ القريبِ .

****

احرصْ على العملِ الذي ترتاحُ لهُ

يقولُ ابن تيمية : « ابتدأني مرضٌ ، فقال لي الطبيبُ : إنَّ مطالعتك وكلامك في العلمِ يزيدُ المرض . فقلت له : لا أصبرُ على ذلك ، لا أصبرُ على ذلك ، وأنا أحاكمُك إلى علمِك ، أليستِ النَّفسُ إذا فرحتْ وسُرَّتْ قويتِ الطَّبيعةُ ، فَدَفعتِ المرض ؟ فقال : بلى . فقلتُ له : فإن نفسي تُسرُّ بالعلمِ ، فتقوى به الطبيعةُ ، فأجدُ راحةً . فقال: هذا خارجٌ عن علاجِنا» (**لا تَحْسَبُوهُ شَرّاً لَّكُم بَلْ هُوَ خَيْرٌ لَّكُمْ**) .

لعلَّ عَتْبَك محمودٌ فربَّما صحتِ الأجسامُ

****

كُلاً نُمِدُّ هؤلاءِ وهؤلاء

ما أحوجنا إلى المثابرةِ واستثمارِ الوقت ، ومسابقةِ الأنفاسِ بالعملِ الصالحِ النافعِ المفيدِ ، إننا سوف نسعدُ يوم نقدِّم للآخرين نفعاً ووعياً وخدمةً وثقافةً وحضارةً ، وسوف نسعدُ إذا علمْنا أننا لم نأتِ إلى الحياةِ سُدًى ، ولم نُخْلقْ عَبَثاً ، ولمْ نُوجدْ لعِباً .

يوم تصفَّحتُ « الأعلام » للزركليِّ فوجدتُ تراجم شرقيين وغربيين ، ساسةً وعلماء ، وحكماء وأدباء وأطباء ، يجمعهم أنهم نابغون مؤثِّرون لامعون ، ووجدتُ في سِيرهم جميعاً سنة اللهِ في خلقِه ، ووعد اللهِ في عبادِه ، وهي أن من أحسن من أجل الدنيا وُفِّي نصيبه من الدنيا ، من الذيوعِ والشهرةِ والانتشارِ ، وما يلحقُ ذلك من مالٍ ومنصبٍ وإتحافٍ ، ومن أحسن للآخرةِ وجدها هنا وهناك ، من النفعِ والقبولِ والرضا والأجرِ والمثوبةِ : (**كُلاًّ نُّمِدُّ هَـؤُلاء وَهَـؤُلاء مِنْ عَطَاء رَبِّكَ وَمَا كَانَ عَطَاء رَبِّكَ مَحْظُوراً**) .

ووجدتُ في الكتابِ أيضاً أن هؤلاءِ العباقرةِ الذين قدَّموا للبشرية نفعاً ونتاجاً ولم يعملُوا للآخرة – وأخصُّ منهم غيْر المؤمنين باللهِ ولقائِه – وجدتُهم أسعدوا الناس أكثر من أنفسِهم ، وأفرحوا أرواح الآخرين أكثر من أرواحهم ، فإذا بعضُهم ينتحرُ ، وبعضهم يثورُ من واقعِه ويغضبُ من حياتِه ، وآخرون منهم يعيشون بؤساً وضنْكاً .

وسألتُ نفسي : ما هي الفائدةُ إذا سعد بي قومٌ وشقيت أنا ، وانتفع بي ملأٌ وحُرِمت أنا ؟!

ووجدتُ أنَّ الله أعطى كلَّ أحدٍ من هؤلاءِ البارزين ما أراد ، تحقيقاً لوعدِه ، فجمْعٌ منهم حصل على جائزةِ نوبل ، لأنه أرادها وسعى لها ، ومنهم من تبوَّأ الصدارة في الشهرةِ ، لأنه بحث عنها وشغف بها ، ومنهم من وَجَدَ المال ، لأنه هام به وأجبَّه ، ومنهم عبادُ اللهِ الصالحون ، حصلُوا على ثوابِ الدنيا وحسنِ ثوابِ الآخرةِ – إنْ شاء اللهُ - ، يبتغون فضلاً من اللهِ ورِضْواناً .

إنَّ من المعادلات الصحيحة المقبولة : أن المغمور السعيد الواثق من منهجِه وطريقِه ، أنعمُ حظّاً من اللامعِ الشهيرِ الشقيِّ بمبادئِه وفكرِه .

إنَّ راعي الإبلِ المسلمِ في جزيرةِ العربِ أسعدُ حالاً بإسلامِه من « تولوستوي » الكاتب الروائي الشهيرِ ، لأن الأول قضى حياته مطمئناً راضياً

ساكناً يعرفُ مصيرَهُ ومنقلبه ، والثاني عاش ممزَّق الإرادةِ ، مبعثر الجهدِ ، لم يبردْ غليلُه من مرادِه ، ولا يعرفْ مستقبلهُ .

عند المسلمين أعظمُ دواءٍ عرفتْه البشريةُ ، وأجلُّ علاجٍ اكتشفتْه الإنسانيةُ . إنه الإيمانُ بالقضاءِ والقدرِ ، حتى قال بعضُ الحكماءِ : لَنْ يسعد في الحياةِ كافرٌ بالقضاءِ والقدرِ . وقد أعدتُ عليك هذا المعنى كثيراً ، وعرضتُه لك في أساليب شتَّى ، وأنا على عمْد ، لأنني أعرفُ من نفسي ومن كثير مثلي أننا نؤمنُ بالقضاءِ والقدرِ فيما نحبُّه ، وقد نتسخَّطُ عليه فيما نكرهُهُ ، ولذلك كان شرطُ الملَّةِ وميثاقُ الوحيِ : ((**أن تؤمن بالقدرِ خيرِه وشره ، حلوِه ومرِّه**)) .

****

ومن يؤمنْ بالله يهدِ قلبَه

أسوقُ هنا قصةً لتظهر سعادة من رضي بالقضاءِ ، وحيرة وتكدُّر وشكَّ منْ سخِط مِن القضاءِ :

فهذا كاتبٌ أمريكيٌ لامعٌ ، اسمُه « بودلي » مؤلفُ كتابِ « رياح على الصحراءِ » ، و « الرسول ﷺ » وأربعة عشرَ كتاباً أخرى ، وقد استوطن عام 1918 م إفريقية الشمالية الغربية ، حيث عاش مع قومٍ من الرُّحَّل البدوِ المسلمين ، يصلُّون ويصومونِ ويذكرون الله . يقولُ عن بعضِ مشاهدِه وهو معهم : هبَّتْ ذات يومٍ عاصفةٌ عاتية ، حملت رمال الصحراءِ وعبرتْ بها البحر الأبيض المتوسط ، ورمتْ بها وادي الرون في فرنسا ، وكانت العاصفة حارةً شديدةً الحرارةِ ، حتى أحسستُ كأنَّ شعْر رأسي يتزعزعُ من منابتِهِ لفرطِ وطأةِ الحرِّ ، فأحسستُ من فرطِ الغيظِ كأنني مدفوعٌ إلى الجنون ، ولكنَّ العرب لم يشكوا إطلاقاً ، فقد هزُّوا أكتافهم وقالوا : قضاءٌ مكتوبٌ . واندفعوا إلى العمل بنشاطٍ ، وقال رئيسُ القبيلةِ الشيخُ : لم نفقدِ الشيءِ الكثير ، فقد كنا خليقين بأن نفقد كلَّ شيءٍ ، ولكن الحمدُ للهِ وشكراً ، فإن لدنيا نحو أربعين في المائة مِن ماشيتِنا ، وفي استطاعتِنا أن نبدأ بها عملنا من جديد .

وثمَّة حادثةٌ أخرى .. فقدْ كنا نقطعُ الصحراء بالسيارةِ يوماً فانفجر أحدُ الإطارات ، وكان السائقُ قد نسي استحضار إطار احتياطيٍّ ، وتولاني الغضبُ ، وانتابني القلقُ والهمُّ ، وسألتُ صحبي من الأعرابِ : ماذا عسى أن نفعل ؟ فذكَّروني بأن الاندفاع إلى الغضبِ لن يُجدي فتيلاً ، بل هو خليقٌ أن يدفع الإنسان إلى الطيشِ والحُمْقِ ، ومنْ ثم درجتْ بنا السيارة وهي تجري على

ثلاثة إطارات ليس إلا ، لكنها ما لبثت أن كفَّتْ عن السير ، وعلمت أن البنزين قد نفَدَ ، وهناك أيضاً لم تثرْ ثائرة أحدٍ منْ رفاقي الأعرابِ ، ولا فارقهُم هدوؤهم ، بل مضوْا يذرعون الطريق سيراً على الأقدامِ ، وهم يترنَّمون بالغناءِ !

قد أقنعتني الأعوامُ السبعةُ التي قضيتُها في الصحراءِ بين الأعرابِ الرحَّلِ ، أنَّ الملتاثين ، ومرضى النفوسِ ، والسكيرين ، الذين تحفلُ بهم أمريكا وأوربة ، ما هم إلا ضحايا المدينةِ التي تتخذُ السرعة أساساً لها .

إنني لم أعانِ شيئاً من القلق قطُّ ، وأنا أعيشُ في الصحراءِ ، بل هنالك في جنةِ اللهِ ، وجدتُ السكينة والقناعة والرضا ، وكثيرون من الناسِ يهزؤون بالجبريةِ التي يؤمن بها الأعرابُ ، ويسخرون من امتثالِهم للقضاءِ والقدرِ .

ولكن منْ يدري ؟ فلعلَّ الأعراب أصابُوا كبِد الحقيقة ، فإني إذ أعودُ بذاكرتي إلى الوراءِ .. وأستعرضُ حياتي ، أرى جلياً أنها كانت تتشكَّلُ في فتراتٍ متباعدةٍ تبعاً لحوادث تطرأ عليها ، ولم تكنْ قطُّ في الحُسبانِ أو مما أستطيعُ له دفعاً ، والعربُ يطلقون على هذا اللون من الحوادث اسم : « قدَر » أو « قِسْمة» أو « قضاءُ اللهِ » ، وسمِّه أنت ما شئت .

وخلاصةُ القولِ : إنني بعد انقضاءِ سبعة عشر عاماً على مغادرتي الصحراء ، ما زلتُ أتخذ موقف العربِ حيال قضاءِ اللهِ ، فأقابلُ الحوادث التي لا حيلة لي فيها بالهدوء والامتثال والسكينة ، ولقد أفلحت هذه الطباعُ التي اكتسبتُها من العرب في تهدئِة أعصابي أكثر مما تفلحُ آلاف المسكِّناتِ والعقاقيرِ ! ...اهـ .

أقولُ : إن أعراب الصحراءِ تلقَّنُوا هذا الحقَّ من مشكاةِ محمدٍ ﷺ وإن خلاصة رسالةِ المعصومِ هي إنقاذ الناسِ من التِّيهِ ، وإخراجِهم من الظلماتِ إلى النورِ ، ونفْضِ الترابِ عن رؤوسِهم ، ووضعِ الآصارِ والأغلالِ عنهم . إنّ الوثيقة التي بُعِث بها رسولُ الهُدى ﷺ فيها أسرارُ الهدوءِ والأمنِ ، وبها معالمُ النجاةِ من الإخفاق ، فهي اعترافٌ بالقضاء وعمل بالدليل ، ووصول إلى غاية ، وسعي إلى نجاة ، وكدح بنتيجة . إن الرسالة الربانية جاءت لتحدد لك موقعك في الكون المأنوس ، ليسكن خاطرك ، ويطمئن قلبك ، ويزول همك ، ويزكو عملك ، ويجمُل خلقك ، لتكون العبد المثالي الذي عرف سرَّ وجوده ، وأدرك القصد من نشأته .

****

المنهج وَسَط

(وَكَذَلِكَ جَعَلْنَاكُمْ أُمَّةً وَسَطاً) .

السعادة في الوَسَطِ ، فلا غُلُوَّ ولا جَفَاءَ ، ولا إفراط ولا تفريط ، وإن الوسطيَّة مِنْهجٌ ربَّانيٌّ حميدٌ يمنعُ العبد من الحَيْفِ إلى أحدِ الطرفيْن . إن من خصائص الإسلامِ أنه دينُ وسطٍ ، فهو وسطٌ بين اليهوديةِ والنصرانيةِ : اليهوديةِ الَتي حملتِ العِلمِ وألغتِ العَمَلِ ، والنصرانيةِ التي غالتْ في العبادةِ واطَّرحتِ الدليل ، فجاء الإسلامُ بالعِلْمِ والعَمَلِ ، والروحِ والجَسَدِ ، والعقلِ والنقلِ .

وإن ممَّا يسعدُك في حياتِك الوسطية ، الوسطيةُ في عبادتِك : فلا تغْلُ فتنهك جسمك وتقضي على نشاطك ومداومتِك، ولا تجف فتطرح النوافل وتخدش الفرائض وتركن إلى التسويقِ . وفي إنفاقِكِ : فلا تتلفْ أموالك وتهلكْ دخلك فتبقى حسيراً مُمْلِقاً ، ولا تمسكْ عطاءك وتبخلْ بنوالك ، فتبقى ملوماً محروماً . ووسطٌ في خلقِك : بين الجدّ المفرطِ واللِّينِ المتداعي ، بين العبوسِ الكالحِ والضحكِ المتهافتِ ، بين العزلةِ الموحشةِ والخلطةِ الزائدةِ على الحدّ .

إنّه منهجُ الاعتدالِ في أخذِ الأمورِ ، والحكمِ على الأشياءِ ، ومعاملةِ الآخرين ، فلا زيادة يطفو بها كيْلُ القِيمِ ، ولا نقْص يضمحلُّ به أصلُ الخيْر ، لأن الزيادة ترفٌ وسَرفٌ ، والنقص جفاءٌ و َحفاءٌ : (**فَهَدَى اللَّهُ الَّذِينَ آمَنُواْ لِمَا اخْتَلَفُواْ فِيهِ مِنَ الْحَقِّ بِإِذْنِهِ وَاللَّهُ يَهْدِي مَن يَشَاءُ إِلَى صِرَاطٍ مُّسْتَقِيمٍ**) .

إنّ الحسنة بين السيِّئتين : سيئة الإفراط وسيئة التفريط ، وإن الخيْر بين الشرَّين : شرِّ الغُلُوِّ وشرِّ المجافاةِ ، وإن الحقَّ بين الباطلينِ : باطلِ الزيادةِ وباطلِ النقصِ ، وإن السعادة بين الشقاءين : شقاءِ التهورِ وشقاءِ النكوصِ .

****

لا هذا ولا هذا

يقولُ مطرِّف بنُ عبدالله : أشرُّ السَّيْرِ الحقحقة . وهو الذي يجتهد في السيرِ حتى يضرَّ بنفسهِ ودابتِه . وفي الحديثِ : ((**شرُّ الرِّعاء الحُطَمَةُ**)) . وهو الذي يتعسّفُ في ولايتِه لأهلِه أو من ولاه الله شأنه . إن الكرم بين الإسرافِ والبخلِ ، وإن الشجاعة بين الجبنِ والتهورِ ، وإن الحلم بين الحدَّةِ

والتبلّد ، وإن البسمة بين العبوس والضحك ، وإن الصبر بين القسوة والجزع ، وللغلوِّ دواءٌ هو التخفيفُ من هذا الغلوِّ ، وإطفاءُ شيءٍ من هذا اللهيب المحرق وللجفاءِ دواء هو سوْطُ عزمٍ ، وومضةُ هِمَّة ، وبارقةٌ من رجاءٍ ، ﴿ **اهدِنَــا الصِّرَاطَ المُستَقِيمَ{6} صِرَاطَ الَّذِينَ أَنعَمتَ عَلَيهِمْ غَيرِ المَغضُوبِ عَلَيهِمْ وَلاَ الضَّالِّينَ** ﴾ .

****

وقفــــةٌ

« ليس في الوجود شيءٌ أصعبُ من الصبرِ ، إما عن المحبوبِ، أو على المكروهاتِ. وخصوصاً إذا امتدَّ الزمان ، أو وقع اليأسُ من الفرجِ . وتلك المدةُ تحتاجُ إلى زادٍ يُقطعُ به سفرُها ، والزاد يتنوعُ من أجناسٍ :

فمنه : تلمُّحُ مقدارِ البلاءِ ، وقد يمكنُ أن يكون أكثر .

ومنه : أنه في حالٍ فوقها أعظمُ منها ، مثل أن يُبتلى بفقْدِ ولدٍ وعنده أعزُّ منه .

ومن ذلك : رجاء العِوضِ في الدنيا .

ومنه : تلمُّح الأجرِ في الآخرةِ . ومنه : التلذُّذُ بتصويرِ المدحِ والثناءِ من الخلْقِ فيما يمدحون عليه ، والأجرُ من الحقِّ عزَّ وجلَّ .

ومن ذلك : أن الجزع لا يفيدُ ، بل يفضحُ صاحِبهُ .

إلى غيْرِ ذلك من الأشياء التي يقدحُها العقلُ والفكرُ ، فليس في طريقِ الصبرِ نفقةٌ سواها ، فينبغي للصابرِ أن يشغل بها نفسه ، ويقطع بها ساعاتِ ابتلائِهِ » .

****

مَنْ هُمُ الأولياءُ

من صفات الأولياء : انتظارُ الأذانِ بالأشواقِ ، والتَّهافُتُ على تكبيرةِ الإحرامِ ، والوَلَهُ بالصفِّ الأوّلِ ، ومداومةُ الجلوسِ في الروضةِ ، وسلامةُ الصدرِ ، وظهورُ مراسيمِ السُّنَّةِ ، وكثرةُ الذِّكرِ ، وأكل الحلالِ ، وتركُ ما لا

يعني ، والرضا بالكفافِ ، وتعلُّمُ المحي كتاباً وسنةً ، وطلاقةُ المُحَيَّا ، والتوجُّعُ لمصائب المسلمين ، وتركُ الخلافِ ، والصبرُ للشدائدِ ، وبذْلُ المعروفِ .

التوسطُ في المعيشةِ أفضلُ ما يكونُ ، فلا غنى مطغياً ولا فقراً منسياً ، وإنما ما كفى وشفى ، وقضى الغرض ، وأتى بالمقصودِ في المعيشةِ ، فهو أجلُّ العيشِ عائدةً ، وأحسنُ القوتِ فائدةً .

والكفايةُ : بيتٌ تسكُنهُ ، وزوجةٌ تأوي إليها ، ومركبٌ حَسَنٌ ، وما يكفي من المالِ لسدِّ الحاجةِ وقضاءِ اللازمِ

****

اللهُ لطيفٌ بعبادِهِ

أخبرني أحدُ أعيانِ مدينةِ الرياضِ أنه في عام 1376 هـ ، ذهب مجموعةٌ من البحارةِ من أهلِ الجبيلِ إلى البحرِ ، يريدون اصطياد السمكِ ، ومكثوا ثلاثة أيام بلياليهنَّ لم يحصلُوا على سمكةٍ واحدةٍ ، وكانوا يصلون الصلواتِ الخمس ، وبجانبهم مجموعةٌ أخرى لا تسجدُ للهِ سجدةً ، ولا تصلّي صلاةً ، وإذا هم يصيدون ، ويحصلون على طلبِهم من هذا البحرِ ، فقال بعضُ هؤلاءِ المجموعةِ : سبحان اللهِ ! نحن نصلي للهِ عزَّ وجلَّ صلاةٍ ، وما حصلْنا على شيءٍ من الصيدِ ، وهؤلاء لا يسجدون للهِ سجدةً وها هو صيدُهم !! فوسوس لهم الشيطانُ بتركِ الصلاةِ ، فتركُوا صلاة الفجرِ ، ثم صلاة الظهرِ ، ثم صلاة العصرِ ، وبعد صلاةِ العصرِ أتوْا إلى البحرِ فصادُوا سمكةً ، فأخرجُوها وبقرُوا بطنها ، فوجدُا فيها لؤلؤةً ثمينةً ، فأخذها أحدُهم بيدِه ، وقلَّبها ونظر إليها ، وقال : سبحان اللهِ ! لما أطْعنا الله ما حصلنا عليها ، ولما عيناه حصلْنا عليها !! إن هذا الرزق فيه نظرٌ . ثم أخذ اللؤلؤة ورمى بها في البحرِ ، وقال : يعوضُنا اللهُ ، واللهِ لا آخذُها وقد حصلتْ لنا بعد أن تركْنا الصلاة ، هيا ارتحلُوا بنا من هذا المكان الذي عصينا الله فيه ، فارتحلُوا ما يقاربُ ثلاثة أميالٍ ، ونزلُوا هناك في خيمتِهم ، ثم اقتربُوا من البحرِ ثانية ، فصادُوا سمكة الكَنعد ، فبقروا بطنها فوجدوا اللؤلؤة في بطنِ تلك السمكةِ ، وقالوا : الحمدُ للهِ الذي رزقنا رزقاً طيباً . بعد أنْ بدؤوا يصلُّون ويذكرون الله ويستغفرونه ، فأخذوا اللؤلؤة . اهـ .

فانظرْ كيف كان منْ ذي قبل ، في وقت معصيةٍ ، وكان رزقاً خبيثاً ، وانظر كيف أصبح الآن في وقتِ طاعةٍ ، وأصبح رزقاً طيباً . (**وَلَوْ أَنَّهُمْ**

رَضُوْاْ مَا آتَاهُمُ اللّهُ وَرَسُولُهُ وَقَالُواْ حَسْبُنَا اللّهُ سَيُؤْتِينَا اللّهُ مِن فَضْلِهِ وَرَسُولُهُ إِنَّا إِلَى اللّهِ رَاغِبُونَ) .

إنه لطفُ اللهِ ، ومن ترك شيئاً للهِ عوّضه اللهُ خيراً منه .

يذكّرني هذا بقصةٍ لعليٍّ – رضي الله عنه - ، وقد دخل مسجد الكوفةِ ليصلي ركعتي الضحى ، فوجد غلاماً عند البابِ ، فقال : يا غلامُ ، احبسْ بغلتي حتى أصلي . ودخل عليٌّ المسجد ، يريدُ أن يعطي هذا الغلام درهماً ، جزاء حبْسه للبغلةِ ، فلما دخل عليٌّ المسجد ، أتى الغلام إلى خطامِ البغلةِ ، فاقتلعه منْ رأسِها وذهب به إلى السوقِ ليبيعه ، وخرج عليٌّ فما وجد الغلام ، ووجد البغلة بلا خطامٍ ، فأرسل رجلاً في أثرِهِ ، وقال : اذهبْ إلى السوقِ ، لعلَّه يبيعُ الخطام هناك . وذهب الرجلُ ، فوجد هذا الغلام يحرّجُ على الخطامِ ، فشراه بدرهمٍ ، وعاد يخبرُ علياً ، قال سبحان الله ! واللهِ لقدْ نويتُ أن أعطيه درهماً حلالاً ، فأبى إلا أنْ يكون حراماً .

إنه لطفُ الله عزَّ وجلَّ ، يلاحقُ عباده أينما سارُوا وأينما حلُّوا وأينما ارتحلُوا : (**وَمَا تَكُونُ فِي شَأْنٍ وَمَا تَتْلُو مِنْهُ مِن قُرْآنٍ وَلاَ تَعْمَلُونَ مِنْ عَمَلٍ إِلاَّ كُنَّا عَلَيْكُمْ شُهُوداً إِذْ تُفِيضُونَ فِيهِ وَمَا يَعْزُبُ عَن رَّبِّكَ مِن مِّثْقَالِ ذَرَّةٍ فِي الأَرْضِ وَلاَ فِي السَّمَاء**) .

****

(وَيَرْزُقْهُ مِنْ حَيْثُ لا يَحْتَسِبُ)

وقد ذَكَرَ التنوخيُّ في كتابهِ «الفَرَجِ بعد الشِّدَّةِ » ما يناسبُ هذا المقام : أن رجلاً ضاقتْ عليه الحِيلُ ، وأُغلقتْ عليه أبوابُ المعيشةِ ، وأصبح ذات يومٍ هو وأهلُه لا شيء في بيتهم ، قال : فبقيت أنا وأهلي اليوم الأول جوْعى وفي الثاني ، فلما دنتِ الشمسُ للمغيبِ ، قالت لي زوجتي : اذهبْ وانطلقْ والتمسْ لنا رزقاً أو طعاماً أو أكلاً ، فقد أشرفْنا على الموتِ . قال : فتذكَّرتُ امرأةً قريبة لي ، فذهبتُ إليها وأخبرتُها الخَبَرَ ، قالت : ما في بيتِنا إلا هذهِ السمكةُ وقد أنتنتْ . قلتُ : عليَّ بها ، فإنا قد أشرفْنا على الهلاكِ . وذهبتُ بها وبقرتُ بطنها ، فأخرجتُ منها لؤلؤةً بعتُها بآلافِ الدنانيرِ ، وأخبرتُ قريبتي ، قالتْ : لا آخذُ معكم إلا قسمي . قال : فاغتنيتُ فيما بعدُ ، وأثّثتُ من ذلك بيتي ، وأصلحتُ حالي ، وتوسّعتُ في رزقي . فهو لطفُ اللهِ سبحانه وتعالى ليس غيرَهُ .

(**وَمَا بِكُم مِّن نِّعْمَةٍ فَمِنَ اللّهِ**) .

(إِذْ تَسْتَغِيثُونَ رَبَّكُمْ فَاسْتَجَابَ لَكُمْ) .

****

(وَهُوَ الَّذِي يُنَزِّلُ الْغَيْثَ)

حدَّثنا أحدُ الفضلاءِ من العُبَّادِ : أنه كان بأهلِه في الصحراءِ ، في جهةِ الباديةِ ، وكان عابداً قانتاً منيباً ذاكراً للهِ . قال : فانقطعتْ المياهُ المجاورةُ لنا ، وذهبتُ ألتمسُ ماءً لأهلي ، فوجدتُ أن الغدير قد جفَّ ، فعُدتُ إليهم ، ثم التمسْنا الماء يمْنةً ويسْرَةً ، فلم نجدْ ولو قطرةً ، وأدركنا الظمأ ، واحتاج أطفالي للماء ، فتذكرتُ ربَّ العزةِ – سبحانه- القريب المجيب ، فقمتُ فتيمَّمتُ ، واستقبلتُ القبلة وصلَّيتُ ركعتين ، ثم رفعتُ يديَّ وبكيتُ ، وسالتْ دموعي ، وسألتُ الله بإلحاحٍ ، وتذكرتُ قوله : (أَمَّن يُجِيبُ الْمُضْطَرَّ إِذَا دَعَاهُ.....) الآية ، وواللهِ ما هو إلاَّ أن قمتُ من مقامي ، وليس في السماء من سحاب ولا غيْم ، وإذا بسحابة قد توسَّطتْ مكاني ومنزلي في الصحراءِ ، واحتكمتْ على المكان ، ثم أنزلتْ ماءها ، فامتلأتِ الغدرانُ من حولِنا وعن يميننا وعن يسارنا ، فشرْبنا واغتسلْنا وتوضأنا ، وحمدْنا الله سبحانه وتعالى ، ثم ارتحلتُ قليلاً خلْف هذا المكان ، وإذا الجدْبُ والقحطُ ، فعلمتُ أن الله ساقها لي بدعائي ، فحمدتُ الله عزَّ وجلَّ : (وَهُوَ الَّذِي يُنَزِّلُ الْغَيْثَ مِن بَعْدِ مَا قَنَطُوا وَيَنشُرُ رَحْمَتَهُ وَهُوَ الْوَلِيُّ الْحَمِيدُ) .

إنه لابدَّ أن نلحَّ على اللهِ سبحانه وتعالى ، فإنه لا يُصْلِحُ الأنفس ، ولا يرزقُ ولا يهدي ، ولا يوفِّقُ ولا يثبِّتُ ، ولا يعينُ ولا يغيثُ ، إلاَّ هو سبحانه وتعالى . واللهُ ذكَرَ أحدَ أنبيائه فقال : (وَأَصْلَحْنَا لَهُ زَوْجَهُ إِنَّهُمْ كَانُوا يُسَارِعُونَ فِي الْخَيْرَاتِ وَيَدْعُونَنَا رَغَباً وَرَهَباً وَكَانُوا لَنَا خَاشِعِينَ) .

****

عوَّضهُ اللهُ خيراً منهُ

ذكر ابنُ رجب وغيرُه أنَّ رجلاً من العُبَّادِ كان في مكة ، وانقطعتْ نفقتُه ، وجاع جوعاً شديداً ، وأشرف على الهلاكِ ، وبينما هو يدورُ في أحدِ أزقَّةِ مكة إذ عثر على عِقْدٍ ثمينٍ غالٍ نفيسٍ ، فأخذه في كمِّه وذهب إلى الحَرَمِ وإذا برجلٍ ينشدُ عن هذا العقد ، قال : فوصفه لي ، فما أخطأ من صفتِه شيئاً ، فدفعتُ له العِقْد على أن يعطيني شيئاً . قال : فأخذ العقد وذهب ، لا يلوي على

شيء ، وما سلّمني درهماً ولا نقيراً ولا قطميراً . قلتُ : اللهمّ إني تركتُ هذا لك ، فعوِّضني خيراً منه ، ثم ركب جهة البحرِ فذهب بقاربٍ ، فهبَّتْ ريحٌ هوجاءُ ، وتصدَّع هذا القاربُ ، وركب هذا الرجلُ على خشبةٍ ، وأصبح على سطحِ الماءِ تلعبُ به الريح يمْنَةً ويَسْرَةً ، حتى ألقتْه إلى جزيرةٍ ، ونَزلَ بها ، ووجد بها مسجداً وقوماً يصلُّون فصلَّى ، ثم وجد أوراقاً من المصحفِ فأخذ يقرأ ، قال أهل تلك الجزيرةِ : أئنك تقرأ القرآن ؟ قلتُ : نعمْ . قالوا : علِّمْ أبناءنا القرآن . فأخذتُ أعلِّمهم بأجرةٍ ، ثم كتبتُ خطاً ، قالوا : أتعلِّم أبناءنا الخطَّ ؟ قلتُ : نعم . فعلَّمتُهم بأجرةٍ .

ثم قالوا : إن هنا بنتاً يتيمةً كانت لرجلٍ منا فيه خيْرٌ وتُوفِّي عنها، هل لك أن تتزوجها؟ قلتُ: لا بأس. قال: فتزوجتُها ، ودخلتُ بها فوجدتُ العقْد ذلك بعينهِ بعنقِها . قلتُ: ما قصةُ هذا العقدِ ؟ فأخبرتِ الخَبَرَ ، وذكرتْ أن أباها أضاعه في مكة ذات يوم، فوجده رجلٌ فسلّمه إليه ، فكانَ أبوها يدعو في سجودِه ، أن يرزق ابنته زوجاً كذلك الرجل . قال : فأنا الرجلُ .

فدخل عليه العِقْدُ بالحلالِ ، لأنه ترك شيئاً للهِ ، فعوَّضه الله خيراً منه ((**إنَّ الله طيبٌ لا يقبلُ إلاَّ طيِّباً**)) .

****

إذا سألت فاسألِ الله

إنَّ لطف اللهِ قريبٌ ، وإنه سميعٌ مجيبٌ ، وإن التقصير منا ، إننا بحاجةٍ ماسَّةٍ إلى أن نلحَّ وندعوه ، ولا نَمَلّ نسأمُ ، ولا يقولُ أحدنا : دعوتُ دعوتُ فلم يُستجبْ لي . بل نمرِّغُ وجوهنا في الترابِ ، ونهتفُ ، ونلظُّ بـ ((**يا ذا الجلالِ والإكرامِ**)) ، ونعيدُ ونبدئُ تلك الأسماءِ الحسنى والصفاتِ العُلى ، حتى يجيبَ اللهُ سبحانه وتعالى طلبنا ، ، أو يختار لنا خيرةً من عنده سبحانه وتعالى (**ادْعُواْ رَبَّكُمْ تَضَرُّعاً وَخُفْيَةً**) .

ذكر أحدُ الدعاةِ في بعضِ رسائِله أن رجلاً مسلماً ذهب إلى إحدى الدول والتجأ بأهلِه إليها ، وطلب بأَن تمنحه جنسية ، فأغلقتْ في وجههِ الأبوابُ ، وحاول هذا الرجل كلَّ المحاولةِ ، واستفرغ جهده ، وعرضَ الأمرَ على كلِّ معارفِه ، فبارتِ الحِيَلُ ، وسُدَّتِ السبل ، ثم لقي عالماً ورِعاً فشكا إليه الحال ، قال : عليك بالثلث الأخيرِ من الليلِ ، ادع مولاك ، فإنه الميسرُ سبحانه وتعالى – وهذا معناه في الحديث : ((**إذا سألتَ فاسألِ الله ، وإذا استعنت فاستعنْ بالله**

، واعلمْ أن الأمة لو اجتمعوا على أن ينفعوك بشيءٍ ، لم ينفعوك إلا بشيءٍ قد كتبه اللهُ لك)) – قال هذا الرجل : فواللهِ لقد تركتُ الذهاب إلى الناس ، وطلب الشفاعات ، وأخذتُ أداومُ على الثلث الأخير كما أخبرني هذا العالِم ، وكنتُ أهتفُ للهِ في السَّحرِ وأدعوه ، فما هو إلا بعد أيام ، وتقدَّمتُ بمعروضٍ عاديٍّ ولم أجعل بيني وبينهم واسطة ، فذهب هذا الخطابُ ، وما هو إلا أيام وفُوجئْتُ في بيتي ، وإذ أنا أُدعى وأسلَّمُ الجنسية ، وكانت في ظروفٍ صعبةٍ .

****

(اللَّهُ لَطِيفٌ بِعِبَادِهِ)

الدقائقُ الغاليةُ :

ذكر التنوخيُّ : أن أحدُ الوزراءِ في بغداد – وقد سمَّاه – اعتدى على أموالِ امرأةٍ عجوزٍ هناك ، فسلبها حقوقها وصادر أملاكها ، ذهبتْ إليه تبكي وتشتكي من ظلمِه وجوْرِه ، فما ارتدع وما تاب وما أناب ، قالت : لأدعونَّ الله عليك ، فأخذ يضحكُ منها باستهزاءٍ ، وقال : عليك بالثلثِ الأخيرِ من الليل . وهذا لجبروتِه وفسْقِه يقول باستهزاءٍ ، فذهبتْ وداومتْ على الثلثِ الأخير ، فما هو إلا وقتٌ قصيرٌ إذ عُزِلَ هذا الوزيرُ وسُلبتْ أموالُه ، وأُخذ عقارُه ، ثم أُقيم في السوقِ يُجلدُ تعزيراً له على أفعالِه بالناسِ ، فمرَّتْ به العجوزُ ، فقالتْ له : أحسنتَ! لقد وصفت لي الثلث الأخير من الليلِ ، فوجدتُه أحسنَ ما يكونُ .

إنَّ ذاك الثلث غالٍ منْ حياتِنا ، نفيسٌ في أوقاتنا ، يوم يقولُ ربُّ العزةِ : **((هلْ منْ سائلٍ فأعطيه ، هلْ منْ مستغفرٍ فأغفرَ له ، هلْ منْ داعٍ فأجيبه))** .

لقد عشتُ في حياتي على أني شابٌّ . وسمعتُ سماعاتٍ وأثّر في حياتي حادثاتٌ لا أنساها أبد الدهرِ ، وما وجدتُ أقرب من القريبِ ، عنده الفرجُ ، وعنده الغوْثُ ، وعنده اللطفُ سبحانه وتعالى .

ارتحلتُ مع نَفَرٍ من الناسِ في طائرة من أبها إلى الرياضِ في أثناءِ أزمةِ الخليج ، فلما أصبحْنا في السماءِ أُخبِرْنا أننا سوف نعودُ مرةً ثانيةً إلى مطارِ أبها لخللٍ في الطائرةِ ، وعدْنا وأصلحُوا ما استطاعُوا إصلاحه ، ثم ارتحلْنا مرةً أخرى ، فلما اقتربنا من الرياضِ أبتْ العجلاتُ أنْ تنزل ، فأخذ يدورُ بنا على سماء الرياضِ ساعةً كاملةً ، ويحاولُ أكثر منْ عشْرِ محاولاتٍ يأتي المطار ويحاولُ الهبوط فلا يستطيعُ ، فيرتحلُ مرةً أخرى ، وأصابنا الهلعُ ، وأصاب الكثير الانهيارُ ، وكثُرُ بكاءُ النساءِ ، ورأيتُ الدموع تسيلُ على الخدودِ

، وأصبحْنا بين السماءِ والأرضِ ننتظرُ الموت أقرب منْ لمح البَصَرِ ، وتذكرتُ كلَّ شيءٍ فما وجدتُ كالعملِ الصالحِ ، وارتحل القلبُ إلى اللهِ عزَّ وجلَّ وإلى الآخرةِ ، فإذا تفاهةُ الدنيا ، ورخصُ الدنيا ، وزهادةُ الدنيا ، وأخذْنا نكرِّر : ((**لا إله إلا الله وحده لا شريك له ، له الملكُ وله الحمدُ وهو كلِّ شيءٍ قديرٌ**)) ، في هتافٍ صادقٍ ، وقام شيخٌ كبيرٌ مسنٌّ يهتفُ بالناسِ أن يلجؤُوا إلى اللهِ وأنْ يدعوهُ ، وأنْ يستغفروهُ وأنْ ينيبُوا له .

وقد ذكر اللهِ عن الناسِ أنهم: (**فَإِذَا رَكِبُوا فِي الْفُلْكِ دَعَوُا اللَّهَ مُخْلِصِينَ لَهُ الدِّينَ**).

ودعوْنا الذي يجيبُ المضطر إذا دعاه ، وألححْنا في الدعاءِ ، وما هو إلا وقتٌ ، ونعودُ للمرةِ الحادية عشرة والثانية عشرة ، فنهبطُ بسلام ، فلما نزلْنا كأنا خرجْنا من القبورِ ، وعادتِ النفوسُ إلى ما كانتْ ، وجفتِ الدموعُ ، وظهرتِ البَسَماتُ ، فما أعظم لطف اللهِ سبحانه وتعالى .

كمْ نطلبُ الله في ضُرٍّ يحِلُّ ... فإنْ تولَّتْ بلايانا نَسِيَناهُ
ندعوه في البحرِ أنْ يُنْجِي ... فإنْ رجعنا إلى الشاطي
ونركبُ الجوَّ في أمنٍ وفي ... وما سقطْنا لأنَّ الحافظ اللهُ

إنَهُ لطفُ الباري سبحانه وتعالى ، وعنايتُه ، ليس إلا .

****

« مَنْ لَنَا وقت الضائقةِ ؟ »

ذكرتْ جريدةُ « القصيم » -وهي جريدةٌ قديمةٌ كانتْ تصدُر في البلاد- ذكرتْ أن شاباً في دمشق حجزَ ليسافرَ ، وأخبر والدته أنَّ موعدَ إقلاعِ الطائرةِ في الساعةِ كذا وكذا ، وعليها أنْ توقظه إذا دنا الوقتُ ، ونام هذا الشابُّ ، وسمعتْ أمُّه الأحوال الجوية في أجهزةِ الإعلامِ ، وأنَّ الرياح هوجاءُ وأنَّ الجوَّ غائمٌ ، وأنَّ هناك عواصف رمليَّةً ، فأشفقتْ على وحيدها وبخلتْ بابنها ، فما أيقظتْه أملاً منها أن تفوته الرحلةُ ، لأنَّ الجوَّ لا يساعدُ على السفرِ ، وخافتْ من الوضعِ الطارئِ ، فلما تأكَّدتْ منْ أنَّ الرحلة قد فاتتْ ، وقد أقلعتِ الطائرةُ بركَّابِها ، أتتْ إلى ابنِها توقظُه فوجدتْه ميّتاً في فراشِه .

(**قُلْ إِنَّ الْمَوْتَ الَّذِي تَفِرُّونَ مِنْهُ فَإِنَّهُ مُلَاقِيكُمْ ثُمَّ تُرَدُّونَ إِلَى عَالِمِ الْغَيْبِ وَالشَّهَادَةِ فَيُنَبِّئُكُم بِمَا كُنتُمْ تَعْمَلُونَ**) .

فرَّ من الموتِ وفي الموتِ وَقع .
وقدْ قالتِ العامةُ : « للناجي في البحر طريقٌ » .
وإذا حضر الأجلُ فأيُّ شيء يقتلُ الإنسان .

****

منَ قصصِ الموتِ

ذكر الشيخُ علي الطنطاوي في سماعاتِه ومشاهداتِه : أنه كان بأرضِ الشام رجلٌ له سيارةُ لوري ، فركب معه رجلٌ في ظهرِ السيارة ، وكان في ظهرِ السيارة نَعشٌ مهيَّأ للأمواتِ ، وعلى هذا النعش شراعٌ لوقتِ الحاجةِ ، فأمطرتِ السماءُ وسال الماءُ فقام هذا الراكبُ فدخل في النعش وتغطَّى بالشراعِ ، وركب آخرُ فصعِد في ظهرِ الشاحنةِ بجانبِ النعشِ ، ولا يعلمُ أنَّ في النعشِ أحداً ، واستمرَّ نزولُ الغيثِ ، وهذا الرجلُ الراكبُ الثاني يظنُّ أنه وحده في ظهر السيارةِ ، وفجأةً يْخرج هذا الرجلُ يده من النعشِ ، ليرى : هلْ كفَّ الغيثُ أم لا ؟ ولما أخرج يده أخذ يلوحُ بها ، فأخذ هذا الراكبُ الثاني الهلعُ والجزعُ والخوفُ ، وظنَّ أن هذا الميت قد عاد حيّاً ، فنسي نفسه وسقط من السيارةِ ، فوقع على أمِّ رأسهِ فمات .

وهكذا كتب اللهُ أن يكون أجلُ هذا بهذهِ الطريقةِ . وأنْ يكون الموتُ بهذه الوسيلةِ .

كلُّ شيءٍ بقضاءٍ وقدرْ والمنايا عِبرٌ أيُّ عِبرْ

وعلى العبدِ أنْ يتذكَّر دائماً أنه يحمِلُ الموت ، وأنه يسعى إلى الموتِ ، وأنه ينتظرُ الموت صباح مساء ، وما أحسن الكلمة الرائقة الرائعة التي قالها عليُّ بنُ أبي طالب – رضي اللهُ عنه – وهو يقولُ : ((**إن الآخرة قد ارتحلتْ مقبلةً ، وإن الدنيا قد ارتحلتْ مُدْبِرة ، فكونوا من أبناء الآخرة ، ولا تكونوا من أبناء الدنيا ، فإن اليوم عملٌ ولا حسابٌ ، وغداً حسابٌ ولا عملٌ**)) .

وهذا يفيدُنا أنَّ على الإنسان أن يتهيَّأ وأن يتجهزَّ وأن يُصلح من حالِه ، وأن يُجدِّد توبته ، وأن يعلم أنه يتعاملُ مع ربٍّ كريمٍ قويٍ عظيمٍ لطيفٍ .

إن الموت لا يستأذنُ على أحدٍ ، ولا يحابي أحداً ، ولا يجاملُ ، وليس للموت إنذارٌ مبكر يخبرُ به الناس، **(وَمَا تَدْرِي نَفْسٌ مَاذَا تَكْسِبُ غَداً وَمَا تَدْرِي نَفْسٌ بِأَيِّ أَرْضٍ تَمُوتُ)**

****

(لَّا تَسْتَأْخِرُونَ عَنْهُ سَاعَةً وَلَا تَسْتَقْدِمُونَ)

ذكر الطنطاويُّ أيضاً في سماعاتِه ومشاهداتِه : أن باصاً كان مليئاً بالركاب ، وكان سائقُه يلتفتُ يَمْنَةً ويسْرَةً ، وفجأة وقف ، فقال له الركابُ : لِم تقفُ ؟ قال : أقفُ لهذا الشيخ الكبيرِ الذي يُشيرُ بيده ليركب معنا . قالوا : لا نرى أحداً ، قال : انظروا إليه . قالوا : لا نرى أحداً ! قال : هو أقبل الآن ليركب معنا . قالوا كلُّهم : واللهِ لا نرى أحداً من الناسِ ! وفجأة مات هذا السائقُ على مقعدِ سيارتِه .

لقدْ حضرتْ منيَّتُه ، وحلَّتْ وفاتُه ، وكان هذا سبباً ، (**فَإِذَا جَاء أَجَلُهُمْ لاَ يَسْتَأْخِرُونَ سَاعَةً وَلاَ يَسْتَقْدِمُونَ**) ، إنَّ الإنسانَ يجبُن من المخاوفِ ، وينخلعُ قلبه منِ مظانِّ المنايا ، وإذا بالمأمنِ تقتلُه ، (**الَّذِينَ قَالُواْ لإِخْوَانِهِمْ وَقَعَدُواْ لَوْ أَطَاعُونَا مَا قُتِلُوا قُلْ فَادْرَؤُوا عَنْ أَنفُسِكُمُ الْمَوْتَ إِن كُنتُمْ صَادِقِينَ**) . والعجيبُ فينا أننا لا نفكرُ في لقاءِ اللهِ عزَّ وجلَّ ، ولا في حقارةِ الدنيا ، ولا في قصةِ الارتحالِ منها إلا ذا وقعْنا في المخاوفِ .

****

فربما صحَّتِ الأجسامُ بالعللِ

ذكر أهلُ السيِّرِ : أن رجلاً أصابه الشللُ ، فأُقعد في بيته ، ومرتْ عليه سنواتٌ طوالٌ من المللِ واليأسِ والإحباطِ ، وعَجَزَ الأطباءُ في علاجِه ، وبلَّغوا أهله وأبناءه ، وفي ذات يومٍ نزلتْ عليه عقربٌ من سقفِ منزلِه ، ولم يستطعْ أن يتحرك من مكانِه ، فأتتْ إلى رأسِه وضربتْه برأسِها ضرباتٍ ولدغتْه لدغاتٍ ، فاهتزَّ جسمُه من أخمصِ قدميه إلى مشاشِ رأسِه ، وإذا بالحياةُ تدبُّ في أعضائِه ، وإذا بالبُرءِ والشفاء يسير في أنحاءِ جسمِه ، وينتفضُ الرجلُ ويعودُ نشيطاً ، ثم يقفُ على قدميه ، ثم يمشي في غرفتِه ، ثم يفتحُ بابه ، ويأتي أهله وأطفاله ، فإذا الرجلُ واقفاً ، فما كانوا يصدِّقون وكادوا من الذهول يُصعقون ، فأخبرهم الخَبَرَ .

فسبحان الذي جعل علاج هذا الرجلِ في هذا !!

وقد ذكرتُ هذا لبعض الأطباءِ فصدَّق المقولة ، وذكَرَ أن هناك مصْلاً ساماً يُستخدم بتخفيفٍ كيماويٍّ ، ويعالجُ به هؤلاءِ المشلولون .

فجلَّ اللطيفُ في علاه ، ما أنزل داءً إلا وأنزل له دواءً .
****

وللأولياء كرامات

هذا صلةُ بن أشيم العابدُ الزاهدُ من التابعين : يذهب إلى الشمالِ ليجاهد في سبيلِ اللهِ ، ويضمُّه الليلُ فيذهبُ إلى غايةٍ ليصلي فيها ، ويدخل بين الشجرِ ويتوضَّأ ، ويقوم مصلياً ، وينهدُّ عليه أسدٌ كاسرٌ ، ويقتربُ من « صِلة » وهو في صلاته ، ويدورُ به ، وصلةُ في تبتُّله مستمرٌّ ، ولم يقطعْ صلاته وذِكره ، ويسلِّمُ صلةُ بن أشيم من ركعتين ، ثم يقولُ للأسدِ : إن كنت أُمرت بقتلي فكلْني ، وإن تُؤْمر فاتركْني أناجي ربي . فأرخى الأسدُ ذيله وذهب من المكان ، وترك صلة يصلي .

ولك أن تنظر في « البداية والنهاية » وغيرها من كتبِ التاريخِ ، وهذا مذكورٌ عن «سفينة» مولى رسولِ اللهِ ﷺ في كتبِ تراجمِ الصحابةِ ، أنه أتى هو ورفْقةٌ معهُ من ساحلِ البحرِ ، فلما نزلُوا البرَّ فإذا بأسدٍ كاسر مُقبلٍ يريدُهم ، فقال سفينةُ : يا أيها الأسدُ أناَ من أصحابِ رسولِ اللهِ ﷺ وأنا خادمُه ، وهؤلاء رفقتي ولا سبيل لك علينا . فولَّى الأسدُ هارباً ، وزأر زأرةً كاد يملأ بها ربوع المكانِ .

وهذه الوقائعُ والأحداثُ لا ينكرُها إلا مكابرٌ ، وإلا ففي سُننِ اللهِ في خلقِهِ ما يشهدُ بمثل هذا ، ولولا طولُ المقامِ لأوردْتُ عشراتِ القصصِ الصحيحةِ الثابتةِ في هذا الباب ، لكنْ يكفيك دلالةٌ من هذا الحديث ، لتعلم أنَّ هناك ربّا لطيفاً حكيماً لا تغيبُ عنه غائبةٌ . إن علم الله يلاحقُ الناس ، ولطفه سبحانه وتعالى وشهوده واطلاعه : (**مَا يَكُونُ مِن نَّجْوَى ثَلَاثَةٍ إِلَّا هُوَ رَابِعُهُمْ وَلَا خَمْسَةٍ إِلَّا هُوَ سَادِسُهُمْ وَلَا أَدْنَى مِن ذَٰلِكَ وَلَا أَكْثَرَ إِلَّا هُوَ مَعَهُمْ أَيْنَ مَا كَانُوا**) .

****

كفى باللهِ وكيلاً وشهيداً

ذكر البخاريُّ في صحيحهِ : أن رجلاً من بني إسرائيل طلب من رجلٍ أن يُقرضه ألف دينارٍ ، قال : هل لك شاهدٌ ؟ قال : ما معي شاهدٌ إلا اللهُ . قال :

كفى بالله شهيداً . قال : هل معك وكيلٌ ؟ قال : ما معي وكيل إلا الله . قال : كفى بالله وكيلاً . ثم أعطاه ألف دينار ، وذهب الرجل وكان بينهما موعدٌ وأجلٌ مسمَّى ، وبينهما نهرٌ في تلك الديارِ ، فلما حان الموعدُ أتى صاحبُ الدنانيرِ ليعيدها لصاحبِها الأولِ ، فوقف على شاطئ النهرِ ، يريدُ قارباً يركبُه إليه ، فما وجد شيئاً ، وأتى الليلُ وبقي وقتاً طويلاً ، فلم يجدْ من يحملُه ، فقال : اللهمَّ إنه سألني شهيداً فما وجدتُ إلا أنت ، وسألني كفيلاً فما وجدتُ إلا أنت ، اللهمّ بلِّغْه هذه الرسالة . ثم أخذ خشبةً فنقرها وأدخل الدنانير فيها ، وكتب فيها رسالةً ، ثم أخذ الخشبة ورماها في النهرِ ، فذهبتْ بإذنِ الله ، وبلطفِ اللهِ ، وبعنايةِ اللهِ سبحانه وتعالى ، وخرج ذاك الرجلُ صاحبُ الدنانير الأولُ ينتظرُ موعد صاحبِهِ ، فوقف على شاطئ النهرِ وانتظر فما وجد أحداً ، فقال : لِم لا آخذ حطباً لأهل بيتي ؟! فعرضتْ له الخَشَبةُ بالدنانير ، فأخذها وذهب بها إلى بيتِه ، فكسرها فوجد الدنانير والرسالة .

لأنَّ الشهيد سبحانه وتعالى أعان ، ولأن الوكيل أدَّى الوكالة ، فتعالى اللهُ في عُلاهُ .

(وَعَلَى اللهِ فَلْيَتَوَكَّلِ الْمُؤْمِنُونَ) .

(وَعَلَى اللهِ فَتَوَكَّلُواْ إِن كُنتُم مُّؤْمِنِينَ) .

****

**

وقفـــةٌ

قال لبيدُ :

فاكذبِ النفس إذا حدَّثْتها إنَّ صِدْق النفسِ يُزْرِي

وقال البستيُّ :

أفِدْ طبعك المكدود بالهمِّ تجمَّ وعلِّلْهُ بشيءٍ من

ولكنْ إذا أعطيتَه ذاك بمقدارِ ما يُعطى الطعامُ مِن

وقال أبو علي بن الشبل :

بحفظِ الجسمِ تبقى النفسُ بقاءُ النارِ تُحفظُ

فباليأسِ المُمِضِّ فلا ولا تمددْ لها طول

وعِـدْها فـي شـدائدها وذكِّرْهـا الشـدائد فـي
يُعـدُّ صلاحُها هذا وهذا وبالتركيـبِ مَنْفَعَـةُ

****

أطِبْ مطعمك تكنْ مستجاب الدعوةِ

كان سعدُ بنُ أبي وقّاص يدركُ هذه الحقيقة ، وهو أحدُ العشرةِ المبشرين بالجنـةِ ، وقد دعا لـه ﷺ بسدادِ الرمي وإجابةِ الدعوةِ ، فكان إذا دعا أُجيبَتْ دعوتُه كَفَلَقِ الصبحِ .

أرسل عمرُ – رضي اللهُ عنه – أناساً من الصحابة يسألون عن عدْلِ سعدٍ في الكوفةِ ، فأثنى الناسُ عليه خيْراً ، ولما أتْوا في مسجدِ حيٍّ لبني عبْسٍ ، قام رجلٌ فقال : أما سألتموني عنْ سعدٍ ؟ فإنه لا يعدلُ في القضيةِ ، ولا يحكمُ بالسَّويَّةِ ، ولا يمشي مع الرعية . فقال سعدٌ : اللهمَّ إنْ كان قام هذا رياءً وسمعةً فأعْمِ بصره ، وأطلْ عمره ، وعرِّضْه للفتنِ . فطال عُمْرُ هذا الرجلِ ، وسقط حاجباهُ على عينيه ، وأخذ يتعرَّضُ للجواري ويغمزهُنّ في شوارعِ الكوفةِ ، ويقول : شيخٌ مفتون ، ، أصابتْني دعوة سعْدٍ .

إنه الاتصالُ باللهِ عزَّ وجلَّ ، وصدق النية معه ، والوثوق بموعودِه ، تبارك اللهُ ربُّ العالمين .

وفي « سيرِ أعلامِ النبلاءِ» : عن سُعد أيضاًّ : أن رجلاً قام يَسُبُّ علياً - رضي اللهُ عنه- ، فدافع سعدٌ عن علي ، واستمرَّ الرجل في السبِّ والشتمِ ، فقال سعدٌ : اللهم اكفنيه بما شئت . فانطلق بعيرٌ من الكوفةِ فأقبل مسرعاً ، لا يلوي على شيء ، وأخذ يدخل من بينِ الناس حتى وَصَلَ إلى الرجلِ ، ثم داسه بخفَّيْه حتى قتله أمام مشهدٍ ومرأى من الناسِ .

(**إِنَّا لَنَنصُرُ رُسُلَنَا وَالَّذِينَ آمَنُوا فِي الْحَيَاةِ الدُّنْيَا وَيَوْمَ يَقُومُ الْأَشْهَادُ**) .

وإنني أعرضُ لك هذه القصص لتزداد إيماناً ووثوقاً بموعودِ ربِّك فتدعوه وتناجيه ، وتعلم أن اللطف لطفُه سبحانه ، وأنه قد أمرك في محكم التنزيل فقال : (**ادْعُونِي أَسْتَجِبْ لَكُمْ**) . (**وَإِذَا سَأَلَكَ عِبَادِي عَنِّي فَإِنِّي قَرِيبٌ أُجِيبُ دَعْوَةَ الدَّاعِ إِذَا دَعَانِ**) ..

لقد استدعى الحجَّاجُ الحسن البصريَّ ليبطش به ، وذهب الحسنُ وما في ذهنه إلا عنايةُ اللهِ ولطفُ الله ، والوثوقُ بوعِد اللهِ ، فأخذ يدعو ربَّه ، ويهتفُ

بأسمائِه الحسنى ، وصفاتِه العلى ، فيحوِّل اللهُ قلب الحجاجِ ، ويقذفُ في قلبه الرعب ، فما وصل الحسَنُ إلا وقد تهيأ الحجاجُ لاستقبالِه ، وقام إلى البابِ ، واستقبل الحَسَنَ ، وأجلسَه معه على السريرِ ، وأخذ يُطيِّب لحيته ، ويترفَّقُ به ، ويُلينُ له في الخطابِ !! فما هو إلا تسخيرُ ربِّ العزةِ والجلالِ .

إنَّ لطف اللهِ يسري في العالمِ ، في عالم الإنسانِ ، في عالمِ الحيوانِ ، في البرِّ والبحْرِ ، في الليلِ والنهارِ ، في المتحركِ والساكنِ ، (**وَإِن مِّن شَيْءٍ إِلاَّ يُسَبِّحُ بِحَمْدَهِ وَلَـكِن لاَّ تَفْقَهُونَ تَسْبِيحَهُمْ إِنَّهُ كَانَ حَلِيماً غَفُوراً**) .

صحَّ : أنَّ سليمان عليه السلام قد أُوتي منطق الطيرِ ، خَرَجَ يستسقي بالناسِ ، وفي طريقِه من بيتِه إلى المصلَّ رأى نملةً قد رفعتْ رجليها تدعو ربَّ العزةِ ، تدعو الإله الذي يعطي ويمنحُ ويلطفُ ويُغيثُ ، فقال سليمان : أيُّها الناسُ ، عودُوا فقد كُفيتُم بدعاءِ غيرِكم .

فأخذ الغيثُ ينهمرُ بدعاءِ تلك النملةِ ، النملةِ التي فهم كلامها سليمانُ عليه السلامُ ، وهو يزجفُ بجيشه الجرَّار ، فتعظُ أخواتها في عالم النملِ : (**قَالَتْ نَمْلَةٌ يَا أَيُّهَا النَّمْلُ ادْخُلُوا مَسَاكِنَكُمْ لَا يَحْطِمَنَّكُمْ سُلَيْمَانُ وَجُنُودُهُ وَهُمْ لَا يَشْعُرُونَ{18} فَتَبَسَّمَ ضَاحِكاً مِّن قَوْلِهَا**) . في كثير من الأحيان يأتي لطفُ البري سبحانه وتعالى بسبب هذه العجماواتِ .

وقد ذكر أبو يعلى في قدسي أن الله يقولُ : ((وعِزَّتي وجلالي ، لولا شيوخٌ رُكَّعٌ ، وأطفال رُضَّعٌ ، وبهائمُ رُتَّعٌ ، لمنعتُ عنكم قطْرَ السماءِ)) .

****

وإنْ منْ شيء إلا يسبِّحُ بحمدِ ربِّه

إنَّ الهدد في عالمِ الطيورِ عرف ربَّهُ ، وأذعنَ لمولاهُ ، وأخبت لخالقِه .

ذهب الهدهدُ ، وكانت تلك القصةُ الطويلةُ ، وانتهتْ إلى تلك النتائجِ التاريخيةِ ، وكان سببها هذا الطائرُ الذي عَرَفَ ربَّه ، حتى قال بعضُ العلماءِ : عجيبٌ ! الهدد أذكى من فرعون ، فرعونُ كَفَرَ في الرخاءِ فما نفعه إيمانُه في الشِّدَّة ، والهدهدُ آمن بربِّه في الرخاءِ ، فنفعه إيمانُه في الشّدةِ .

الهدهدُ قال : (**أَلَّا يَسْجُدُوا لِلَّهِ الَّذِي يُخْرِجُ الْخَبْءَ**......) . وفرعونُ يقول : (**مَا عَلِمْتُ لَكُم مِّنْ إِلَهٍ غَيْرِي......**) . إن الشقيَّ من كان الهدهد أذكى منه ، والنملةُ أفهمُ لمصيرِها منه . وإن البليد من أظلمتْ سبُله ، وتقطَّعتْ حبالُه ،

وتعطلَتْ جوارحُـه عـن النفـع ، (**لَهُمْ قُلُوبٌ لاَّ يَفْقَهُونَ بِهَا وَلَهُمْ أَعْيُنٌ لاَّ يُبْصِرُونَ بِهَا وَلَهُمْ آذَانٌ لاَّ يَسْمَعُونَ بِهَا**) .

فـي عـالم النحل لطفُ اللهِ يسـري ، وخيرُه يجرِي ، وعنايتُه تلاحقُ تلكم الحشـرة الضـئيلة المسكينة ، تنطلـقُ مـن خليتها بتسـخيرٍ مـن البـاري ، تلـتمسُ رزقها ، لا تقعُ إلا على الطيبِ النقيِّ الطاهرِ ، تمصُّ الرحيقَ ، تهيمُ بـالورودِ ، تعشقُ الزَّهْر ، تعودُ محمَّلةً بشرابٍ مختلفٍ ألوانُـه فيه شفاءٌ للنـاسِ ، تعودُ إلـى خليتِها لا إلى خليةٍ أخرى ، لا تضلُّ طريقهـا ، ولا تحـارُ فـي سبلِها ، (**وَأَوْحَى رَبُّكَ إِلَى النَّحْلِ أَنِ اتَّخِذِي مِنَ الْجِبَالِ بُيُوتاً وَمِنَ الشَّجَرِ وَمِمَّا يَعْرِشُونَ{68} ثُمَّ كُلِي مِن كُلِّ الثَّمَرَاتِ فَاسْلُكِي سُبُلَ رَبِّكِ ذُلُلاً يَخْرُجُ مِن بُطُونِهَا شَرَابٌ مُّخْتَلِفٌ أَلْوَانُهُ فِيهِ شِفَاء لِلنَّاسِ إِنَّ فِي ذَلِكَ لآيَةً لِّقَوْمٍ يَتَفَكَّرُونَ**) .

إن سعادتك منْ هذا القصـص ، ومـن هذا الحديثِ ، ومـن هذه العِبر : أن تعلـم أن هنـاك لطفـاً خفيـاً للهِ الواحدِ الحدِ ، فتـدعوه وحـده ، وترجـوه وحـده ، وتسألهُ وحده ، وأنَّ عليك واجباً شرعياً نـزلَ فـي الميثـاقِ الربـانيِّ ، وفـي النَّهْجِ السمـاويِّ أن تسـجد لـه ، وأن تشكـره ، وأن تتـولاَّه ، وأن تتجـه بقلبك إليـه . إن عليك أنْ تعلم أن هذا البشَرَ الكثير وهذا العـالم الضـخم ، لا يُغنـون عنك من اللهِ شيئاً ، إنهم مساكينُ ، إنهم كلهم محتاجون إلى اللهِ ، إنهم يطلبـون رزقهم صبـاح مسـاء ، ويطلبـون سـعادتهم وصـحَّتهم وعـافيتهم وأشياءهم وأموالهم ومناصـبهم من اللهِ الذي يملكُ كلَّ شيءٍ .

(**يَا أَيُّهَا النَّاسُ أَنتُمُ الْفُقَرَاء إِلَى اللَّهِ وَاللَّهُ هُوَ الْغَنِيُّ الْحَمِيدُ**) ، إن عليك أن تعلم علم اليقينِ أنـه لا يهديك ولا ينصـرُنك ، ولا يحميك ولا يتـولاك ، ولا يحفظُـك ، ولا يمنحُـك إلا اللهُ ، إن عليـك أن توحِّـد اتجـاه القلـبِ ، وتفـرد الـربِّ بالوحدانيةِ والألوهيةِ والسؤالِ والاستعانةِ والرجاءِ ، وأن تعلم قْدر البشـرِ ، وأن المخلوق يحتاجُ إلى الخالقِ ، وأن الفاني يحتـاجُ إلـى البـاقي ، وأن الفقيرَ يحتـاجُ إلـى الغنـي ، وأن الضـعيف يحتـاجُ إلـى القـويِّ . والقـوةُ والغنـى والبقـاءُ والعـزةُ المطلقةُ يملكُها اللهُ وَحْدَهُ .

إذا علمت ذلك ، فاسـعدْ بقربـهِ وبعبادتـه والتبتلِ إليـه ، إليـه ، إنِ استـغفرتـه غَفَرَ لك ، وإن تبت إليه تاب عليك ، وإن سألته أعطاك ، وإن طلبت منه الـرزق رزقك ، وإن استنصرته نصرك ، وإن شكرته زادك .

****

ارض عن الله عزَّ وجلَّ

من لوازمِ ((رضيتُ بالله رباً ، وبالإسلام ديناً، وبمحمدٍ ﷺ نبياً)). أنِ ترضى عن ربِّك سبحانه وتعالى ، فترضى بأحكامِه ، وترضى بقضائِه وقدرِه ، خيرِه وشرِه ، حُلوِه ومُرِّه .

إن الانتقائية بالإيمانِ بالقضاءِ والقدرِ ليستْ صحيحةً ، وهي أن ترضى فَحَسْبُ عند موافقةِ القضاءِ لرغباتِك ، وتتسخَّط إذا خالف مرادك وميْلك ، فهذا ليس من شأنِ العبدِ .

إن قوماً رضُوا بربِّهم في الرخاءِ وسخطُوا في البلاءِ ، وانقادُوا في النعمةِ وعاندُوا وقت النقمةِ ، (**فَإِنْ أَصَابَهُ خَيْرٌ اطْمَأَنَّ بِهِ وَإِنْ أَصَابَتْهُ فِتْنَةٌ انقَلَبَ عَلَى وَجْهِهِ خَسِرَ الدُّنْيَا وَالْآخِرَةَ**) .

لقدْ كان الأعرابُ يُسْلمون ، فإذا وجدُوا في الإسلامِ رغداً بنزولِ غيثٍ ، ودرِّ لبنٍ ، ونبْتِ عشبٍ ، قالوا : هذا دينُ خيْرٍ . فانقادُوا وحافظوا على دينِهم .

فإذا وجدُوا الأخرى ، جفافاً وقحْطاً وجدْباً واضمحلالاً في الأموالِ وفناءً للمرعى ، نكصُوا على أعقابهم وتركُوا رسالتَهم ودينَهم .

هذا إذن إسلامُ الهوى ، وإسلامُ الرغبةِ للنفس . إن هناك أناساً يرضون عن اللهِ عزَّ وجلَّ ، لأنهم يريدون ما عند اللهِ ، يريدون وجهه ، يبتغون فضلاً من اللهِ ورضواناً ، يسعون للآخرةِ .

رضينا بك اللهمَّ رباً   وبالمصطفى المختارِ نوراً
فإمَّا حياةٌ نظْم الوحيُ   وإلا فموتٌ لا يسُرُّ

إن من يرشّحُه اللهُ للعبوديّةِ ويصطفيه للْخدمةِ ويجتبيه لسدانةِ الملَّةِ ، ثم لا يرضى بهذا الترشيحِ والاصطفاءِ والاجتباءِ ، لهو حقيقٌ بالسقوطِ الأبدي والهلاك السّرمديِّ : (**آتَيْنَاهُ آيَاتِنَا فَانسَلَخَ مِنْهَا فَأَتْبَعَهُ الشَّيْطَانُ فَكَانَ مِنَ الْغَاوِينَ**) ، (**وَلَوْ عَلِمَ اللهُ فِيهِمْ خَيْراً لَأسْمَعَهُمْ وَلَوْ أَسْمَعَهُمْ لَتَوَلَّواْ وَّهُم مُّعْرِضُونَ**) .

إن الرّضا بوابةُ الديانةِ الكبرى ، منها يَلِجُ المقرَّبون إلى ربِّهم ، الفرحون بهداه ، المنقادون لأمرِه ، المستسلمون لحكمه .

قَسَّمَ ﷺ غنائم حُنَيْنٍ ، فأعطى كثيراً من رؤساءِ العربِ ومتأخري العرب ، وترك الأنصار ، ثقةً بما في قلوبِهم من الرضى والإيمانِ واليقين والخيرِ

العميمِ ، فكأنهم عتبُوا لأن المقصود لم يظهر لهم ، فجمعهم ﷺ وفسَّرَ لهم السرَّ في المسألةِ ، وأخبرهم أنه معهم ، وأنه يحبُّهم ، وأنه ما أعطى أولئك إلا تأليفاً لقلوبهم ، لنقْصِ ما عندهم من اليقين ، وأما الأنصارُ فقال لهم : ((**أما ترضون أن ينطلق الناسُ بالشاءِ والبعير ، وتنطلقون برسولِ اللهِ ﷺ إلى رحالِكم ؟! الأنصار شعارٌ ، والناسُ دِثار ، رحم اللهُ الأنصار ، وأبناء الأنصارِ ، وأبناءِ أبناءِ الأنصارِ ، لو سلك الناسُ شِعْباً وادياً ، وسلك الأنصارُ شعباً وادياً لسلكتُ وادي الأنصارِ وشِعْبَ الأنصارِ**)) . فغمرتْهم الفرحةُ . وملأتْهم المسرَّةُ ، ونزلتْ عليهم السكينةُ ، وفازوا برضا اللهِ ورضا رسولِهِ ﷺ .

إن الذين يتطلعون إلى رِضْوانِ اللهِ ويتشوَّقون إلى جنَّةٍ عرضُها السماواتُ والأرضُ ، لا يقبلون الدنيا بحذافيرِها بدلاً من هذا الرضوانِ ، ولا عوضاً عن هذا النوالِ العظيمِ .

أسلم أعرابيٌّ بين يدي رسول اللهِ ﷺ فأعطاه ﷺ بعض المالِ ، فقال : يا رسول اللهِ ، ما على هذا بايعتُك . فقال رسولُ اللهِ ﷺ : ((**على ماذا بايعتني ؟**)) قال : بايعتُك على أن يأتيني سهمٌ طائش فيقع هنا (وأشار إلى حلْقِه) ويخرج من هنا (وأشار إلى قفاه).قال له: ((**إن تصْدُقِ اللهَ يصدقْكَ**)). وحضر المعركة، وجاءه سهمٌ طائش ونفذ من نحرِه، ولقي ربَّه راضياً مرضيّا .

ما المالُ والأيَّامُ ما الدُّنيا   تلك الكنوزُ من الجواهرِ
ما المجدُ والقصرُ المنيفُ   ما هذه الأكداسُ مِن أغلى
لا شيء كُلُّ نفيسةٍ   تفنى ويبقى اللهُ أكرم من

ووزَّع ﷺ ذات يوم أموالاً ، فأعطى أناساً . قليلي الدين ، ضحلي الأمانة ، مقفرين في عالم المُثُل ، وترك أناساً ثُلَّمتْ سيوفُهم في سبيلِ اللهِ ، وأُنفقتْ أموالُهم، وجُرحتْ أجسامُهم في الجهادِ والذبِّ عن الملَّةِ ، ثم قام ﷺ خطيباً في المسجدِ وأخبرهم بالأمرِ ، وقال لهم : ((**إني أعطي أناساً لِما جعل اللهُ في قلوبِهم من الجزعِ والطمعِ ، وأدَعُ أناساً لما جعل اللهُ في قلوبِهم من الإيمانِ – أو الخيرِ – منهم : عمرو بنُ تغلب**)) . فقالَ عمروُ بنُ تغلب : كلمةٌ ما أريدُ أنَّ لي بها الدنيا وما فيها .

إنه الرضا عن اللهِ عزَّ وجلَّ الرضا عن حكْمِ رسولِهِ ﷺ ، طلبَ ما عندَ اللهِ ، إنَّ الدنيا لا تساوي عند الصحابي الواحد كلمة راضية باسمة منه ﷺ .

لقد كانت وُعودُ الرسول ﷺ لأصحابه ثواباً من عندِ اللهِ ، وجنةً عنده ورضواناً منه ، لم يَعِدْ ﷺ أحداً منهم بقصرٍ أو ولايةِ إقليمٍ أو حديقةٍ . كان يقول لهم : من يفعلُ كذا وله الجنةُ ؟ ولآخر : وهو رفيقي في الجنةِ ؟ لأن البذلُ الذي بذلوه والمالُ الذي أنفقوه والجهدُ الذي قدموه ، لا جزاء له إلا في الدارِ الآخرةِ ، لأن الدنيا بما فيها لا تكافئُ المجهود الضخم ؛ لأنها ثمنٌ بخيسٌ ، وعطاءٌ رخيصٌ وبذْلٌ زهيدٌ .

وعند الترمذيِّ : يستأذنُ عمرُ -رضي اللهُ عنه - رسول اللهِ ﷺ في العمرةِ ، قال : ((**لا تنسنا من دعائِك يا أخي**)) .

وقائل هذه الكلمة هو رسولُ الهدى ﷺ ، الإمامُ المعصومُ ، الذي لا ينطقُ عن الهوى ، ولكنها كلمةٌ عظيمةٌ وثمينةٌ ونفيسةٌ ، قال عمرُ فيما بعدُ : كلمة ما أريد أنَّ لي بها الدنيا وما فيها .

ولك أنْ تشعر أن رسول اللهِ ﷺ ، قال لك أنت بعينكِ : لا تُنسنا من دعائك يا أخي .

كان رضا رسول الله ﷺ عن ربِّه فوق ما يصفُه الواصفون ، فهو راضٍ في الغنى والفقرِ ، راضٍ في السلْمِ والحربِ ، راضٍ وقت القوةِ والضعفِ ، راضٍ وقت الصحةِ والسقمِ ، راضٍ في الشدةِ والرخاءِ .

عاش ﷺ مرارة اليُتْمِ ، وأسى اليتمِ ، ولوعة اليتمِ فكان راضياً ، وافتقر ﷺ حتى ما يجد دَقلَ التمرِ – أي رديئه - ، وكان يربطُ الحجر على بطنِه من شدَّةِ الجوعِ ، ويقترضُ شعيراً من يهودي ويرهنُ درعه عنده ، وينامُ على الحصير فيؤثرُ في جنبِه ، وتمرُّ ثلاثةُ أيام لا يجدُ شيئاً يأكلُه ، ومع ذلك كان راضياً عن اللهِ ربِّ العالمين (**تَبَارَكَ الَّذِي إِن شَاء جَعَلَ لَكَ خَيْراً مِّن ذَلِكَ جَنَّاتٍ تَجْرِي مِن تَحْتِهَا الْأَنْهَارُ وَيَجْعَل لَّكَ قُصُوراً**) .

ورضي عن ربِّه وقت المجابهةِ الأولى ، يوم وقَفَ هو في حزبِ اللهِ ، ووقفتِ الدنيا – كلُّ الدنيا – تحاربُه بخيلِها ورجِلها ، بغناها بزخرفِها ، بزهوِها بخيلائها ، فكان راضياً عن اللهِ . رضي عنِ اللهِ في الفترةِ الحرجةِ ، يوم مات عمُّه وماتت زوجتُه خديجةُ ، وأوذي أشدَّ الأذى ، وكُذب أشدَّ التكذيبِ ، وخُدشتْ كرامتُه ، ورُمي في صِدْقِهِ ، فقيل له : كذَّابٌ ، وساحرٌ ، وكاهنٌ ، ومجنونٌ ، وشاعرٌ .

ورضي يوم طُرِد من بلدِه ، ومسقطِ رأسِهِ ، فيها مراتعُ صباه ، وملاعبُ طفولتِه ، وأفانينُ شبابِه ، فيلتفتُ إلى مكة وتسيلُ دموعُه ، ويقول : ((**إنكِ أحبُّ بلادِ اللهِ إليَّ ، ولولا أنَّ أهلك أخرجوني منك ما خرجتُ**)) .

ورضي عن اللهِ وهو يذهبُ إلى الطائفِ ليعرِض دعوته ، فيُواجه بأقبحِ ردٍّ ، وبأسوأِ استقبالٍ ، ويُرمى بالحجارةِ حتى تسيل قدماه ، فيرضى عن مولاه .

ويرضى عن اللهِ وهو يخرج من مكة مرغماً ، فيسير إلى المدينة ويُطاردُ بالخيلِ ، وتُوضعُ العراقيلُ في طريقِه أينما ذهب .

يرضى عن ربه في كلِّ موطنٍ ، وفي كل مكانٍ ، وفي كل زمنٍ .

يحضر أُحُداً ﷺ فيُشجّ رأسُه ، وتُكسرُ ثنيتُه ، ويُقتلُ عمُّه ، ويُذبحُ أصحابهُ ، ويُغلبُ جيشُه ، فيقول : ((صُفُّوا ورائي لأُثني على ربي)) .

يرضى عن ربِّه وقد ظهر حِلْفُ كافرٌ ضدَّه من المنافقين واليهود والمشركين ، فيقف صامداً متوكِّلاً على اللهِ ، مفوّضاً الأمر إليه .

وجزاءُ هذا الرضا منه ﷺ : (**وَلَسَوْفَ يُعْطِيكَ رَبُّكَ فَتَرْضَى**) .

****

هِتافٌ في وادي نخلة

أُخرِج محمدٌ المعصومُ ﷺ من مكة حيث أهلُه وأبناؤه ودارُه ووطنُه ، طُردُ طرداً وشُرِّد تشريداً ، والتجأ إلى الطائفِ فقُوبل بالتكذيبِ وجُوبِه بالجحودِ ، وتهاوتْ عليه الحجارةُ والأذى والسبُّ والشتمُ .

فعيناه بدموع الأسى تكفانِ وقدماه بدماءِ الطهرِ تنزفانِ ، وقلبُه بمرارةِ المصيبة يَلْعَجُ ، فإلى من يلتجئ ؟ ومن يسألُ ؟ وإلى من يشكو ؟ وإلى من يقصدُ ؟ إلى اللهِ إلى القويِّ إلى القهارِ ، إلى العزيزِ ، إلى الناصرِ .

استقبل محمدٌ ﷺ القبلة ، وقصد ربَّ ، وشكر مولاه ، وتدفَّق لسانهُ بعباراتِ الشكوى وصادقِ النجوى وأحرِّ الطلبِ ، ودعا وألحَّ وبكى ، وشكا وتظلَّم وتألَّم .

المآقي من الخطوبِ والمآسي على الخدودِ
وشفاهُ الأيامِ تلثمُ وجهاً نَحَتَتْهُ الرعودُ والأنواءُ

اسـمع سـؤال النبـي ﷺ مـولاهُ وإلهـه ليلـة نخلـة ، إذْ يقـول : ((**اللهـم إنـي أشـكو إليـك ضـعْفَ قـوتي وقِلّـةَ حيلتِـي وهـواني علـى النـاسِ ، أنـت أرحـمُ الـراحمين، وربُّ المستضـعفين ، وأنـت ربـي ، إلـى مـن تكِلُنـي ؟ إلـى قريـبٍ يتجهَّمُني ، أو إلى عدوٍّ ملَّكْتَه أمري ، إن لم يكن عليَّ غَضَبٌ فلا أبـالي ، غير أن عافيتك هـي أوسـع لـي ، أعـوذُ بنـور وجهـك الـذي أشـرقتْ لـه الظلمـاتُ ، وصَلُحَ عليه أمرُ الدنيا والآخرةِ ، أنْ ينزلَ بـي غَضَبُك ، أو يحلَّ بـي سخطُك ، لك العُتْبى حتى ترضى ، ولا حول ولا قوة إلا بك**)) .

****

**

جوائز للرعيل الأول

(**لَقَدْ رَضِـيَ اللَّهُ عَنِ الْمُـؤْمِنِينَ إِذْ يُبَايِعُونَـكَ تَحْـتَ الشَّـجَرَةِ فَعَلِمَ مَـا فِـي قُلُوبِهِمْ فَأَنزَلَ السَّكِينَةَ عَلَيْهِمْ وَأَثَابَهُمْ فَتْحاً قَرِيباً**) .

هذه غايـةُ مـا يتمنـاه المـؤمنين ومـا يطلبُـه الصـادقون ومـا يحـرصُ عليـه المفلحـون .. رضـوانِ اللهِ . إن الرضـا أجلُّ المطالـبِ وأنبلُ المقاصـدِ وأسـمى المواهبِ .

هنا في هذه الآية جاء رضـا الله ، بينمـا ذُكِر فـي موضـعِ آخر الغفرانُ : (**لِيَغْفِرَ لَكَ اللَّهُ مَا تَقَدَّمَ مِن ذَنبِكَ وَمَا تَأَخَّرَ**).وفي موطنٍ ثانٍ التوبةُ :(**لَقَد تَّابَ اللهُ عَلَى النَّبِيِّ وَالْمُهَاجِرِينَ وَالأَنصَارِ**) . وفي ثالثِ العفوُ : (**عَفَا اللَّهُ عَنكَ لِمَ أَذِنتَ لَهُمْ**) .

أما هنا : فالرضوان المحقَّقُ ، لأنهم يبايعونك تحت الشجرةِ وعلم اللهُ ما في قلوبِهم ، فبيْعتُهم بيعةٌ لأرواحهم الثمينةِ عندهم لتزهق لمرضاةِ الملكِ الحقِّ ، وبيعةٌ لأنفسهم النفيسةِ لتذهب لمرضاةِ الواحدِ القهارِ ، وبيعةٌ لوجودهم وحياتهم ، لأنَّ فـي مـوتهم حيـاة للرسـالة ، وفـي قتلهم خلـوداً للملـة ، وفـي ذهـابِهم بقـاءً للميثاقِ .

وعِلـم مـا فـي قلـوبهم مـن الإيمـانِ المكـينِ واليقـينِ المتـين ، والإخـلاصِ الصـافي والصـدقِ الـوافي ، لقد تعبُـوا وسـهرُوا ، وجـاعُوا وظمئُـوا ، وأصـابهم الضررُ والضيقُ ، والمشقةُ والضنى ، لكنه رضي عنهم .

لقد فارقُوا الأهل والأموال والأولاد والديار ، وذاقُوا مرارة الفراقِ ولوعة الغربةِ ، ووعثاء السفرِ وكآبة الارتحالِ ، لكنه رضي عنهم .

لقد شُرِّدوا وطُرِدُوا وفُرِّقُوا وتعِبُوا وأُجهدُوا ، لكنَّه رضي عنهم .

هل جزاءُ هؤلاء المجاهدين والمنافحين عن الملةِ : غنائمُ من إبلٍ وبقرٍ وغنمٍ ؟ هل مكافأةُ هؤلاء المناضلين عن الرسالة الذابِّين عن الدينِ : عُروضٌ ماليةٌ ؟ هل تظنُّ أنه يُبردُ غليل هؤلاءِ الصفوةِ المجتباةِ والنخبةِ المصطفاةِ ، دراهمُ معدودةٌ أو بساتينُ غنَّاء أو دورٌ منمَّقةٌ ؟ لا .

يُرضيهم رضوانُ اللهِ ، ويُفرحُهم عفوُ اللهِ ، ويُثلجُ صدورهم كلمةٍ : (**وَجَزَاهُم بِمَا صَبَرُوا جَنَّةً وَحَرِيراً{12} مُتَّكِئِينَ فِيهَا عَلَى الْأَرَائِكِ لَا يَرَوْنَ فِيهَا شَمْساً وَلَا زَمْهَرِيراً{13} وَدَانِيَةً عَلَيْهِمْ ظِلَالُهَا وَذُلِّلَتْ قُطُوفُهَا تَذْلِيلاً{14} وَيُطَافُ عَلَيْهِم بِآنِيَةٍ مِّن فِضَّةٍ وَأَكْوَابٍ كَانَتْ قَوَارِيرَا{15} قَوَارِيرَ مِن فِضَّةٍ قَدَّرُوهَا تَقْدِيراً**) .

****

الرضا ولو على جمْر الغضَا

خرج رجلٌ من بني عبْسٍ يبحثُ عن إبلِه التي ضلَّتْ ، فذهب والتمسها ، ومكث ثلاثة أيامٍ في غيابِه ، وكان هذا الرجل غنياً ، أعطاه اللهُ ما شاء من المالِ والإبلِ والبقرِ والغنمِ والبنين والبناتِ ، وكان هذا المالُ والأهلُ في منزلٍ رحْبٍ على ممرِّ سيْلٍ في ديارِ بني عبس ، في رغدٍ وأمنٍ وأمانٍ ، لم يفكرْ والدُهم ولم يفكرْ أبناؤه أن الحوادث قد تزورهم ، وأن المصائب قد تجتاحُهم .

يا راقد الليلِ مسروراً   إنَّ الحوادث قد يطرُقْنَ

نام الأهلُ جميعاً كبارُهم وصغارُهم ، معهم أموالُهم في أرضٍ مستوية ، ووالدهم غائبٌ يبحثُ عن ضالَّتِه ، وأرسل اللهُ عليهم سيْلاً جارفاً لا يلوي على شيءٍ ، يحملُ الصخور كما يحملُ التراب ، ومرَّ عليهم في آخرِ الليلِ ، فاجتاحهم جميعاً ، واقتلع بيوتهم من أصلها ، وأخذ الأموال معه جميعاً ، وأخذ الأهل جميعاً ، وزهقتْ أرواحُهم من تدفُّقِ الماء ، وصارُوا أثراً بعد عيْنٍ ، فكأنهم لم يكونوا ، صارُوا حديثاً يُتلى على اللسانِ .

وعاد الأبُ ثلاثةِ أيامٍ إلى الوادي ، فلم يُحِسَّ أحداً ، ولم يسمعْ رافداً ، لا حيَّ ولا ناطق ولا أنيس ، المكانُ قاعٌ صفصفٌ ، يا اللهُ !! يا للدَّاهيةِ الدهياءِ !!

لا زوجة لا ابن لا ابنة ، لا ناقةً لا شاة لا بقرة ، لا درهم لا دينار ، لا ثوب لا شيء ، إنها مصيبةٌ !!

وزيادةً في البلاء : إذا جملٌ منْ جمالِهْ قدْ شرد ، فحاول أنْ يدركه وأخذ بذيله علَّة أن يجد رجلاً يقودُه إلى مكان يأوي إليه ، وبعد حينٍ ووقتٍ من هذا اليوم سمعه أعرابيٌّ آخرُ ، فأتى إليه وقاده ، وذهب به إلى الوليدِ بنِ عبدِالملك الخليفةِ في دمشق ، وأخبره الخَبَرَ ، فقالَ : كيف أنتَ ؟ قال : رضيتُ عن اللهِ .

وهي كلمةٌ كبيرةٌ عظيمةٌ ، يقولُها هذا المسلم الذي حَمَلَ التوحيد في قلبِه ، وأصبح آيةً للسائلين ، وعظةً للمتَّعظين ، وعبرةً للمعتبرين .

والشاهد : الرضا عن اللهِ .

والذي لا يرضى ولا يسلِّمُ للمقدّر ، فإن استطاع أن يبتغي نفقاً في الأرض أو سُلَّماً في السماء، وإن شاء: **(فَلْيَمْدُدْ بِسَبَبٍ إِلَى السَّمَاءِ ثُمَّ لِيَقْطَعْ فَلْيَنظُرْ هَلْ يُذْهِبَنَّ كَيْدُهُ مَا يَغِيظُ)**

****

وقفـــة

قال أبو عليٍّ بنِ الشبل :

وإذا هممت فناجِ نفسك ... وَعْداً فخيراتُ الجنانِ
واجعلْ رجاءك دُون يأسِك ... حتى تزول بهمّك
واسترْ عن الجُلَساءِ بثّك ... جلساؤك الحُسَّادُ
ودعِ التوقّع للحوادثِ إنه ... للحيِّ منْ قبلِ المماتِ
فالهمُّ ليس لهُ ثباتٌ مثلِ ... في أهلِهِ ما للسرورِ
لولا مغالطةُ النفوسِ ... لم تصْفُ للمتيقظين حياةُ

****

اتخاذُ القرار

(**فَإِذَا عَزَمْتَ فَتَوَكَّلْ عَلَى اللهِ**) . (**إِنَّ اللهَ يُحِبُّ الْمُتَوَكِّلِينَ**) .

إن كثيراً منا يضطربُ عندما يريد أن يتخذ قراراً ، فيصيبُه القلقُ والحيرةُ والإرباكُ والشكُّ ، فيبقى في ألمٍ مستمرٍ وفي صداعٍ دائمٍ . إن على العبدِ أن

يشاور وأن يستخير اللهَ ، وأن يتأمَّل قليلاً ، فإذا غلب على ظنه الرأيُ الأصوبُ والمسلكُ الأحسنُ أقدم بلا إحجام ، وانتهي وقتُ المشاورةِ والاستخارةِ ، وَعَزَم وتوكَّل ، وصمَّم وَجَزَم ، لينهي حياة التردُّد والاضطرابِ .

لقد شاور ﷺ الناس وهو على المنبر يوم أُحُد ، فأشاروا بالخروج، فلبس لأمته وأخذ سيفه ، قالوا : لعلَّنا أكرهناك يا رسول الله ؟ لو بقيت في المدينةِ . قال : ((**ما كان لنبي إذا لبس لأمته أن ينزعها حتى يقضي اللهُ بينه وبين عدوِّهِ**)) . وَعَزَم ﷺ على الخروجِ .

إن المسألة لا تحتاجُ إلى ترددٍ ، بل إلى مضاءٍ وتصميمٍ وعزمٍ أكيدٍ ، فإن الشجاعة والبسالة والقيادة في اتخاذِ القرارِ .

تداول ﷺ مع أصحابِه الرأي في بدرٍ : (**وَشَاوِرْهُمْ فِي الأَمْرِ**) ، (**وَأَمْرُهُمْ شُورَى**) ، فأشارُوا عليه فَعَزَم ﷺ وأقدم ، ولم يلوِ على شيءٍ .

إن التردُّد فسادٌ في الرأيِ ، وبرودٌ في الهمَّةِ ، وَخَورٌ في التصميمِ وشَتاتٌ للجهدِ ، وإخفاقٌ في السَّيْرِ . وهذا التردُّدُ مرضٌ لا دواء له إلا العزمُ والجزمُ والثباتُ . أعرفُ أناساً من سنواتٍ وهم يُقدِمون ويُحجمون في قراراتٍ صغيرةٍ ، وفي مسائل حقيرةٍ ، وما أعرفُ عنهم إلا روح الشكِّ والاضطرابِ ، في أنفسِهم وفي من حولهم .

إنهم سمحوا للإخفاقِ أن يصل إلى أرواحِهم فَوَصَلَ ، وسمحُوا للتشتُّتِ ليزور أذهانهم فزار .

إنه يجب عليك بعد أن تدرس الواقعة ، وتتأمَّل المسألة ، وتستشير أهل الرأي، وتستخير ربَّ السماواتِ والأرضِ ، أن تُقدِم ولا تُحجِم ، وأن تُنْفِذ ما ظهر لك عاجلاً غير آجلٍ .

وقف أبو بكر الصدِّيق يستشيرُ الناس في حروبِ الردةِ ، فأشار الناسُ كلهم عليه بعدمِ القتالِ ، لكنَّ هذا الخليفة الصدِّيق انشرح صدرُه للقتالِ ، لأن هذا إعزازٌ للإسلامِ ، وقطْعٌ لدابر الفتنةِ ، وسحقٌ للفئاتِ الخارجةِ على قداسةِ الدينِ ، ورأى بنورِ اللهِ أن القتال خيرٌ ، فصمَّم على رأيه ، وأقسم : والذي نفسي بيدهِ ، لأقاتلنَّ من فرَّق بين الصلاةِ والزكاةِ ، والله لو منعوني عقالاً كانوا يؤدُّونه لرسولِ الله ﷺ لقاتلتُهم عليه . قال عمر : فلما علمتُ أن الله شرح صدر أبي بكر ، علمتُ أنه الحقُّ . ومضى وانتصر وكان رأيهُ الطيب المبارك ، الصحيح الذي لا لُبْس فيه ولا عِوَجَ .

إلى متى نضطربُ ؟ وإلى متى نراوحُ في أماكنِنا ؟ وإلى متى نتردَّد في اتخاذِ القرارِ ؟

إذا كنت ذا رأي فكنْ ذا فإنَّ فساد الرأي أنْ

إنَّ منْ طبيعةِ المنافقين إفشال الخطَّةِ بكثرةِ تكرارِ القولِ ، وإعادةِ النظرِ في الرأي : **(لَوْ خَرَجُواْ فِيكُم مَّا زَادُوكُمْ إِلاَّ خَبَالاً ولأَوْضَعُواْ خِلاَلَكُمْ يَبْغُونَكُمُ الْفِتْنَةَ)** . **(الَّذِينَ قَالُواْ لإِخْوَانِهِمْ وَقَعَدُواْ لَوْ أَطَاعُونَا مَا قُتِلُوا قُلْ فَادْرَؤُوا عَنْ أَنفُسِكُمُ الْمَوْتَ إِن كُنتُمْ صَادِقِينَ)**.

إنهم يصطحبون « لو » دائماً ، ويحبون « ليت » ويعشقون « لعلَّ » فحياتُهم مبنيةٌ على التسويقِ ، وعلى الإقدامِ والإحجامِ ، وعلى التذبذبِ ، (**مُذَبْذَبِينَ بَيْنَ ذَلِكَ لاَ إِلَى هَـؤُلاء وَلاَ إِلَى هَـؤُلاء**) .

مرةً معنا ومرةً معهم ، مرةً هنا ومرةً هناك .

كما في الحديثِ : ((**كالشاةِ العائرةِ بين القطيعين من الغنمِ**)) وهو يقولون في أوقاتِ الأزماتِ : (**لَوْ نَعْلَمُ قِتَالاً لاَّتَّبَعْنَاكُمْ**) . وهم كاذبون على اللهِ ، كاذبون على أنفسهم ، فهم يسرون وقت الأزمةِ ، ويأتون وقت الرخاءِ وأحدُهم يقول : (**ائْذَن لِّي وَلاَ تَفْتِنِّي**) . إنه لم يتخذ إلا قرار الإخفاقِ والإحباطِ . ويقولون في الأحزابِ : (**إِنَّ بُيُوتَنَا عَوْرَةٌ وَمَا هِيَ بِعَوْرَةٍ**) . ولكنَّه التخلصُ من الواجبِ ، والتملّصُ من الحقِّ المبينِ .

****

اثبتْ أُحُدُ

إنَّ منْ طبيعةِ المؤمنِ : الثباتُ والتصميم والجزم والعزم ، **(إِنَّمَا الْمُؤْمِنُونَ الَّذِينَ آمَنُوا بِاللَّهِ وَرَسُولِهِ ثُمَّ لَمْ يَرْتَابُوا)** ، أما أولئك : **(فَهُمْ فِي رَيْبِهِمْ يَتَرَدَّدُونَ)** ، وفي قرارهم يضطربون ، وعلى أدبارِهم ينكصون ، ولعهودِهم ينقضون . إن عليك أيُّها العبدُ إذا لمع بارقُ الصوابِ ، وظهر لك غالبُ الظنِّ ، وترجَّح لديك النفعُ ، أن تُقدِم بلا التواءٍ ولا تأخُّرٍ .

اطْرحْ ليتاً وسوفاً ولعلْ وامضِ كالسيفِ على كفِّ

لقد تردَّدَ رجلٌ في طلاق زوجته التي أذاقْته الأمرَّيْن ، وذهب إلى حكيمٍ يشتكيه ، قال: كم لك من سنة مع هذه الزوجةِ ؟ قال : أربع سنواتٍ . قال : أربع سنواتٍ وأنت تحتسي السُّمَّ ؟!

صحيحٌ أن هناك صبراً وتحمُّلاً وانتظاراً ، لكن إلى متى ؟ إن الفطِن يعلمُ أن هذا الأمرين يتمُّ أو لا يتمُّ ، يصلحُ أو لا يصلحُ ، يستمرُّ أو لا يستر ، فلْيتخذْ قراراً .

والشاعرُ يقولُ :

وعــلاجُ مــا لا تشْتهيـــ ـــهِ النفسُ تعجلُ الفراقِ

والذي يظهرُ من السِّيرِ واستقراءِ أحوالِ الناسِ ، أن الإرباك والحيرة يأتيهم في مواقف كثيرةٍ ، لكن غالب ما يأتيهم في أربعِ مسائل :

الأولى : في الدراسةِ واختيارِ التخصُّصِ ، فهو لا يدري أيَّ قسم يسلكُه ، فيبقى في ذلك فترةً . وعرفتُ طُلاَّباً ضيَّعُوا سنواتٍ بسبب تردُّدِهم في الأقسامِ ، وفي الكلياتِ ، فيبقى بعضهم متردداً قبل التسجيل ، حتى يفوته التسجيلُ ، وبعضُهم يدخلُ في قسمٍ سنةً أو سنتين ، فيرتضي الشريعة ثم يرى الاقتصاد ، ثم يعودُ إلى الطبِّ ، فيذهبُ عمرُ شَذَرَ مَذَرَ .

ولو أنه درس أمره وشاور واستخار الله في أولِ أمرِهِ ، ثم ذهب لا يلوي على شيء ، لأحرز عمره وصان وقته ، ونال ما أراد من هذا التخصُّص .

الثانية : العملُ المناسبُ ، فبعضهم لا يعرفُ ما هو العمل الذي يناسبُه ، فمرةً يعتنقُ وظيفةً ، ثم يتركُها ليذهب إلى شركةٍ ، ثم يهجرُ الشركة إلى عمل تجاري بحتٍ ، ثم يحصلُ على العدمِ والإفلاسِ والفقرِ ثم يلزمُ بيته مع صفوفِ العاطلين .

وأقولُ لهؤلاءِ : من فُتح له بابُ رزقٍ فلْيلزمْهُ ، فإنَّ رزقه منْ هذا المكانِ ، ومنْ لزم باباً أُوتي سهولته وفَتْحه وحكمتَه .

الثالثة : الزواجُ ، وأكثرُ ما يأتي الشباب الحيرةُ والاضطرابُ في مسألةِ اختيارِ الزوجةِ ، وقد يدخلُ رأي الآخرين في الاختيارِ ، فالوالدُ يرى لولدِهِ امرأةً غير التي يراها الابنُ أو التي تراها الأمُّ ، فربما وافق الابنُ رغبة والدِه ، فيحصلُ ما لا يريدُه ، وما يحبَّه ، وما لا يقدمُه .

ونصيحتي لهؤلاءِ أن لا يُقدمُوا في مسألة الزواج بالخصوصِ إلا على ما يرتاحون إليه في جانبِ الدين والحُسْنِ والموافقةِ ، لأن المسألة مسألةُ مصيرِ امرأةٍ لا مكانٍ للمجازفةِ بها .

الرابعة : تأتي الحيرةُ والاضطرابُ في مسألةِ الطلاقِ ، فيوماً يرى الفراق ويوماً يرى المعايشة ويوماً يرى أن يُنهي المعايشة ، وآخر يرى أن

يقطع الحبْل ، فيصيبه من الإعياء ، وحُمَّى الروحِ ، وفسادِ الرأي ، وتشتُّتِ الأمرِ ، ما اللهُ به عليمٌ .

إن على العبدِ أن يُنهي هذه الضوائق النفسية بقراره الصارمِ ، إن العمر واحدٌ ، وإن اليوم لن يتكرَّر ، وإن الساعة لن تعود ، فعليه أن يعيشها سعادةً يشارك فيها بنفسه ، يشاركُ بنفسِه في استجلابِ هذه السعادةِ ، وتأتي هذه السعادةُ باتخاذِ القرارِ . إن العبد المسلم إذا همَّ وعزم وتوكل على اللهِ بعد أن يستخير ويُشاوِر ، صار كما قال الأول :

إذا همَّ ألقى بين عينيه عزمه وأعرض عن ذكْرِ العواقبِ

إقدامٌ كإقدام السيل ، ومضاءٌ كمضاءِ السيفِ ، وتصميمٌ كتصميمِ الدهرِ ، وانطلاقٌ كانطلاقِ الفجرِ ، (**فَأَجْمِعُواْ أَمْرَكُمْ وَشُرَكَاءكُمْ ثُمَّ لاَ يَكُنْ أَمْرُكُمْ عَلَيْكُمْ غُمَّةً ثُمَّ اقْضُواْ إِلَيَّ وَلاَ تُنظِرُونِ**) .

****

***

كما تدين تُدان

عجباً لنا ! نريدُ من الناسِ أن يكونوا حلماء ونحنُ نغضبُ ، ونريدُ منهم أن يكونوا كرماء ونحن نبخلُ ، ونريد منهم الوفاء بحسن الإخاءِ ، ونحن لا نؤدي ذلك .

تُريدُ مهذّباً لا عيب فيهِ وهل عُودٌ يفوحُ بلا

وقالوا : من لأخيك كلِّه .

وقال آخر :

ولستَ بِمُسْتبْقٍ أخاً لا على شعثٍ أيُّ الرجالِ

وقال ابنُ الروميُّ :

ومِنْ عجبِ الأيامِ أنّك تبتغي مهذّب في الدنيا ولست مُهذّبا

****

*****

وقفـــةٌ

قال إيليا أبو ماضي :

أيُّها الشاكي وما بك داءٌ ... كيف تغدو إذا غدوت عليلا
إنَّ شرَّ الجُناةِ في الأرضِ ... تتوقّى ،قبل الرحيلِ
وترى الشَّوْك في الورودِ، ... أن ترى فوقها النَّدى
هو عبءٌ على الحياةِ ... مَنْ يظُنُّ الحياة عبئاً
والذي نفسُهُ بغير جمالٍ ... لا يرى في الوجودِ شيئاً
فتمتَّعْ بالصُّبحِ ما دُمت ... لا تخفْ أنْ يزول حتى
وإذا ما أظلَّ رأسك همٌّ ... قصِّر البحث فيه كيْلا
أدركتْ كُنْهَهُ طيورُ ... فمِن العارِ أن تظلَّ
ما تراها والحقلُ مِلْكُ ... تخِذتْ فيه مَسْرَحاً

****

**

ضريبةُ الكلامِ الخلاَّبِ

إنّ سعادتنا تكملُ في قيامِنا بواجبنا مع خالقِنا ، ثم مع خلْقِه ، مع اللهِ ثم مع الإنسانِ . إن الكلام سهلٌ نطقُه وتجبيرُه وزخرفتُه ، لكن الأصعب من ذلك صياغتُه في مُثُلٍ عليا من الصفاتِ الحميدةِ والأعمالِ الجليلةِ (**أَتَأْمُرُونَ النَّاسَ بِالْبِرِّ وَتَنسَوْنَ أَنفُسَكُمْ وَأَنتُمْ تَتْلُونَ الْكِتَابَ أَفَلاَ تَعْقِلُونَ**) .

إنَّ الآمر بالمعروفِ التارك له ، والناهي عن المنكرِ الفاعل له ، يُوضعُ – كما في الحديث الصحيح – يوم القيامةِ في النارِ ، فيدورُ بأمعائِه كما يدورُ الحمارُ برحاهُ ، فيسأله أهلُ النارِ عن سرِّ هلاكِه ، فقال : كنتُ آمرُكم بالمعروفِ ولا آتيهِ ، وأنهاكُم عن المنكرِ وآتيهِ .

يا أيُّها الرجلُ المعلِّمُ ... هلاَّ لنفسِك كان ذا

وقف الوعظُ الشهيرُ أبو معاذ الرازي فبكى وأبكى الناس ، ثم قال :

وغيرُ تقيٍّ يأمرُ الناس ... طبيبٌ يداوي الناس وهُو

كان بعضُ السلفِ إذا أراد أنْ يأمر الناسْ بالصدقةِ ، تصدَّق هوَ أولاً ، ثم أمرهم ، فاستجابُوا طواعيةً .

وقرأتُ أن واعظاً في عهدِ القرونِ المفضَّلةِ ، أراد أن يأمر الناس بالعِتْقِ ، وقد طلب منه كثيرٌ من الرقيق أن يسأل الناس ذلك ، فجمع نقوداً في وقتٍ طويل ثم أعتق رقبةً ، ثم أمَّ فأمرَ بالعِتْق ، فاقتدى الناسُ وأعتقُوا رقاباً كثيرة .

****

الراحةُ في الجنَّةِ

(**لَقَدْ خَلَقْنَا الْإِنسَانَ فِي كَبَدٍ**) .

يقولُ أحمدُ بنُ حنبلَ ، وقد قيل له : متى الراحةُ ؟ قال : إذا وضعت قدمك في الجنةِ ارتحت .

لا راحة قبل الجنةِ ، هنا في الدنيا إزعاجاتٌ وزعازعُ وفتنٌ وحوادثُ ومصائبُ ونكباتُ ، مَرَضٌ وهمٌّ وغمٌّ وحزنٌ ويأسٌ .

طُبِعَتْ على كدرٍ وأنت صفواً من الأقذاءِ

أخبرني زميلُ دراسةٍ من نيجيريا ، وكان رجلاً صاحب أمانةٍ ، أخبرني أن أمَّه كانت تُوقظُه في الثلثِ الأخير ، قال : يا أمَّاهُ ، أريد الراحة قليلاً . قالت : ما أوقظك إلا لراحتِك ، يا بني إذا دخلت الجنة فارتحْ .

كان مسروقٌ – أحدُ علماءِ السلفِ – ينامُ ساجداً ، فقال له أصحابهُ : لو أرحت نفسك . قال : راحتها أريدُ .

إن الذين يتعجَّلون الراحة بتركِ الواجبِ ، إنما يتعجَّلون العذاب حقيقةً .

إنَّ الراحةَ في أداءِ العمل الصالحِ ، والنفعِ المتعدِّي، واستثمارِ الوقتِ فيما يقرِّبُ من اللهِ .

إنَّ الكافر يريدُ حظَّه هنا ، وراحتَهُ هنا ، ولذلك يقولون : (**رَبَّنَا عَجِّل لَّنَا قِطَّنَا قَبْلَ يَوْمِ الْحِسَابِ**) .

قال بعضُ المفسِّرين : أي : نصيبنا من الخَيْرِ وحظَّنا من الرزقِ قبل يومِ القيامةِ .

(**إِنَّ هَؤُلَاء يُحِبُّونَ الْعَاجِلَةَ**) ، ولا يفكِّرون في الغدِ ولا في المستقبلِ ، ولذلك خسرُوا اليوم والغد ، والعمل والنتيجة ، والبداية والنهاية .

وهكذا خُلقتِ الحياةِ ، خاتمتُها الفناءُ فهي شربٌ مكدَّرٌ ، وهي مزاجٌ ملوَّن لا تستقرُّ على شيء ، نعمةٌ ونقمةٌ ، شدَّةٌ ورخاءٌ ، غنىً وفقرٌ .

هذه هي النهاية :

الخاتمة

أنا وأنت ، هيَّا نقصد الغنيَّ الواحد الماجد ، الأحد الصمدَ الحيَّ القيومَ ، ذا الجلالِ والإكرامِ ، لننطَّرح على عتبةِ ربوبيتِه ، ونلتجئ إلى بابِ وحدانيتِه ، نسأله ونُلحُّ في السؤالِ ، ونطلبُه وننتظرُ النَّوالَ ، فهو المعافي الشافي الكافي وهو الخالق الرزاقُ المحيي المميتُ .

(رَبَّنَا آتِنَا فِي الدُّنْيَا حَسَنَةً وَفِي الآخِرَةِ حَسَنَةً وَقِنَا عَذَابَ النَّارِ) .
((اللهم إنا نسألك العفو والعافية والمعافاة الدائمة في الدنيا والآخرة)).
((اللهم إنا نسألك من خير ما سألك منه نبيُّك محمدٌ ﷺ ، ونعوذُ بك من شرِّ ما استعاذك منه نبيُّك محمدٌ ﷺ)) .
((اللهم إنا نعوذُ بك من الهمِّ والحزِ ، ونعوذُ بك من العَجْزِ والكَسَلِ ، ونعوذُ بك من البخلِ والجُبْنِ ، ونعوذُ بك من غَلَبَةِ الدينِ وقهْرِ الرجالِ)) .

سبحان ربك ربِّ العزةِ عما يصفون ، وسلامٌ على المرسلين ، والحمدُ للهِ ربِّ العالمين .

****

"What comes to you of good is from Allāh, but what comes to you of evil, [O man], is from yourself." [4:79]

مَّآ أَصَابَكَ مِنْ حَسَنَةٍ فَمِنَ ٱللَّهِ ۖ وَمَآ أَصَابَكَ مِن سَيِّئَةٍ فَمِن نَّفْسِكَ ۚ وَأَرْسَلْنَـٰكَ لِلنَّاسِ رَسُولًا ۚ وَكَفَىٰ بِٱللَّهِ شَهِيدًا ﴿٧٩﴾

Sayyid Al-Istighfar سيد الإستغفار

The Most Superior Way Of Asking For Forgiveness From Allah (The Chief of Asking for Forgiveness)

اَللّٰهُمَّ أَنْتَ رَبِّيْ لَا إِلٰهَ إِلَّا أَنْتَ
خَلَقْتَنِيْ وَأَنَا عَبْدُكَ، وَأَنَا
عَلٰى عَهْدِكَ وَوَعْدِكَ مَا
اسْتَطَعْتُ أَعُوْذُ بِكَ مِنْ شَرِّ مَا
صَنَعْتُ، أَبُوْءُ لَكَ بِنِعْمَتِكَ
عَلَيَّ، وَأَبُوْءُ بِذَنْبِيْ،
فَاغْفِرْلِيْ فَإِنَّهُ لَا يَغْفِرُ
الذُّنُوْبَ إِلَّا أَنْتَ۔

Islamic Books

"The sinner does not feel any remorse over his sins, that is because his heart is already dead"

* Muslimah and Ibn Kathir
* The Ideal Muslim Wife and Ibn Kathir
* Great Women in Islam and Ibn Kathir

* Stories of the Prophets   isbn 9798774942602
* Tafseer Ibn Kathir
* Heaven's Door and Ibn Kathir
* The Holy Quran in English   isbn 979851591373
* Timeless Seeds of Advice   isbn 9798784652522

* Jesus Calling and Ibn Kathir
* The Book of Forgiveness and Islam
* The Book on Divorce and Islam
* The Lofty Virtues of Shaykh al-Islām
* Seal of Nubuwwah (Prophethood) Of Rasoolullah
* Islamic Funerals and Ibn Kathir
* Inner Dimensions of the Salāh: Asrar Al-Salāh
* The Journey to Allah, the Mighty and Magnificent
* Hadith of the Prophet and Al-Azhar

www.ingramcontent.com/pod-product-compliance
Lightning Source LLC
Chambersburg PA
CBHW071953070526
44583CB00015B/1181
9781643544687